KB119393

유신

오
직
한
사
람
을
위
한
시
대

유신

한홍구 지음

한겨레출판

구름장을 걷어내는 청천백일의 역사가 여기 있다.
역사의 분화구가 진실을 분출하는 어느 날이 여기 있다.

역사학의 주류에는 고대 사관(史官)의 종적이 여지껏
지워지지 않고 있는지 모른다. 그러므로 옛 정사(正史)와
야사의 불화가 역사학의 토속(土俗)을 만들어내기도 했다.

한국 통사의 수구성도 강단사학의 그것으로 굳어져 온 것이다.

이 같은 낭패에 맞서 정사와 야사의 구차한 변별 따위를 가차 없이
뭉개버린 생동의 역사서술이 한홍구 전위사관에서 체현된다.

이번에는 시대모순의 극복을 신열(身熱)의 의지로 구현하는
그의 공덕에 우리는 빚지고 있는 것이다. 장하다.

— 고은(시인)

여는 글

한홍구 교수가 1년 반 동안 〈한겨레〉에 연재한 '유신과 오늘'을 묶어 이 책으로 간행하게 되었다. 먼저 경하한다. 연재 때에도 그랬지만 한 권의 책으로 묶이게 되면 많은 사람들을 다시 부끄럽게 할 것이다. 한 교수가 이 책을 통해 보여주는 유신의 민모습은 민주화와 산업화를 이룩했다는 오늘의 한국 사회에도 아직 남아 있다. 40여 년 세월에 관계없이 유신적자들이 정권을 떠안았고, 유정회의 광기는 국회에서 재연되고 있다.

이 책에 어울리지 않게, 한 교수로부터 책머리에 한마디 해달라는 요청을 받았다. 이 책을 쓰는 자그마한 빌미를 제공했기 때문이란다. 작가 서해성도 이 책이 쓰인 과정을 밝히는 것이 중요하다면서 압박했다. 두 분의 의견에 따라 책머리에 몇 자 쓰자니, 2010년 전후 역사학계의 상황을 간단히 언급하지 않을 수 없다.

2010년 역사학계는 100년 전 일제의 한국강점을 다루는 학술모임 등으로 바빴다. 시민단체에서도 한일관계 관련, 여러 행사를 치렀다. '강제병합100년 공동행동 한일실행위원회'에서는 한일 시민사회의 의견을 모아 "식민주의의 청산과 평화실현을 위한 한일시민공동선언"을 발표했고, 이를 통해 일제 식민주의에 대한 반성과 미래지향적인 한일관계를 구축하려는 의견을 개진했다. 또 "'한국병합' 100년에 즈음한 한일 지식인 공동성명"도 나왔다. 이 공동성명에서 양국의 지식인들은 일제 식민통치의 부당성을 심도 있게 지적했다. 아울러 1965년에 성립된 한일기본조약 제2조의 "1910년 8월 22일 및 그 이전에 체결된 모든 조약 및 협정은 이미 원천무효(already null and void)라고 선언"한 것을 두고, 일본은 그 원천무효의 기점을 1948년 8월 15일로 주장, '병합조약'이 당초 성립되지 않았다는 한국 측 주장과 충돌하고 있었다. 이에 한일 지식인들은 '병합조약'이 '과거 일본의 침략주의의 소산'이며 '불의부당한 조약'이었기 때문에 "당초부터 원천무효였다고 주장하는 한국 측의 해석이 공통된 견해로 받아들여져야 한다"고 성명하게 되었다.

  2010년을 그렇게 바쁘게 보낸 역사학계가 2011년에 들어서서는 맥을 놓고 있었다. 2012년이면 '유신 40주년'이 되고 '유신공주'가 대통령 후보로 출마할 것이 거의 분명했다. 이렇게 유신에 대한 잔인한 추억과 대통령 선거에 대한 불투명한 전망이 오버랩되어 강박하는데도 역사학계는 별로 움직임이 없었다. 그게 아쉽게 여겨졌다. 몇몇 교수들과 의논하고 한홍구 교수께 중간 연락을 맡겼다. 시차는 있지만 이때 함께하게 된 분이 서중석, 서해성, 안병욱, 이부영, 정해구, 한홍구 등이었다. 기획과 연락은 막내격인 한홍구 교수가 맡았다. 우리는 재동 입구의 카페 '코'에 모여, 유신의 잔혹한 실상을 널리 알리는 것이 중요하다고 의견을 모았다. 그 방법으로는 학술회의와 언론매체에 글쓰기, 유신 관련 유적답사 등을 계획했다. 2012년을 보낸 후 되돌아보니, 몇 번의 유신 관련 학술회의와 단편적인 글쓰기도 있었지만, 가장 뚜렷하게 남은 것이 한홍구 교수의 〈한겨레〉 연재였다.

이 책의 목차를 하나하나 살피면서 잔혹한 시대를 다시 떠올리게 된다. 민주주의 사회에서는 결코 되풀이될 수 없는 유신의 잔영이 다시 현실로 다가오는 듯하다. 유신시대를 되돌아보면 지식인의 초라한 몰골만 남는다. 그러기에 유신과 대결하며 자기를 헌신한 선진(先陣)들은 형언할 수 없는 감사의 대상이요, 한국 민주화의 영웅이다. 오늘날 이만큼이라도 자유와 인권을 누리는 것은 전적으로 그들의 희생의 대가다. 정녕이 세대는 그 선진들에게 빚진 자들이다. 그러기에 우리의 누림이 무임 승차처럼 되어서는 안 된다. 유신시대를 부끄럽게 살아온 세대가 용서받을 길이 있을까. 이 책을 통해 유신의 야만을 제대로 깨닫고 민주주의를 새롭게 다짐하는 계기가 되었으면 한다. 한 교수께 감사한다.

이만열

(숙명여자대학교 명예교수, 전 국사편찬위원회 위원장)

저자 서문

〈한겨레〉에 '유신과 오늘'을 1년 반에 걸쳐 연재하게 된 것은 이만열 선생님 덕분이었다. 2011년 3월, 선생님은 몇몇 후배 한국사학자들을 불러 모으시고 2012년이 유신 40년이자 대통령 선거가 있는 해이고, 여당 후보로 박근혜가 유력한데 현대사 전공자들이 가만히 있어서야 되겠냐는 말씀을 하셨다. 역사학자로서의 시대적 사명을 준엄하게 환기하는 대선배의 꾸짖음 앞에 찬물을 뒤집어 쓴 듯 정신이 번쩍 들었다. 그때부터 몇몇 연구자들이 선생님을 모시고 유신 40년을 맞아 역사학계가 할 만한, 또는 해야 할 일들을 꼽아보았다. 여러 가지 아이디어가 나왔지만, 돌이켜보니 실제로 실행된 것은 그다지 많지 않았다. 신문과 잡지와 인터넷 매체를 꼽아가며 매체의 성격에 맞는 다양한 기획을 준비했지만, 이런 저런 이유 때문에 실행되지 못하거나 단발로 그치고 말았다.

현재 40대 이하 세대는 유신을 몸으로 겪어본 적이 없기 때문에 유신 시대를 전반적으로 개괄하는 작업이 필요한데, 이 작업은 여러 명이 나눠 하는 것보다는 한 사람이 맡는 것이 좋겠다는 의견이 지배적이었다.

이에 모임에서 막내였던 내가 그 소임을 맡게 되었다. 〈한겨레〉 토요판의 고경태 에디터를 찾아가 취지를 설명하고 유신시대에 대한 연재를 제안하였더니 기꺼이 면을 내주었다. 처음에는 격주로 연재하다가 선거를 앞두고 가을부터는 매주 연재로 전환하였다. 역사 문제가 선거에서 상당한 비중을 차지하지 않을 수 없는 상황이었기에 전국에서 강연 요청이 쏟아져 들어왔다. 캠프에 속한 것은 아니었지만, 현대사 전공자로서 정신없이 뛰어다녔다. 그 와중에 두 달여를 어떻게 '빵꾸' 내지 않고 연재를 할 수 있었는지 지금 생각해도 신기한 일이다.

'유신과 오늘' 연재를 여러 분들이 좋게 봐주시어 외람되게도 제11회 송건호 언론상을 받게 되었다. 선거 일주일 전인 12월 12일이었다. 장준하, 송건호, 리영희 같은 거룩한 이름들을 이야기하며 유신시대의 암흑기를 그분들이 어떻게 견뎌내셨는가를 회고하다가 울컥하여 수상소감을 제대로 끝맺지 못했다. 갑자기 목이 멘 것은 패배에 대한 불길한 예감 때문이었다. 많은 사람들은 선거결과에 '멘붕'했다고 하지만, 솔직히 골든크로스가 이루어졌다고 하는 그즈음에도 나는 패배의 불안에 싸여있었다. 건방진 이야기 같지만, 그것은 죽어라 열심히 뛰었기 때문에 오는 느낌이었다. 뛰어보니까 알게 된 사실이지만, 마땅히 뛰어야 할 사람들이 뛰지 않고 있었다. 그날 수상소감에서 이렇게 이야기했다. "유신시대가 부활할지도 모르는 절박한 상황에 처한 2012년에 대학교수와 언론인을 비롯한 지식인의 숫자는 유신시대에 비해 수십 배 늘어났습니다. MB정권하에서 언로가 많이 막히고 민간인 사찰이 부활했다고는 하지만, 유신헌법을 고치자고만 해도 영장 없이 체포해서 군법회의에서 15년 징역을 때리던 유신시대의 핍박과 비교한다면 지식인들이 감수해야 할 위험은 수십 분의 일에 지나지 않을 것입니다. 그런데 이

침묵과 무기력은 무엇일까요? 트위터를 보면 누군지 알 수 없는 동네 슈퍼마켓 아저씨들, 마트에서 일하는 아주머니들이 더 열심히 목소리를 내고 있습니다. 장준하, 리영희, 송건호 같은 거룩한 이름을 다시 떠올리게 되는 때입니다."

부록으로 실은 '신유신의 밤'은 선거가 끝난 다음날 이 이야기를 쓴 것이다. 2013년이 안식년이었기 때문에 선거에서 이겼으면 유신의 부활을 막으려 시작한 연재를 중단하고 마음 편하게 안식년을 즐겼을지 모르지만, 선거에서 지고 보니 연재를 중단할 수 없었다.

연재한 내용을 책으로 묶으면서 1960년대의 언론 문제, 영남대학교 문제 등 유신시대의 범위를 넘어서거나 선거 국면에서 시의적 필요성 때문에 썼던 글들은 생략했다. 인혁당 재건위 사건의 경우, 연재 당시에 마침 박근혜 후보가 과거사를 정당화하는 발언을 하여 시끄러웠던 때라 '박근혜 후보에게 보내는 공개장'으로 대체했기에 이번에 새로 집필하였다. '박근혜 후보에게 보내는 공개장'과 '신유신의 밤'은 유신 자체를 다룬 것은 아니지만, 오늘의 관점에서도 그렇고, 당시에 정말 힘들게 쓴 글이라 부록으로 따로 싣게 되었다. 그리고 연재 당시 신문 지면의 제약으로 출전을 충분히 밝히지 못했는데, 이번에 주를 달아 보완하였다.

'신유신의 밤' 원고를 쓰고 딱 1년이 된 지금, 상황은 1년 전에 우려했던 것보다 훨씬 더 악화되었다. 박근혜 후보가 대통령이 되고 난 뒤, 한국 정치를 이끌어간 것은 대통령도 의회도 집권당도 야당도 아닌 국정원, 그것도 유신시대의 열혈 청년장교 남재준이 원장이 되어 이끄는 국정원이었다. 그리고 유신헌법을 만들고 유신 후반기 중앙정보부 대공수사국장을 여러 해 지낸 구시대 공안검찰의 상징인 김기춘이 청와대

비서실장이 되어 남재준과 더불어 투톱으로 국정을 농단하고 있다. 한국의 민주화운동이 군사독재와 싸우고 정보정치와 싸우고 공안검찰과 싸워온 것인데 이제 군과 정보정치와 공안검찰이 완벽하게 되살아난 것이다. 여기에 재벌과 수구언론을 더하면, 주권자인 국민을 밀어내고 자기들이 대한민국의 주인이라고 설쳐대는 민주주의의 오적이라 할 수 있겠다. 선출되지 않은 이들 권력에 대한 문민통제를 어떻게 회복하느냐는 한국 민주주의의 사활이 걸린 문제이다.

박근혜 대통령은 아버지 박정희를 자신의 모델로 삼고 있다. 20대 초반의 박근혜는 어머니의 빈자리를 메우며 유신정권의 퍼스트레이디로서 박정희의 지근거리에서 정치를 배웠다. 18년이란 오랜 시간 동안 집권한 박정희는 다양한 모습을 보여주었는데, 하필 박근혜가 보고 배운 박정희는 집권 말기의, 가장 나쁜 모습의 박정희였다. 불행하게도 박근혜는 집권하자마자 말기적 증상을 보이고 있다. 1979년 8월 박정희 정권은 야당인 신민당의 김영삼 총재가 유신체제에 적극적으로 저항하자 신민당 총재 권한정지 가처분 신청을 통해 야당의 발목을 조였다. 박정희가 총에 맞기 두 달여 전의 일인데, 박근혜 정권은 통합진보당 해산심판을 청구해 놓았다. 총재 권한을 정지당한 김영삼 의원이 계속 유신체제를 비판하자 국회에서 김영삼 의원을 제명해버렸다. 박정희가 총에 맞기 딱 3주 전 일인데, 새누리당은 부정선거로 당선된 박근혜를 대통령으로 인정할 수 없다는 장하나 의원이나 박근혜가 총에 맞아 죽은 아버지의 전철을 밟지 않기를 바란다는 고언을 한 양승조 의원을 제명하기 위해 펄펄 뛰고 있다. 대선기간 대표적인 박근혜 키드라 불린 이준석조차 155명 의원이 일사불란하게 야당 의원을 제명하자고 날뛰는 모습에 탄식하는 것이 현실이다. 새누리당 의원들의 행태는 딱 1979년 10

월 유정회 의원들의 행태를 그대로 빼닮았다.

아버지가 탱크를 앞세워 쿠데타를 했다면, 딸은 키보드를 두들겨 쿠데타를 한 것이나 마찬가지다. 검찰총장과 수사팀장을 찍어내고 부정선거에 대한 특검 이야기만 나오면 사생결단을 하고 펄펄 뛰는 모습을 보며, 사람들은 뭐가 있어도 분명히 있다며 의혹을 확신으로 바꿔가고 있는 중이다. 한두 명의 '개인적 일탈'도 아니고 국가기관이 대대적으로 동원되어 광범위하게 자행된 부정선거를 집권당의 후보가 몰랐다는 것을 누가 믿을 수 있겠는가. 박근혜 후보가 알았어도 큰 문제지만 몰랐어도 또한 큰 문제다. 나아가 이런 엄청난 부정이 자행되었다는 사실이 밝혀졌는데도 국정원 개혁도 하지 않고 사건의 실체규명도 하지 않는 것은 국헌을 준수한다는 대통령의 기본 임무를 방기한 중차대한 직무유기가 아닐 수 없다. 박근혜 대통령의 어머니인 육영수 여사가 흉탄에 맞아 돌아가시기 딱 일주일 전인 1974년 8월 8일, 미국의 닉슨 대통령이 사임했다. 어머니의 비극에 묻혀서인지 박근혜 대통령은 닉슨 사임의 의미를 전혀 깨닫지 못하고 있는 것으로 보인다. 잘 알려진 바와 같이, 워터게이트 사건에서 공화당이 민주당의 선거운동 회의를 실제로 도청한 것은 아니었다. 도청기를 설치했으나 도청기가 작동하지 않았고, 그것을 손보러 들어갔다가 걸린 것이다. 미국 국민 어느 누구도 닉슨이 도청 덕에 당선되었다고 생각하지 않았다. 그럼에도 닉슨은 사임해야 했다. 도청 사건의 진실을 은폐하려 했기 때문이다. 우리는 대통령 선거에 깊이 개입한 국정원과 국군 사이버사령부를 그대로 둔 채 다음 대통령 선거를 치를 수 없다.

연재할 때의 제목은 '유신과 오늘'이었지만, 지금은 '유신이 오늘'이 되어버렸다. 나를 포함한 민주화운동 세대는 상실감만이 아니라 통렬한 책임을 느껴야 한다. 그 시절 청년학생들은 자신들이야 불행한 시대에 살지만, 자식들만큼은 민주주의가 만개한 사회에서 살게 하리라는 생각으로 유신에 반대했다. 그런데 유신이 오늘이 되었다. 그 세대는 10년간의 민주정권을 만들었으나 세상은 바뀌지 않았고, 뿌리를 내리지 못한 민주주의는 정신없이 후퇴하고 있다. 민주화운동 세대에게도 큰 책임이 있는 신자유주의에, 되살아난 유신까지 더해져 상처받은 젊은 세대는 안녕들 하시냐는 한 마디에 울컥해하고 있다. 40년 전 민주화운동 세대가 젊거나 어렸을 때도 유신은 시대착오였다. 그 유신이 되살아났다. 역사가 한번은 비극으로 한번은 소극으로 두 번 되풀이된다는 말은 역사란 것이 같으면서도 다르고, 다르면서도 또 무언가 같은 점이 있다는 것을 지적한 것이기도 하다. 달라진 점을 정확히 포착하여 비극이 두 번 되풀이되지 않도록 만드는 것이 바로 새 세대의 몫이다. 역사는 과거와 현재의 대화이다. 이 책은 이 시대착오의 나날을 견뎌내고 보다 나은 오늘을 누려야 할 젊은 세대들에게 유신시대를 제대로 장송하지 못한 구세대 역사학도가 드리는 미안한 마음이다.

장준하, 송건호, 리영희 같은 내 청춘의 스승을 떠올리며
2013년 12월 견지동에서

차례 ■■■

프롤로그
유신의 몸과
광주의 마음을 가진
그대에게

　　　　　　　　2011년 12월 30일 김근태가 숨을 거두었다.
김근태에게는 1970년대 내내 '공소외'란 별칭이 붙어 다녔다. 김근태
는 1971년 11월 심재권, 이신범, 장기표, 조영래 등 친구들이 '서울대
생 내란음모 사건'이라는 어마어마한 죄목으로 기소되었을 때, 다행히
검거를 모면했다. '공소외'란 꼬리표를 달고 잠수를 시작한 김근태는
박정희가 죽고서야 세상 밖으로 나올 수 있었다. 김근태가 이름을 숨긴
채 치열하게 1970년대를 보낼 때, 이근안 역시 절정의 나날을 보내고
있었다. 1979년 3월 17일 이근안은 이석우라는 가명으로 조선일보사
사장 방우영으로부터 제13회 청룡봉사상 충(忠) 부문 본상을 받고 경위
에서 경감으로 1계급 특진했다.[1] 이근안은 연이어 간첩을 검거한 공로
로 상을 받았는데, 사실 그 간첩이란 두들겨 맞아도 어디 가 하소연할
데가 없는 가난한 납북어부들이었다.
　김근태는 고문 후유증으로 병세가 악화되어 2011년 12월 10일 거행
된 딸의 결혼식에 참석할 수 없었다. 그 안타까운 결혼식 이틀 뒤인
12월 12일, 〈한겨레〉는 이근안이 그해 2월 모 주간지와 했던 인터뷰 내

용을 뒤늦게 소개했다. '목사님' 이근안은 자신은 고문기술자가 아니라 '심문기술자'라며 국가보안법 위반 사범에 대한 심문은 '논리로 자신을 방어하려는 이와 이를 깨려는 수사관의 치열한 두뇌 싸움'의 연속인 '하나의 예술'이라고 강변했다. 이근안은 그때로 돌아가도 똑같은 일을 하겠다면서 자신의 행위를 애국이라고 주장했다.[2]

10월유신, 그 끝나지 않은 역사

2012년은 박정희의 '10월유신'이라는 친위 쿠데타가 거행된 지 만 40년이 되는 해였다. 40년이라면 일제가 우리를 강점했던 기간보다 너 긴 기간이다. 그 오랜 세월이 흘렀지만, 박정희의 망령은 밤과 낮을 가리지 않고 한국 사회를 배회했다. 그리고 2012년의 대선에서 그때 그 시절의 '유신공주'가 51.6퍼센트의 득표로 대통령에 당선되었다.

지금 이 순간, 유신시대를 말한다는 것은 지나간 과거의 역사를 들추는 것이 아니다. 지금 한국 사회의 보수 세력 중 내놓고 이근안을 옹호하는 자들은 드물겠지만, 이근안이 '재수 없게' 걸려 그 악행이 백일하에 폭로되었다고들 생각할 것이다. 이근안은 홀로 1970년대를 살지 않았다. '애국'의 이름으로 '예술' 활동을 했던 수많은 이근안들은 '빨갱이 천지'가 된 이 세상을 개탄하는 애국노인으로 살아가고 있고, 높은 곳에서 은밀하게 이근안들의 예술 행위를 후원하고 감상했던 자들은 여전히 이 사회의 헤게모니를 장악하고 있다. 더 참담한 것은 한때 유신체제와 대결하고, 광주학살의 원흉들과 치열하게 맞섰던 자들이 이제 학살자들에 뿌리를 둔 정당에 몸담고 박정희와 이승만과 친일파를 옹호하고 있다는 점이다. 이승만-박정희-전두환 체제는 수많은 이근안들이 없

1970년대 말 차지철 청와대 경호실장(앞줄 오른쪽)과 그 휘하에 있던 전두환(앞줄 가운데) 작전차장보와 노태우(앞줄 왼쪽) 행정차장보. 전두환과 노태우는 1980년대에 새로운 시대를 표방하며 나섰지만 결국 박정희가 써먹은 정책을 되풀이했을 뿐이다.

었으면 하루도 지탱할 수 없는 체제였는데도 말이다.

흔히 유신시대라 불리는 박정희의 마지막 7년은 구조적으로 오늘의 한국을 만든 시기였다. 이후 민주화 과정에서 이 문제 많은 구조물을 바꿔보려고 시도했지만, 지렛대만 꽂았을 뿐 구조물을 바꾸지는 못했다. 1987년의 6월항쟁은 오랜 군사독재 체제를 끝장내고 민주주의를 가져와야 마땅했으나, 양 김씨의 분열을 막지 못하면서 제한된 민주화밖에는 끌어내지 못했다. 유신헌법의 독소를 대충 제거하고 급하게 만든 '87년 체제'가 들어선 지도 어느새 25년이 훌쩍 넘었다.

한국의 현대사는 그야말로 격동의 현대사였다. 100년 전 나라를 빼앗겼던 한국은 어느새 세계 10위권의 경제력과 군사력을 가진 나라로 성장했다. 인류 역사에서 근현대는 사람들을 롤러코스터에 태우고 정신없이 흔들어댄 시기였다. '압축 근대화'를 겪은 우리가 탄 롤러코스터는 다른 나라의 롤러코스터에 비해 몇 배나 빠른 속도로 떨어지고 솟구치기를 거듭했다. 한국 현대사는 해마다 전환기였고 날마다 격동기였다. 1년에 몇 번씩 'ㅇ월 대란' 설이 퍼지지 않았던 해가 없었다. 정말 많은 일이 벌어졌던 한국 현대사에서 박정희는 무려 18년이란 기간을 집권했다. 박정희가 죽고 갑자기 등장한 전두환과 그 뒤를 이은 노태우는 박정희의 근위장교 출신들이었다. 전두환은 새로운 시대를 표방했지만, 사실 5·16 군사반란 직후 박정희가 써먹은 정책을 되풀이했다. 박정희가 군부 내에 공들여 키운 사조직 하나회 출신들이 요직을 독차지한 채, 박정희 없는 박정희 체제는 오래도록 계속되었다. 박정희 모델은 IMF 외환위기를 불러오며 요란하게 파산했지만, 그가 한국인의 DNA에 주입한 성장 만능주의는 신자유주의와 세계화의 날개를 달고 여전히 기승을 부리고 있다.

민주화가 된 것도 아니고 안 된 것도 아니고, 암울했던 과거를 청산한 것도 아니고 청산하지 못한 것도 아닌 채 세월은 흘러갔다. 영남 군벌의 마지막 상속자 노태우가 5년, 박정희·전두환 세력의 품에 안긴 한때의 민주투사 김영삼이 5년, 대통령이 되기 위해 박정희 세력의 일부와 손잡을 수밖에 없었던 김대중이 5년, 과거의 박정희를 청산하고자 했지만 현실의 박정희 후예들과는 끊임없이 타협해야 했던 불행했던 대통령 노무현이 5년, 그리고 박정희식 고도성장 시대의 총아로 등장하여 국가를 완벽하게 사유물화한 이명박이 또 5년 이 나라를 통치하는 사이에 '87년 체제'의 생명력은 완전히 바닥이 나버렸다.

박정희의 망령이 지배하는 시대

기로에 선 한국 사회의 방향타는 20~30대가 쥐고 있다. 그런데 20~

30대는 유신시대를 경험하지 않았고, 어떤 시대였는지도 거의 모른다. 20대는 유신시대가 끝난 뒤에야 태어났고, 대통령 선거가 있던 2012년 마흔이 된 1973년생도 박정희가 총에 맞아 죽은 뒤에야 국민학교(초등학교)에 들어갔다. 지금의 20~30대에게 유신시대란 그 시절에 청년기를 보낸 긴급조치 세대에게 '개 타고 말 장사하던 북만주 벌판의 독립군' 얘기만큼 머나먼 시절 이야기이다.

그러나 유신시대는 오늘날 한국 사회의 뼈대를 만든 시기다. 유신체제에 적극적으로 저항했던 민주화운동 세력조차 유신시대에 만들어진 사람들이었다. 1970~1980년대의 민주화운동 세력은 한마디로 유신의 몸과 광주의 마음을 가진 세대였다. 그들은 목이 터져라 자유와 민주를 외쳤지만 정작 자유를 누려본 적도, 민주주의가 몸에 밸 기회도 갖지 못한 불행한 세대였다.

박정희가 복제하고 싶은 대통령 1위에 꼽히고 그의 동상이 여기저기 세워지기 시작하고 그의 딸 박근혜가 대통령인 지금, 유신시대는 살아 있는 과거이다. 진즉 끝나버린 유신체제, 파탄이 나버린 박정희의 모델이 자꾸 되살아나는 것은 박정희의 망령을 불러내는 세력이 있기 때문이고, 한편으로는 민주화 세력이 박정희의 관에 제대로 못질을 하지 못했기 때문이다. 이명박과 박근혜를 포함한 보수 세력은 '잘살아보세'를 외친 박정희를 뛰어넘지 못한 채 '부자 되세요'라는 달콤한 속삭임만 되풀이했을 뿐이다. 민주화운동 세력 역시 대중들이 '민주화되니 살림살이가 이렇게 좋아졌다'고 느끼도록 만들지 못했으니 박정희를 땅에 묻는 데 실패했다. 박정희 시대를 신화화하려는 세력들이 노리는 것은 "과거의 미화를 통한 현재 자신들의 위상 강화"이다. 뉴라이트였지만 그래도 나름대로 합리성을 지키고자 노력했던 고 김일영 교수는 박정희

모델은 시효가 만료되었다면서, "이미 고도산업화 단계에 돌입한 현시점에서 재평가라는 명분하에 당시의 망령(亡靈)을 다시 불러내는 것은 그야말로 망령(妄靈)에 지나지 않는다"고 오래전에 갈파했다.[3]

유신시대는 일제가 키워낸 식민지 청년들이 장년이 되어 사회를 운영해간 시기였다. 이 시기는 친일잔재 청산을 하지 못했다는 것이, 아니 친일잔재를 청산하려던 세력이 거꾸로 친일파에게 역청산당한 것이 어떤 결과를 낳았는지를 참혹하게 보여준 시기였다. 앞으로 자세히 살펴보겠지만 박정희를 사령관으로 하는 병영국가는 그가 청년기를 보낸 시절 만주국의 국방 체제나 일본의 총동원 체제와 놀라울 정도로 유사했다. 황국신민으로 태어나 황국신민으로 자라난 '친일파' 박정희의 진면목은 청년장교 시절보다도 만주국이나 쇼와유신의 실패한 모델을 다시 살려낸 데서 찾아야 할 것이다. 유신체제의 폭압성은 박정희의 지도력 부족에 대한 뚜렷한 증거가 된다. 박정희는 '근대화'와 경제발전에 따라 복잡해진 사회구성을 더 이상 최소한의 형식민주주의를 유지하는 방식으로는 이끌어나갈 수 없었다. 1960년대에서 1970년대로의 '퇴행'은 박정희가 체질에 맞지 않는 미국식 민주주의의 틀을 벗고 젊었을 때부터 익숙한 일본식 모델을 '한국적 민주주의'로 포장해 들고나온 것을 의미했다. 유신시대는 김근태와 그 벗들에게 내란음모라는 어마어마한 죄목을 뒤집어씌운[4] 자들이 일으킨 진짜 내란의 시대였다.

누구의 관점으로 바라볼 것인가

1970년대는 역동적이란 말로는 다 담을 수 없을 만큼 많은 일이 폭발적으로 일어난 시기였다. 영화나 연극보다 현실은 더 극적이었다. '쨍하고 해 뜰 날'을 꿈꾸며 수많은 젊은이들이 서울로 몰려들었고, "10월유신, 100억 불 수출, 1,000불 소득"이라는 구호로 유신이 시작되었다. 그리고 40년이 지나 한국의 무역 규모는 1조 달러를 돌파했다. 그때 꿈같이 들렸던 1,000불 소득은 현재 탈북자가 속출하는 북한의 국민소득 규모이다. 신당동에 낡은 기와집 한 채밖에 가진 것이 없었던 청렴한 육군소장이 자녀들에게 10조 원이 훌쩍 넘을 자산(정수장학회, 육영재단, 영남대학교)을 물려준 기적만큼은 아니더라도, 한국이 민주화와 경제발전을 동시에 달성한 것은 참으로 놀라운 일이었다.

역사, 특히 현대사에 대해서는 '객관적이고 중립적인' 평가가 거의 불가능하다고 할 수 있다. 어느 시대나 마찬가지지만 유신시대도 하나의 모습만 있었던 것이 아니다. '총화단결'을 부르짖었던 유신시대에는 만인에 대한 만인의 투쟁까지는 아니라 하더라도 다양한 세력 간의 쟁투가 벌어졌다. 누구의 관점에서 보느냐에 따라 유신시대의 모습은 서로 경합하는 여러 개의 역사상으로 나타나게 마련이다. 누군가가 자신의 현재 입장을 정당화하기 위해 부각시키려는 장면이나 흐름은 어떤 사람에게는 감추고 싶은 부끄러운 일일 수 있다. 누군가에게 박정희는 '아, 박정희!'이지만, 또 다른 사람들에게는 '악, 박정희!'이다. 어떤 사람들에게 1970년대는 경부고속도로의 개통으로 시작되지만, 또 어떤 사람에게 1970년대는 평화시장에서 타오른 전태일의 불길로 시작된다. 평화시장이라는 같은 장소에서 같은 세월을 보냈어도 사장의 역사와 시다의 역사가 쉽게 하나가 될 수는 없을 것이다. 똑같은 1970년대를 보냈어도 강남 땅값이 10~20원 하던 시절 1만 평, 10만 평 땅을 사놓은 사람과 전셋값도 없어 절절매는 사람의 한국 현대사는 말죽거리 신화와 말죽거리 잔혹사만큼 거리가 멀다. 박정희를 숭배하는 자들은 정작 박정희가 실시한 평준화나 그린벨트나 의료보험을 때려 부수려 하고 박정희를 비판하는 민주 세력은 이를 지키려고 하는 것을 보면 40년이란 세월은 결코 짧은 기간이 아니었다.

이 책은 서로 경합하는 유신시대의 역사상 사이에서 안이한 균형잡기 식의 태도를 취하지는 않을 것이다. 한국 사회가 새로운 미래로 나아갈 것이냐, 박정희의 망령이 인도하는 과거로 돌아갈 것이냐의 기로에 서 있는 지금, 우리가 당면한 문제들의 뿌리나 줄기가 되는 시대를 돌아볼 것이다. 단 하루도 편안할 날이 없었던 유신시대를…… 명칭부터 100년 전 일본의 메이지유신에서 베껴온 복고적이고 시대착오적일 수밖에 없었던 그 시절을…….

제1부

헌정의 파괴

1
유신 전야,
1971년의 대한민국

　　　　　　1972년 10월 17일 저녁 7시 대통령 박정희
는 전국에 비상계엄을 선포하고 이른바 대통령 특별선언을 발표했다.
"민족사의 진운을 영예롭게 개척해나가기 위한 중대한 결심"을 담았다
는 이 선언을 통해 박정희는 국회를 해산하고 현행 헌법 일부 조항의 효
력을 정지시키고 '조국의 평화통일을 지향'하는 새로운 헌법 개정안을 공
고하겠다고 밝혔다. 5·16 군사반란으로 집권한 때로부터 치면 11년 5
개월, 3선개헌을 통해 제7대 대통령에 취임한 것으로부터 치면 15개월
만에 박정희는 친위 쿠데타를 단행하여 다시 한 번 헌정을 유린했다. 박
정희는 형식적 민주주의라는 갑갑한 외피를 벗어던지고 자신의 권력을
절대화한 유신체제를 출범시키면서 종신집권의 길에 들어섰다. 권좌에
앉은 채 죽었으니 종신집권의 허망한 꿈은 이뤘다 하겠으나, 국민들에
게나 박정희 자신에게나 불행한 결과가 아닐 수 없었다.

　박정희는 급변하는 국제정세에 능동적으로 대처하고 남북대화를 적
극적으로 전개하기 위해서는 '일대 유신적 개혁'이 필요한데, "우리의
정치 현실을 직시할 때, 나는 정상적인 방법으로는 도저히 이 같은 개혁

이 이루어질 수 없다는 판단을 내리게" 되었다면서 비상조치를 취하지 않을 수 없다고 주장했다.[1] 박정희는 한반도의 외부와 내부에 조성된 위기 상황 때문에 유신이라는 비상조치가 불가피하다고 강조했다. 과연 박정희의 이러한 주장은 액면 그대로 받아들일 수 있는 것일까?

유신의 원인을 대내외적인 위기 상황에서 찾을 수 있을 것이냐는 문제는 '논쟁'이라 부를 것도 없이 싱겁게 결론이 내려졌다. 절대다수의 연구자들은 박정희가 내세운 위기란 과장된 것이고, 실제 위기가 존재했다 하더라도 헌정 중단과 같은 비정상적인 조치가 필요한 것은 아니라는 데 거의 이견이 없다. 박정희를 추앙하는 13권짜리 전기를 쓴 수구논객 조갑제조차 "소요사태가 있는 것도 아니고 북한군이 쳐들어온 것도 아닌데 갑자기 국회 해산"이라니 "그야말로 느닷없는 느낌"을 받았다면서 특별선언문 어디에도 "왜 이런 엄청난 조치를 하지 않으면 안 되는가에 대한 납득할 만한 설명이 없었다"고 인정했다.[2] 유신체제 출현의 근본 원인이 박정희의 종신집권 야욕에 있었던 것은 분명하다. 만약 박정희에게 종신집권의 야욕이 없었다면 유신과 같은 독재 체제가 튀어나와야 할 역사적 근거는 어디에서도 찾을 수 없다. 그렇지만 박정희가 이 위험한 생각을 어떤 상황 속에서, 어떤 방식으로 제도화해나갔는가는 세밀하게 따져볼 필요가 있다.

후계자는 없다

유신체제의 출현을 정당화할 수준은 아니었지만, 1970년대 초반의 국내외 상황은 박정희 정권에 만만치 않은 과제를 던져주고 있었다. 밖으로는 주한미군이 철수하고 동서 간의 긴장이 완화되면서 한국전쟁에서 맞붙었던 미국과 중국이 수교를 진행하는 놀라운 일이 벌어지고 있었고, 안으로는 급속한 산업화가 빚어낸 온갖 사회경제적 갈등이 터져 나오고 있었던 것이다. 먼저 한국 사회 내부를 들여다보자.

1971년 4월의 제7대 대통령 선거와 5월의 제8대 국회의원 선거 결과는 박정희에게 큰 충격이었다. 대통령 선거에서 박정희는 김대중의 거센 도전을 받아 상당히 고전했고, 국회의원 선거에서는 여당인 공화당이 과반 의석을 차지하기는 했지만 야당인 신민당이 의석을 크게 늘리며 개헌 저지선을 확보할 수 있었다. 이제 헌법 절차에 따라 정상적인 방법으로 박정희가 대통령직 네 번째 임기에 도전하는 길은 완전히 막혀버린 것이다. 3선 임기가 다하는 1975년, 박정희는 여당의 후계자에게든 야당의 도전자에게든 대통령 자리를 물려주고 물러날 수밖에 없게 되었다. 그러나 박정희는 야당에 정권을 내준다는 것은 꿈도 꿔본 적이 없고, 집권 세력 안에서도 2인자를 용납하지 않았다.

박정희는 집권 세력 안에서 김종필이 2인자로 부상하는 것을 막으려 공화당 안에 백남억, 김성곤, 길재호, 김진만 등을 주축으로 한 '4인 체제'를 구축했다. 4인 체제의 실력자였던 김성곤(쌍용그룹 창업주)은, 박정희의 형 박상희의 절친한 친구로 5·16 직후 김일성의 밀사로 남파되었다가 처형당한 황태성 등과 함께 경북 지방에서 좌익 활동을 한 바 있었다.[3] 세 사람의 운명은 1946년 10월항쟁을 거치면서 갈려 박상희는 총에 맞아 죽고, 황태성은 월북하고, 김성곤은 남쪽에 남아 실업가로, 정치인으로 변신하였다. 공화당의 재정위원장으로 정치자금을 주무르며 실력자로 부상한 김성곤은 1975년 박정희가 물러나는 것을 전제로 2원집정부제 개헌에 대한 구상을 다듬으면서, 지방의 시장·군수와 경찰서장 등에 자기 사람을 심는 데 분주했다.

1971년 대통령 선거에서 김대중 후보는 거센 돌풍을 일으킨다. 1971년 대선과 총선을 거치며 박정희는 더 이상 민주적 제도로 권력을 유지할 수 없음을 확신한다. 사진은 당시 김대중 후보의 유세 장면.

　박정희는 김종필(JP) 계열의 내무장관 오치성을 내세워 김성곤 등 4인 체제가 지방 요직에 심어놓은 사람들을 제거했고, 이에 분노한 김성곤 등은 야당이 내무장관 해임 건의안을 내자 이에 동조하여 오치성의 해임 건의안을 통과시켜버렸다. 이것이 유신 1년 전의 이른바 10·2 항명 파동이다. 박정희의 특명으로 김성곤 등 공화당 의원 23명이 중앙정보부로 연행되어 고문과 구타를 당했는데, 김성곤은 콧수염이 뽑히는 모욕을 당하기까지 했다. 10·2 항명파동으로 공화당 안에서 박정희의 친정 체제가 확립되었다. 일개 육군 소장이던 박정희는 5·16 군사반란 후 수많은 '반혁명 사건'을 만들어가며 군부 내 껄끄러운 선후배들을 제거했고, JP계와 4인 체제 사이의 이이제이, 3선개헌과 정보정치의 주역이었던 '날으는 돈가스', '공포의 삼겹살' 김형욱에 대한 토사구팽 등을 거치며 집권 세력 내부를 완전히 평정했다.

끓어오르는 국민들의 불만

야당인 신민당은 1971년 대통령 선거와 총선거를 통해 만만치 않은 세력을 과시했지만, 정통 보수야당 한민당의 맥을 계승했다는 것을 지랑스럽게 내세울 정도로 강한 보수성을 띠고 있었다. 한국의 야당은 계급적 기반에서 집권여당과 차별성을 갖고 있는 것이 아니라 단지 권력의 배분 과정에서 배제된 정치 세력의 집합체였다. 이런 역사적 뿌리와 이념적 동질성 때문에 낮에는 야당, 밤에는 여당인 '사쿠라'가 만발할수 있었고, 야당의 당수였던 유진산은 '왕사쿠라'로 불리곤 했다. 유신 전야의 신민당은 진산파와 반진산파가 따로따로 전당대회를 치를 만큼 분열되어 있어 대중의 기대에 걸맞게 박정희 정권을 견제하거나 수권 세력으로서의 면모를 보여주지 못했다. 박정희는 이런 야당과 의회를 "민족적 사명감을 저버린 무책임한 정당과 그 정략의 희생물이 되어온 대의 기구"라고 조롱했다.[4]

이처럼 보수적이고 분열된 야당은 시민사회의 각 세력을 대변하지 못하고 있었다. 하지만 한국전쟁 이후 20년이 지나고, 박정희 정권이 들어선 후 두 차례의 경제개발 5개년 계획이 마무리되어갈 즈음 한국 사회는 부글부글 끓어오르기 시작했다. 박정희는 1971년 7월 1일, 자신의 세 번째 임기를 매우 어수선한 분위기에서 시작할 수밖에 없었다. 6월 16일부터 시작된 국립의료원 수련의들의 파업은 전국의 국립대학 부속 병원 수련의들에게 급속히 번져나가고 있었다. 수련의 파업이 계속되고 있는 가운데 7월 28일에는 사법파동이 발생하여 전국의 소장 법관들이 사표를 내는 초유의 사태가 벌어졌다. 의사와 법관이라는 한 사회의 정점에 있는 엘리트들이 집단행동에 나선 것이다. 이뿐이 아니었다. 8월 10일에는 지금은 성남시가 된 광주대단지에서 주민 5만 명이 참가하는 대규모 폭동이 일어났다. 서울의 개발과 팽창 과정에서 밀려난 철거민들과 전매 입주자들은 공장을 유치하여 일자리를 제공하겠다는 등의 총선 때의 장밋빛 공약이 전혀 지켜지지 않자, "배고파 못 살겠다. 일자리를 달라", "토지불하가격을 인하하라" 등의 구호를 외치며 관공서와 차량을 불태우고 경찰지서를 습격했다. 당시 언론은 이들이 광주대단지를 공포와 무질서로 휘몰아 넣었다면서도 땅값 인상, 세금 공세에 겹쳐 심한 생활고에 지친 주민들의 축적된 비난이 한꺼번에 폭발한 것이라고 동정을 표시했다.

9월 15일에는 베트남으로 파병되었던 한진상사 노동자 400여 명이 "밀린 임금을 지불해달라"며 서울 중구의 KAL 빌딩에 난입하여 방화하는 등 격렬한 시위를 벌였다. 한편 8월 18일 서울대 문리대 교수들을 선두로 교수들은 대학자주화 선언을 벌여나갔고, 대학생들은 연초부터 격렬한 교련반대 시위를 이어나가고 있었다. 10월 15일 박정희 정권은 경찰력만으로 학생들의 시위를 막을 수 없자 서울 일원에 위수령을 발동하여 군을 출동시켰다. 서울 시내 10개 대학에 무장군인이 진주하고 주요 대학에는 무기한 휴업령이 내려졌다. 학생 1,900여 명이 연행되고, 학내 서클 74개가 해산되었다. 서울대생 내란음모 사건도 이런 뒤숭숭

한 분위기 속에 일어난 것이다. 그러나 1971년을 뒤흔들었던 국내의 이런 저항은 1972년에 들어와 많이 약화되었다.

데탕트와 미군 철수

베트남전을 확대해간 민주당의 존슨 대통령과 달리, 1968년 대통령에 취임한 공화당의 닉슨은 1969년 7월 아시아에 있는 미국의 동맹국은 "스스로가 자신의 방위에 대하여 일차적 책임을 져야 한다"는 것을 골자로 한 닉슨 독트린을 발표했다. 미국은 이 정책에 따라 베트남에서 발을 빼기 시작했고, 한반도에 주둔했던 미군의 철수도 시작되었다. 미군의 철수는 박정희 정권에게는 끔찍한 일이었다. 북에 비해 수십 배 이상의 국력을 보유한 오늘날도 남쪽 사회의 수구 세력은 주한미군의 철수나 전시작전지휘권 이양 문제에 기겁을 하는데, 북쪽의 국력이 남쪽보다 앞섰던 당시 상황에서 미군 철수가 가져온 충격은 가히 메가톤급이었다. 특히 남쪽 사회는 아직 북쪽의 특수부대원들이 청와대를 기습했던 1968년의 1·21 사건과 그해 11월 울진·삼척에 무장공비 100여 명이 침투했던 사건을 또렷이 기억하고 있었다.

박정희와 한국군 장성들은 이북이 '수령님의 환갑잔치'(1972년)는 서울에서 하자고 떠들어댄다며 이를 직접적인 남침 위협으로 간주했지만, 미국의 판단은 달랐다. 휴전선에서의 충돌은 1965년과 1966년 각각 88건과 80건에서 1967년 784건, 1968년 985건으로 급격히 늘어났지만, 이것은 한국군이 베트남전쟁에 깊이 개입하는 것을 견제하기 위한 것이고, 1969년 하반기부터는 북쪽의 도발이 현저히 줄어들었다는 것이다. 쿠바에서 2인자 역할을 하던 체 게바라가 불현듯 볼리비아로 떠난 것은 그의 연설 제목처럼 '둘, 셋, 보다 많은 베트남을 만들어내자'는 의도에 서였다.[5] 박정희는 베트남은 한국전쟁의 제2전선이라며 5만 대군을 보냈는데, 김일성은 기백 명의 게릴라로 한반도를 베트남전쟁의 제2전선으로 만들어 주월 한국군을 철수시키고자 했던 것이다.[6]

박정희 정권은 양치기 소년처럼 북쪽의 전면남침이 임박했다고 떠들어댔지만, 미국은 유신이 선포된 1972년 10월의 한반도 안보 상황은 한국에 매우 유리하게 전개되고 있다고 파악했다. 무엇보다도 남북대화가 진행되고 있었고, 중국과 소련 두 사회주의 강대국은 서로 반목하면서 각각 미국과의 관계 개선을 추구하고 있었다. 이런 데탕트 분위기에서 이북이 중국이나 소련의 지원 내지는 동조 없이 한반도에서 전면적인 군사행동을 감행한다는 것은 상상하기 어려웠다. 박정희 자신도 1971년 신년사에서 "올해부터 앞으로 2~3년간이 국가안보상 중대한 시기가 될 것"이지만 자신은 "이 시기가 결코 위기라고 보지는 않"는다고 말한 바 있다. 이 정도의 도전은 한국의 자주적 능력으로 능히 극복할 수 있다는 얘기다.

한반도 안팎으로 여러 가지 중대한 문제가 발생하자 박정희는 1971년 12월 6일 국가비상사태를 선언했다. 박정희는 같은 해 10월 25일 중국이 대만을 몰아내고 유엔에 가입한 것을 거론하며 정부의 시책은 국가안보를 최우선시할 것이고, 안보상 취약점이 될 일체의 사회불안을 용납하지 않을 것이라고 강조했다. 이어 12월 27일 새벽에는 '국가보위에 관한 특별조치법'을 국회에서 날치기로 통과시켰다. 이 법은 12월 6일에 선포된 국가비상사태를 소급해서 법적으로 뒷받침했을 뿐 아니라 박정희에게 집회 및 시위의 규제, 국론을 분열시킬 수 있는 문제에 관한 언론 및 출판의 규제, 근로자의 단체교섭권 및 단체행동권의 규제 등을

朴大統領, 國家非常事態 선언

安全保障上 重大時點으로 斷定

國家非常事態宣言

朴大統領 談話전문

"모든 行政力

新民 내

무책임한 安保論議삼가야

最惡경우 自由一部도留保

社會不安要素 일체 不容納등 六項

국가비상사태 선언을 알리는 1971년 12월 6일 자 신문. 유신 10개월 전, 이미 박정희는 모든 권력을 틀어쥐고 있었다.

할 수 있는 비상대권을 부여했다. 이 조치를 어기는 자는 1년 이상 7년 이하의 징역에 처하도록 되어 있었다. 유신 10개월 전, 이미 박정희는 모든 권력을 틀어쥔 것이다. 단 하나, 죽을 때까지 대통령을 해먹을 수 있게 해주는 헌법만 빼놓고……. 주한 미국대사 하비브가 유신에 대해 "현 상황을 객관적으로 평가할 때 이러한 조치가 불필요하다는 것은 의심의 여지가 없다"고 냉랭하게 말한 것[7]은 그 당시는 위기 상황도 아니었고, 박정희가 이미 비상대권을 장악하고 있었기 때문이다.

2
친위 쿠데타의 준비,
풍년사업

       유신이라는 박정희의 친위 쿠데타는 극비리
에 준비되었다. 국무총리였던 김종필은 사흘 전에야 주한 외교사절에게
통보해야 한다며 귀띔을 받았고, 박정희의 경호실장이었던 박종규조차
일본 출장 중 한국에 계엄령이 선포되었다는 소식을 들어야 했다.[1] 권력
내부에서 유신의 은밀한 준비공작에 깊이 개입한 이는 박정희, 중앙정
보부장 이후락, 대통령 비서실장 김정렴, 법무부 장관 신직수, 중앙정보
부 차장 김치열, 보안사령관 강창성 등 극소수에 지나지 않는다. 그러나
3선개헌까지 한 박정희가 1975년 임기를 마치고 순순히 권좌에서 내려
올 것이라고 생각한 사람은 없었다는 점에서 박정희가 무언가를 꾸미고
있다는 것은 천하가 다 예상한 일이었다.

  유신의 비밀공작이 본격적으로 시작된 곳은 박정희가 총에 맞아 죽은
바로 그곳, 중앙정보부의 궁정동 안가였다. 유신의 마지막 날에도 김재
규는 딱 30분 전에야 거사에 끌어들인 심복들에게 박정희를 쏘겠다는
결심을 알렸다. 유신의 정점에 서서 모든 정보를 거머쥔 중앙정보부장
이었던 김재규는 무슨 말이든지 일단 입 밖으로 나오면 더 이상 비밀은

없다는 것을 잘 알고 있었다. 절대권력은 반드시 비참하게 몰락한다는 것이 역사의 법칙임을 모든 사람이 알고 있지만 유신의 몰락도 참으로 은밀하게 왔다.

박정희의 영구집권 음모는 3선개헌 때부터 자주 나오던 얘기였다. 특히 1971년 4월 18일 서울 중구 장충단공원에서 열린 대통령 선거 유세에서 김대중 후보는 "이번에 박정희 씨가 승리하면 앞으로는 선거도 없는 영구집권의 총통 시대가 온다는 데 대한 확고한 증거를 가지고 있습니다"라고 주장했다.[2] 아직 유신을 향한 구체적인 준비가 시작되지 않았다는 점에서 확고한 증거를 가지고 있다는 김대중의 주장이 사실에 부합하는 것은 아닐지 모르나, 그의 불행한 예언은 맞아떨어졌다. 박정희 역시 일주일 뒤 같은 장소에서 "내가 이런 자리에 나와 여러분에게 '나를 한 번 더 뽑아주십시오' 하는 정치연설은 오늘 이것이 마지막이라는 것을 확실히 말씀드립니다"[3]라고 한 약속을 불행하게도 지켜버렸다. 그는 유신을 통해 국민들에게서 대통령을 뽑을 권리를 박탈해버린 것이다.

정권의 연막작전

김대중이 총통제 얘기를 꺼내기 일주일 전쯤인 4월 12일 서울대 법대의 형법총론 강의실에서는 서울대 총장을 지낸 유기천 교수가 더는 형법을 강의할 필요를 느끼지 않는다고 선언했다. 그는 법대 학생회장이자 총학생회장인 최회원이 경찰에게 곤봉으로 뒤통수를 맞고 끌려간 사실을 지적하면서, 이는 형법상 미필적 고의에 의한 살인미수인데, 기소되기는커녕 아무도 문제 삼지 않는 현실을 개탄한 것이다. 이어 그는 얼

1971년 4월 25일 서울 장충단공원에서 열린 박정희 후보의 유세. 박정희는 이 자리에서 한 "내가 이런 자리에 나와 여러분에게 '나를 한 번 더 뽑아주십시오' 하는 정치연설은 오늘 이것이 마지막이라는 것을 확실히 말씀드립니다"라는 약속을 불행하게도 지켜버렸다.

마 전 자유중국(대만)을 갔다가 자유중국의 고위층으로부터 지금 한국에서 자유중국의 총통제를 연구하러 온 사람이 있다는 말을 듣고 경악했다는 사실을 고백했다. '임금님 귀는 당나귀 귀'라는 말이 대만의 대나무 숲으로부터 들려온 것이다. 중앙정보부에 의해 내란선동 혐의로 입건된 유기천은 자의 반 타의 반 망명 길에 올랐고, 이 수업이 그의 마지막 수업이 되었다.[4]

1972년 7·4 남북공동성명으로 사람들이 통일의 열기에 휩싸여 있을 때, 국회에서는 박정희의 영구집권에 대한 경고가 연달아 나오고 있었다. 7월 22일 신민당 의원 나석호는 실미도 사건(1971년 8월) 무렵 한국의 헌법학자가 "어떻게 하는 것이 가장 무난하게 행정부 1인집권의 체제를 만들 수 있겠느냐 하는 연구를 해가지고 돌아왔다는 말"을 들었다며, 그가 자유중국은 물론이고 심지어 스페인의 프랑코 정부까지 방문했다고 주장했다.[5] 7월 28일에는 같은 당의 최형우 의원이 "한 모(한태연) 교수와 청와대 특별보좌관 몇 사람이 모 장소에 모여가지고 '드골식 헌법'이라든지 여러 가지를 지금 구상하고 있다"고 주장했다.[6] 최형우와 나석호는 이 질문 때문에 유신이 선포된 다음 보안사에 끌려가 정보의 출처를 대라며 호된 고문을 당해야 했다.[7]

이렇게 솔솔 종신집권을 위한 무언가가 이루어지고 있다는 냄새가 퍼지자 박정희 정권은 연막을 쳤다. 거사를 열흘쯤 앞둔 10월 6일 청와대는 박정희가 국가원수로는 처음으로 11월 13일 일본을 공식 방문하여 천황을 만나고 수상과 회담할 것이라고 발표했다.[8] 일본 외무성도 같은 시간에 이를 발표했다. 박정희 정권은 일본까지 이용해 연막을 피운 것이다. 경호실장 박종규가 일본에 출장을 간 것도 박정희의 방일을 준비하기 위한 것이었다. 박정희의 기만적인 방일 발표는 일본에 엄청난 외교적 결례를 범한 것이지만, 일본은 이 몰상식한 행동에 대해 공식적으로 항의하지는 않았다. 이런 두 나라 간의 유착관계에 대한 박정희 정권의 오만한 자신감이 1973년 8월 김대중 납치 사건을 가져온 것이다.

미국의 묵인

박정희는 유신 쿠데타를 준비하면서 미국과 협의하거나 미국의 재가를 받지 않았다. 국무총리 김종필이 주한 미국대사 하비브를 통해 미국에 공식적으로 계엄 선포와 국회 해산에 대해 통보한 것은 유신 선포 하루 전인 1972년 10월 16일 저녁이었다. 하비브는 뒤늦은 통보에 불쾌해했지만, 국회에서 야당 의원이 공개적으로 비밀공작의 윤곽을 꼬집어 말할 정도로 소문이 파다했던 초헌법적 조치가 곧 취해질 것이라는 점을 미국이 사전에 전혀 감지하지 못했던 것은 아니다. 미국은 이후락, 김종필, 정일권 등 정권의 고위인사들을 통해 박정희의 집권연장 욕구와 계획에 대한 정보를 계속 수집해왔다.

닉슨 독트린을 통해 아시아에서 한 발을 빼기 시작한 미국은 아시아의 동맹국들이 반공독재 체제를 강화하여 미국이 한 발 빠져나간 공백을 메우려는 것을 묵인해줄 수밖에 없었다. 필리핀의 독재자 마르코스는 박정희보다 3주 앞선 9월 21일, 공산주의자와 파괴분자들이 국가적 위기 상황을 촉발하고 있다며 비상계엄령을 선포하고 헌정을 중단시켰다. 마르코스의 독재 체제 강화를 묵인했던 것처럼 미국은 박정희의 독재 체제 강화를 묵인해주었다. 하비브는 미국이 즉시 단호한 조치를 취하지 않으면 박정희가 예정된 수순을 밟는 것을 아무도 말리지 못한다고 보고했지만, "미국이 앞으로 몇 시간 내에 박 대통령의 마음을 돌리도록 만드는 책임을 질 이유는 없다"고 덧붙였다.' 마르코스와 박정희의 시기 선택은 그들로서는 적절했지만, 미국의 외교 당국 입장에서 볼 때는 교활한 것이었다. 미국의 정치판은 대통령 선거로, 일반 시민들은 월드 시리즈로 아시아의 변방에서 벌어지는 일에 관심을 두지 않을 때였다.

미국은 계엄령 선포는 한국의 국내문제이며, 이는 박정희 대통령이 결정해야 할 일이라는 입장을 표했지만, 미리 전달받은 특별선언문에서 닉슨의 '중공' 방문을 특별조치의 동기처럼 서술한 부분을 삭제해달라는 요구로 불쾌감을 표시했다. 발표를 몇 시간 앞둔 최종점검 회의 중 미국의 요구를 보고받은 박정희는 박정희대로 "미국놈들이 안 그랬으면 내가 뭐가 답답해서…… 우리가 거짓말했나……"라며 불쾌해했다. 하지만 국내의 반발도 상당할 텐데 미국과 불편한 관계에 빠지는 것을 피하자는 참모들의 건의로 이 대목을 삭제했다. 일본도 비슷한 반응을 보였다. 일본 역시 일본-'중공' 수교와 다나카 총리의 '중공' 방문이 박정희 친위 쿠데타의 빌미가 되는 것을 원하지 않았던 것이다. 박정희는 자신이 볼 때 유신을 단행하게 된 가장 중요한 동기인 미국, 일본의 대중국 수교 문제를 특별선언문에서 빼게 된 것에 대해 유신이 뼈다귀 빠져 흐물흐물한 '곤냐쿠'가 되었다고 일본 말로 중얼거렸다고 한다.[10] 박정희에게는 흐물흐물한 '곤냐쿠'였지만 그 '곤냐쿠'에 민중들은 멍들고 질식당했다.

공작명 '풍년사업'

유신의 구상과 준비가 언제 시작되었느냐는 것을 두고서도 증언이 엇갈린다. 유신을 정당화하려는 쪽에서는 주로 남북대화 과정에서 북의 유일 체제의 강고함에 자극을 받아 북과 대화하려면 국론이 결집되고 지도자에게 힘이 실려야 한다는 사실을 뼈저리게 절감했기 때문이라고 주장한다. 당사자들이야 스스로 이런 주장을 철석같이 믿었던 게 사실이겠지만, 박정희는, 아니 총칼로 권력을 잡은 자들은 동서고금을 막론하고 다른 사람에게 권력을 내준다는 것은 원래 생각조차 하지 않는 족속들이다. 박정희도 분단국가 한국에서는 미국식 민주주의가 작동하고 있다는 것을 보여야 한다는 미국의 요구로 아시아, 아프리카, 중남미의 다른 군부독재자들과는 달리 선거라는 거추장스러운 절차를 거쳐야 했다. 박정희는 미국의 압력 때문에 군복을 벗을 때 "다시는 이 나라에 본인과 같이 불운한 군인이 없도록 합시다"라며 눈물을 흘렸다.[11] 박정희와 달리 일반 시민 중에는 나도 그 불운한 군인 한번 해보고 싶다는 사람들이 많았다.

아직 힘이 약했던 박정희는 미국의 압박으로 선거를 치러 두 차례 대통령에 당선된 뒤, 헌법을 뜯어고쳐 세 번째 대통령 선거를 치렀다. 박정희는 지난 10년간의 '업적'으로 낙승할 줄 알았지만, 김대중 후보의 도전은 예상외로 거셌다. 1971년 4월 18일 김대중 후보의 장충단공원 유세에는 100만 인파가 몰렸다. 선거 이틀 전 같은 장소에서 열린 박정희의 마지막 유세에 김대중 유세 때보다 적은 인원이 모인다는 것은 공화당으로서는 상상할 수 없는 일이었다. 박정희 유세 때도 꽤 많은 인원이 모였는데 김대중은 "야당 청중은 걸어가고 여당 청중은 차에 실려 간다"고 회고했다. 박정희도 그날 사람들이 많이 모였다는 비서관의 말에 "모였다고? 모이긴 무슨 모여. 그냥 실어다 날랐지"라고 군중 대부분이 관권과 금력에 의해 동원된 것임을 인정했다고 한다.[12] 박정희는 야당 후보의 유세장에 인파가 몰렸을 때 북한 간첩이 경찰 복장을 하고 총이라도 쏘게 되면 걷잡을 수 없는 유혈사태가 벌어지고 북한이 이를 틈타 남침할 수 있다고 우려했다고 한다. 박정희는 수백만 인파를 동원하느라 엄청난 돈을 쏟아부어야 하는 이런 선거가 싫었고, 선거에 대한 혐오감은 북한의 유세장 테러라는 상상의 위험으로 증폭되어 선거 망국론으로 확대되었다. 박정희 측근들은 이 무렵 박정희가 "이제 그따위 놈의 선거는 없어"라고 내뱉는 것을 듣고 섬뜩한 느낌이 들었다고 한다.

흔히 유신의 준비 작업인 풍년사업은 이후락이 비밀리에 평양을 다녀온 직후인 1972년 5월께 궁정동 안가에서 시작되었다고들 한다. 그런데 국가정보원 과거사위원회 시절 찾아낸 보고서는 이보다 훨씬 앞선 1971년 4월에 이미 풍년사업이 진행 중이었음을 보여준다.[13] 이 보고서는 풍년사업의 전모를 보여주고 있지는 않지만, 사업의 일환으로 중앙정보부 요원이 재일동포를 찾아가 국제전화로 한국의 친척들에게 김대중을 찍지 말라고 공작한 내용을 담고 있다. 이 문건은 당시 중앙정보부가 김대중의 당선을 막기 위한 공작을 국내뿐 아니라 국외에서까지 행했음을 보여준다.

이후락의 지시에 따라 중앙정보부 판단기획국 부국장을 팀장으로 하는 5명(1명은 브리핑 차트 제작을 담당하는 필경사)의 비밀공작 팀은 궁정동에 둥지를 틀고 1972년 5월부터 대통령의 비상대권과 종신집권을 가능케 하는 새로운 헌법의 골격을 짜기 시작했고, 박정희는 거의 매주 이후락, 김정렴 등과 함께 이를 검토했다. 앞서 본 유기천 등의 증언으로 볼 때 궁정동 팀의 작업을 위한 자료 수집은 이미 1971년도에 이루어졌다. 궁정동 팀이 마련한 초안은 신직수가 장관으로 있던 법무부로 넘어갔다. 법무부에서는, 박정희가 김지태의 부일장학회를 강탈하여 만든 5 16 장학회의 첫 수혜자인 엘리트 검사 김기춘 등 10여 명의 실무진이 궁정동 팀의 초안을 '헌법'의 형식에 맞게 만들었다. 최형우가 한 모 교수라고 얘기한 전 서울대 교수 한태연은 1972년 비상계엄 선포 후 박정희가 불러 청와대로 가보니 '헌법 개정안'이라 적힌 조그만 메모지를 내밀며 법무부를 도우라는 지시를 내렸다고 한다. 그는 "법무부에 가보니 당시 김기춘 검사가 주도해 초안을 이미 완성해놓은 상태였고 법무부가 '골격에는 절대 손대지 말라'고 해 자구 수정만 해줬다"고 자신의 역할을 축소해서 설명했다.[14] 다른 몇몇 자료들도 김기춘이 법무부 과장으로 있으면서 유신헌법 작성에서 핵심적 역할을 했다고 지목했다. 이에 대해 김기춘은 자신은 과장이 아니라 "평검사로 일하면서 상부에서 시키는 잔심부름 외에는 한 것이 없다"고 해명했다. 김기춘이 이때 평검사였던 것은 맞는데, 그가 법무부 인권옹호(!)과장으로 승진했을 때 신문에서는 "유신체제의 법령 입법과 개정의 공로와 실력이 높이 평가되어 유례없이 발탁"되었다고 썼다.[15] 이 글을 쓰기 위해 포털 사이트에서 '김기춘

유신'으로 검색해보니 대부분의 기사에 접근이 금지되어 있다. 유신으로 출세한 자들이 유신헌법을 자기 손으로 만든 사실을 감추는 것을 보니 유신이 창피한 일이긴 한가 보다.

3
박정희와 일본
– 유신의 정신적 뿌리

　　　　　　아기가 태어날 때 미리 이름을 지어놓는 경우도 있지만, 박정희는 비상조치를 준비하면서 이 조치를 무엇이라 부를지를 미리 정해놓은 것 같지 않다. 이 조치는 한동안 '10·17 특별선언'이나 '10·17 비상조치'라고 불렸다. 이 조치로 탄생한 비상국무회의는 열흘 뒤인 10월 27일, 태어나서는 안 될 이 아이의 이름을 유신이라고 지었다. 유신이란 말은 일본의 메이지유신(明治維新)을 통해 익히 알려진 말이긴 했지만, 역사책에나 나오는 단어였지 이렇게 현실로 툭 튀어나오리라고는 아무도 생각지 못했다. 10월 17일에 발표했던 특별선언에도 일대 '유신적' 개혁이 있어야 한다고 나올 뿐 유신이 특별히 강조된 것은 아니었다.

　원래 유신이라는 말은 중국의 고전인 《시경》의 대아문왕편(大雅文王篇)에서 문왕의 국정 혁신을 칭송하며 "주나라가 비록 오래된 나라이나 (개혁으로) 그 명을 새롭게 했다"(周雖舊邦 其命維新)는 데서 나온 말이다. 《서경》의 하왕윤정편(夏王胤征篇)에도 하왕의 명으로 윤후가 적을 정벌하러 갈 때 "저들 괴수들은 섬멸할 것이로되 협박에 의하여 따른 자는 다스리지 않을 것이며 예전에 물든 더러운 습속을 모두 새로워지도록 해주겠소"(舊染汚俗 咸與維新)라고 한 고사에 함여유신이라는 말이 나온다. 철종이 후사 없이 죽어 조대비가 고종으로 대통을 잇게 하면서 내린 교서에도 함여유신을 강조하여 대원군의 개혁정치를 함여유신이라 부르기도 한다.[1] 박정희의 주변을 맴돌았던 권력형 역사학자 이선근이 원래 대원군 시대를 전공했기에 일부에서는 유신이란 이름을 이선근이 붙인 것이 아닌가 추정하기도 한다. 유신의 전 과정에 깊숙이 간여했던 청와대 비서실장 김정렴은 중국 역사와 한학에 조예가 깊은 박종홍과 그의 제자였던 임방현 두 특별보좌관이 《시경》과 《서경》의 고사를 빌려 10·17 조치를 10월유신이라 부를 것을 건의했다고 밝히고 있다.[2] 철학계의 원로로 오랫동안 서울대 철학과 교수로 재직한 박종홍은 국민교육헌장의 제정과 유신정권의 철학적 합리화에 앞장선 독재 체제의 대표적인 어용지식인이 되어 일부 사람들의 안타까움과 일부 사람들의 부러움과 많은 사람들의 지탄을 받았다.

이선근이 대원군의 보수개혁을 함여유신이라 불렀지만, 정작 이 말은 대원군 자신이 아니라 조대비가 쓴 말이다. 대원군을 몰아내고 고종도 함여유신이란 말을 썼다. 애국계몽운동 시기에도 함여유신이란 말이 쓰인 글이 몇 편 남아 있는데, 대원군의 정치를 언급하는 것이 아니라는 점 등을 볼 때 대원군과 관련하여 함여유신이라는 말이 널리 쓰인 것은 아니다. 유신이란 말은 《조선왕조실록》에만도 500여 회나 나오는 것으로 유교국가의 개혁을 칭하는 일반명사였지만, 근대에 들어서는 메이지유신에만 남고 거의 쓰이지 않던 말이었다. 박종홍이나 이선근이 《시경》, 《서경》이나 대원군을 끌어댄 것은 대중들이 '유신' 하면 당장 메이지유신을 떠올리게 되는 것을 호도하려 한 것으로, 요즘의 유행어로 표현하면 유신이라는 말에 담긴 치명적인 일본색을 적당히 '마사지' 한 것이라 할 수 있다.

메이지유신의 지사들

1972년 10월 이전, 박정희에게 유신이란 메이지유신이며, 유신에 다른 근거를 갖다 붙인 이데올로그들도 이 점을 모르는 것이 아니었다. 당시 중학생이었던 나는 왜 하필 이름을 지어도 메이지유신을 베껴 10월유신이라 지었나 한심하게 여겼지만, 권력의 생리를 모르는 순진한 생각이었다. 유신의 이데올로그들은 박정희가 10·17 특별선언과 10월 24일 유엔의 날 기념식 치사에서 연이어 '유신적 개혁'이란 말을 쓰는 것을 보고 박정희의 속마음에 들게끔 아예 '적' 자를 떼어준 것이다. 이에 비하면 국무총리 김종필은 차라리 솔직했다. 그는 정부가 굳이 비상조치를 유신이라고 이름 붙인 까닭이 무엇이냐는 질문을 받고 "일본의 메이지유신과 정신적으로 통하는 점이 있다"고 답했다.[3]

박정희는 메이지유신에 대한 무한한 경외감을 감추지 않았다. 박정희는 《국가와 혁명과 나》에서 작은 섬나라 일본이 "명치(메이지)유신이란 혁명과정을 겪고 난 지 10년 내외에는, 일약 극동의 강국으로 등장하지 않았던가. 실로 아시아의 경이요, 기적이 아닐 수 없다"며 "금후 우리의 혁명 수행에 많은 참고가 될 것은 부정할 수 없을 것이기 때문에, 본인은 이 방면에 앞으로도 관심을 계속하여 나갈 것이다"라고 천명했다. 박정희에게 메이지유신은 한국이 계속 따라가야 할 모델이었던 것이다.[4]

이보다 앞서 1961년 11월 12일 일본을 방문했을 때 박정희는 전 총리 기시 노부스케 등 일본의 만주 인맥과 아카사카의 요정에서 만나 유창

1961년 11월 미국 방문길에 일본에 들러 이케다 하야토 총리와 환담하는 박정희(왼쪽). 오른쪽 사진은 그가 롤모델로 삼았던 메이지유신의 지사들. 왼쪽부터 기도 다카요시, 야마구치 마스카, 이와쿠라 도모미, 이토 히로부미, 오쿠보 도시미치.

한 일본어로 "나는 정치도 경제도 모르는 군인이지만 메이지유신 당시 일본의 근대화에 앞장섰던 지사들의 나라를 위한 정열만큼은 잘 알고 있다"며 "그들 지사와 같은 기분으로 해볼 생각"이라고 밝혀 동석한 일본 정객들을 흐뭇하게 만들었다.[5] 박정희의 롤모델이었던 메이지유신의 지사들이 누구였을까. 사카모토 료마(坂本龍馬), 다카스기 신사쿠(高杉晋作), 오쿠보 도시미치(大久保利通)와 같이 일찍 암살당하여 신화화된 인물도 있지만, 정한론을 펼친 사이고 다카모리(西鄕隆盛), 조선침략의 원흉 이토 히로부미(伊藤博文), 이노우에 가오루(井上馨), 야마가타 아리토모(山縣有朋) 등이 바로 박정희가 감탄해 마지않은 메이지유신의 지사들이었다. 메이지유신의 지사들과 박정희 사이에 공통점이 있다면 메이지유신을 일으킨 사무라이들은 우리나라의 위정척사파만큼이나 보수적인 입장에서 '존왕양이'를 내걸고 정권을 잡았다가 세계의 현실을 보고 급격히 개화를 추진했는데, 박정희도 처음에는 가난한 농민의 아들다운 소박한 중농정책을 추진하다가 180도 전환하여 수출드라이브 정책을 폈다는 점이다.

다카키 마사오라는 조선 청년

5·16 군사반란이 일어나고 그 실력자가 박정희 소장이라는 소식이 전해졌을 때 일본 정가는 매우 긴장했다고 한다. 극도로 반일적인 자세를 취했던 이승만 정권이 무너지고 일본에 대해 유화적인 태도를 보이는 장면 정권이 들어섰는데 갑자기 군사 쿠데타가 일어난 것은 달갑지 않은 일이었다. 아시아와 아프리카에서 일어난 군사 쿠데타는 대부분 민족주의와 친사회주의 성향을 띠고 있었기 때문이다. 몇 시간 뒤 박정희 사진이 박힌 호외를 본 일본 정객들은 "다카키 마사오(高木正雄) 아냐?"라며 안도의 한숨을 내쉬었다고 한다. 그들은 만주 군관학교와 일본 육군사관학교를 나온 다카키 마사오라는 조선 청년은 잘 알고 있었지만 그의 본명이 박정희인 줄은 몰랐던 것이다. 박정희가 처음 일본을 방문했을 때 만주 군관학교 시절의 교장인 나구모 신이치로(南雲親一郞) 중장에게 큰절을 올린 행위가 일본의 보수 인맥에 던진 메시지는 분명했다.

박정희가 미국의 압력으로 군복을 벗고 선거를 치러 대통령에 취임할 때 일본에서는 자민당 부총재 오노 반보쿠(大野伴睦)를 경축특사로 파견했다. 오노는 1962년 말 서울을 방문하여 박정희와 두 차례 회담을 한 바 있었다. 오노는 도쿄를 떠나면서 기자들에게 "박정희 대통령과는 (피차에) 부자지간을 자인할 만큼 친한 사이"라고 자랑하면서 "대통령 취임식에 가는 것은 아들의 경사를 보러 가는 것 같아 무엇보다도 기쁘다"고 말했다.[6] 당시 양 김씨는 공교롭게도 각각 야당의 대변인으로 활동하고 있었다. 민정당 대변인이었던 김영삼은 "일국의 대통령을 아들에 비유한다는 것은 국가 체면상 용납할 수 없는 것"이라며 "이것은 구보타 망언(1953년 한일회담의 일본 쪽 대표 구보타 간이치로가 일본의 식민지 지배가 조선에 유익했다고 주장) 정도가 아니라 그 몇 배 더한 망언"이라고 규탄했다. 김대중은 민주당·자민당·국민의당 등 3당의 공동 교섭단체인 삼민회의 대변인이었는데 오노가 일본에 들어가 박정희의 대통령 취임사를 '세기적 연설'이라고 치켜세웠다는 말을 듣고는 '아들 자랑'이 심하다고 비꼬았다.[7] 〈동아일보〉는 오노의 망언이 국내에서 뒤늦게 보도된 데 대해 "외신검열에 혈안이 됐던 군사정권이 어째서 이 놀라운 망언기사를 묵인했는지 의문"이라며 "일본 정객들이 한국을 그렇게 얕보는 말"에서 장차 국가운명이 어떻게 될지 섬뜩한 생각이 든다고 논평했다.[8]

오노는 비록 총리를 지내지는 못했지만 중의원 의장을 지낸 일본 정계의 거물로, 망언만이 아니라 "원숭이는 나무에서 떨어져도 원숭이지만, 국회의원은 선거에 떨어지면 ×도 아니다"라는 명언도 남긴 자이다.[9] 그는 일본의 〈중앙공론〉 1960년 1월호에서 일본, 한국, 대만을 합쳐 일본합중국을 만들고 나아가 동남아 국가들을 합쳐 아세아연방을 만들자는, 즉 대동아공영권을 부활시키자는 주장을 하는 자였다. 그는 1962년 말 서울을 방문했을 때 김종필과의 회담에서 독도를 한국과 일본이 '공동영유'하자고 주장한 바 있다.[10] 이런 오노가 박정희와 '피차' 부자관계임을 인정하는 사이였다니 박정희를 아버지로 떠받드는 수많은 뉴라이트들은 오노의 손자가 되는가 보다. 친일파는 근대화의 아버지이고, 이승만은 건국의 아버지이고, 박정희는 근대화의 아버지라니 아버지가 많은 자들은 할아버지도 많은 법이다.

또 하나의 모델, 쇼와유신

박정희에게는 메이지유신 말고도 따라 배운 또 하나의 유신이 있었다. 바로 유산된 유신, 쇼와유신(昭和維新)이다. 군부 내의 급진파 청년장교들과 기타 잇키(北一輝) 같은 초국가주의자들은 메이지유신을 재현해보자고 1936년 2월 26일 천황 친정을 명분으로 군사 쿠데타를 일으켰다. 그들은 조선총독을 지낸 사이토 마코토(齋藤實) 등 대신 여럿을 살해했지만 천황의 복귀명령으로 진압되어 주동자 15명이 사형을 당했다. 이들 황도파 장교들이 5·16 군사반란 이전 박정희의 또 다른 모델이었다. 그는 군부 내의 동료들과 밤새 통음하면서 "2·26 사건 때 일본의 젊은 우국군인들이 나라를 바로잡기 위해 궐기했던 것처럼 우리도 일어나 확 뒤집어엎어야 할 것 아닌가 하고 토로"했다고 한다.[11] 박정희의 술친구였던 소설가 이병주는 박정희가 "일본의 군인이 천황절대주의 하는 게 왜 나쁜가. 그리고 국수주의가 어째서 나쁜가……. 일본의 국수주의 장교들이 일본을 망쳤다고 했는데 일본이 망한 게 뭐냐. 지금 잘해나가고 있지 않나……. 국수주의자들의 기백이 일본 국민의 저변에 흐르고 있어. 그 기백이 오늘의 일본을 만든 거야……. 우리는 그 기백을 배워야 하네"라고 말했다고 회고했다.[12] 의회정치의 타도, 구정치인들의 부정부패 일소, 재벌 해체, 빈부격차 해소 등을 주장한 박정희의 생각은 쇼와유신을 추진하다가 진압당한 황도파 청년장교들의 생각을 빼닮았다. 1930년대 일본의 급진파 청년장교들이 10년 정도의 다이쇼 데모크라시를 못 견디고 뛰쳐나갔다면, 박정희는 1년여에 불과했던 제2공화국의 민주주의 실험이 혼란이라며 판을 깨버렸다.

2002년 월드컵에서 붉은 악마가 '어게인(Again) 1966'을 구호로 들고 나왔다면 쇼와유신의 청년장교들이나 그들의 직계 후배인 다카키 마사오는 '어게인 메이지유신'을 들고나온 것이다. 메이지유신으로부터 70년이 지난 뒤 메이지유신의 영광을 재현하자고 2·26 사건을 일으킨 황도파 장교들은 시대착오적이라는 비난을 받았다. 그로부터 우리가 일제의 지배를 받은 기간만큼인 36년이 지나 다시 '어게인 메이지유신'을 들고나온 것은 더더욱 시대착오적인 일이다. 친일잔재가 청산되지 못했다는 것은 단지 식민지 시대에 고관을 지낸 자가 대한민국에서 또 고관을 지냈다는 것만을 의미하는 것이 아니다. 박정희의 강력한 식민지 체험이 만들어놓은 내면화된 세계관이 해방 30년이 다 되어서 제도로, 체제로 등장한 것이다. 그렇다고 박정희가 황도파의 세계관에 머물러 있었던 것은 아니다. 유신체제가 추진했던 중화학공업화 같은 정책은 황도파보다는 황도파와 대립했던 통제파의 구상에 가까운 것이었다.

헌정사의 변곡점

헝가리 국민들에게는 미안한 일이지만 일각에서는 유신헌법을 헝가리 헌법이라 불렀다. 유신헌법을 만드는 데 깊이 간여한 사람들의 성을 따서 '한갈이 헌법'이라 부른 것이 음이 좀 변한 것이다. 한갈이에서 한은 한태연, 갈은 갈봉근인데 이씨를 두고는 사람들마다 엇갈린다. 누구는 이후락을 들고, 누구는 박정희가 존경했던 군 선배인 이용문 장군의 아들인 검사 이건개를 들고, 또 누구는 유정회 의원을 지낸 교수 이정식을 꼽는다. 유신의 주역이었던 이후락은 한태연, 갈봉근에 비해 역할이 너무 크고, 이건개는 역할이 좀 달랐던 거 같고, 이정식은 1기 유정회에 들지 못한 것으로 볼 때 역할이 너무 작았던 것 같다. 아마도 호사가들이 이씨 한 사람을 더해 헝가리에 운을 맞춘 게 아닌가 싶다.

문헌으로 확인될 수 있는 성질은 아니지만 박정희의 행태를 보면 그는 천황을 꿈꾸었던, 꿈꾸기까지는 아니더라도 몹시 부러워했던 것은 틀림없다. 유신헌법의 긴급조치권을 드골 헌법이나 자유중국 헌법과 비교하지만, 사실 긴급 시에 의회를 거치지 않고 '칙령'을 반포할 수 있는 천황대권이 보장된 메이지 헌법이야말로 긴급조치권의 원형이 아닐까. 제국 일본에서 천황은 엄청난 권위를 지녔지만 그 자신이 헌법에 명시된 국가권력을 실제 행사한 것은 아니었다. 반면 박정희는 1960년대에 이미 절대적인 권력을 장악한 데 이어 유신을 통해 절대적인 권위까지 차지하려 하였다. 이준식이 잘 지적한 것처럼 유신체제하의 한국 사회와 지연스럽게 겹쳐지는 것은 "천황과 황실에 대한 어떤 불경한 언행도 용납하지 않고, 식민지 조선의 독립과 일제의 패전을 입에 올리는 행위 자체를 중죄로 다스리던 일제 말기의 군국주의 통치"였다.[13]

유신체제가 성립된 뒤 한국의 헌정사는 크게 바뀌었다. 4월혁명 직후를 제외하고는 유신 이전에는 '발췌 개헌', '사사오입 개헌' 등에서 보듯이 개헌을 시도하는 쪽은 민주주의를 파괴하려는 쪽이고, '호헌'을 주장하는 쪽이 헌법과 민주주의를 지키는 쪽이었다. 유신을 분기점으로 호헌과 개헌 사이에 공수 교대가 이루어졌다. 박정희는 자유민주적 기본 질서를 파괴하고 헌법을 사유물로 만들었다. 유신헌법은 헌법이 아니었다. 이제 호헌, 그 유신헌법을 지키자는 자들은 독재의 앞잡이이고 개헌을 요구하는 쪽이 민주 세력이 된 것이다.

제2부

헌법 위의 한 사람

1
국회 안의 꼭두각시, 유정회

        1971년 제8대 국회의원 선거에서 신민당이 크게 약진한 것은 박정희가 유신이라는 친위 쿠데타를 단행한 주요한 요인이 되었다. 영구집권을 꿈꾼 박정희에게 강력하고 도전적인 야당이 포진한 국회란 당파 싸움과 국론 분열만 일삼는 비능률적인 공간이었다. 박정희는 몰래 유신을 준비하면서 국회를 무력화하는 방안을 모색했다. 박정희가 고심했던 문제는 두 가지였다. 하나는 국회에서 안정적인 의석을 확보하는 것이고, 다른 하나는 서울 등 대도시에서의 참패, 즉 여촌야도 현상을 해결하는 것이었다. 박정희는 유신헌법에서 대통령이 국회의원 3분의 1을 사실상 임명하도록 해버렸다. 그리고 소선거구제 대신 중선거구제를 도입하여 도시에서도 여당 후보가 야당과 동반 당선될 수 있는 길을 터놓아 여권이 언제나 3분의 2에 가까운 안정적인 의석을 확보할 수 있게 만들어버렸다. 대통령이 국회의원 3분의 1을 임명하게 되면서 비례대표 성격의 전국구의원 제도는 사라졌다.

  대통령의 명령인 긴급조치로 입법권과 사법권을 통제할 수 있는 상황에서 3권분립이란 무의미한 것이었다. 유신체제에서 국회와 법원의 기능은 극도로 위축되었다. 제3공화국 헌법에서 국회에 관한 조항은 제2장 '국민의 권리와 의무'에 이어 제3장 '통치기구'에서 가장 앞에 배치되어 있었다. 유신헌법하에서 국회는 통일주체국민회의, 대통령, 정부 다음의 제6장으로 밀려났다. 회기도 정기국회의 회기는 120일에서 90일로 축소되었고, 임시회를 합하여 연 통상 150일을 초과하여 개회할 수 없다는 규정이 신설되었다. 이렇게 하는 게 박정희에게는 "국회를 활짝 열어놓고 떠들어대는 것보다 훨씬 능률적"으로 보였다. 유신 쿠데타가 일어난 당일도 야당이 열심히 행사하고 있었던 국정감사권은 유신헌법에서는 사라져버렸다. 국회를 없애지 않은 것만 해도 고맙다고 해야 할 지경이었다.

유신헌법 제40조는 대통령이 국회의원 정수의 3분의 1을 통일주체국민회의에 일괄 추천하여 후보자 전체에 대한 찬반을 투표에 부쳐 선출하도록 했다. 형식적으로는 간선의원이지만 사람들은 '관선의원'이라 불렀다. 이렇게 추천받은 국회의원의 임기는 지역구에서 선거로 선출된 의원 임기 6년의 절반인 3년이었다. 국회는 지역구에서 선거를 거친 '민선의원' 146명과 대통령이 임명한 '관선의원' 73명으로 구성되었다. 유신정우회(약칭 유정회)는 이렇게 선출 방식도 다르고 임기도 절반밖에 안 되는 73명의 '여권' 의원들이 모인 교섭단체였다. 유신국회였던 제9대와 제10대 국회에서 의석수로는 원내 제1교섭단체였지만, 정당이 아니니 중앙선거관리위원회가 편찬한 《대한민국정당사》에는 나오지 않는다. 박정희가 죽고 물거품처럼 사라진 유정회에 관한 연구는 놀라울 정도로 이루어지지 않았다.

정당도 아닌 사회단체도 아닌

1973년 2월 27일 유신헌법에 따른 지역구 국회의원 선거가 실시되었다. 공화당은 73개 선거구에서 전원이 당선되었고, 신민당은 52석, 무소속은 19석, 신민당에서 선명야당을 표방하며 떨어져 나간 통일당은 겨우 2석을 얻었다. 구조적으로 야당과 야당 성향의 무소속을 합쳐보아야 임시국회 소집요구 정족수인 3분의 1 의석조차 갖지 못하는 상황에서 신민당이 제 역할을 하기를 기대하기는 어려워 보였다.

선거 일주일 뒤인 3월 5일 박정희는 통일주체국민회의에서 선출한 국회의원 후보자 73명과 예비 후보자 14명의 명단을 발표했다. 배두진, 김진만, 구태회, 김재순, 최영희, 현오봉 등 공천에서 탈락했던 공화당의 중진들 상당수가 구제되었고, 국무총리 김종필도 비서실장 이영근 등 측근들과 함께 이름을 올렸다. 73명의 후보자를 청와대에서 직능별로 분류한 것을 보면 정치인 20명, 예비역 장성 8명, 전·현직 고위공직자 16명, 여성 8명, 언론계 7명, 학계 7명, 교육계 3명, 기타 사회 각계 인사 4명 등으로 되어 있다. 유신헌법을 만드는 데 기여한 한태연과 갈봉근도 이름을 올렸다.

청와대 대변인 김성진은 1) 범국민적 차원에서 여야를 초월 2) 유신이념이 투철한 인사 3) 국가관이 투철한 각계각층의 직능대표 4) 전문지식을 대의정치에 생산적으로 활용할 수 있는 신진 및 중견 인사 5) 농촌개발과 지역사회 발전에 모범이 되는 새마을 지도자 6) 국민교육에 헌신한 교육계 지도자 7) 성실하고 능력 있는 각급 여성 지도자 등을 후보자로 정했다고 밝혔다.[1] 후보의 선정은 청와대 비서실과 중앙정보부, 공화당이 각각 추천한 인물들을 비서실이 통합 정리하여 유력 인사 100여

명의 명단을 작성한 뒤 박정희가 직접 낙점했다고 한다. 청와대는 극도의 보안을 유지해가며 대상자에게 개별적으로 통보했다. 대상자에게 통보가 가던 2월 말에는 여권 인사 상당수가 전화기 앞에서 초조하게 기다렸으며, 후보 명단에 포함되었다는 사실을 통보받은 사람들 중에는 감격에 겨워 우체국으로 달려가 박정희에게 감사전보를 친 사람들도 꽤 되었다고 한다.

박정희는 유신 쿠데타를 단행한 뒤 "구태의연한 국회 운영, 비능률적인 정당운영 방식을 지양해야 할 것"이라고 여러 차례 강조했다. 〈동아일보〉는 유정회 의원 선출에 대한 해설기사에서 "이제 국회는 정당 성격을 띠지 않는 유정회가 견인차 역할을 하고 기성 정당들이 객차 역을 맡는 새로운 형태로 운영될 것"이라고 전망했다. 박정희가 강조해온 "당파가 아닌 총화, 분열이 없는 단결로 운영되는 의정이 바로 유정회를 중심으로 한 국회 운영으로 풀이될 수 있을 것"이라는 것이다.[2] 이것은 정당 중심의 국회 운영을 지양하려는 의도를 뚜렷이 밝힌 것이었다.

유정회는 국회의원 73명을 가진 원내 제1교섭단체였지만 정당도 아니었고 정강정책도 없었다. 그런 점에서 태평양전쟁 당시 일본에서 이른바 '신체제'를 표방하면서 여러 정당들이 해산한 뒤 통합되어 출현한 대정익찬회와 유사하다. 물론 전국의 지방행정 구역에 상응하는 지부를 갖고 거대 '국민조직'을 표방한 대정익찬회와 회원의 자격이 '통일주체국민회의에서 선출된 국회의원'으로 제한된 유신정우회를 동일한 차원에서 비교할 수는 없다. 그렇지만 박정희가 표방한 '한국적 민주주의'에 깔려 있는 정당과 의회에 관한 지독한 편견은 1940년대 초반 일본의 군국주의자들이 정당과 의회정치를 비효율적이고 비일본적인 방식이라고 깔아뭉개던 모습 그대로이다.

유정회는 '멸시와 자격지심의 원내 제1교섭단체'로 우리 정당사에 남았다. 1973년 6월 12일 오전 서울 종로구 수운회관에서 열린 유정회 현판식에 참석한 박정희(왼쪽)의 모습. 오른쪽은 일본 대정익찬회의 현판식 모습.

공화당 의원에게도 외면 받다

공화당과는 별도의 교섭단체로 등록하기로 한 유정회는 "강령이나 정 강정책 등을 나름대로 마련할 것을 구상하였으나 유정회의 조직상 성격 이 정당이나 사회단체가 아니라는 점을 고려"하여 '유신정우회의 정치 적 성격'이라는 '준강령'을 작성했다. 이 문건은 공식 기구에서 확정하 지는 않은 시안이었지만, 소속 의원 전원에게 배포되어 활동의 지침이 되었다고 한다. 이 문건 역시 정당을 비판의 대상으로 삼고 있었다. 정당은 "자체의 경직성에 개발도상국에서 요청하고 있는 국가기능의 능률화"를 저해하고, "근시적 당리당략에 얽매인 정쟁의 폐습으로 국익을 역행"할 뿐이었다. 이 문건은 "유신헌정의 원내 보루"인 유정회의 기본 성격을 대통령이 "정당정치의 폐습을 탈피"하여 초정당적으로 국정을 다룰 수 있도록 하는 데 있다고 강조했다. 이 문건은 또 유정회와 "집약된 국민의 일반의사와 유신이념과의 발전적 조화점"을 찾아야 한다고 강조했다.[3] 유정회 소속으로 국회 부의장을 지낸 구태회는 "유정회는 어느 정당에도 귀속될 수 없는 일반의지의 집결체"라며 "파당으로 금을 그을 수 있는 어떤 계층이나 어떤 지역의 이해를 대변하는 것이 아니라" 국가와 민족의 보통의사를 대변한다고 주장했다.[4] 루소가 일반의지는 대표될 수 없고 인민의 대의원은 인민의 사용인에 지나지 않으며 일반의지의 대표자가 될 수도 없다고 말한 것은 유신체제에서는 통용될 수 없었다. 유신체제에서는 박정희의 뜻이 곧 일반의지였다.

유정회는 원내에서 의석수가 제일 많았지만, 단 한 번도 제1교섭단체의 위상을 스스로 주장하지도, 인정받지도 못했다. 상임위원장 12석을 배분할 때 신민당은 임명직인 유정회에 상임위원장 자리가 돌아가는 것을 반대했다. 유정회는 공화당보다 의석수가 많았음에도 공화당의 절반인 4석만을 배분받았다. 공화당 의원들 상당수는, 낙하산을 타고 와 언제 자신의 지역구로 치고 들어올지 모를 유정회 의원들을 경계했고 능멸했다. 때로 공화당 의원들은 유정회 의원들에 대해 같은 여권이라는 동류의식을 느끼기보다 치열한 선거전을 치르고 당선된 야당 의원들에 대해 더 동질감을 느끼는 듯 보였다. 유정회에 관한 거의 유일한 공식 기록인 《유신정우회사》는 제9대 국회 상임위원장 선출 당시 유정회가 상임위원장 자리에 집착한 것은 "감투싸움이라기보다는 원내에서 유정회의 지위를 확보하기 위한 것"이라고 쓰고 있다.[5]

공화당은 3년 임기의 유정회를 멸시하는 데서 위안을 얻었지만, 국회와 정당정치의 위상이 한없이 추락한 유신체제하에서 공화당의 존재감이 살아날 수는 없었다. 공화당은 김종필, 백두진, 김진만, 구태회, 김재순 등 거물급이 유정회로 자리를 옮겼을 뿐 아니라, 여권 내에서의 무게중심이 확연히 청와대 비서실과 중앙정보부로 옮겨감에 따라 창당 이후 최악의 세월을 보내고 있었다. 이미 공화당도 유정회도 국회도 권력의 핵심에서 멀어져 있었다. 1974년 8월 신민당이 긴급조치 해제 건의안을 국회에 제출하자 공화당과 유정회는 긴급조치라는 성역을 사수하기 위해 필사적인 노력을 기울여 해제 건의안을 법사위원회에서 부결시켰다. 그 며칠 뒤 박정희가 육영수 여사의 피격 사망으로 인한 추모 분위기 속에서 긴급조치를 전격 해제하자 유정회와 공화당은 참으로 머쓱한 처지에 놓이게 되었다.

청와대만을 위한 돌격대

유정회의 위상이 이루 말할 수 없이 떨어졌음에도 그 자리를 노리는 사람은 많았다. 청와대 비서실장 김정렴에 따르면 유정회 의원을 시켜준다고 했을 때 "단 한 사람도 거절하는 이는 없었다"고 한다.[6] 박정희는 관료들과 지식인들, 특히 가장 시끄러운 반대 세력인 교수나 언론인들을 제어하는 데 유정회 국회의원 자리를 적절히 활용했다. 예컨대 박정희는 조선일보사에서 이종식 · 김윤환, 동아일보사에서 최영철, 한국일보사에서 임삼, 경향신문사에서 정재호, 서울신문사에서 이진희 · 주영관·이자헌·박형규, 동양통신사에서 문태갑, 대한공론사에서 서인석·김봉기, 문화방송(MBC)에서 함재훈·김영수, 한국방송(KBS)에서 김진복 등 주요 언론사의 정치부장, 논설위원, 편집국장이나 부국장급 인사들을 유정회 의원으로 대거 발탁했다. 이런 자리를 노리는 권력 지향적인 언론인들은 언론사 내에서 자발적으로 유신에 협조하고, 혹여라도 반체제적인 기사가 나갈까 봐 내부 검열관 노릇을 했다.

3년짜리 비정규직이었던 유정회 의원들은 재임명에 목을 걸었다. 1976년 3년 임기가 끝나고 2기 의원을 추천할 때 1기 중 3분의 1에 가까운 23명이 탈락했다. 또 3년 뒤 3기 의원을 추천할 때는 2기 때의 두 배인 48명이 탈락하고 25명만 살아남았다.[7] 한 언론인은 "체제의 방패역을 자임했던 유정회는 보기에 민망할 정도로 추악한 정치 행태들을 연출해 보였다"고 평가했다.[8] 첫 임기 2년 차가 끝나갈 무렵인 1974년 12월 발생한 정일형 의원 발언 파동 때나 3년을 거의 채운 시점인 1975년 10월에 발생한 김옥선 의원 발언 파동 때 유정회 의원들은 맹활약을 했다. 이들은 유신체제를 비판하는 발언이 나오면 고함과 야유를 보내는데 그치지 않고 단상으로 달려나가 발언자와 몸싸움을 벌이는 일도 마다하지 않았다. 정일형 의원이 고향 땅 선산에서 쟁기질하는 전직 대통령의 모습은 자라나는 젊은이들에게 귀감이 될 거라며 '박정희 대통령은 하야 용의가 없는가'라는 발언을 하자 유정회의 지종걸은 원내 최고령이자 최다선인 정일형을 향해 "저런 ×새끼 봐라"라고 욕설을 퍼부었고, 현역 육군 중장에서 유정회 의원으로 옷을 바꿔 입은 송호림은 정일형을 떠밀었다.[9] 유정회 의원 중 가장 빨리 단상으로 돌진한 정재호는 '정비호'라 불리게 되었다. 야당 의원들은 "유정회 임기 3년이 가까워오니까 볼만하구먼"이라며 혀를 찼다. 유정회 의원이 혹시라도 소신발언을 하는 경우 청와대의 뜻이라는 표시로 총무단이나 누군가가 엄지손가락을 추켜올리면 머쓱하게 발언을 중단하는 일도 있었다고 한다.

1978년 12월의 제10대 국회의원 선거에서 신민당은 의석수에서는 공화당에 뒤졌으나 득표율에서는 1.1퍼센트 앞섰다. 야당의 기세가 오르자 유신정권은 국회에서 신민당의 도전을 용납하지 않겠다는 뜻을 원구성에서부터 밀어붙였다. 국회의장으로 유정회의 백두진을 내정한 것이다. 신민당은 지역구 출신을 제쳐두고 임명직인 유정회 의원이 국회의장을 맡는다는 사실에 격렬히 반발했다. 제9대 국회 때는 유정회가 제1교섭단체였음에도 공화당의 정일권이 국회의장을 맡았기에 이런 갈등을 피해갈 수 있었다. 그러나 여권은 "원내 제1교섭단체가 내정한 의장 후보를 비토했다는 것은 유정회의 생성모태인 유신헌법에 대한 모욕적인 도전장과 같은 것"이라는 입장을 고수했다.[10] 청와대 경호실장 차지철 등이 중심이 된 강경파들은 국회 해산도 불사한다는 설을 흘렸고, 유정회나 공화당은 이러한 강경 기류를 전혀 걸러내지 못했다. 백두진이 의장이 된 유신국회는 신민당 총재 김영삼 의원의 국가관을 문제 삼아 국회의원직에서 제명하는 폭거를 자행했다. 이것은 유신의 종말을 재촉했고, 박정희가 죽은 뒤 유정회는 전두환의 5공헌법이 완성될 때까지 1년에 걸친 긴 장례절차 끝에 사라져버렸다.

2
윤필용 사건

1973년 4월 28일 석간신문은 당대의 세도가로 위세를 떨치던 수도경비사령관(수경사령관) 윤필용 소장이 횡령 등의 혐의로 징역 15년 형을 선고받았다고 보도했다. 이 사건은 박정희 시대를 이해하는 데에서, 나아가 그 뒤를 이은 전두환 시대를 이해하는 데에서 대단히 중요한 의미를 갖는다. 이 사건에 깊이 관련된 전두환이 박정희 사후에 권력을 장악함에 따라 윤필용 사건은 결과론적 해석의 영향을 쉽게 벗어날 수 없게 된다. 윤필용 사건에 대해서는 당사자 윤필용을 비롯하여 사건의 수사 책임자였던 보안사령관 강창성, 사건을 밀고한 서울신문사 사장 신범식 등 관련자 여럿이 상세한 증언을 남겼다. 이를 통해 우리는 사건의 대체적인 윤곽을 파악할 수 있지만, 사건의 전체상을 두고서는 관련자 누구도 명쾌한 증언을 내놓고 있지 못하다. 놀라운 첩보망을 자랑하던 미국도 이 사건에 대해서만큼은 혼돈과 정보 부족에 빠져 있었다. 어쩌면 사건의 전체상을 파악하고 있는 사람은 박정희 한 사람이었는지도 모른다.

유신체제의 성립 과정에서 발생한 윤필용 사건은 박정희가 결코 2인자를 허락하지 않는 성격이고, 박정희의 퇴임이나 후계 체제를 논하는 것 자체가 최고의 불경죄임을 보여주었다. 이미 박정희는 12년 전 선글라스를 끼고 홀연히 등장한 그때의 박정희가 아니었다. 이 사건을 통해 박정희는 권력집단 내부에서 마치 '천황'과도 같은 초월적인 권위를 가진 존재로 등장했다. 천황과 다른 점은, 박정희는 자신의 두 손아귀에 실제 권력을 움켜쥐고 있었다는 점이다. 제갈량이 울면서 마속을 벰으로써 군령의 지엄함을 보이려 하였다면, 박정희는 지난 20년간 자신을 그림자처럼 보좌해온 윤필용을 내침으로써 권력의 냉혹함을 보이려 했다. 권력 자체가 야비한 것인데, 그 권력을 휘두른 권력자는 더 야비했다.

박정희의 분신, 윤필용

박정희는 5사단장 시절에 만난 윤필용을 총애하여 7사단장, 1군 참모장, 군수기지 사령관, 1관구 사령관 등 새로운 보직을 맡을 때 대부분 윤필용을 데리고 갔다. 5·16 군사반란 당시 윤필용은 육군대학에서 수학 중인 관계로 사전 모의에 참여하지 못해 이른바 '혁명주체'가 아니었지만, 박정희와의 개인적인 인연 덕분에 최고회의 의장 비서실장 또는 비서실장 대리로, 육군 방첩대장, 수경사령관으로 20년간 최측근에서 박정희를 보좌했다. 윤필용은 육군 방첩대장으로 있던 1965년 5월 원충연 대령 등이 주도한 쿠데타 모의를 적발하는 공을 세웠다. 원충연은 윤필용이 최고회의 의장 비서실장을 할 때 최고회의 공보실장을 맡았던 박정희의 또 다른 측근이었다. 박정희는 걸리적거리는 군부의 선후배들을 '반혁명 사건'이란 이름으로 잡아들였다. 1960년대 초반에 발생한 수많은 반혁명 사건은 사실 모두 조작된 것인데, 원충연 사건만큼은 병력 동원이 계획된 실체가 있는 사건이었다. 세상을 떠들썩하게 만든 다른 반혁명 사건의 주역들은 모두 금방 풀려났지만, 원충연은 박정희가 죽고 난 다음에야 16년 만에 풀려났다.[1]

육사 8기 중 처음으로 별을 달고 소장으로 진급한 윤필용은 맹호부대장으로 베트남에 갔다가 돌아와 1970년 1월 수경사령관에 임명되었다. 이때 중앙정보부장은 이후락, 청와대 경호실장은 박종규, 보안사령관은 김재규로, 수경사령관 윤필용까지 4인이 박정희 체제를 물리력으로 떠받치고 있었다. 박정희는 이들 네 측근을 적당히 경쟁시키고 서로 견제하게 하면서 권력을 관리했다. 육사 기수로는 2기인 김재규가 8기인 윤필용보다 한참 선배였지만, 나이는 1926년생인 김재규가 윤필용보다 한 살 많았을 뿐이다. 윤필용의 후임으로 방첩대장이 된 김재규는 방첩대를 보안 사령부로 확대 · 개편하면서 윤필용의 사람들을 한직으로 내몰았다. 두 사람의 팽팽한 신경전은 윤필용의 과감한 공격으로 끝이 났다. 수경사 내의 보안부대가 자신의 전화를 도청하고 있음을 눈치챈 윤필용은 1971년 8월 헌병대를 동원하여 수경사 영내의 보안대 사무실을 폐쇄하고 도청 테이프를 압수했다. 김재규는 한 달 뒤 보안사령관에서 해임되어 3군단장으로 나갔다. 이 사건을 계기로 군부 내에서 윤필용의 위상은 더욱 높아졌다.

세간에서는 삼각지 육군본부 외에 윤필용의 수경사를 필동 육군본부라고 불렀다. 김재규가 물러난 뒤 박정희는 국방부 장관이나 육군참모총장 인선 등 군 인사를 윤필용과 상의했다고 한다. 이 때문에 윤필용의 집에는 3성 장군 등 군 선배들이 세배를 오고 육군참모총장이 인사를 오는 웃지 못할 일이 벌어졌다고 한다. 곁에서 보기에는 '김종필이 2인

자다. 이후락이 2인자다. 정일권이 2인자다' 하고 있었지만 진짜 2인자
는 따로 있었던 셈이다.

윤필용의 위세가 등등해지자 여러 가지 구설수도 생기게 되었다.
1968년 1·21 사건 당시 윤필용은 이북에서 침투한 특수부대원 김신조
를 생포한 당일 방첩대 회의실에서 기자회견을 하게 했다. 여기서 김신
조는 침투 목적이 무엇이냐는 질문에 "박정희 모가지 따러 왔시오"라고
답하여 충격을 주었다. 그 후 윤필용은 며칠간 김신조에게 전향교육을
시킨 뒤 깔끔한 옷을 입혀 같이 텔레비전에 나와 그가 얼마만큼 자유대
한에 잘 적응하고 있는지를 과시했다. 김형욱의 중앙정보부는 윤필용이
전과를 과시하려고 무장공비를 영웅으로 만들었다고 아우성을 쳤다.
1971년 6월 27일에는 윤필용의 집 경비헌병에 의해 절도범으로 몰린
한 청년이 사살당하는 사건까지 발생했다. 군 당국은 절도범이 담을 넘
다 발각되어 3회에 걸친 헌병의 수하에도 불구하고 응답이 없어 발사하
게 된 것이라고 주장했으나 가족들은 사인규명을 요구하는 등 논란이
계속되었다.[2]

윤필용이라는 이름은 점차 정치권을 넘어 대학가에까지 알려졌다.
1971년 9월 30일 고려대에서는 대표적인 부정축재자 3인으로 이후락,
박종규와 함께 윤필용을 꼽는 대자보가 나붙었다. 며칠 후인 10월 5일
새벽 수도경비사 헌병 30여 명이 고대에 난입하여 학생 5명을 수경사로
연행해가는 사태가 발생했다.[3] 교련반대 시위가 한창이던 상황에서 군
인들의 고대난입 사건은 잘 타고 있는 불길에 기름을 끼얹은 격이었다.
대학가의 규탄 시위는 걷잡을 수 없이 확산되었고 박정희 정권은 결국
10월 15일 위수령을 발동하여 각 대학은 군홧발에 짓밟혔다.

후계 문제 거론과 권력 암투

유신을 단행하기 이전에도 박정희는 2인자를 용납하려 하지 않았다. 누군가가 조금 치고 나간다 싶으면 다른 측근들의 견제가 집중되었다. 김종필 세력이 칼을 맞았고, 김성곤 등 4인 체제도 몰락했다. 유신을 전후한 시기에 중앙정보부장 이후락의 역할이 증대되었다. 이후락이 평양에 가 김일성을 만나고 돌아와 7·4 남북공동성명을 이끌어내자 그의 대중적 인기는 치솟았다. 유신의 기획과 실행 과정에서 이후락의 역할은 뚜렷했다. 윤필용도 처음에는 이후락을 견제했으나 이후락에 대한 박정희의 신임이 두터운 것을 보고 그와 손을 잡았다. 수경사 참모장이던 준장 손영길은 이후락의 울산농고 후배이기도 했다. 1957년에 박정희의 전속 부관이 된 이래 박정희·육영수 부부의 총애를 받아온 손영길은 박정희 체제의 버팀목이어야 할 중앙정보부장과 수경사령관이 불편한 사이여서는 안 된다고 보고 둘 사이의 화해를 주선했다.[4]

이후락과 윤필용이 가까워지는 것을 정작 그들의 보스 박정희는 바라지 않았다. 박정희뿐이 아니었다. 10년 가까이 경호실장을 맡아온 박종규는 중앙정보부와 같은 방대한 조직을 이끌어보고 싶어 했다. '피스톨 박'이라 불린 박종규가 가장 어려워한 사람은 육영수 여사였다. 육영수는 남편의 외도에 민감한 반응을 보이며 박종규를 몰아세워 박종규는 청와대 본관 올라가는 게 도살장에 가는 거 같다며 힘들어했다고 한다.[5] 청와대 탈출을 꿈꾼 박종규는 김형욱이 물러난 자리를 노렸지만, 중앙정보부장 자리는 김계원을 잠시 거쳐 이후락에게로 갔다. 중앙정보부장을 맡은 이후락은 펄펄 날았고, 윤필용은 세를 키워 까딱하면 그 자리를 이어받을 수도 있는 형편이었다.

김재규의 뒤를 이어 보안사령관을 맡은 강창성은 이후락-윤필용의 구도에 맞서 박종규와 손을 잡았다. 이들 4인 이외에 박정희의 측근 한 사람이 등장한다. 청와대 대변인과 문공부 장관을 지낸 뒤 서울신문사 사장으로 있던 박정희의 골프 파트너 신범식이다. 윤필용이 이후락과 작당하여 박정희가 노쇠하였으니 물러나게 하고 다음은 '형님'(이후락)이 해야 한다는 불경한 소리를 하고 다닌다는 것을 박정희에게 고자질한 이가 바로 신범식이다. 신범식도 자신이 윤필용 사건에서 일정한 역할을 한 것을 부인하지는 않는다. 다만 그는 자신이 골프장에서 박정희에게 윤필용 이야기를 한 것은 유신 직후인 1972년 10월 말이고, 사건이 터져 윤필용이 잡혀간 것은 이듬해 3월로 상당한 시간 차이가 있다는 점을 강조했다. 조갑제는 "이 사건의 꼬투리가 된 신씨의 말과 윤 장군의 구속 사이에 오랜 시간이 흘렀다는 것은 이 사건이 어느 세력에 의해 숙성, 발효되는 과정을 거쳤다는 추정을 가능케 한다"고 보았다. 귀가 얇고 의심이 많은 박정희에게 반이후락 세력이 단결하여 공동보조를 취했다는 것이다. 이후락 자신도 언론과의 인터뷰에서 이 사건의 표적은 자신이었다고 이야기했다.

　박정희로부터 윤필용을 조사하고 필요하면 이후락도 잡아들이라는 특명을 받은 보안사령관 강창성은 뒤에 언론과의 인터뷰에서 자신은 동기생인 윤필용을 구제하고 사건이 이후락으로 확대되는 것을 막기 위해 노력했다고 변명하지만, 실제 일이 진행된 것을 보면 전혀 그렇지 않았다.

　윤필용 장군의 전속부관이었던 예비역 소령 정봉화 씨가 쓴 자서전 《신작로에 남겨진 발자국》에 따르면, 강창성은 겉으로는 윤필용을 돕는 척하면서 도청 장치를 한 음식점으로 윤필용을 불러내 유도신문을 하고 그 내용을 보안사에서 적절하게 가공해 박정희에게 보고했다(그러나 강창성 전 사령관의 유족들은 도청 사실이 허구라고 주장했다. 당시 관계자들에게 문의한 결과 박정희 대통령이 윤필용 사령관에 대한 수사를 전격적으로 지시하자마자 강창성 장군은 이 사실을 듣고 윤필용 사령관을 보안사령관실로 불러서 수사를 통보하고 그다음 날로 수사를 시작했기에 도청을 하고 정보를 가공할 물리적 시간이 없었다는 것이다).

박정희는 윤필용에 대한 안 좋은 이야기를 신범식 한 사람에게서만 듣고 있었던 것은 아니었다. 박정희는 강창성에게 윤필용을 조사할 때 전두환이 내용을 잘 아니, 그를 불러 물어보라고 했다고 한다.

요동치는 권력지형

윤필용이 하나회의 대부였다고 하지만, 하나회를 키운 것이 윤필용만은 아니었다. 전두환과 윤필용의 관계도 흔히 알려진 것처럼 긴밀한 사이는 아니었다고 한다. 윤필용과 가까웠던 것은 오히려 여러 차례 같이 근무한 노태우였다. 연대장으로 있던 노태우는 서울에 오면 윤필용에게 자주 들렀는데 윤필용은 박정희의 건강이 나빠 오래 못 산다느니, 여색은 왜 그리 밝히느냐느니 하는 '불경스러운' 말을 많이 했다고 한다. 이 이야기는 때로는 직접, 때로 전두환을 통해 박종규에게 전달되었고 박종규는 전두환이 박정희에게 직접 이 이야기를 할 자리를 마련해주었다는 것이다.

강창성은 윤필용 등을 조사하는 과정에서 육사 11기 이하의 장교들로 구성된 하나회라는 비밀 사조직이 있다는 것을 밝혀냈다. 강창성은 사건을 확대하여 하나회에 대한 본격적인 수사를 준비했다. 이때 잡혀 들어간 민간인이, 전두환과 노태우의 집권 시절 금융가의 황제로 군림한

재판정에서 고개를 숙이고 서 있는 윤필용. 윤필용 사건의 전모는 박정희만이 알고 있을 것이다. 그런데 윤필용 사건 이후 새롭게 짜인 권력구도가 결국 자신의 죽음을 불러왔다는 것을 박정희는 알고 있었을까?

이원조(당시 제일은행 후암동 지점 차장)였다. 제1공수여단장 전두환은 이원조가 잡혀갔다는 이야기를 듣고 얼굴색이 변하더니 그날부터 여러 날 동안 부대 바깥에 나가지 않았다고 한다. 전두환은 부대 내에 칩거하면서 박종규와 연락했고, 박종규를 만나고 난 뒤에야 비로소 집에 들어갔다고 한다.

수경사 참모장으로 육사 11기의 선두 주자였던 손영길은 조서용지 뒷장에 연필로 침을 발라 꾹꾹 눌러써 언뜻 보면 글씨가 보이지 않는 편지를 몰래 전두환에게 보냈다고 한다. 그는 윤필용이 방첩대장 때부터 데리고 다니던 하사관 최용락이 보안사에서 심하게 고문당하며 쓸데없는 얘기를 많이 해 상황이 복잡해졌다면서 전두환과 노태우에게 밖에서 구명운동에 힘써줄 것을 부탁했다. 손영길은 전두환과 노태우가 위관장교 시절 반혁명 사건에 연루되어 위험한 지경에 빠졌을 때 적극적으로 그들을 구명해준 적이 있다. 그러나 손영길이 곤경에 처했을 때 전두환은 그 자신이 존망의 위기에 처해 있다고 보고 손영길의 구명운동에 나서지 않았다.

위기에 빠진 전두환, 노태우를 구해준 것은 박종규와 서종철(국방부 장관), 진종채(박정희의 대구사범 후배로 전두환의 전임 보안사령관) 등 영남 출신 장성들이었다. 그들은 박정희에게 강창성을 보안사령관에 그대로 두면 "경상도 장교의 씨가 마르겠다"며 박정희 자신이 군대 내의 친위대로 육성한 하나회가 초토화되는 것을 막아달라고 요청했다. 윤필용을 잡은 강창성은 영남 군벌의 반격으로 보안사령관에서 밀려났고 얼마 뒤 예편되었다. 아무리 피의자라지만 일국의 장성을 잡아다 모진 고문을 가한 강창성은 전두환 등 신군부가 집권한 뒤 감옥에서 삼청교육을 받았다.

윤필용은 크게 보면 쿠데타 음모, 작게 보면 불경죄로 잡혀갔지만, 박정희와 강창성은 그를 파렴치한 부정축재자로 처벌했다. 박정희의 여색을 거론한 괘씸죄 때문인지 사건의 판결문이나 배경에 대한 해설은 이들이 '탕녀나 유녀들과 어울려 방탕 생활을 일삼'았고, 치부와 엽색 행각을 했다며 '1951년도 민족의 이름으로 단죄된 국민방위군 사건 피고인들이 무색할 인면수심의 향락을 만끽'했다고 비난했다. 〈동아일보〉는 사설에서 '차마 귀로 들을 수도 없고 차마 눈으로 볼 수도 없으며 입으로 차마 말할 수도 없는 내용과 그 소행들이 판결문 속에 점철'되어 있다고 썼다.[6] 윤필용은 사건이 보안사에 의해 고문으로 조작된 것이라는 이유로 최근 재심에서 무죄판결을 받았다. 이 재심은 윤필용 자신이 아니라 그가 사망한 직후에 아들이 청구한 것이다. 자신의 주군이 가한 모진 형벌을 끝까지 감수하겠다는 것은 윤필용의 마지막 충성이었을까,

오기에 찬 보복이었을까?

윤필용 사건으로 방아쇠가 당겨지면서 굵직굵직한 사건들이 연쇄적으로 일어났고, 그 여파로 박정희 주변의 권력구도가 크게 변화했다. 청와대 비서실장 김정렴을 제외하고는 핵심 측근들 모두가 엄청난 소용돌이 속에 빨려 들어갔다. 윤필용은 감옥으로 갔고, 중앙정보부장 자리에서 물러나 있던 김형욱은 윤필용이 잡혀가자 바로 명예박사 학위를 받는다는 핑계로 대만으로 빠져나갔다가 미국으로 망명해버렸다. 이후락은 윤필용 사건으로 흔들린 입지를 만회하기 위해 김대중 납치 사건에 적극 나섰다가 교체되었고, 강창성은 토사구팽당했다. 김대중 납치 사건은 재일동포 사회에 반박정희 정서가 폭발하도록 하여 문세광의 박정희 저격미수(육영수 서거) 사건을 낳았고, 경호실장 박종규는 이 책임을 지고 사임했다. 그 후임자가 된 것이 차지철이고, 중앙정보부장 자리는 신직수를 거쳐 김재규에게 돌아갔다. 박정희의 죽음을 가져온 구도는 박정희 자신만이 전모를 알고 있는 윤필용 사건에서부터 짜인 것이다.

3
김대중 납치 사건

김정일 국방위원장이 2002년 북일 정상회담에서 일본인을 납치해간 사실을 인정한 이후 일본에서는 이북이 납치국가로 손가락질을 받고 있다. 이북이 일본인을 납치해간 것은 백번 잘못한 일이겠지만, 과거 일본이 수백만의 젊은이들을 징병으로, 군 '위안부'로 납치해간 것을 생각한다면 이북만 일방적으로 납치국가로 몰리는 것은 안타까운 일이다. 그런데 1970년대 초반에는 이북이 아니라 한국이 김대중 납치 사건 때문에 일본에서 납치국가로 손가락질을 받았다. 중앙정보부는 그 6년 전 독일과 프랑스에서 윤이상, 이응노, 정규명 등 해외동포 지식인과 유학생 수십 명을 납치해왔다가 국교 단절 일보 직전까지 가는 곤욕을 치른 바 있는데도 또다시 우방국의 수도에서 대통령 후보를 지낸 야당 지도자를 납치하는 일을 저질렀다. 동백림(동베를린) 사건 당시의 중앙정보부장 김형욱이 일단 목표가 정해지면 물불을 가리지 않는 성격이었다면 '김대중 납치 사건' 당시의 중앙정보부장 이후락은 비상한 두뇌 회전으로 유명한 사람이었다. 천하의 꾀보 이후락이 이끄는 중앙정보부는 왜 김대중 납치 사건과 같은 무리수를 두었던 것일까?

박정희는 1971년 대통령 선거에서 맞붙기 전부터 김대중을 몹시 싫어했다. 1967년 총선에서는 김대중을 낙선시키기 위해 목포에서 국무회의를 열고 온갖 장밋빛 공약을 내걸고 급기야는 자신이 군중집회의 연사로 나서기까지 했다. 1971년 대통령 선거에서 박정희는 예상 밖의 고전 끝에 김대중에게 간신히 승리하고는 다시는 이런 선거를 치르지 않도록 유신 친위 쿠데타를 단행한 것이다. 그때 김대중은 선거 기간 중 의문의 교통사고로 다친 다리를 치료하기 위해 일본에 와 있었다. 1971년 4월의 대통령 선거가 끝난 이후 김대중이 일본으로 출국하는 1972년 10월까지 1년 반 동안 중앙정보부가 작성한 김대중 동향내사 보고가 무려 1,100여 건이니, 대략 하루 두 번꼴로 동향 보고를 할 만큼 김대중은 밀착감시를 받아왔다.[1]

김대중은 야당 의원들마저 잡혀가 고문을 당하는 현실에서 국내에서는 활동의 여지가 없다고 생각하고 국외에서 반유신 민주화운동을 벌이기로 결심했다. 그리고 미국과 일본을 오가며 한국민주회복통일촉진국민회의(한민통)의 결성을 위해 노력했다. 배동호, 김재화, 정재준, 곽동의 등 민단에서 이탈한 재일동포들과 함께 한민통 일본본부 결성을 추진해온 김대중은 미국으로 건너가 1973년 7월 6일 워싱턴에서 한민통 발기인 대회를 마친 뒤 7월 10일 일본으로 돌아와 한민통 일본본부 결성을 본격적으로 추진했다. 김대중은 대한민국 절대지지와 선민주 후통일 원칙을 고수한다는 입장을 견지했다. 김대중은 민단 이탈파 재일동포들에게 조총련과 선을 그어야 한다며 8월 15일로 예정된 조총련과의 경축 행사도 중지하도록 요구했다. 국내에 돌아가 활동해야 할 김대중은 혹시라도 흙탕물이 튈까 봐 이렇게 조심했지만, 민단 이탈파를 베트콩이라 부르던 중앙정보부는 색안경을 끼고 김대중을 보고 있었다. 주일 공사 김재권(본명 김기완)이 책임자로 있던 중정의 일본 조직은 김대중이 주한미군 철수와 박정희 독재정권에 대한 지원 중단을 호소했다거나 평양 방문을 추진한다는 등 잘못된 첩보를 본부로 계속 타전했다. 유신 이후 국내의 야당, 학생운동, 재야, 언론 모두가 침묵한 가운데 해외에서 김대중만 홀로이 반유신운동을 활발히 전개하고 있었다. 박정희 정권은 김대중만 떠들지 못하게 만들면 반유신운동은 사라질 것이라 생각했다.

이후락인가 박정희인가

김대중 납치 사건에서 풀리지 않는 쟁점은 두 가지이다. 하나는 김대중의 납치가 박정희의 지시를 이후락이 실행한 것인지, 아니면 윤필용 사건으로 궁지에 몰린 이후락이 박정희의 신임을 회복하기 위해 단독으로 저지른 것인지이다. 또 다른 하나는 이 사건의 원래 계획이 김대중 살해인지, 단순 납치인지 여부이다. 내가 말석을 차지했던 국정원 과거사위원회에서도 이 문제를 조사했지만 박정희가 김대중의 납치나 살해를 지시했다는 문건을 찾을 수는 없었다.[2] 아마도 그런 문건은 애초부터 존재하지 않았을 것이다. 히틀러의 서명이 담긴 지시문건이 없어도 우리는 유대인 학살이라는 끔찍한 일이 히틀러에 의해서 자행되었다는 사실을 확실하게 알고 있다. 조폭의 세계에서도 살인의 교사는 묵시적인 형태로 이루어지는 경우가 많다. 해치우고 싶은 미운 놈이 있을 때 형님이 아우들에게 "저놈 죽여라" 하고 꼭 집어 얘기하는 경우는 거의 없다. "나는 저놈만 보면 소화가 안 돼", "나는 저놈만 보면 밥알이 곤두서" 같은 얘기를 하면 밑에서 알아서 해줘야 하는 것이다. 사인을 보내도 반응이 없으면 "귀신은 뭐하나, 저런 거 안 잡아가고" 하고 강도를 높이고, 그래도 반응이 없으면 밑의 사람들을 "밥값도 못 하는 놈들"이라고 구박한다. 아우들이 일을 저질러 경찰이나 검찰이 형님을 교사범으로 몰면 펄쩍 뛰며 "나는 그저 소화가 안 된다고 했을 뿐"이라며 소화가 안 된다면 소화제를 사다 줘야지, 왜 애먼 사람을 칼로 찌르냐고 짜증을 내면 된다. 박정희 주변 인사들이 입을 모아 김대중이 납치되었다는 소식에 박정희가 "이후락이 시키지도 않은 일을 했다"고 짜증을 냈다며 "각하는 그러실 분이 아닙니다"라고 박정희를 옹호하는 모습은 조폭 업계의 형님동생 사이에서 흔히 보게 되는 광경과 매우 유사하다.

이후락이 중앙정보부 해외담당 차장보 이철희(이철희·장영자 어음사기 사건의 바로 그 이철희!)에게 김대중에 대한 특단의 조치(최소 납치)를 지시했을 때 이철희는 1967년 동백림 사건으로 해외공작이 어려워졌다며 펄쩍 뛰었다. 이후락은 열흘 뒤 이철희를 다시 불러 "김대중을 데려와야겠다. 데려오기만 하면 그 후의 책임은 내가 지겠다. 나는 뭐, 하고 싶어서 하는 줄 알아?"라며 강력히 지시하여 이철희는 해외공작국장 하태준과 일본 현지의 중정 책임자인 주일 공사 김재권 등을 불러 공작 계획을 수립했다.[3] 이철희의 증언에 따르면 김재권 역시 반발했으나 "내 선에서 처리할 사안이 아니니 반대 의견을 부장께 직접 말하라"고 했고, 김대중을 직접 납치한 윤진원도 김재권이 "박 대통령의 결재 사인을 확인하기 전에는 공작을 추진할 수 없다"며 버텼다고 증언했다. 처음에 극력 반대하던 이철희나 김재권이 결국 김대중 납치 사건의 계획 수립과 현지 공작에서 각각 총책임자 역할을 수행했다는 것은 이들도 결국 김대중 납치 계획이 이후락 선을 넘어 박정희 선에서 나왔다는 것을 어떤 경로로든지 확인했다는 것을 의미한다.

혼돈 속의 실행 준비

김대중이 7월 10일 일본으로 돌아오자 해외공작국은 주일 파견관에게 김대중의 동향을 집중적으로 감시하라는 지침을 내렸다. 중정이 김대중에 대한 공작 계획을 구체적으로 준비한 것은 이 무렵의 일이다. 김대중에 대한 공작은 일본에서 이루어지는 것이기 때문에 공작 계획의 수립은 본부가 아닌 일본 파견관들이 담당했다. 주일 공사 김재권은 주일 대사관 일등 서기관 신분으로 위장하고 있던 김동운에게 공작 계획의 수립을 지시했다. 김동운이 본부에 보낸 전문에 따르면 그는 'KT공작 계획안'(KT는 당시 중앙정보부에서 김대중을 지칭하던 약어)을 7월 19일 특별 파우치(재외공관 주재국 정부나 제3국이 열어볼 수 없도록 국제법으로 보장하는 외교행낭) 편으로 서울로 보낸 뒤 21일 서울로 와 계획안의 내용을 직접 보고했다. 김동운의 계획안을 접수한 차장보 이철희와 해외공작국장 하태준은 해외공작단장 윤진원과 함께 계획을 검토했다.[4] 윤진원은 당시 현역 육군 대령으로 이철희의 특수공작부대(HID) 후배였다.

김대중 납치 사건이 김동운이 작성한 'KT공작 계획안' 대로 진행된 것은 아니다. 이 문건은 당시 중앙정보부가 어떤 수준에서 김대중에 대한 공작을 준비하였는지 파악할 수 있는 결정적인 문건이지만, 불행히도 현재 남아 있지 않다. 이 문서의 내용을 둘러싸고 이철희, 김동운, 윤진원의 증언은 서로 엇갈리고 있다. 윤진원에 따르면 이 계획의 제1안은 야쿠자를 이용하여 김대중을 납치한 뒤 파우치로 데려오는 것이고, 제2안은 야쿠자를 이용하여 김대중을 제거(암살)하는 것이었다. 김동운은 야쿠자를 이용하려는 계획을 세운 것은 맞지만 처음부터 단순납치 계획을 세운 것으로, 살해하는 방안은 검토한 적이 없다고 주장했다. 윤진원은 아무리 외교행낭이라도 사람을 옮기는 것은 불가능하고, 또 야쿠자를 이용하는 것은 살해든 납치든 정부가 두고두고 야쿠자에게 약점을 잡히게 되어 보안상 불가능하다며 김동운의 계획에 반대했다고 한다.[5] 결국 본부에서는 김동운이 제안한 야쿠자 이용 방안 대신 주일 파견관을 동원하여 공작을 실행하는 것으로 하고 현장의 실행 책임자로 윤진원을 추가 투입했다.

윤진원과 김동운이 일본에 온 7월 21일부터 중앙정보부는 일본 파견관 전원을 동원해 주요 호텔에 잠복하여 김대중의 동향을 24시간 감시했다. 그러나 김대중의 동선을 파악하는 것은 쉽지 않았다. 김대중과 그의 측근들은 김대중의 신변 안전에 각별한 신경을 기울였고, 그의 동선은 극비에 부쳐져 있었다. 주일 파견관들은 여러 정보원을 협조자로 활용하면서 김대중을 유인하여 납치하려는 계획을 세웠으나 번번이 실패했다. 7월 31일 밤에는 김대중이 한 식당에 출현했다는 제보에 윤진원과 주일 파견관 6명이 긴급 출동했지만, 이미 김대중은 식당을 떠난 뒤였다. 본부에서는 차장보 이철희가 주일 공사 김재권에게 계속 전화를 걸어 "그 물건(김대중) 빨리해 보내라"고 계속 독촉했다. 중앙정보부는 점차 초조해졌다. 김대중은 8월 13일 한민통 일본본부 결성식을 치르고 곧 미국으로 건너가 하버드 대학에서 수학할 예정이었다. 김대중이 미국으로 건너간다면 김대중을 처리할 기회는 물 건너가는 셈이 된다.

본부의 독촉에 처음에 소극적이었던 김재권도 적극적으로 나섰다. 김재권은 주한 미국대사인 성 김의 아버지인데 성 김이 대사로 지명되었을 때 한국 언론은 김재권이 김대중 납치 사건에 반대했다거나 단순 연루된 것 정도라고 서술했지만 이는 사실과 다르다. 그가 처음에 반발했던 것은 사실이지만 그는 곧 입장을 바꿔 현지 책임자로서의 역할을 충

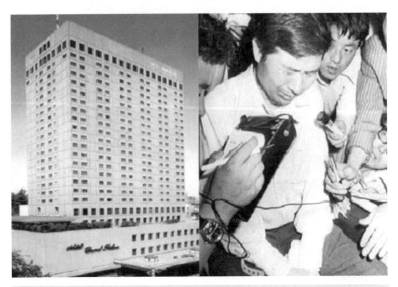

1973년 8월 8일 중정 요원들이 김대중을 납치했던 일본 도쿄의 그랜드팔레스 호텔(왼쪽). 오른쪽은 가까스로 납치에서 풀려난 뒤 자택으로 돌아와 울먹이며 기자회견을 하는 김대중의 모습.

실히 수행했다. 김재권은 8월 8일 김대중이 일본을 방문 중인 통일당 당수 양일동을 만나러 양일동의 숙소 그랜드팔레스 호텔 2211호를 방문할 예정이라는 정확한 정보를 이틀 전인 8월 6일 입수하여 윤진원 등 행동대가 김대중을 납치하는 데 결정적인 기여를 했다. 김재권은 1958년 공군 정훈감 시절 민항기인 KNA기에 탑승했다가 비행기가 간첩에게 납북되는 바람에 평양으로 끌려갔다가 2주일 만에 풀려난 일이 있다.[6] 납치되었던 자가 15년 뒤에 납치범이 된 것이다.

김대중을 그랜드팔레스 호텔에서 직접 납치한 사람들은 이미 여러 자료에서 나타난 바와 같이 해외공작단장 윤진원, 주일 대사관 참사관 윤영로, 일등 서기관 홍성채·김동운, 이등 서기관 유영복·유충국 등이고 일등 서기관 한춘은 현지정찰 임무를 수행했다. 이들 '행동대원'은 젊은 말단 직원들이 아니었다. 당시 직급으로 윤영로와 한춘은 이사관인 2급 갑, 홍성채·김동운·유영복은 부이사관인 2급 을, 유충국만 서기관인 3급 갑으로 모두 상당히 고위직에 이른 인물들이었다.[7] 그런데 이들은 경험이 풍부한 베테랑 정보요원이라 하기에는 너무나 어설퍼 납치 현장에 수많은 유류품과 육안으로 봐도 뚜렷이 보이는 지문을 남겨 놓는 결정적인 실수를 저질렀다. 'KT공작 계획안'의 작성자 김동운이 남긴 이 어처구니없는 지문을 두고 일각에서는 김대중 납치에 반대하는 정보부원이 일부러 지문을 남긴 것이 아니냐고 추측하기도 했고, 일본 기자들은 김대중 납치 사건을 300엔짜리 사건이라고 비아냥거렸다. 300엔짜리 목장갑만 끼었어도 한국 정부가 그렇게 곤욕을 치르지는 않았을 것이라는 뜻이다.

이들은 또 현장에 권총 탄창, 대형 배낭, 마취제가 든 영양제병 등 여러 점의 유류품을 남겼는데 그중에는 이북 담배가 포함되어 있어 정보부가 김대중 납치를 이북의 소행으로 덮어씌우려 했다는 추측을 낳기도 했다. 정보부원들은 원래 양일동이 묵는 2211호의 옆방인 2210호실을 예약했는데 마침 앞방인 2215호실의 문이 열려 있어 두 방에 나눠서 대기했다. 그중 2215호에 우연히 이북 담배가 있었다는 것이고, 다량의 유류품을 남기게 된 것은 복도에서 김대중을 배웅 나온 통일당 김경인 의원과 마주쳐 그렇게 되었다고 한다. 2210호실에 있던 납치대원들이 급하게 김대중을 끌고 내려가면서 2215호실에 있던 감시조가 뒤처리를 해줄 것으로 생각했는데, 감시조는 2210호실 상황을 보지 않고 그냥 빠져나와 버렸다. 너무나 어설펐지만 어쨌든 납치는 성공했고, 중앙정보부원들은 일본 경찰의 감시망을 따돌리고 도쿄를 빠져나와 무사히 공작선 용금호가 대기 중인 오사카에 도착하여 김대중을 국내로 실어 보냈다. 그렇다면 김대중 '납치' 사건은 성공한 공작일까?

성공한 납치, 실패한 살해

사건의 피해자인 김대중이 제15대 대통령으로 취임하기 직전인 1998년 2월 19일 〈동아일보〉가 특종 보도한 'KT공작요원 실태조사보고'를 보면, 이 사건에 깊게 관련된 인물들이 모두 다 중앙정보부 요원으로 현직에 있었지만, 유독 윤진원만은 옷을 벗었고 명예회복을 강력히 원하고 있었음을 알 수 있다. 일본 경찰의 추적을 완벽하게 따돌리고 김대중을 서울로 실어 보낸 윤진원은 왜 물을 먹어야 했던 것일까?

원래 윤진원은 도쿄에서 김대중을 납치하여 오사카로 이동하면서 시가 현 오쓰(大津)에서 오사카 총영사관에 나와 있는 중정 요원들에게 김대중을 인계하기로 되어 있었으나 이들과 길이 엇갈려버렸다. 오사카 요원들에게 김대중을 넘기는 데 실패한 윤진원은 할 수 없이 오사카의 중정 요원들이 운영하는 안가로 김대중을 데려갔다.[8] 윤진원은 이 무렵 마음속으로 심한 갈등을 겪고 있었다. 처음 그는 김대중을 오사카 요원들에게 넘기고, 오사카 항에 대기 중인 중정 공작선 용금호를 타고 일본을 빠져나가려고 했다. 그러나 오사카 요원들이 나타나지 않아 자신이 김대중을 데리고 있는 기간이 길어지면서 점점 불안해진 것이다. 자신의 손으로 처리해야 한다면 토막 살인을 하기에도 충분한 시간이 있었다. 오사카 요원들에게 넘겨 그들이 김대중을 처리한다면 자신은 '납치'만 한 것으로 먼 훗날에라도 제한적인 책임만 져도 되지만, 자기 손으로 김대중을 살해해야 한다는 것은 너무나 큰 부담이었다. 윤진원은 김대중을 자신이 일본을 빠져나올 때 쓰려고 대기시켜놓았던 용금호에

납치한 김대중을 오사카 항에서 부산항으로 실어 보낸 중앙정보부 공삭선 봉금호.

실어 보내고 자신은 일본에서 잠적해버렸다.[9] 용금호에 실린 김대중이
한국 영해로 들어가는 순간 김대중에 대한 관리책임은 '해외공작단장'
인 자신의 관할 밖으로 나가게 되는 것이다. 윤진원은 김대중을 죽이든
살리든 그 책임을 이후락이나 박정희에게 떠넘긴 것이다. 김대중 납치
가 공작의 궁극적인 목표였다면 윤진원은 의기양양하게 김대중을 잡아
다 자신이 직접 이후락이나 박정희에게 바쳤을 것이다.

　박정희도 이후락도 명시적으로 윤진원에게 김대중을 죽여버리라고
지시하지는 않은 것으로 보인다. 박정희는 그저 중앙정보부는 뭐하고
있느냐고, 김대중 하나 떠들지 못하게 못 하느냐고 했을 것이다. 그러면
공작단장인 윤진원 차원에서 알아서 '처리' 해줘야 하는데 윤진원은 김
대중이 도쿄에서 더 이상 떠들지 못하게 하는, 딱 거기까지만 하고 골칫
덩어리를 산 채로 '진상' 하는, 박정희나 이후락이 보기에 정말 '진상'
을 떨어버렸다. 윤진원은 김대중을 납치한 흉악범이지만, 동시에 김대

중이 살아남을 수 있는 묘책을 만들어낸 것이다. 김대중이 살아날 수 있었던 것은 윤진원도 이후락도 박정희도 모두 자기 손에 피를 묻히기 싫어했기 때문이다. 김대중이 '숨 쉰 채' 부산 앞바다에 들어왔다는 보고를 받았을 때 박정희나 이후락이 지었을 표정은 가히 예술 작품이었을 것이다. 고양이를 키우는 사람들은 고양이가 쥐를 잡아다 주인에게 '나 잘했지' 하고 가져다주어 기겁하는 일이 가끔 있다고 한다. 윤진원은 이런 멍청한 고양이가 아니었다. 그는 용금호에 김대중과 같이 타지 않고 일본에서 잠적해버렸다가 김대중이 살아서 집으로 돌아갔다는 소식을 듣고야 중앙정보부에 연락을 취했다. 윤진원이 취한 행동은 사실상 자신을 처벌한다면 그냥 일본에 망명해버리겠다는 의사를 표명한 것이다. 본부에서는 하태준 국장을 일본에 보내 윤진원에게 직접 신변안전을 보장하여 귀국시켰다.

꼬여가는 한일관계

김대중 납치로 한일관계가 꼬여가자 박정희는 연일 짜증을 냈다. 중앙정보부 일각에서는 "납치 때와 마찬가지로 김대중을 도쿄로 갖다놓으면 될 게 아닌가 하는 아이디어가 나왔다"고 한다. 이철희 등 납치 사건 책임자가 윤진원에게 "도로 갖다놓을 수 없느냐"고 말을 꺼냈다가 윤진원이 "권총을 빼 들고 '너 죽고 나 죽자'고 대들기도 했다"고 한다. 특수공작부대 출신의 현역 육군 대령으로 당시 대북공작에서 맹활약했던 윤진원은 결국 장성 진급에 실패했고, 그가 이끌던 해외공작단도 해체되었으며 그 역시 중앙정보부에서 물러나야 했다. 김대중 납치 사건의 목표가 '납치'가 아니었으며, 김대중을 납치해 서울로 데려온 것이

'성공'한 공작이 아니었음을 이보다 더 잘 보여줄 수는 없다.

눈은 테이프로 가리고 손발은 묶이고 입에 재갈이 물린 채, 김대중은 용금호의 화물창에 감금되었다. 김대중은 이때 중앙정보부원들이 자신을 바다에 빠뜨려 죽이려 했는데 미국 비행기가 나타나 중정 요원들이 자신을 죽일 수 없었다고 주장해왔다. 국가정보원 과거사위원회에서도 이 문제를 조사했지만, 미국 중앙정보국(CIA)이나 일본 경시청 등에서 김대중을 구하기 위해 비행기를 파견했다는 근거는 찾아볼 수 없었다. 당시 CIA 한국 책임자로 김대중을 살리기 위해 노력했던 도널드 그레그 전 주한미국대사 역시 미국은 어떤 비행기도 띄운 바 없다고 일관되게 증언하고 있다. 젊은 시절 해운업을 했던 김대중은 배의 움직임만으로 노 크기와 성능을 알 수 있었다면서 확실히 비행기 소리를 들었다고 주장했다. 생사의 기로에서 예수님까지 만날 수 있었던 김대중의 체험은 그 자체로 존중받아야 할 것이다.

용금호에 실려 납치 다음 날인 8월 9일 오사카를 떠난 김대중은 8월 10일 밤 부산항 외곽에 도착하여 하루를 보내고 11일 밤 하선하여 의사의 간단한 진찰을 받은 뒤 구급차를 타고 서울 모처의 중앙정보부 안가로 옮겨졌다. 박정희 정권은 김대중을 살려서 집으로 돌려보낼 수밖에 없었다. 8월 13일 밤 저들은 김대중을 동교동 자택 앞에 풀어주었다. 1972년 10월 11일 집을 떠난 지 10개월 만에, 납치된 지 엿새 만에 김대중은 자기 손으로 자택의 "초인종을 눌렀다. 막 퇴근한 가장처럼".[10]

김대중은 돌아왔지만, 한일관계는 최악의 상황으로 달려가고 있었다. 한국은 1967년 동백림 사건 당시 독일과 프랑스에서 한국 지식인과 유학생들을 납치하여 국내로 이송했다가 국교 단절 일보 직전까지 가는 곤욕을 치렀다. 그런데도 중앙정보부가 일본에서 또다시 납치 사건을 저지른 것이다. 이는 한편으로 박정희가 얼마나 심하게 김대중 문제로 중앙정보부를 압박했는지를 보여주는 것이지만, 또 다른 한편으로는 한국 정부가 일본과의 관계에서 특별한 자신감을 갖고 있었다는 점을 말해준다. 김대중 납치 사건의 총책임자인 이후락은 중앙정보부장이 되기 전 1년 남짓 짧은 기간이지만 주일 대사를 지낸 일본통이었다. 만약 주일 한국 대사관 일등 서기관 김동운이 김대중 납치 현장에 지문을 남기는 어처구니없는 짓을 저지르지 않았다면, 일본 정부는 자국의 수도 도쿄에서 일어난 납치 사건이라는 엄청난 주권 침해에 대해 모르는 척 넘어갔을지도 모른다. 실제로 일본 정부는 김동운의 지문을 확인하고도 이를 곧바로 발표하지 않았다. 김동운은 사건 직후인 8월 10일 홍콩을 거쳐 귀국했다가 8월 17일 일본으로 돌아갔으나 "일본 경찰이 공항에서부터 미행하는 등 수사망이 좁혀오자 이틀 후 다시 귀국했다". 일본 〈요미우리 신문〉은 8월 23일 김동운이 납치 사건에 관련되어 있다는 사실을 한국 정부 소식통이 처음으로 인정했다고 보도했다가 서울지국이 폐쇄되었다. 일본 정부가 공식적으로 김동운의 출두를 요청한 것은 그의 이름이 언론에 보도되고도 보름 가까이 지난 9월 5일에 가서였다.

박정희 친일 정권이 일본의 수도 도쿄에서 저지른 전대미문의 주권 침해 사건을 두고 일본의 '친한파' 보수 정치인들은 사건의 무마를 위해 열심히 노력했다. 양국 정부는 김대중 납치 사건을 김동운 서기관 개인의 범행으로 매듭지었다. 현장에 김동운 1인만이 아니라 여러 명의 한국 기관원들이 있었고, 그랜드팔레스 호텔에서 김대중을 태우고 황급히 빠져나간 차량(品川 55ぁ ぁ 2077)의 소유자가 요코하마 총영사관 부영사 유영복이라는 사실이 밝혀지고, 김대중이 일본에서 끌려간 안가가 고베 시에 있는 오사카 총영사관 영사 박종화의 명의로 된 집으로 지목

김종필 당시 국무총리가 오히라 마사요시 일본 외상에게 인사하고 있다. 김종필은 김대중 납치 사건으로 꼬인 한일관계를 복원하기 위해 박정희의 친서를 들고 일본을 찾았다.

되었는데도 일본 경찰은 제대로 수사하지 않았다. 한국 정부는 김동운이 "일본 경찰 당국의 혐의를 받는 등 국가 공무원으로서 자질을 상실하고 품위를 떨어뜨렸기 때문에 공무원에서 해임시켰다", "해임 후 계속 수사를 했으나 혐의를 입증할 확증을 얻지 못해 불기소 처분했다"고 일본에 통보했다.[11]

11월 2일 국무총리 김종필은 박정희의 친서를 휴대하고 일본으로 건너가 일본 총리 다나카 가쿠에이에게 사죄했다. 김종필이 일본에 도착했을 때 영접 나온 외상 오히라 마사요시는 뻣뻣하게 악수하고 총리 김종필은 머리 숙여 인사해야 할 만큼 한국 정부는 일본의 선처를 바라야 할 형편이었다. 한진그룹의 조중훈은 따로 다나카를 방문해 박정희가 보내는 4억 엔이라는 거액의 정치자금을 전달했다. 일본에서는 김대중의 원상복귀, 즉 김대중을 일본으로 돌려보내라는 요구가 거세게 일어나고 있었다. 이에 대해 다나카가 "김대중이 들어오면 시끄러우니 보내지 말라"고 한국 쪽에 얘기했다는 소문도 파다하게 돌았다. 식민지 시대부터 맺어진 한국과 일본 보수 정치인들 간의 끈끈한 유착에 기대어 그들은 김대중 납치 사건을 이렇게 처리하면서 한일 간의 모든 문제가 '결착'되었다고 주장했다.

박정희와 함께 사건을 은폐한 일본의 태도는 2007년 10월 국정원 과거사위원회를 마무리하면서 김대중 납치 사건의 조사 결과를 발표하려 했을 때까지 변함이 없었다. 일본 쪽은 중앙정보부가 김대중을 납치했다는 것을 한국 정부가 공식적으로 인정하게 된다면 일본으로서는 수사를 재개하여 김동운의 송환을 요구할 수밖에 없다며 조사 결과를 발표하지 말 것을 여러 경로를 통해 요구해왔다. 민주적 정권교체로 한국 정부는 1973년의 냄새나는 '한일 결착'에서 자유로워질 수 있었던 반면, 일본 정부는 두 나라 간의 부끄러운 거래가 드러나는 것을 여전히 원치 않고 있었다.

은폐의 주역 박정희

사건의 시작과 끝은 역시 박정희였다. 박정희가 진실로 김대중 납치 사건과 무관하다면 그는 납치범들을 처벌해야 했다. 김대중을 납치한 흉악범들은 그 누구도 처벌받지 않았다. 김대중 납치 사건에 대한 '한일 결착'이 이뤄진 뒤인 1973년 연말 개각에서 이후락이 3년 만에 중앙정보부장 자리에서 물러났을 뿐이다. 1976년 말이나 1977년 초에 중앙정보부에서 작성한 것으로 보이는 'KT사건 관여인사 일람표'를 보면, 윤진원에 대해서는 사후관리 방안으로 '복직 또는 취직 알선'이라고 한 반면, 김동운에 대해서는 본인이 보직 변경을 희망하므로 상응한 보직을 부여할 것을 건의하고 있는 것으로 보아 김동운은 형식적인 해임 후 바로 복직되었음을 알 수 있다. 김동운은 해직 1년 후에 복직되어 8국 부단장에 임명되었으나 두 달 후 일본이 이 사실을 알고 항의해와, 원남동에 사무실을 얻어 직책도 없이 부이사관급 대우를 받으며 8년 동안 근무하다가 1982년 말 퇴직했다. 위의 일람표가 작성될 당시 김기완은 8국의 해외공작관으로 로스앤젤레스 주재 흑색요원으로 활동하고 있었고, 윤형로와 홍성채는 각각 7국과 2국의 부국장, 한춘은 차장 보좌관으로 있는 등 전원이 현직에서 활동하고 있었다.[12] 박정희는 납치범들을 철저히 비호했던 것이다. 김대중을 살려 보내 장성 진급에 실패한 윤진원은 1975년 말 용금호 선원들의 밀수 사건에 연루된 혐의로 퇴직되었다가 1977년 8월 박정희의 지시로 관리관에 재임용되었다.[13] 박정희는 일본의 보수 정객들과 손잡고 사건을 은폐하였을 뿐 아니라 납치범들의 뒤를 철저히 봐준 것이다.

김대중 납치 사건의 여파는 심각했다. 8월 28일 이북은 김일성의 동생인 남북조절위원회 평양 측 공동위원장 김영주의 명의로 김대중 납치 사건의 주범인 서울 측 공동위원장 이후락과는 더 이상 대화를 할 수 없다며 남북대화 중단을 선언했다.[14] 10월 2일에는 유신 선포 1년 만에 처음으로 서울대 문리대생들이 유신반대 시위를 벌였다. 학생들의 시위는 곧 전국으로 확산되었다. 중앙정보부는 학생들의 시위 확산을 막기 위해 간첩 사건을 만들어내려 했는데 이 과정에서 서울대 법대 최종길 교수가 의문의 죽음을 당하였다. 김대중 납치 사건으로 일본에서 한국은 납치국가, 깡패국가가 되어버렸고, 재일동포 젊은이들은 얼굴을 들고 다닐 수 없는 지경이 되었다. 문세광이라는 과격한 재일동포 청년이 박정희를 저격하려다가 육영수 여사가 피격당한 비극적인 사건 역시 김대중 납치 사건의 결과였다. 김대중 납치 사건과 육영수 여사 피격 사건의 인과관계를 지적한 것은 박정희 자신이었다.

4
긴급조치와 민청학련

　　　　　　1972년 10월 박정희의 헌정유린 친위 쿠데타 이후 숨죽이고 있던 학생운동은 김대중 납치 사건을 거치고 나서 되살아나기 시작했다. 1973년 10월 2일 서울대 문리대에서는 유신 이후 처음으로 학생들이 시위에 나섰다. 학생들은 선언문에서 사회에 만연한 무기력과 좌절감, 패배주의, 투항주의, 무사안일주의와 모든 굴종의 자기기만을 단호히 걷어치우자면서, '역사적인 민주투쟁의 첫 봉화'를 올리고자 했다. 박정희 정권은 학생들의 첫 도전을 강력히 짓밟으려 했다. 시위 학생 500여 명 중 180명이 경찰에 연행되어 20명이 구속, 56명이 구류 29일 처분을 받았다. 정권의 압박으로 학교는 구속 학생 전원을 포함한 23명을 제명하고 구류 처분을 받은 학생들에게 무기정학을 내리고 시위에 적극 가담한 학생 18명은 '자퇴' 처리했다.[1] 당국의 신속 과감한 조치도 학생들의 반유신 데모를 막지는 못했다. 시위는 10월 4일 서울법대, 10월 5일 서울상대에 이어 전국으로 확산되었다. 유신정권은 언론이 학생들의 시위를 보도하지 못하게 했지만, 주요 언론사의 젊은 기자들은 자유언론수호선언을 하며 반유신 데모를 보도했다.

유신반대운동은 젊은 세대에 국한되지 않았다. 12월 13일 윤보선 전 대통령, 백낙준 전 연세대 총장, 유진오 전 고려대 총장, 김홍일 전 신민당 당수, 이희승 전 서울대 문리대 학장, 김수환 추기경, 이병린 전 대한변협 회장, 한경직 목사, 김재준 목사 등 우리 사회에 손꼽히는 원로 15인이 시국 간담회를 열고 민주주의의 회복과 대통령 면담을 요구했다.[2] 12월 24일에는 이들 원로 15인에 장준하, 백기완, 김지하, 계훈제 등 재야인사들을 포함한 30명의 발기로 '현행헌법개정청원운동본부'를 조직하고 '개헌청원 100만인 서명운동'에 돌입했다. 박정희의 비난에도 개헌청원 서명운동은 너무나 순조롭게 진행되어 10여 일 만에 30만 명이 참여하는 성과를 거두었다. 원로들은 12월 31일에 다시 시국 간담회를 하고 박정희 대통령 '각하'께 건의서를 보냈다. 유신정권 타도를 요구하는 학생들의 주장에 비하면 개헌청원이나 건의란 형식은 온건하기 짝이 없는 것이었지만, 박정희는 이를 받아들일 생각이 전혀 없었다.

1974년 1월을 죽음이라 부르자

해가 바뀌어 1974년 1월 8일 박정희는 긴급조치 1호와 2호를 발동했다. 긴급조치 1호의 주요 내용은 유신헌법을 부정, 반대, 왜곡 또는 비방하는 일체의 행위와 유신헌법의 개정 또는 폐지를 주장, 발의, 제안, 또는 청원하는 일체의 행위를 금한다는 것이었다. 긴급조치로 금지한 행위를 방송, 보도, 출판, 기타 방법으로 타인에게 알리는 일체의 언동 역시 금지되었다. 이 조치를 위반한 자와 이 조치를 비방한 자는 법관의 영장 없이 체포, 구속, 압수, 수색하여 비상군법회의에서 15년 이하의 징역에 처할 수 있도록 했다. 긴급조치는 "대통령은 천재지변 또는 중

대한 재정경제상의 위기에 처하거나 국가의 안전보장 또는 공공의 안녕 질서가 중대한 위협을 받거나 받을 우려가 있어 신속한 조치를 할 필요가 있다고 판단할 때" 취할 수 있다는 것으로, 박정희가 유신헌법에 쑤셔 넣은 조항이다. 헌법에 규정되어 있는 국민의 자유와 권리를 잠정적으로 정지할 수 있고 법원의 권한을 제한할 수 있고 대통령의 명령이 법률과 동일한 효과를 가질 수 있는 것이 긴급조치이니 3권분립은 무의미한 것이었다.

박정희의 집권 18년 중 절반 이상인 120개월가량이 계엄령, 위수령, 비상사태 또는 긴급조치였다. 유신시대는 1973년에 몇 달과 1974년 육영수 여사 서거 후 이듬해 긴급조치 9호가 발동될 때까지의 몇 달 만을 제하곤 쭉 긴급조치의 억압과 공포가 지속된 시기였다. 긴급조치 1호가 발동되던 그때 김지하는 〈1974년 1월〉이라는 시를 썼다. "낯선 술집 벽 흐린 거울 조각 속에서/어두운 시대의 예리한 비수를/등에 꽂은 초라한 한 사내의/겁먹은 얼굴"로 그는 "1974년 1월을 죽음이라 부르자"고 했다.

학생들은 분주히 움직이고 있었다. 서울대의 경우 이제까지 학생운동이 별로 활발하지 못했던 의대와 공대에서도 학생들이 적극적으로 나섰고, 이화여대, 숙명여대, 서울여대 등 여자대학에까지 시위가 확산되고 있었다. 학생운동 핵심 그룹은 내심 제2의 4·19를 꿈꾸고 있었다.[3] 특히 학생운동 내에는 1969년 3선개헌 반대운동 당시 강제 징집되었던 학생들이 복학한 데 이어 1971년 교련반대 데모 당시 강제 징집되었던 학생들도 속속 복학하기 시작했다. 전국 각 대학에서 강제 징집된 학생들은 같은 시기, 같은 훈련소에서 훈련을 받아 자연스럽게 서로 교분을 쌓게 되었다. 학생운동을 탄압하기 위한 강제징집이 학생운동의 전국적 조직화와 연대에 큰 기여를 하게 된 것이다.

　3선개헌 반대운동 당시 강제 징집된 후 복학한 선배 그룹과 70, 71학번 등이 주축이 된 후배 그룹은 1974년 봄 큰일을 한번 꾸며보자는 데 의기투합했다. 학생운동의 인적 자원이 풍부했던 서울대가 중심이 되어 전체투쟁 총괄, 서울대 각 단과대 담당, 서울 시내 각 대학 담당, 지방 소재 대학 및 여자대학 담당, 기독교계 학생단체 담당, 사회인 및 재야 담당, 인쇄 담당 등 나름대로 역할 분담을 했다. 그렇다고 해서 무슨 거창한 조직이 만들어진 것은 아니었다. 1960년대의 여러 공안 사건에 대한 학습 효과로 이철, 유인태, 서중석, 황인성, 정문화, 나병식 등 당시 학생운동 핵심들은 강령이나 규약은커녕 조직의 명칭조차 붙이는 것을 꺼릴 정도였다. 마지막 단계에서 선언문 말미에 아무런 이름도 없이 나가긴 밋밋하다 하여 전국민주청년학생총연맹(약칭 민청학련)이란 명칭을 유인물에 달았을 뿐이었다.

　학생들은 "전국 각 대학의 운동 세력을 조직하여 일제히 봉기하고자" 하는 계획을 세웠다. 거사일은 4월 3일로 잡았는데, 제주 4·3과는 무관한 것이었다. 제주 4·3의 기억은 저항하는 학생들에게서도, 탄압하는 중앙정보부에게서도 지워져 있었다. 학생들은 3월 21일 경북대에서 시범적으로 데모를 벌였으나 결과는 신통치 않았다. 4월 3일 당일에는 서울대, 성균관대, 이화여대, 고려대, 서울여대, 감신대, 명지대 등에서 시위가 발생했으나 예상보다 규모가 훨씬 작았다.

　유신정권은 긴급조치 1호에도 불구하고 학생들이 봄을 기다리며 무언가를 꾸미고 있다는 조짐을 진즉 파악하고 대비책을 세워두고 있었다. 박정희는 4월 3일의 데모가 산발적으로 끝났음에도 긴급조치 4호를 선포했다. 긴급조치 4호의 내용은 1호는 아무것도 아닐 정도로 무시무

극심한 물가고와 공포정치에 짓눌린
우리의 현실을 타개하고자 우리의 동지인
한국신학대학, 경북대학교, 서강대학교,
연세대학교 학우들이 피의 항쟁을 벌여왔다.
앞서간 애국시민 학생의 뒤를 이으며 민중의
편에 서서 민중의 이익을 대변하고자 전국의
모든 학생들로 이 시각을 기하여 총궐기하였다.
국인이여 모두 민주전선에 우리의 뜨거운
피를 뿌리자!
    근로 대중이여 궐기하라!
    핍박 받는 민중이여 궐기하라!
    지성인 언론인 종교인이여 궐기하라!
1. 굶어죽을 자유말고 먹고 살 권리 찾자
2. 배고파서 못살겠다 기아임금 인상하라!
3. 유신이란 간판걸고 국민자유 박탈마라.
4. 남북통일 사탕발림 영구집권 최후수단
5. 재벌위한 경제성장 정권위한 국민총화
6. 왜놈위한 공업화에 민중들만 죽어난다.

1974년 4월 3일
全國民主青年學生總聯盟

1974년 4월 3일 발표한 민청학련의 선언문. 이날 시위가 산발적으로 끝났음에도 유신정권은 긴급조치 4호를 발동하였다.

시행다. 4호의 주요 내용은 "전국민주청년학생총연맹과 이에 관련되는 제 단체를 조직하거나 또는 이에 가입하거나, 그 구성원과 회합, 또는 통신 기타 방법으로 연락하거나, 그 구성원의 잠복·회합·연락 그 밖의 활동을 위하여 장소·물건·금품 기타의 편의를 제공하거나, 기타 방법으로 단체나 구성원의 활동에 직접 또는 간접으로 관여하는 일체의 행위를 금한다"는 것이고 이 조치를 위반하거나 비방한 자는 "사형, 무기 또는 5년 이하의 유기징역에 처한다"는 것이다. 유신정권은 4월 3일 밤 긴급조치 4호를 발동하면서 "민청학련이 북한 공산집단의 이른바 인민혁명을 수행키 위한 통일전선의 초기 단계적인 지하조직으로 이 단체가 반국가적 불순 세력의 배후조종 아래 우리 정부를 전복하려는 국가변란의 음모를 꾸며 학원의 일각에 침투하기 시작"했다고 밝혔다.[4] 수사도

하기 전에 반국가적 불순 세력의 배후조종 아래 인민혁명을 수행하려 한다는 결론을 내리고 있다. 이후의 수사는 당연히 이 결론을 뒷받침하는 방향으로 진행되었다. 국정원 과거사위가 발굴한 민청학련 사건 관련 문건 중에 '민청학련 3·30 조치 수사상황보고'라는 자료가 많이 있는 것으로 보아 중앙정보부가 사전에 사건을 인지·수사하여 3월 30일부터 이를 정치적으로 이용하기 위한 큰 그림을 그린 것으로 보인다. 당시 서울대 문리대 학생회장 곽성문 등 일부 학생회 간부들이 정보부에서 자기들을 주시하고 있다는 사실을 알고 중앙정보부 대공수사국장을 찾아가 학생운동 내부의 동향을 고해바쳤다고 하는데, 중정은 자체 수집한 정보와 이들 프락치들이 제공한 정보를 토대로 민청학련 사건을 조작할 준비를 한 것이다.

민청학련의 주역들에게는 거액의 현상금이 나붙었다. 간첩의 현상금이 30만 원이던 시절 이철, 유인태, 강구철 등 3인에 대해서는 처음 50만 원이던 현상금이 곧 200만 원으로 뛰었고, 고등학생 복장을 하고 도망 다니던 이철이 잡힌 4월 24일에는 무려 300만 원이 되었다. 이철이 잡혀 들어가 보니 중앙정보부는 이미 민청학련의 배후로 한편으로는 1964년 인민혁명당 사건 관련자들을, 다른 한편으로는 자신과 유인태를 인터뷰했던 일본인 기자 다치카와 마사키와 통역 하야카와 요시하루 등을 통해 일본 공산당과 조총련 등 국외 공산계열을 설정해놓고 있었다고 한다. 중앙정보부는 당시 일부 학생들이 부르던 "까마귀야 시체 보고 우지 마라" 등의 노래를 이북 노래라며 용공으로 규정했지만 사실 이 노래는 독립군가였다.[5]

거사자금으로 돌변한 인터뷰 사례비

중앙정보부장 신직수는 1974년 4월 25일 민청학련 사건에 대한 수사 결과를 발표하면서 민청학련의 배후에는 "과거 공산계 불법단체인 인혁당 조직과 재일 조총련계와 일본 공산당, 국내 좌파 혁신계가 복합적으로 작용"했으며 일본의 〈주간 현대〉 자유기고가인 다치카와 마사키는 조총련 '비밀 조직원' 곽동의의 조종을 받은 자이고, 다치카와가 이철·유인태 등과 인터뷰할 때 통역을 한 하야카와는 일본 공산당원으로 이철 등에게 폭력혁명을 교사하고 자금을 지원했다고 밝혔다.[6] 다치카와가 제공했다는 거사자금은 겨우 7,500원인데, 이것은 거사자금이 아니라 인터뷰에 대한 사례비였다.

중앙정보부도 이 점은 잘 파악하고 있었다. 당시의 수사상황보고에 첨부된 '민청학련 사건 관련 일본인에 대한 수사지침'이라는 문건을 보면 중앙정보부가 사건을 어떻게 조작했는지 잘 드러난다. 이 문건은 "초기 수사 단계에서 조서에 올린 사항으로서 범죄요건에 배치되거나 일본인의 관여사실을 부정하게 될 자료로 쓰일 수 있는 부분, 전후 모순되는 부분은 삭제"하고 "조서를 정리할 때 경력, 모의 과정, 목표 배후, 자금, 활동, 조직 등 상황은 지난번 부장님의 수사상황 발표문을 참조하여 거기에 맞도록 체제를 갖추어 정비"하라고 지시하고 있다.[7] 즉 사실대로 진술한 부분은 빼버리고 신직수가 발표한 대로 짜 맞추라는 것이다. 이 문건은 또 다치카와가 유인태에게 준 취재비에 대해서는 "취재에 대한 사례비 조로 7,500원을 받았다고 표현하는 것은 진실에 반하는 것이니, 폭력혁명을 위하여 애쓰고 있는데 자금이 없어 라면으로 연명하고 있는 실정이고 교통비도 없다는 사정을 말했더니 나도 같은 사상

중앙정보부에 의해 민청학련의 배후로 몰렸던 일본인 기자 다치카와 마사키 씨. 2010년 1월 서울중앙지법에서 무죄 선고를 받은 뒤 기쁨의 눈물을 흘리고 있다.

이라면서 사회주의 혁명이 성공되어 사회주의 국가가 건설되기를 희망한다. 적은 돈이지만 폭력혁명을 수행하는 자금에 보태어 쓰라고 하면서" 준 것으로 기재하라고 지시했다.[8]

　다치카와는 한국에 오기 전 김대중 납치 사건을 취재하면서 김대중 구출운동을 열심히 하고 있던 곽동의를 만난 적이 있었다. 한국전쟁 당시 재일학도의용군으로 참전한 바 있던 곽동의는 조총련과 무관한 민단 내의 민주파였고, 다치카와는 "조총련계와 표면상 연계된 혐의 발견된 바 없"는 사람이었지만 중앙정보부는 다치카와가 곽동의의 지령을 받고 한국의 폭력 데모를 격려하기 위해 잠입한 것으로 몰고 갔다. 4월 9일 전후에 작성된 것으로 보이는 수사상황보고에서는 두 일본인에 대해 "한일 양국 관계를 고려하여 추방 조치함이 가하겠음"이라는 입장을 보였지만, 민청학련의 그림을 크게 그리면서 국외 공산계열을 배후로 끌어들이기로 마음을 바꿔 먹은 것으로 보인다. 김대중 납치 사건 이후 주일 대사관 일등 서기관 김동운의 지문 문제로 일본 정부로부터 곤욕을 치르고 있었던 한국 정부로서는 열세에 몰린 한일관계에서 두 일본인 카드를 만들어보려는 유혹도 크게 느꼈을 것이다.

두 일본인을 엮어 넣는 데는 이철의 경기중학 후배로 어머니가 일본인인 조직휘의 거짓자백이 중요하게 작용했다. 다방면으로 재주가 많았던 조직휘는 가정 사정으로 경기중학을 중퇴하고 고미술품 가게 점원으로 있으면서 두 일본인을 이철, 유인태에게 연결해주고 그들의 인터뷰에 보조통역으로 참여했다. 중앙정보부는 "빈한한 가정에서 출생하여 고령에 노환으로 와병 중인 부모와 같이 생계를 근근이 유지하고 있는 자"였던 조직휘를 포섭했다. 중앙정보부는 조직휘를 정보부 인근의 라이온스 호텔에 묵게 하면서 "참고인 진술조서를 완벽하게 작성하여 증거보전 신청을 하여 조서의 증거능력을 굳히기로" 하였다. 중앙정보부는 "조직휘의 진술조서에 반드시 나타나야 할 점"으로 "두 일본인이 이철, 유인태에게 잡지 기자로서 인터뷰한 것이 아니고 폭력혁명을 선동, 사주, 방조하였다는 점", 두 일본인은 물론이고 "이철, 유인태가 공산주의였다는 점", 두 일본인이 "정부 전복을 위한 내란음모를 하였다는 움직일 수 없는 증거보전을 확보"할 것 등을 꼽았다.[9] 조직휘는 이 공로로 중앙정보부에 특별 채용되어 꽤 오랫동안 재직하다가 퇴사한 후 뒤틀린 삶을 자살로 마감했다.

5
인혁당 재건위 사건

　　'인혁당 재건위' 사건은 통일운동가 8명의 목숨을 앗아간 박정희 정권 시기 최악의 공안사건이다. '재건'이란 말로 알 수 있듯이 이미 1964년에 인혁당(인민혁명당)이란 이름의 단체를 결성하려 했다는 대대적인 공안사건이 있었다. 그래서 1964년의 사건을 1차 인혁당 사건으로, 10년 뒤 발생한 '인혁당 재건위' 사건을 2차 인혁당 사건이라 부르기도 한다. 두 사건은 주요 피해자는 물론 그 가해자도 겹친다. 1차 사건 당시의 라인업이 중앙정보부 수사과장 이용택, 검찰총장 신직수, 법무부 장관 민복기였다면, 10년 뒤 이용택은 중앙정보부 6국장, 신직수는 중앙정보부장, 민복기는 대법원장으로 사건을 처리했다. 10년이 지나 직책이 올라갔을 뿐 사건의 수사와 처리를 맡아한 사람들 역시 그 사람이 그 사람이었다.

　　1차 인혁당 사건은 5·16군사반란으로 집권한 박정희가 군복을 벗고 제3공화국을 출범시킨 직후인 1964년에 발생했다. 박정희는 경제발전을 이루기 위해 일본과의 관계개선을 적극적으로 추진했지만, 이 '굴욕외교'는 곧 대대적인 저항에 부딪혔다. 학생과 시민들의 대대적인 시위에 계엄령까지 선포하고 군을 출동시켜야 했던 박정희 정권은 시위의 배후에 인민혁명당이란 지하혁명조직이 있다고 내세웠다.[1]

'인혁당 재건위' 사건 역시 위기상황에서 나왔다. 1972년 10월의 유신 친위 쿠데타 직후 국회의원까지 잡아다 고문하는 살벌한 분위기 속에서 일시 위축되었던 저항운동이 1973년 8월에 있었던 김대중 납치사건을 계기로 살아나기 시작했기 때문이다.

한편, 1차 인혁당 사건 관련자들은 엄청난 고초를 치렀음에도 운동을 포기하지 않았다. 이들은 1967년 야당의 대통령 후보 단일화 운동에 참여한 것을 시작으로, 1969년 3선개헌반대운동에 적극 참여했다. 특히 1971년 대통령 선거와 국회의원 선거를 앞두고 민주수호국민협의회(민수협)가 결성될 때 경북민수협에서는 서도원, 도예종, 하재완, 송상진, 전재권 등이 운영위원으로, 강창덕은 총무위원장, 이재문은 대변인으로 활동했는데, 인혁당 재건위 사건으로 검거되거나 수배된 사람들이 핵심적인 역할을 했다. 이들 혁신계 인사들은 개인적인 조건과 결단에 따라 공개적인 민주화운동에 참여했지만, 1차 인혁당 사건의 충격이 너무 컸던 탓인지 비밀지하혁명운동을 조직적으로 전개하는 데는 주저했던 것으로 보인다. 하지만 이들이 아무리 조심하려 해도 험난한 세월은 이들을 비껴가지 않았다.

위험한 해빙기

1972년 2월 21일 닉슨 대통령은 중국을 방문하여 베이징에 역사적인 첫발을 내딛었다. 1953년 한국전쟁 종전 이후 근 20년 만에 미국과 중국이 적대적인 관계를 청산하고 화해의 모드로 돌아선 것이다. 닉슨의

학생운동조직 '민청학련'의 배후로 지목돼 구속된 이른바 '인혁당 재건위 사건'(2차 인혁당 사건) 관련 피고인들에 대한 대법원 판결이 내려지던 1975년 4월 8일의 법정 모습.

중국 방문은 아직도 "무찌르고 말테야 중공 오랑캐"(당시는 중국이 아니라 중공이라 불렀다)를 소리 높여 부르던 "싸우는 대한의 아들딸"들에게는 큰 충격이었다. 그리고 비가 억수같이 오던 7월 4일, 중앙정보부장 이후락은 자신이 5월 초 극비리에 평양을 방문하여 김일성 주석을 만나 자주·평화·민족대단결의 남북통일 3대 원칙에 합의했으며, 이제 남북 간에 상호비방을 중단한다고 발표했다. 7·4 남북공동성명의 충격에 비하면 닉슨의 중국 방문은 아무것도 아닌 일이었다.

온 국민이 충격, 흥분, 기대에 들끓었지만, 특히 자나 깨나 통일문제를 고민해온 혁신계 인사들이 이 새로운 사태 전개에 받은 충격은 이루 말할 수 없었다. 혁신계 인사들은 닉슨의 중국 방문 직후부터 미국과 중국의 화해가 한반도에 미칠 영향에 주목했던 것으로 보인다. 대구의 하재완은 1972년 2월부터 1970년 11월에 있었던 북한의 조선노동당

제5차 당대회에서 김일성이 행한 보고문의 내용을 북한 방송을 들으며 노트에 받아 적기 시작했다. 하재완은 군대시절 특무대(훗날 보안사)에서 하사관으로 근무하면서 수년간에 걸쳐 북한 방송 녹취를 담당한 바 있었다. 그는 아마도 혁신계 인사들이 미중 화해 이후 북한의 통일정책 추이에 대해 깊은 관심을 보이자, 그 궁금증을 풀기 위해 이북 방송을 청취하여 그 내용을 노트에 받아 적었던 것으로 보인다. 대구사범을 졸업한 뒤 4월 혁명 후 교원노조 활동을 한 송상진도 이 일을 거들었다. 이 노트를 돌려본 것, 이것이 여덟 명의 목숨을 앗아간 '인혁당 재건위 사건'의 실체였다.

갖다 붙인 인민혁명, 짜 맞춘 수사

혁신계 인사들이 7·4 남북공동성명으로 한국 사회에서 반공태세가 완화되면 혁신계의 활동범위도 넓어질 것으로 기대한 것은 당연한 일이다. 그러나 박정희는 남북공동성명이 발표되고 100여 일 만에 이 기대에 찬물을 끼얹었다. 유신 친위 쿠데타를 단행한 것이다. 명목은 평화통일을 지향한다는 것이었지만 누가 보아도 종신 독재를 꾀한 것임이 분명했다. 혁신계 인사들 사이에는 유신체제라는 억압적인 체제가 등장했지만 대중들의 통일에 대한 열망이 확인된 만큼 "혁신세력을 하나로 재규합하여 통일운동을 가속화함과 동시에 정권의 비민주성을 비판하기 위한 조직의 필요성"을 강조하는 입장과 "정권의 군부 파쇼적 성격은 전혀 변한 것이 없기 때문에 정세의 변화를 조심스럽게 관망하되 성급한 조직화를 경계해야 한다는 입장"이 병존했다.[2] 분명 가만히 있을 수는 없는 일이었다. 그렇다고 무엇을 할 수도 없었다. 모두들 운동가였기에 조직에 대한 열망은 분명히 있었다. 그러나 조직이란 것이 열망만으로 만들어질 수 있는 것은 아니었다. 일부에서는 혁명의 지도부인 전위조직 없이는 민족민주혁명에서 승리를 기대할 수 없다며 전위조직을 당장 만들자고 주장했지만, 많은 사람들은 '과거 운동에서 실패한 사람들'(1차 인혁당 사건 관련자)이 나서서는 안 된다고 주장했다. 그들은 정보당국에 의해 주목을 받고 있는 자신들이 모여 다니며 명칭과 강령과 규약까지 갖는 조직을 결성한다면 당장 '넥타이 공장'(교수대)으로 끌려갈지도 모른다는 현실적인 공포를 갖고 있었던 것이다.

1974년 4월 3일 밤, 박정희는 긴급조치 4호를 발동하면서 민청학련 관련자들을 사형에 처하겠다는 엄포를 놓으면서, 민청학련 사건의 배후를 인민혁명의 수행을 위한 통일전선의 초기 단계적 지하조직으로 규정했다. 이 때 청와대 대변인 김성진은 민청학련이 "반국가적 불순세력과 결탁"하여 "그들의 지령"에 의해 "현정부를 전복하고 노동자 농민의 정권을 수립하고자 기도"했다고 주장했다.[3] 아직 수사도 하기 전에 "반국가적 불순세력과 결탁"했다는 '사실'이 발표된 것이다. 이제 수사기관의 과제는 그 불순세력을 찾아내는(혹은 만들어내는) 것이었다.

중앙정보부장 신직수는 4월 25일 민청학련 사건의 수사상황을 발표했다. 이에 따르면 민청학련의 배후에는 "과거 공산계 불순단체인 인민혁명당 조직과 재일조총련계의 조종을 받은 일본 공산당원들과 국내 좌파 혁신계 등이 복합적으로 작용"했다고 한다.[4] 10년 전 세상을 떠들썩하게 했던 인혁당이란 이름이 다시 나온 것이다. 민청학련과 인혁당의 연결고리로 지목된 것은 경북대 법정대 학생회장 출신의 여정남이었다. 여정남은 64학번으로, 한일회담 반대 등으로 세 번이나 학교에서 제적된 바 있어 당시의 민청학련 주모자들에 비하면 나이가 훨씬 많은 선배

활동가였다. 여정남은 겨울방학이 되자 중앙의 학생운동 동향을 살피기 위해 상경하여 서울대 문리대 학생운동권의 핵심인 이철, 유인태 등과 접촉했다.

유인태와 이철의 증언에 따르면 처음에는 수사관들이 민청학련의 '중앙'인 유인태와 이철이 여정남을 '조종'한 것으로 몰고 갔다고 한다. 이철과 유인태가 여정남은 자신들보다 한참 선배인데 무슨 조종을 하겠느냐며 버티자 수사관들은 너희들은 서울대 학생이고 여정남은 지방대 학생 아니냐며 배후관계를 이철과 유인태가 여정남의 상부에 있는 것으로 설정했다는 것이다. 그러나 신직수의 발표가 있기 직전 갑자기 "나이도 한참 위고 하니 너희들이 지도받은 것으로 하자"며 여정남이 민청학련을 배후조종한 것으로 변경하고 수사를 종결해버렸다. 중앙정보부는 여정남을 인혁당으로 몰아갈 수 없었지만, 이 만남을 인혁당 재건위가 민청학련의 배후라는 중앙정보부의 시나리오에서 핵심고리로 만들었고, 결국 여정남을 포함한 8명이 법의 이름으로 살해당한 것이다. 여정남은 1969년부터 하재완의 집에 입주 가정교사로 있으면서 인혁당 사건 관련자들을 자연스럽게 알고 지냈는데, 그의 불행은 여기에서 비롯되었다.

인혁당도 없었고, 재건위도 없었다

비도덕적인 유신정권은 학생과 시민들이 불법적인 체제에 도전하는 것을 못 견뎠다. 그들에게는 이 저항의 배후에 반드시 '불순세력'이 있다는 강박증이 있었다. 그 강박증은 불순세력이 없으면 만들어내기라도 해야 직성이 풀리는 것이었다. 대구를 중심으로 한 인혁당 관련자들이

1975년 4월 9일 형장의 이슬로 사라져간 '인혁당 재건위 사건' 관련자들(윗줄 맨왼쪽부터 시계방향으로 서도원, 김용원, 이수병, 우홍선, 도예종, 하재완, 여정남, 송상진). 이들은 2007년 재심에서 모두 무죄판결을 받았다.

여정남 한 명을 통해 서울의, 나아가 전국의 학생운동을 지도한다는 것은 뒷날 의문사위원회나 국정원 과거사위원회에서 당시 수사관들도 인정했듯이 말이 안 되는 일이었다. 1964년에 인혁당이 조직된 바 없으니 인혁당 '재건'이란 시나리오 자체가 말이 안 되는 일이다. 재판과정에서도 고문으로 받아낸 진술 이외에 "반국가단체 결성 및 국가전복기도를 위한 활동을 확인할 수 있는 조직명, 강령 및 규약, 조직체계, 조직활동 관련 물증이 제시되지 않았다."[5] 참으로 기가 막힌 사실은 많은 사람들이 2차 인혁당 사건을 '인혁당 재건위 사건'이라 부르고 있지만 '인혁당 재건위원회'라는 반국가단체는 비상군법회의 검찰 측 공소장이나 대법원 판결문 어디를 보아도 만들어진 적이 없다는 것이다. 박정희 정권은 무고한 사람을 8명이나 잡아 죽였지만 끝내 인혁당을 재건해주지 못했다. 대법원의 판결문에 따르면, 이 사건은 하나의 반국가단체 사건이 아니라 서로 느슨하게 연결된 세 개의 반국가단체 사건이었다. 대법원은 '인혁당 재건위'가 아니라 '인혁당 재건단체'라는 모호한 말로 배후조직의 성격을 규정했다. 이 인혁당 재건단체는 1970년 8월에 조직되었다는 '인민혁명당 재건을 위한 경북지도부', 1973년 10월 초에 조직되었다는 '인민혁명당 재건을 위한 서울지도부', 그리고 1973년 11월 초에 조직되었다는 도무지 무슨 뜻인지 이해하기 어려운 "서울지도부와 같은 조직" 등 세 개의 단체로 구성되었다는 것이다. 이들이 처형되고 딱 30년 후인 2005년, 국정원 과거사위 사무실에서 이 이해할 수 없는 판결문을 읽다가 나는 울어버렸다.

공판조서 변조[6]

이렇게 어이없는 재판에서 정말 믿을 수 없는 일이 벌어졌다. 공판조서가 변조된 것이다. 대법원의 재판은 피고인을 직접 심리하지 않고 기록만으로 사건을 판단하기 때문에 공판조서의 변조는 보통 문제가 아니다. 박정희와 대구사범 동창인 김종길 변호사는 1974년 9월 말 항소이유서를 작성하면서 공판조서 변조 사실을 처음 알게 되었다. 법정에서 분명히 아니라고 부인한 부분이 대부분 공소사실을 시인한 것으로 되어 있었던 것이다. '인혁당 사건 공판조서 변조 발설자 조사'라는 중정의 내부 문건에 의하면 김종길 변호사는 1974년 10월 중순 사무실을 찾아온 우홍선과 전창일의 부인에게 "공판조서의 기재내용이 피고인의 진술내용을 충분히 반영하지 않고 있다"고 설명한 것으로 되어 있다. 1975년 2월 초에는 조승각 변호사도 이수병, 김용원 등의 공판조서 열람을 대법원에 신청해서 타자로 된 공판조서 등본 1통을 교부받아 검토했다. 조승각 변호사 역시 많은 부분이 자신이 공판정에서 직접 들은 피고인의 진술과 다르게 기록되어 있음을 확인했다. 그는 이수병 진술 중 피고인의 진술과 정반대로 작성된 공판조서 부분에 "‐"와 "×"로 표시해서 2월 중순 이수병과 김용원의 부인에게 나눠줬다. 김종길, 조승각 두 변호사가 공판조서가 실제 답변과 다르게 작성되었다고 지적한 부분은 "공산주의국가 건설을 목적으로 공산비밀조직을 구성하자는 회합결의를 한 사실" 등 반국가단체 결성과 관련된 부분이다. 8명이 사형을 당한 것도 바로 이 혐의 때문인데, 검찰 쪽이 제시한 유일한 증거는 피고인들의 자백이었다. 피고인들은 법정에서 이를 부인했지만, 군법회의는 공판조서를 허위로 작성했고 대법원은 날조된 공판조서에 의거해서 사형을 확정했다.

민청학련 사건 관련자도 처음 군법회의에서 7명이나 사형이 선고되었지만, 1974년 7월 20일 여정남을 제외한 대부분이 무기로 감형되었다. 이때 이미 민청학련은 살리고, 인혁당은 죽인다는 방침이 정해진 것인지는 알 수 없지만, 상황은 인혁당 관련자들에게 매우 불리하게 돌아갔다. 8월 15일에는 대통령 부인 육영수 여사가 피격 서거하여 분위기가 얼어붙었다. 1975년 2월 박정희는 유신헌법에 대한 찬반 국민투표라는 승부수를 던진 뒤 긴급조치 위반자들을 석방하는 유화 조처를 취했다. 그런데 박정희의 기대와는 달리 석방된 사람들은 '자숙'하는 대신 개선장군 대접을 받았고, 풀려난 김지하는 〈동아일보〉에 인혁당 사건이 고문으로 조작되었음을 생생하게 폭로했다. 격분한 박정희는 인혁당이 김일성의 지령으로 간첩에 의해 조직된 것이라며 극형이 가능하다고 강조했다. 그러나 그 간첩은 북이 보낸 남파간첩이 아니고, 미군정보기관이 북쪽으로 침투시킨 북파간첩이었다. 그런데도 박정희 정권은 사이공 함락이 임박하는 등 정세가 악화되자 인혁당 관련자의 사형을 전격 집행했다. 형집행은 대법원 확정판결 18시간 만에 시작되었다. 구속 이래 1년 가까이 면회를 할 수 없었던 가족들은 형이 확정되었으니 면회가 가능하겠지라고 아침 일찍 서대문구치소에 왔다가 사형이 집행되고 있다는 소식을 듣고 혼절했다.

그 새벽의 연쇄살인

1975년 4월 9일 아침, 만원버스에 몸을 실은 고등학교 1학년이었던 나는 서대문 형무소 앞에 웬 사람들이 많이 모여 있는 것을 무심코 보며 학교로 갔다. 집에 와서야 그날 인혁당 관련자들의 사형이 집행되었다는 사실을 알았다. 30년 뒤 국정원 과거사위에서 이 사건 진상조사의 담당위원이 되었을 때, 대구로 가 그분들 산소에 술이라도 한 잔 따르고 조사를 시작하자고 했다. 산소 위치를 확인하고자 유족 한 분에게 전화했더니 그냥 가서는 못 찾는다며 안내해줄 분을 보내겠다고 하셨다. 잠시 후 만난 분과 인사를 하고 보니 나와 동갑이었다. 아버지가 중3 때 잡혀가 이후 한 번도 보지 못하고 고1 때 돌아가셨다는 송상진 선생의 아들이었다. 숨이 탁 막혔다.

1975년 4월 9일 새벽, 국제법률가협회가 '사법사상 암흑의 날'이라 부른 그날 박정희 정권은 인혁당 사건 관련자 7명과 여정남에 대한 사형을 집행했다. 아니, 그것은 사형의 집행이 아니라 연쇄살인이었다. 오전 4시 30분 4월 혁명 후 민민청(민주민족청년동맹) 위원장으로 활동했던 서도원이 제일 먼저 끌려갔다. 53세로, 그날 사형당한 분들 중 가장 연장자였다. 대법원에서 형 확정 18시간 만에 사형이 집행되어 20분 만에

끝이 났다. 두 번째 희생자는 5시 30분 김용원이었다. 새벽잠에 빠진 같은 방 수감자들을 깨울까봐 미제 새 가죽수갑을 찬 채, 까치발로 살금살금 걸어 나와 형장으로 갔다. 서울대 물리학과를 나와 경기여고 물리교사로 있다가 잡혔는데, 강금실 변호사와 이화여대 철학과 김혜숙 교수 등이 그 제자였다. 김 교수는 김용원 선생님께 학기 초 잠깐 수업을 받다가 잡혀가셨는데 참 조용하고 좋은 분이라 회고하셨다. 세 번째는 이수병. 김용원에 대한 집행이 끝나고 15분 후인 6시 5분에 시작되어 딱 20분 만에 끝났다. 1960년 남북학생회담 때 경희대 민통련(민족통일전국학생연맹) 위원장으로 "가자 북으로, 오라 남으로, 만나자 판문점에서!"란 유명한 구호를 만든 분이었다. 갓 마흔, 두 아이의 아빠였다. 네 번째는 우홍선. 이수병을 보내고 10분 만인 6시 35분 시작, 20분만에 끝났다. 전쟁 때 고교생 학도의용군으로 참전하여 육군 대위로 예편한 참전용사였다. 4월혁명 후 통민청(통일민주청년동맹) 위원장이었고, 사건 당시에는 골든스탬프사 상무로 기업가로 일하고 있었다. 45세. 네 아이의 아버지였다. 다섯 번째는 송상진. 박정희의 대구사범 후배로, 국민학교 교사 시절 교원노조 활동도 열심히 했다. 우홍선을 보내고 뭐가 그리 급했는지 7분 만인 7시 2분에 형집행이 시작되어 20분 만에 끝이 났다. 향년 48세. 여섯 번째는 여정남. 송상진 집행 후 13분 만인 7시 35분 시작되었다. 대구의 준걸이라, 박근혜 신랑감을 대구에서 찾는다면 제격이라는 말도 있었다고 한다. 인혁당 관련자로서가 아니라 민청학련 관련자로 사형판결을 받았는데 두 조직의 연결고리로 억울하게 희생되었다. 겨우 서른 두 살. 일곱 번째는 특무대 중사 출신으로 북한 방송을 노트에 받아 적은 하재완이었다. 감옥에서 김지하를 만나 인혁당 사건이 고문으로 조작되었음을 폭로했다. 네 아이의 아버지였고, 여정남은 이 아이들의 가정교사였다. 하재완이 세상을 하직할 때 겨우 네 살이었던 그의 막내아들을 동네 형아들이 간첩새끼라며 새끼줄로 묶어 끌고 다니다가 총살시키는 놀이를 했다고 한다. 그 골목에 살지 않아서 그렇지, 우리 모두는 그 새끼줄 한 자락을 잡고 있었던 셈이다. 마지막은 도예종. 10년 전 1차 사건의 주역으로 1974년 당시에는 삼화건설 회장이었다. 하재완을 보내고 10분 만인 8시 30분 시작되어 8시 50분에 끝났다. 4시 30분에 시작된 그 새벽의 연쇄살인극은 4시간 반 만에 끝났다.

저들은 가족들에게 시신을 돌려주려 하지 않았다. 고문의 흔적이 아직도 남아 있어 그랬다고도 하고, 유족들이 한데 모여 억울한 죽음을 호소할까봐 그랬다고도 한다. 경찰은 마지막 미사를 드리기 위해 응암동 성당으로 향하던 송상진의 영구차를 벽제 화장장으로 강제이송하려 하여, 유가족들과 4시간 20분 동안 실랑이를 벌였다. 유가족과 종교인들은 차에 시동을 걸지 못하게 열쇠구멍에 껌을 밀어 넣기도 하고, 차 앞에 드러눕기도 했다. 서른여섯 젊은 신부가 차 앞에 드러누웠지만 경찰은 크레인을 동원해 신부를 타고 넘어 영구차를 끌고 갔다. 그 젊은 신부는 그때부터 지팡이를 짚어야 했다. 거리의 신부, 문정현 신부다.

박정희 정권 시절 최악의 공안조작사건인 인혁당 재건위 사건은 의문사위원회와 국정원 과거사위원회의 조사를 토대로, 2007년 재심에서 무죄판결을 받았다. 유가족들은 국가를 상대로 손해배상을 청구하여 1심에서 490억의 배상판결을 받았고, 상당한 액수를 가집행 받았다. 그러나 대법원은 이자가 과잉계산 되었다며 배상액수를 대폭 삭감하였고, 국가는 이를 토대로 배상금을 받은 유가족과 사건 관련자 77명을 상대로 '부당이득' 251억을 돌려달라는 소송을 제기했다. 인혁당 사건은 끝나지 않았다.

6
대통령 저격 미수와
육영수 여사의 죽음

박정희 정권은 도쿄에서 반유신 활동을 하던 김대중을 떠들지 못하게 하면 유신정권에 대한 모든 저항을 완전히 잠재울 수 있다고 생각했지만, 그것은 오산이었다. 김대중 납치 사건은 탱크를 앞세운 유신 쿠데타의 살벌한 분위기 속에 얼어붙었던 국내의 민주 세력을 오랜 잠에서 깨어나게 만들었다. 1973년 10월 2일 서울대 문리대생의 데모를 시작으로 민주화운동이 되살아나자 박정희는 긴급조치 1호와 4호를 선포했다. 민청학련 사건과 인혁당 사건을 조작하여 1,000여 명의 학생과 재야인사를 잡아들인 유신정권은 그해 여름 내내 학생운동의 중추 세력들에 대해 사형과 무기징역을 제멋대로 구형하고 선고하고 감형하는 짓을 되풀이했다. 박정희는 잡아놓은 고기를 어떻게 요리할까 생각하면서, 멀리 미국에서 닉슨 대통령이 부하들이 야당 선거운동본부를 도청하려다 걸린 일로 사임(8월 9일)해야 하는 것을 '왜 저러나' 하는 심정으로 바라보고 있었을 것이다.

구멍 뚫린 철통 경호

1974년 8월 15일은 착공 3년 4개월여 만에 서울 지하철이 개통되는 날이었다. 박정희 대통령과 부인 육영수 씨는 국립극장에서 열리는 29주년 광복절 기념식을 마치고 기쁜 마음으로 청량리역에서 열리는 지하철 개통식에 참석할 예정이었다. 박정희 대통령이 광복절 경축사를 읽기 시작한 지 채 10분이 안 되어 "조국 통일은 반드시 평화적인 방법으로 이루어져야 한다는 것을 다시 한 번……"이라는 대목에서 갑자기 '탕' 하는 소리가 났다. 그 순간은 아무도 그 소리가 무엇을 의미하는지 몰랐던 듯싶다. 박정희는 계속 경축사를 읽고 있는데 단상의 경호실장 박종규가 일어서며 무대 앞으로 달려 나와 총을 뽑아 들었고, 총소리와 비명이 뒤섞이며 장내는 아수라장이 되었다. 박정희 대통령은 방탄으로 되어 있다는 연단 뒤로 몸을 숨겼고 흔들리던 화면은 무대 아래에서 범인 문세광이 제압당하는 장면을 비추었다. 박정희 대통령에 대한 저격이 발생한 것이다. 한동안 중단되었던 생방송은 곧 재개됐다. 박정희는 큰 박수를 받으며, "하던 얘기를 계속하겠습니다"라며 카랑카랑한 목소리로 중단된 지점을 정확하게 찾아 경축사를 읽어나갔다. 육영수 여사가 부상을 입어 병원으로 옮겨졌다는 멘트가 있었지만 박정희가 의연한 것이었는지, 냉혹한 것이었는지 연설을 계속했기 때문에 시청자들은 큰 부상이 아니겠거니 생각했다. 오후가 되어서 육 여사의 용태가 심각하다는 뉴스가 나오더니 저녁 7시께 하늘이 온통 보기 드문 노란색 노을로 덮인 가운데 육 여사가 운명했다는 보도가 나왔다. 그의 나이 마흔아홉이었다.

내가 다닌 국민학교는 청와대 들어가는 입구에 있었는데 박정희가 행

광복절 기념식이 열린 1974년 8월 15일 국립극장에서의 저격 순간. 너무나도 허술했던 당일 경비 상황과 그보다 더 허술했던 수사 때문에, 음모론이 사그라지지 않고 있다.

차할 때면 큰길로 난 창문을 모두 닫게 하던 때도 있을 만큼 경호에 신경을 썼다. 박정희가 참가하는 행사에서는 웬만한 사람들은 식장 근처에 얼씬하는 것조차 힘들었다. 특히 3·1절이나 광복절처럼 늘 대통령이 참석하는 기념식은 테러리스트의 표적이 될 수 있기 때문에 경비가 여간 엄중한 것이 아니었다. 문세광은 드골 암살 기도를 그린 《자칼의 날》이라는 소설을 탐독했다는데, 그 소설에서도 암살범 자칼은 드골이 반드시 참석하게 되어 있는 해방기념일을 거사일로 삼았다. 그런데 엄중한 경호는 늘 부작용이 따르게 마련이다. 그해 3·1절 기념식에서는 행사에 참석한 외국 대사 부인들의 핸드백조차 물품보관소에 보관하도록 하다가 대사부인회에서 영부인에게 엄중히 항의하는 바람에 경호과장이 2개월간 정직 처분을 받기까지 했다. 이 때문에 외국인에 대한 경호가 느슨해져 문세광이 일본 대사관 직원 행세를 하면서 무사히 통과할 수 있었던 것이다.

당일 행사의 경호에는 청와대 경호실의 3개 과 중 경호2과 병력 50명이 동원되었고, 경찰은 좌석 곳곳에 배치된 사복근무자 88명 등 총 546명이 동원되었다. 문세광이 총을 쏘며 질주한 B열과 C열 사이의 통로만 해도 당시 용산경찰서에 근무하던 전두환의 형 전기환을 비롯한 12명의 경찰이 배치되어 있었지만, 그 누구도 문세광을 저지하지 않았다. 문세광의 발을 걸어 넘어뜨린 것은 경호원이 아니라 독립유공자 가족으로 참석한 어느 세무서 직원이었다. 만약 누군가가 문세광을 툭 치기만 했어도 육영수 여사가 변을 당하는 일은 없었을지도 모른다. 이 때문에 경찰 40여 명의 목이 달아났는데, 시경 국장 이건개는 경호실의 지시 없이는 절대 움직이지 말라는 경호실의 강압적인 태도에 경찰이 주눅 들게 된 점을 경찰이 그토록 무기력해진 이유로 꼽았다.

부실한 수사, 무성한 음모론

사건이 발생하고 채 두 시간이 지나지 않은 상태에서 일본의 엔에이치케이(NHK) 방송 해설위원 야마무로 히데오는 범인이 북한의 무장간첩이거나 민청학련 계열의 극렬분자일지도 모른다면서, 또 하나의 가능성으로 "나치가 1939년 독일 의사당에 불을 지른 뒤 국회를 해산하고 정권을 탈취한 예가 있듯이 이번 사건도 한국의 현 정권에 의해 조작됐을 가능성이 있다"고 주장했다. 아직 모든 것이 불확실했고 육영수 여사의 용태는 어떠한지 전혀 알려지지 않은 상황에서 나온 것이긴 하지만 공공방송에서 하기에는 무책임한 발언이었다. 조작설은 일파만파로 번져나갔다.

너무나 허술했던 경비 상황과 그 경비 상황보다 더 허술했던 초기 수사 발표는 수많은 허점을 안고 있었다. 수사 발표에서 나타난 허점은 곧

1974년 11월 20일 법정에 선 박정희 암살미수범 문세광. 1974년 12월 17일 대법원에서 사형 확정판결을 받고 3일 뒤인 12월 20일 사형 집행을 당했다.

의문점으로 변해갔고 작은 의문들은 눈덩이처럼 뭉쳐지며 엄청난 의혹으로 발전했다. 옛말에 도둑이 들려면 개도 안 짖는다고 했지만 박정희 정권의 철통같은 경호가 문세광이라는 재일동포 청년에게 어이없이 뚫린 것은 사건 당시부터 음모론이 무성하게 되는 요인이 되었다. 일반의 예상과는 달리 문세광을 재판이 끝나자마자 사형에 처한 것도 여러 가지 면에서 음모론을 부추겼다. 어쩌면 문세광 처형 후의 무성한 음모론이 칼(KAL)기 폭파범 김현희의 생명을 연장시켜준 것인지도 모른다.

음모설의 수준도, 음모의 동기도 가지가지였다. 당시 합동수사본부의 요원이었던 서울시경 감식계장 이건우 경감은 1989년 월간 〈다리〉에서 행한 증언을 통해 육영수 여사는 문세광이 쏜 탄환에 맞아 숨진 것이 아니라는 충격적인 주장을 폈다.[1] 2005년 초에는 문화방송(MBC)의 〈이제는 말할 수 있다)² 와 서울방송(SBS)의 〈그것이 알고 싶다〉³ 가 비슷한 시기에 각각 2부작으로 육영수 여사 피살 사건의 의혹을 다뤘다. 여기서도 〈로스앤젤레스 타임스〉 도쿄 특파원 샘 제임슨은 그동안 한국 텔레비전에서 방영되었던 흑백 영상이 아닌 다른 각도에서 촬영한 새로운 컬러 영상을 공개하면서 이를 토대로 육영수를 쏜 것은 무대 오른쪽에서 뛰어 들어온 경호원이었다는 주장을 펴기도 했다. 이건우는 31년간 경찰에 봉직했고 사건의 합동수사본부에 직접 참가했다는 무게감으로, 샘 제임슨은 〈로스앤젤레스 타임스〉의 후광과 새로운 영상의 힘으로 나름 주목할 만한 주장을 폈다. 여기에서 일일이 검토할 수는 없지만 그들의 주장은 튼튼하지 못한 가설에 입각해 있거나 많은 허점(위조 번호판 문제, 경호실의 공모설, 피격 부위, 총격 시의 섬광 등)을 갖고 있다. 다만 문화방송과 서울방송은 각각 당시의 녹음자료를 음향전문가에게 분석 의뢰하였는데, 두 기관의 분석이 조금 다르지만 문세광의 총이 아닌 제3의 총에서 발사된 총성이 발견되었다는 점은 주목할 만한 일이다. 이 가설에 따르면 문세광의 왼쪽 후방에 있던 경호원이 문세광을 향해 발사한 총이 빗나가 육영수 여사를 맞혔다는 것이다. 지금까지 밝혀진 바로는 B열 후방에는 백상규와 김용완 두 경호원이 배치되었는데, 이들은 문세광이 첫 발을 오발했을 때 총성을 인식하지 못했고 범인이 뛰어나가는데도 범인을 제지하거나 소리조차 지르지 않는 등 아무런 경호조치를 취하지 못했다는 점에서 비난을 받았다.

1974년 당시 수사본부는 정밀한 음향 분석과 영상 프레임별로 육영수 여사의 반응을 분석하는 일 없이 현행범 문세광의 총격에 육 여사가 변을 당한 것으로 결론지었다. 문세광이 육영수 여사를 직접 조준했다기보다는 박정희가 연단 뒤로 숨은 뒤 무대 앞으로 튀어나온 박종규를 향해 총을 쏜 것이 빗나가 육 여사를 맞혔을 가능성이 크지만, 새로운 의혹이 제기되어 있는 상황이니만큼 의혹 해소 차원에서 모든 기록을 공개하고 재조사하는 것이 바람직하다고 하겠다. 문화방송과 서울방송이 의혹을 제기했을 당시 국정원 과거사위원회가 활동 중이었지만, 위원회는 시간과 역량 부족으로 이 사건을 조사할 수 없었다.

육영수의 빈자리

문세광이 박정희의 저격을 시도한 타이밍이 참으로 절묘했다. 사건 발생 하루 전인 8월 14일 한국 정부는 김대중 납치 사건에 대한 수사를 중지한다고 일본 정부에 정식 통보했다. 다음 날 일본 정부가 위조된 신청서류를 걸러내지 못하고 잘못 발행해준 여권을 들고 일본 경찰에서 훔친 권총으로 일본에서 나서 자란 젊은이가 한국의 퍼스트레이디를 저격하여 절명케 한 사건이 발생했다. 한국 정부는 즉각적으로 문세광이 조총련 간부 김호룡의 지령을 받고 범행을 저질렀다며 조총련에 대한 단속을 주장했다. 한국 정부는 강경했다. 김대중 납치 사건 당시 김동운 일등 서기관이 남긴 지문 때문에 1년 내내 일본 정부의 시달림을 받아온 한국 정부는 역공의 찬스를 맞이한 것이다.

일본도 처음에는 강경하게 대응했다. 김대중 납치 사건에 대해 한국 정부가 일방적으로 수사 중단을 통보한 것은 몹시 불쾌한 일이었다. 더구나 실제로는 김대중 납치 사건을 저지른 중앙정보부가 한국에서 문세광 사건의 수사를 모두 통제하고 있었던 것도 일본으로서는 큰 불만이었다. 일본은 일본 경찰이 도난당한 권총으로 한국의 대통령 부인이 사망한 것은 유감스러운 일이지만 한국 국적의 재일한국인이 한국 땅에서 한국인을 살해한 사건에 대해 법적으로는 일본 정부가 책임을 질 이유가 없다고 버텼다. 또 일본 정부는 한국 쪽의 주장과는 달리 이 사건은 문세광의 개인 범행이라며 조총련 배후설을 일축했다. 한국 쪽은 거칠게 반응했다. 일본통 인사들은 서울의 분위기가 '도쿄 폭격론'이 나올 정도로 격앙돼 있다고 열을 올렸고, 박정희는 일본대사를 직접 불러 '단교'까지 거론해가며 일본 정부의 사죄와 조총련에 대한 단속을 요구했다. 이 뜻밖의 사건으로 한일관계가 파탄이 날 것을 우려한 미국은 보채는 한국 정부에 대해 "미국이 할 것은 다 했으니 좀 가만히 있어라"라고 면박을 주면서도 일본이 적당한 선에서 한국에 사죄하도록 개입했다. 일본은 1965년 한일교섭 당시 일본 외상이자 만주 인맥의 거물이었던 자민당 부총재 시나 에쓰사부로를 '진사사절'로 파견했다. 박정희는 시나에게 일본에 대한 불만을 작심하고 퍼부었고, 시나는 청와대를 나서며 이런 모욕은 평생 처음이라고 고개를 저었다고 한다.[4]

역사에 원인과 결과가 없는 사건이 없다지만, 이 사건만큼 유신의 종말에 이르기까지 끊임없는 연쇄반응을 낳은 사건도 드물다. 박정희는 아내의 장례식을 치르고 난 뒤 처남 육인수에게 "납치 사건이 없었더라면 이런 끔찍한 일은 일어나지 않았을 텐데"라며 대단히 비통해했다고 한다.[5] 김대중 납치 사건 이후 한국이 납치국가로 낙인찍히면서 한국 국적의 재일동포 청년들은 깊은 모멸감과 좌절감에 시달려야 했다. 문세광 역시 김대중의 연설 녹음을 열 번 넘게 반복 청취할 정도로 김대중 구출운동에 적극 가담했다. 그는 박정희 1인독재를 타도하는 것이 한국 혁명에 가장 중요한 일이라면서 자신은 "죽음이냐 승리냐의 혁명전쟁에 나선다"고 유서에 썼다.

광복절 저격 사건으로 박정희는 부인을 잃었다. 박정희는 사건 직전

진해 벚꽃길을 걷고 있는 육영수의 뒷모습. 박정
희가 직접 찍은 사진이다.

인 8월 12일 야당의 긴급조치 해제 건의안을 부결시켰지만[6], 사건 후인
23일 긴급조치를 해제하는 등 잠시 유화적인 태도를 취했다.[7] 국민들은
육영수의 죽음을 진심으로 슬퍼했으나, 그 슬픔 때문에 박정희의 독재
를 용인하지는 않았다. 국민들의 저항이 계속되자 박정희는 평정심을
잃고 인혁당 재건위 관련자 8인에 대한 사법살인을 자행했다.

　광복절 저격 사건의 좀 더 직접적인 결과는 권력구도의 변화였다. 김
대중 납치 사건으로 이후락이 물러난 데 이어 저격 사건으로 경호실장
박종규가 물러날 수밖에 없었다. 5·16 이후 최측근에서 박정희를 떠받
치던 윤필용, 이후락, 박종규가 차례로 물러났고 그 빈자리를 메운 것은
차지철과 김재규였다. 유신체제 몰락의 인적 구도가 형성된 것이다. 육
영수의 빈자리를 메운 것은 프랑스에 유학 가 있던 23세의 박근혜였다.
1917년생 박정희의 나이는 58세, 1~2년쯤 지난 뒤 새장가를 들었어야
할 나이였으나 본인은 아직 시집보내지 않은 딸들이 있다는 이유로, 주
변의 권력자들은 새로운 대통령 부인의 탄생으로 인한 권력지형의 변화
에 대한 우려로 박정희의 재혼을 적극 추진하지 않았다. 대신 대연회,
소연회 등 여자 문제를 놓고 별의별 소문이 떠돌았다. 어머니의 비극적

인 죽음으로 어린 나이에 퍼스트레이디 역할의 중압감에 시달려야 했던 박근혜는 자칭 '태자마마'라던 최태민이라는 종잡을 수 없는 목사에게 크게 의존하게 되었다. 자식 이기는 부모 없다고 박정희조차 어쩌지 못한 최태민 문제는 박근혜를 제외한 유신정권 핵심 인사 모두의 골칫거리가 되었다. 뒷날 김재규는 법정에서 박정희를 쏘게 된 요인의 하나로 최태민 문제를 꼽았다. 인간 박정희에게, 나아가 박정희 체제에 육영수의 빈자리는 참으로 컸다.

7

장준하 의문사

1975년 8월 21일 고등학교 1학년이었던 나는 서울 명동성당에서 열린 장준하 선생의 영결식장 뒤편에 앉아 있었다. 한 번도 직접 얼굴을 본 적이 없던 분. 그런 장례식 쫓아다니다 청춘이 다 갔는데, 그 시작이었다. 명동성당이 워낙 커서 그런지, 평일 오전이라 그런지 뒷자리는 많이 비어 있었다. 어느 장례식인들 분위기가 무겁지 않으랴마는 장중한 명동성당은 처연한 공기가 낮고 진하게 깔려 있었다. 영결미사가 끝난 뒤 태극기에 덮인 관이 운구되어 성당 마당으로 나왔다. 아들인 듯싶은 내 또래 소년이 고개를 푹 숙인 채 영정을 모셨다. 우리에게 너무나 잘 알려진, 백범과 윤봉길이 먼 길 떠나기에 앞서 굳은 입술로 찍은 사진에 나오는 그 태극기였다. 무슨 일이 닥치리라고 예감했던지 장준하는 백범이 물려준 그 태극기를 세상을 뜨기 열흘 전 이화여대 박물관에 맡겼다. 얄궂은 태극기는 박물관에 들어간 지 며칠 안 돼 30년 가까이 자신을 잘 보관해준 주인과 작별하러 세상 밖에 나왔다. 운구 행렬이 성당 마당에 나왔을 때 하얀 모시 두루마기에 하얀 머리에 하얀 수염의 노인 한 분이 앞으로 나왔다. 함석헌 선생이었다. 세월이 많이 흘러 함 선생

군 사격장에서 권총을 거머쥐고 표적을 노려보는 박정희(왼쪽)와 장준하. 두 사람은 모두 한국 현대사의 격랑 속에서 극적인 변신을 했지만, 그 내용은 전혀 달랐다.

이 무슨 말씀을 하셨는지는 기억나지 않지만, 말씀 끝에 만세 삼창을 제안하셨다. '장례식에서 웬 만세 삼창?' 이런 생각을 할 겨를도 없이 만세, 만세, 만세 소리가 울려 퍼졌다. 마지막 만세와 동시에 '으흐흑' 하는 참았던 울음소리가 사방에서 터져 나왔다. 그렇게 떠나간 장준하 선생의 묘소를 37년 만에 이장하면서 그분의 유골이 처음으로 세상 밖으로 나왔다. 지름 6센티미터의 원형 함몰, 숨이 턱 막혔다.

박정희는 1917년생, 장준하는 1918년생. 숙명의 라이벌이 된 두 사람은 딱 한 살 차이였다. 박정희가 소학교 선생에서 일본군 장교로, 해방 후 광복군으로, 국군으로, 남로당 프락치로, 무기징역을 선고받은 피고인으로, 반란군의 수괴로, 독재자로 변검의 한 장면처럼 정신없이 변신을 해왔다면, 장준하도 극우·반공·친미에서 한 시대의 가장 진보적인 위치까지 평생을 숨 가쁘게 달려왔다. 한 명은 가장 믿었던 부하의 총에 맞아 비명에 갔고, 다른 한 명은 지금도 그 사인을 놓고 논란이 벌어지는 의문의 죽음을 당했다. 격동의 한국 현대사에서 양극단에 섰던 사람, 둘 다 자연스러운 죽음을 맞지 못했다.

임시정부 청사에 폭탄을 던지고 싶다

학병에 끌려가기 일주일 전, 장준하는 열일곱 어린 신부 김희숙과 결혼식을 올렸다. 신부는 장준하가 잠시 신안소학교에서 선생으로 있을 때의 제자였다. 사지로 가는 마당에 웬 결혼식이었을까. 일본이 '처녀공출'을 해서 일본군 위안부를 전선으로 보내던 시절, 딸 가진 부모들은 처녀공출을 피하기 위해 사지로 가는 사윗감도 마다하지 않고 조혼을 시켰다. 그게 나라 잃은 젊은이들의 운명이었다.

중국 전선에 투입된 장준하는 1944년 7월 동료 넷과 함께 부대를 탈출하여 천신만고 끝에 안후이(안휘) 성 린취안(임천)에 도착했다. 린취안에는 중국 중앙군관학교 분교가 있었는데, 여기에는 한광반, 즉 한국광복군 간부 훈련반이 설치되어 있었다. 한광반에 편성된 젊은이 50여 명은 대부분 장준하처럼 목숨을 걸고 일본군에서 탈출한 청년들이었다. 석 달간의 교육을 마친 이들은 제비도 넘기 힘들다는 험준한 파촉령을 넘어 임시정부가 있는 충칭(중경)으로 향했다. 6,000리 길을 걸어온 수십 명의 젊은이가 한꺼번에 당도하니 임시정부의 노인들은 감격했다. 백범도 떨리는 목소리로 일제의 폭압 밑에서 조선의 젊은이들이 다 일본사람 된 줄 알았는데 이런 일이 다 있다며 말을 잇지 못했다. 답사에 나선 장준하도 본인과 청중이 모두 울음바다가 돼 연설을 마치지 못했다.[1] 이런 감격도 잠시였다. 임시정부는 오랜 파쟁에 빠져 있었는데, 정파별로 젊은이들을 경쟁적으로 초청하다 보니 '우리가 환영회 때문에 이곳에 왔나' 싶을 정도로 환영회는 매일 계속되었다. 격정적인 장준하는 임시정부의 파쟁을 견딜 수 없었다. 임시정부 내무부 주관으로 매달 한 번씩 열리는 강연회에서 단상에 오른 장준하는 이렇게 외쳤다. "가능하다면 이곳을 떠나 다시 일군에 들어가고 싶습니다. 이번에 일군에 들어간다면 꼭 일군항공대에 지원하고 싶습니다. 일군항공대에 들어간다면 중경 폭격을 자원, 이 임정청사에 폭탄을 던지고 싶습니다. 왜냐고요? 선생님들은 왜놈들한테 받은 서러움을 다 잊으셨단 말씀입니까? 그 설욕의 뜻이 아직 불타고 있다면 어떻게 임정이 이렇게 네 당, 내 당하고 겨누고 있을 수가 있는 것입니까?"[2]

평생을 독립운동에 헌신한 노투사들에게는 참으로 모욕적인 말일 수 있었지만, 백범은 이 젊은이들을 품었다. 백범은 미국 중앙정보국(CIA)의 전신인 전략정보국(OSS)과 손잡고 광복군을 조선 8도마다 한 도에 몇 명씩 미국 비행기로 투입한다는 비밀 군사작전을 준비했다. 이들이 살아서 국내에서 유격전을 전개할 가능성은 솔직히 제로라고 보는 것이 옳았다. 이 무모한 작전에 나선 것은 머리 나쁜 청년들이 아니었다. 1950년대와 1960년대 한국 지성계를 대표하는 잡지 〈사상계〉를 발간한 장준하, 방대한 자료를 섭렵하여 《한국공산주의운동사》를 정리한 김준엽(전 고려대 총장) 같은 이들이 목숨을 걸고 이 작전에 자원했다. 오매불망 광복의 그날을 기다려온 백범에게 '왜적의 항복'이 기쁜 소식이 아니라 하늘이 무너지는 듯한 실망스러운 일이었던 것은 이들을 투입할 디데이가 8월 20일이었기 때문이다. 백범은 동물적 본능으로 우리의 운명이 어찌 될지 알았던 것이다. 장준하는 해외에 있던 우리 독립운동가들 중 해방 후 가장 먼저 꿈같이 우리 땅을 밟아본 사람이었다. 광복군을 국내에 투입할 계획을 세웠던 미국 전략정보국은 '군사사절단'이라는 이름 아래 미군 18명과 광복군 4명(김준엽, 노능서, 이범석, 장준하)을 비행기에 태워 서울로 보냈다. 이들은 일본군의 거부로 여의도 비행장에서 8월 18일 하룻밤을 보내고 다시 중국으로 돌아갔다.[3]

극우 · 친미 · 반공 · 기독교의 장준하

1945년 11월 23일 장준하는 백범을 모시고 귀국하여 경교장에서 백범의 비서로 일했다. 광복군 참모장으로 이승만 정권의 초대 국무총리를 지낸 이범석 장군은 백범의 비서로 있던 장준하를 데려다 자신이 조직한 민족청년단의 중앙훈련소 교무처장으로 삼았다. 민족청년단은 흔히 극우파시스트적인 단체라는 평가를 받는데, 청년 시절의 장준하는 그런 조직 안에서 "이범석이 좌익에 둘러싸여 좌익 세력에 대한 조치를 분명히 하지 못한다"고 비판하면서 민족청년단을 떠났을 만큼 확실한 극우였다.[4] 경교장 시절 '장 목사'라 불리던 장준하가 학병으로 끌려가는 바람에 중단했던 신학 공부나 다시 해볼 생각을 하던 차에 전쟁이 터졌다.

전쟁 중인 1952년 장준하는 〈사상계〉의 전신인 〈사상〉을 발간했다. 〈사상〉은 문교부 내의 국민사상연구원에서 발간한 잡지였는데, 장준하는 문교부 서기관으로 이 연구원의 사무국장 등 요직을 지냈다. 이때 문교부 장관은 장준하와 친미 · 반공 · 기독교에 평안도라는 공통점까지 지닌 백낙준이었다.[5] 〈사상〉의 또 다른 후원자는 미국공보원(USIS)이었다.[6] 장준하는 한때 백범을 지근거리에서 모셨지만, 이승만과 김구가 대한민국 단독정부 수립과 남북협상으로 갈라졌을 때 명백하게 이승만 편에 섰고, 한국전쟁 시기에는 정부기관 국민사상연구원에서 미국의 후원을 받으며 공산주의와의 사상전을 전개했다.

〈사상〉은 이듬해 장준하가 인수하여 〈사상계〉로 제호를 바꿔 새롭게 출발했다. 1950년대와 1960년대에 〈사상계〉의 영향력은 독보적이었다. 서중석이 지적한 것처럼 당시 〈사상계〉의 위치는 1970년대 〈창작과비평〉의 막강한 영향력과는 또 다른 것이었다. 〈창작과비평〉이 민주진영 내의 '그들만의 리그'에서 최강자로 군림했다면, 〈사상계〉는 보수, 진보를 떠나서(1950~1960년대에 그런 구분을 하기도 어색하지만) 한국의 지식인 사회 전체를 지배했다. 장준하가 〈사상계〉를 통해 발굴한 필자는 이루 헤아릴 수 없지만, 첫손가락에 꼽아야 할 사람은 단연 함석헌이다. 함석헌은 〈사상계〉 1958년 8월호에 쓴 "생각하는 백성이라야 산다―6·25 싸움이 주는 역사적 교훈"에서 6·25를 남과 북이 각각 미국과 소련의 앞잡이가 되어 벌인 꼭두각시놀음으로 규정했다. 함석헌의 예언자적 목소리와 〈사상계〉에서만 볼 수 있는 수준 높은 논문에 독자들은 열띤 반응을 보였다. 4월혁명 전후 〈사상계〉 전성기의 발행 부수는 9만 7,000부를 기록하며 8만 부에 불과하던 〈조선일보〉를 여유 있게 앞섰다.[7] 〈사상계〉는 자유민주주의적인 입장에서 이승만을 비판하는 데에서는 예리한 필봉을 휘둘렀지만, 정경모가 지적한 것처럼 '이승만의 독재는 공격해도 미국 자체의 행패에 대해서는 침묵' 했다. 4월혁명은 한국 사회에서 금기시되어 있던 통일 논의의 물꼬를 터놓았다. 자민통 등 학생과 혁신계에 여러 통일단체가 만들어지고 중립화 통일 등 다양한 통일 방안이 제시될 때 〈사상계〉와 장준하는 종종 당혹스러울 정도로 극단적인 반공 이데올로기를 펴기도 했다. 〈사상계〉 1960년 12월호 권두언에서 장준하는 "경륜과 이론을 갖지 못한 학도들은 단편적인 지식과 소박한 애국 정열만 가지고 구국을 외친다"며 "국가 형태야 어찌 되든지 덮어놓고 통일하고 보자는 일부의 환상적 논리"를 비판하면서 "여하한 형태의 중립주의도 용납될 수 없다"며 강력한 반공 입장을 드러냈다. 그 장준하가 10여 년 후 "모든 통일은 선이다"라고 외칠 만큼 변신을 했다. 1948년 백범의 변신 이래 한국 현대사에서 가장 극적인 변신이었다.

장준하의 자신감, 박정희의 콤플렉스

4월혁명 후 장준하는 장면 정권과 적극 협력하면서 장면 국무총리가 본부장으로 있던 반관반민단체 국토건설본부의 기획부장을 맡았다. 장준하는 사실상 본부장의 대리 역할을 하면서 대학 졸업자 2,000명을 '국토건설요원'으로 공개 채용해서 6개월간 농어촌에서 봉사하는 것을 일종의 수습 기간으로 삼은 뒤 중앙관서에 공무원으로 채용한다는 획기적인 계획을 세웠다. 하극상 사건으로 군대에서 쫓겨난 김종필도 이때 장준하에게 이력서를 냈다. 장준하는 후에 농반진반 김종필을 빨리 취직시켰으면 "5·16 군사 쿠데타 같은 것은 이 땅에 없었을지도 모를 일"이라고 했다고 한다. 당시 대통령이었던 윤보선이 군사반란이 일어났을 때 "올 것이 왔다"고 말했는데, 장준하 역시 처음에는 5·16을 꼭 부정적으로 본 것은 아니었다. 〈사상계〉의 권두언은 대부분 장준하가 썼는데, 1961년 6월호의 무기명 권두언 "5·16 혁명과 민족의 진로"에서는 5·16을 4월혁명의 연장 선상에서 "부패와 무능과 무질서와 공산주의의 책동을 타파하고 국가의 진로를 바로잡으려는 민족주의적 군사혁명"으로 높이 평가했다. 장면 정권에 깊숙이 개입한 장준하였지만 극우반공주의자로서 학생과 혁신 세력의 통일 논의에 대해 가졌던 불안감이 이런 식으로 표출되었던 것이 아닌가 한다.

5·16에 대한 장준하의 이런 유보적 태도는 오래가지 않았다. 5·16 후 사실상 처음 나온 〈사상계〉에서 장준하는 자신은 권두언을 통해 민주정치로의 복귀를 촉구하면서, 함석헌에게 5·16을 비판하는 글을 청탁했다. 장준하에게 취직자리를 부탁했던 김종필은 나는 새도 떨어뜨린다는 중앙정보부장에 올라 장준하를 잡아다 놓고 함석헌이 쓴 "5·16을

어떻게 볼까'라는 논설을 트집 잡으며, '정신분열자 같은 영감쟁이의 이따위 글'을 실은 저의를 따져 물었다. 다른 언론들이 모두 침묵할 때 〈사상계〉가 군정을 당당하게 비판하자 〈사상계〉는 날개 돋친 듯 팔려나 갔다. 사상계사는 열심히 잡지를 추가 제작하여 배포했지만, 곧이어 반품이 무더기로 쏟아져 들어왔다. 중앙정보부의 치사한 반품 작전이었던 것이다.[8] 지식인 사회에서 갖는 영향력에 비하여 경영 규모가 크지 않았던 〈사상계〉로서는 회복하기 힘든 경제적 타격을 입었다. 호황 속의 적 자였다. 여기에 세무사찰이 더해졌다.

장준하는 박정희가 추진하는 한일회담과 베트남 파병을 보면서 일본 군 장교 출신 박정희의 배후에 일본만이 아니라 미국이 있음을 깨닫게 된다. 사실 이 무렵까지 장준하는 국가주의와 민족주의를 거의 동일시 했는데, 이제 그는 민족과 국가를 구별해 보는 눈을 갖기 시작했다. 장 준하는 베트남 파병에 반대했다. 한국군의 추가 파병을 위해 미국 대통 령 존슨이 방한할 때 장준하는, 존슨은 "한국 청년의 피가 더 필요해서 오는 것"이라고 강력히 규탄했다.[9] 그러나 큰아들 호권이 군대에 가자 베트남에 보냈다. 장준하의 뒤를 이어 문익환이, 문익환의 뒤를 이어 백 낙청이 한국의 통일운동에서 상징적인 위치를 이어받았는데, 백낙청은 이때 미국에 유학 중인 홍안의 수재 청년이었다. 경기고등학교 재학 시 절 유엔총회장에서 열린 세계고교생 토론대회에 한국 대표로 나가 이름 을 떨친 백낙청은 명문 브라운 대학에서 졸업연설을 하여 〈동아일보〉 사회면 톱에 올랐다.[10] 그런 백낙청이 미국 유학 중 병역의무를 마치겠 다고 자원입대했다. 당시 신문은 "백 군이 나이 어린 13세 때 아버지와 큰아버지가 6·25 동란으로 붉은 침략자들에게 강제로 납치당한 비통한 현실이 그에게 그러한 결심을 하게 한 것일지도 모를 일"이라고 썼다.[11]

1945년 8월 광복군 장교 복장을 한 장준하(왼쪽)와 1944년 6월 일본군 장교 복장을 한 박정희.

공동체 내에서 사회적 책임을 지지 않는 사람은 지도자의 자격이 없다. 한국의 진보는 원래 '진짜보수'에서 출발한 진보였다. 박정희와 장준하를 두고 숙명의 라이벌이었다고 하지만 둘은 인간적, 도덕적 견지에서 차원이 달랐다. 장준하의 박정희에 대한 남다른 자신감과 박정희의 유난한 콤플렉스를 보면 박정희도 장준하도 그 점을 인식하고 있었던 것이 분명하다. '진짜보수'의 눈에 외세의 앞잡이나 하고 기회주의적 변신을 일삼는 자가 예쁘게 보였을 리 없다. 장준하는 자신이 광복군일 때 일본군 장교를 했던 박정희를, 좌우대립이 격심했던 해방공간에서 자신이 민족 세력의 일원으로 활동할 때 남로당의 군부 프락치였던 박정희를, 그리고 대통령 자리에 있으면서 삼성재벌의 한국비료 밀수 사건에서 '밀수왕초'였던 박정희를 도덕적으로 경멸했다.

재야 대통령 장준하

장준하는 1960년대 중반에서 1970년대 초반 여러 대중강연에서 최고 인기 강사였다. 그는 격식에 구애받지 않고, 어려운 용어 사용하지 않고, 자신이 말하고 싶은 것을, 그리고 대중이 듣고 싶어 하는 것을 속 시원하게 얘기했다. 장준하는 요즘 식으로 말하면 야권 제일의 박정희 저격수였다. 장준하는 1966년 10월과 1967년 5월 박정희를 비판하다가 두 차례나 구속되었다. 박정희 정권이 특별히 민감하게 반응했던 것은 그의 비판이 모두 사실이었기 때문이다. 1967년 대통령 선거에서 장준하는 박정희의 남로당 관련설을 집요하게 물고 늘어지며 박정희를 "자기 사상을 갖지 못한 사상적 방랑아"라고 공격했다.[12] 1963년 대통령 선거 당시의 사상논쟁을 다시 한 번 불러오려는 의도였다. 구속된 장준하는 옥중에서 6월 8일 제7대 국회의원 선거에 서울 동대문을구에서 출마할 것을 선언했다. 장준하의 인기가 치솟자 5·16 주체로, 최고위원을 지낸 공화당 후보 강상욱이 안절부절못하며 선거운동보다 장준하의 석방운동을 벌이는 진풍경이 벌어졌다.[13] 박정희가 3선개헌을 염두에 두고 자행한 사상 최악의 부정선거에서 장준하는 무난히 당선되어 국회의원이 되었다. 일부에서는 장준하가 정치에 발을 담갔기 때문에 〈사상계〉가 사양길에 접어들었다고 하지만, 당시 〈사상계〉에 몸담았던 사람들은 박정희 정권의 교묘한 언론탄압으로 〈사상계〉가 막다른 골목에 몰렸기 때문에 그것을 타개해보려는 절박한 마음으로 장준하가 정계에 진출했다고 한다.

정치인 장준하의 존재감은 그가 국회의원이 되기 전부터 드러났다. 야당 세력이 민중당과 신한당으로 분열되어 있을 때 1967년의 대통령 선거와 국회의원 선거를 앞두고 언론이 "성 처녀 마리아가 예수를 낳은 기적"이라고 비유한 야권 대통합을 이뤄낸 막후 주역이 장준하였다. 당시 야권에서는 대통령 후보감으로 윤보선, 백낙준, 유진오, 이범석 4인이 거론되었는데 장준하는 4자를 한자리로 불러내 대선 후보로 윤보선, 당수에 유진오의 구도로 통합야당 신민당을 창당하도록 하는 데 큰 역할을 한 것이다. 이 협상에서 대통령 후보를 누가 할 것인가를 두고 팽팽한 신경전이 벌어지고 있을 때, 백낙준이 4인 모두 대통령 선거에 나가지 말고 젊은 장준하를 추대하자고 제의하여 꽉 막혔던 협상의 물꼬를 텄다고 한다. 이 사실이 밖으로 알려져 장준하에게는 '재야 대통령'이라는 별칭이 따라붙게 되었다.[14]

장준하의 정치 생활은 순탄하지 못했다. 국회의원이 되었지만 집에 세비 한번 제대로 가져간 적이 없었다. 〈사상계〉를 경영하다 지게 된 큰 빚 때문에 세비에 차압이 걸렸고, 집에는 빚쟁이들이 진을 치고 있었다고 한다. 장준하는 1971년 제8대 국회의원 선거를 앞두고 자신이 산파 노릇을 했던 신민당을 탈당했다. 왕사쿠라라고 불리던 유진산이 당수가 되자 윤보선 등과 함께 국민당을 결성했다. 1971년 대통령 선거에는 진보당 출신의 박기출을 후보로 내세웠다. 1967년 대통령 선거에서 야권 통합의 산파로, 최고 인기의 찬조연설자로 맹활약했던 장준하는 1971년 김대중이 후보로 나왔을 때는 주요한 역할을 하지 못했다. 장준하는 1971년 5월의 제8대 국회의원 선거에서 동대문을구에 국민당 후보로 출마하였으나 낙선했다.

장준하가 정계에 진출하면서 손을 뗀 〈사상계〉도 1970년 5월호의 〈오적〉 사건으로 폐간되었고, 선명야당을 표방한 국민당 실험도 실패로 돌아간 뒤 장준하는 출판사 사상사를 차렸다. 사상사의 첫 출판물은 장준하가 저자이자 발행자였던 《돌베개》였다. 함석헌이 '밤중에 우는 장사의 칼'이라 평한 이 책은 청년 장준하가 학병으로 끌려갔다가 탈출해 광복군이 되어 환국하기까지의 과정을 담았다. 그는 이 책의 발문 '돌베개에 붙이는 말'에서 "광복조국의 하늘 밑에는 적반하장의 세상이 왔다. 펼쳐진 현대사는 독립을 위해 이름 없이 피 뿜고 쓰러진 주검 위에서 칼을 든 자들을 군림시켰다. 내가 보고 들은 그 수없는 주검들이 서러워질 뿐, 여기 그 불쌍한 선열들 앞에 이 증언을 바람의 묘비로 띄우고자 한다"라고 썼다.[15] 이 무렵은 한일국교 정상화 이후 일본의 힘이 여러 방면에서 한국으로 몰려들 때였다. 장준하는 신상초·백기완·김지하·김도현 등 10여 명과 함께 민족학교를 열어 민족의식을 고취하고, 황현·최익현 같은 유학자, 신채호·안중근 등 독립운동가들, 한용운·이육사·이상화·윤동주 같은 저항시인들의 작품, 그리고 작자 미상의 구전가요나 무명 시인의 노래를 모아 《항일민족시집》을 펴냈다. 사상사는 이밖에도 김구의 《백범어록》, 백기완의 《항일민족론》, 이범석의 《우등불》, 박형규의 《해방의 길목에서》와 같은 책을 펴냈다.

《돌베개》를 펴낼 무렵 장준하의 나이는 쉰넷. 아직 회고록을 펴내기에는 젊은 나이였지만 장준하는 그래도 이 작업을 통해 일본군을 탈출하면서부터 잠시도 쉴 틈 없이 광복군으로, 청년운동가로, 〈사상계〉의 발행인으로, 정치인으로 숨 가쁘게 달려온 30년 세월을 돌아볼 수 있었다. 매달 원고 마감에 쫓기고, 종잇값, 제본비에 직원들 월급 주느라 허덕이던 〈사상계〉 시절에 비해 출판사 생활은 그래도 좀 여유가 있는 편이었을 것이다. 이 땅에서 양심적인 보수주의자로 한시도 쉬지 않고 달렸던 그에게 낙선으로 인한 시간적 여유와 자기 삶을 되돌아볼 기회가 생겼다는 것은 한국 사회 전체를 위한 축복이었다. 고은 시인의 〈그 꽃〉

에서 "내려갈 때 보았네/올라갈 때 못 본/그 꽃"이 딱 들어맞는 순간이 었다. 장준하가 만난 '그 꽃'은 채 피지도 못한 채 수유리에 잠들어 있 었다.

민족주의자의 길, 죽음의 길

장준하는 박정희가 하는 모든 것을 반대했지만, 딱 하나 1972년의 7·4 남북공동성명만큼은 쌍수를 들고 환영했다. 〈씨올의 소리〉 1972년 9월호—그러니까 7·4 남북공동성명은 발표되고, 아직 박정희가 유신 의 발톱을 드러내기 전의 꿈같은 시간—에 쓴 "민족주의자의 길"에서 장준하는 "모든 통일은 좋은가? 그렇다. 통일 이상의 지상명령은 없다. 통일은 갈라진 민족이 하나가 되는 것이며, 그것이 민족사의 전진이라 면 당연히 모든 가치 있는 것들은 그 속에 실현될 것이다"라고 확고히 주장했다. 이 문장만 놓고 보면 모든 통일은 선이라는 그의 발언은 통일 지상주의자 소리를 들어도 달리 변명할 길을 찾지 못할 것이다. 장준하 도 이 사실을 잘 알고 있었다. 아마도 많은 사람들이 그에게 박정희를 어찌 믿느냐고, 남북공동성명에 그토록 감격해하는 것은 너무 감상적인 것이라고 말했을 것이다. 장준하는 "민족적 양심에 살려는 사람의 지상 과제가 분단된 민족의 통일이라고 할 때, 어떻게 이 사실을(7·4 성명, 남북 적십자회담 등) 엄청난 감격으로 받아들이지 않겠는가"라며 이를 감상이라 한다 해도 "이 감상, 이 감정 없이 그가 하나의 인간, 민족분단의 설움 으로 지새워온 민족양심을 가진 사람이라고 하겠는가?"라고 반문했다.

암울한 식민지 시대, 장준하 같은 청년들에게는 대륙으로 가서 '탈출' 할 길이라도 있었다. 일본군의 마수에서 벗어났지만 아직 안전지대에

도착하지 못했을 때 젊은 장준하는 '광막한 중원대륙 수수밭 속에 누워 침 없이 마른입으로' '못난 조상이 또다시 되지 말아야 한다'고 수없이 되뇌었다고 한다. 분단된 조국에 돌아와 50대가 된 장준하에게는 이제 '탈출' 할 곳도 없었다. 10여 년 전 학생들이 소박한 애국적 정열만 갖고 덮어놓고 통일하고 보자는 식의 환상적인 주장만 펴고 있다고 비판했던 장준하가 이제 모든 통일은 좋은 것이라고 장엄히 선언하게 되었다.

시인 이광웅이 노래한 것처럼 이 땅에서 뭐든지 제대로 하려면 목숨을 걸어야 했다. 분단된 조국에서 통일을 위해 발 벗고 나선다는 것은 정녕 목숨을 걸어야 하는 일이었다. 독재정권하에서 수많은 사법살인이 있었지만 민주주의만을 외쳤다고 죽이지는 않았다. 심지어 이승만을 저격했던 유시태나 김시현도 사형을 선고받지는 않았다. 그런데 통일을 외치면 꼭 죽였다. 조봉암이 죽었고, 〈민족일보〉 조용수가 죽었고, 사회당의 최백근이 죽었고, 통혁당 사람들이 죽었고, 전략당 사람들이 죽었고, 뒤의 일이지만 인혁당과 남민전 사람들이 죽었다. 분단된 조국에서 참된 민족주의자의 길은 죽음으로 가는 길이었다.

대학가에서 화제가 되었던 한 강연에서 장준하는 "민족주의는 군사정부에 의해 새롭게 만들어진 것이 아니다"라고 말하면서 "민족주의는 호사한 호텔 창가에서 샹송을 들으며 흘리는 눈물 속에서 불려지는 감상이 아니다"라고 주장했다. 장준하가 말하는 민족주의란 중국 광야에서 광복군으로 일본군과 싸우면서 "춥고 배고프고 발톱이 빠지도록 조국을 찾아 헤매는 가운데 뼛속으로 체험한 민족주의"였다.[16] 이제 장준하는 그때보다 더 절박한 심정으로 다시 돌베개를 베러 나선 것이다.

'민중'을 발견하다

장준하는 1967년도에 이미 '대통령의 자격'을 거론하며 대한민국 국민 29,999,999명이 대통령 될 자격이 있어도 일본군 장교 출신 다카키 마사오만큼은 대통령 될 자격이 없다고 갈파한 바 있다.[17] 여기에 다카키 마사오는 유신 친위 쿠데타를 자행하여 씻을 수 없는 죄를 더했다. 그는 국헌을 문란하게 한 것만이 아니었다. 통일을 이용하여 남과 북에서 통일을 열망하는 민중들에게 돌이킬 수 없는 좌절감을 안겼으며, 그 옛날 자기가 천황폐하 만세를 외쳤듯, 자신을 향해서도 만세를 부르라고 국민들에게 강요했다. 〈사상계〉의 좌절과 정치 생활의 환멸, 그리고 부인이 봉투에 풀칠하여 식구들이 입에 풀칠하는 절망적인 빈곤 속에서 장준하의 박정희에 대한 태도는 돌이킬 수 없이 단호해졌다. 장준하의 내적인 변화와 갈수록 엄혹해지는 유신체제의 외적인 힘은 상승작용을 일으켰다.

한국 자유주의 세력의 구심점은 원래 〈사상계〉였고 장준하였다. 박정희가 근대화 논리를 펴면서 〈사상계〉를 중심으로 형성되었던 자유주의적 지식인 세력은 와해되었다. 그냥 와해된 것이 아니다. 박정희가 〈사상계〉 편집위원 중에서 열심히 사람을 빼갔다. 박정희의 정치적 스승이라 불리던 엄민영은 두 차례나 내무부 장관을 지냈고 공화당 정권의 싱크탱크라 불린 정경연구소를 만들었다. 김상협은 군정의 문교부 장관으로 불려 갔고, 유창순도 상공 장관과 경제기획원 장관이 되었다. 한태연은 공화당 의원을 지내고 유신헌법을 만드는 데 혁혁한 기여를 했다. "국민투표는 결코 만능이 아니다"라는 글로 박정희 정권에 의해 구속되기까지 했던 법철학자 황산덕은 인혁당에 대한 사법살인이 집행될 당시

1962년 잡지 〈사상계〉 발행인으로 필리핀에서 막사이사이상 언론 부문 상을 받은 장준하가 귀국 환영을 받고 있다. 박정희는 5·16 장학회를 만들면서 '막사이사이상'과 같은 국제적인 규모로 만들겠다고 호언했지만 정작 장준하가 상을 받자 다시는 '막사이사이상'을 입에 올리지 않았다.

의 법무부 장관이었다. 동경제대 재학 중 학병에 끌려가 장준하처럼 목숨을 걸고 탈출했고 장준하와 함께 밀수 규탄대회의 단골 연사였던 신상초도 박정희 쪽으로 넘어가더니 장준하가 죽은 뒤지만 유정회 의원이 됐다. 이들 모두가 1950년대와 1960년대 〈사상계〉의 편집위원으로 활동한, 한국을 대표하던 자유주의 지식인들이었다. 이들이 떠나간 빈자리에서 장준하는 외로웠을 것이다. 장준하가 의문의 죽음을 당하던 약사봉 그 등산길에 우연히 동행했다는 한 언론인이 있었다. 장준하에게 "다른 분들은 어떻게 하시고 왜 혼자십니까?"라고 했더니 "나는 언제나 혼자인걸요"라고 쓸쓸히 답했다고 한다.[18]

어찌 보면 변한 것은 장준하가 아니라 다른 자유주의적 지식인들이었는지 모른다. 다만 나이가 들며 역사의 무게, 자기 양심의 무게를 더 무겁게 느꼈을 뿐, 장준하는 그저 그 자리에 서 있었던 것인지도 모른다. 그렇게 다 떠난 자리에서 제자리를 지킨 장준하와 그의 벗들이 재야가 되었고 진보의 울타리가 됐다. 신의주 반공학생의거의 배후 함석헌, 우익 학생운동 패의 주먹대장 계훈제, 주한미군 철수 반대 서명을 받고 다니던 문익환, 국군 장교로 한국전쟁을 치른 리영희, 남쪽을 선택한 반공 포로 김수영 등 이 땅의 진보 세력에게 젖을 먹인 이들은 해방 전후 사상의 스펙트럼에서 맨 오른쪽에 서 있던 분들이었다. 양심적인 것과 진보적인 것은 전혀 다른 기준을 갖지만, 박정희같이 기회주의적 변신을 일삼은 자가 권력을 잡은 사회에서는 양심을 지키는 것이 엄청나게 진보적인 역할을 하게 되기도 한다. 장준하는 보수와 진보의 이분법으로 재단할 수 없는 삶을 살았다. 그는 사상의 보수성을 삶의 진정성과 준엄함으로 극복한 분이다. 장준하의 사상이 진보적이라 할 수 있을지 모르겠지만, 그와 동시대를 산 사람 중에 그보다 더 치열하게 진보적인 삶을 살아낸 분은 없다.

장준하가 달라진 점은 분명 있었다. 1970년대의 많은 양심적 지식인들처럼 그 역시 민중을 발견한 것이다. "죽음에서 본 4·19"라는 글에서 장준하는 "혁명은 하늘이 하는 것이며 백성을 시켜서 하는 일이다. 4·19혁명은 백성이 한 혁명이 아니고 학생들이 한 혁명이었다. 그래서 그 혁명은 완전한 혁명이 되지를 못한 것이다"라고 4월혁명의 한계를 지적했다. 이제 장준하는 통일운동에 나서며 "통일은 감상적 갈망이기도 하지만 우리가 하루하루 사는 생활과 직결되는 것"이기에 "통일은 처음부터 끝까지 민중의 일"이며 "통일 문제는 민중 스스로가 관여하고, 따지고, 밀고 나가야 한다"고 주장했다.

들불처럼 번진 개헌청원운동

많은 사람들이 한결같이 증언하듯이 장준하는 참으로 온화한 사람이었다. 그러나 그는 가슴 깊이 분노를 간직한 사람이었다. 역사는, 결국은, 착한 사람들의 분노가 만들어가는 것이었다. 그가 유신이 나던 해봄, 4·19 묘지에서 아프게 깨달았듯이 더 이상 젊은이들만 희생해서 될일이 아니었다. 장준하는 "죽음에서 본 4·19"란 글에서 "일전에 수유리 4·19 묘지에 갔다가 새삼스레 느낀 일"이라며 이렇게 썼다. "그 185개의 묘 중 어찌 단 하나의 어른의 묘도 없이 한결같이 모두 젊은 학생들의 묘뿐인가 하는 것이다. 즉 학생들은 그렇게 많이 죽었는데도 그 학생을 직접 가르치는 교수나 교사는 왜 단 한 명도 죽은 자가 없었는가? 그때 죽은 학생들의 수효만큼 어른들—소위 지도자, 교수, 정치인—도죽을 수가 있었던들 오늘날의 이 나라 형편이 이렇게까지야 될 것인가 하는 느낌이 들 때 지금 이 글을 쓰고 있는 필자 자신을 포함하여 이 나라의 어른들이란 사람들이 얼마나 후안무치의 철면피들인가 하는 생각마저 드는 것이었다." 장준하는 "'피를 마시며'밖에 자라지 못하는 '자유라는 나무'가 아직도 이 땅에서는 충분히 자랄 만큼 피가 흘려지지 못했기 때문인 것은 아닐까?"라는 질문을 던졌다.[19] 그 질문을 제일 먼저 받은 사람은 다름 아닌 장준하였다. 4월혁명을 추동한 잡지 〈사상계〉를 펴낸 장준하 자신이었다.

장준하가 개헌청원운동의 준비에 나선 것은 1973년 10월 2일 유신 선포 뒤 처음으로 대학생들이 시위에 나선 그 무렵이었다. 장준하는 백기완과 함께 모든 책임을 둘이서 지기로 했다. 형식은 '개헌청원'이라는 지극히 온건하고 체제 내적인 방식이었다. 지금의 관점에서 볼 때 유신

타도나 철폐도 박정희 정권의 퇴진도 아닌, 서명을 통한 개헌청원은 체제 순응적이고 개량적이고 온건하기 짝이 없는 방식이었다. 그런데도 이부영이나 김도현 같은 젊은이들은 유신헌법을 고치라는 것은 박정희에게 물러나라는 얘기인데 이건 생명마저 위협받는 일이라며 말렸다고 한다.[20] 유신체제란 대통령에게 부탁하는 일에도 목숨을 걸어야 하는 그런 체제였다.

장준하는 젊은이에게 미루지 않고 자신이 앞장섰다. 매사에 가장 원칙적이고 가장 강경했던 장준하가 목숨을 걸고 선택한 방식은 놀랍도록 온건했지만 놀랍도록 효과적이었다. 12월 24일 헌법개정청원운동본부가 발족하자 국민들은 기다렸다는 듯이 너도나도 서명을 시작했다. 달갑지 않은 크리스마스 선물을 받아든 박정희가 긴급대책을 마련하라고 지시하자 성탄절에 부랴부랴 관계장관 대책회의가 열렸다. 다음 날 밤 9시부터 국무총리 김종필은 100분간의 장황한 TV 연설을 통해 "헌법을 고쳐야 되느니 가두에서 무슨 서명을 하겠느니" 하는 사람들에게 공산주의자들이 원하는 상황을 만들지 말라고 경고했다.[21] 같은 시간 명동 흥사단 강당에서는 '항일문학의 밤' 행사가 열리고 있었다. 대학생 가수 김민기는 안중근의 〈공범〉, 우덕순의 이등박문 도살가 〈보난 대로 죽이리라〉를 읊었다.[22] 행사가 끝날 무렵 장준하는 "여기 모인 여러분이, 국민 한 사람 한 사람이 청원운동본부가 되어 서명을 받아줄" 것을 호소했다. 말이 항일문학의 밤이지 사실상 유신철폐의 밤이었다. 장준하 세대에게 항일운동과 민주화운동은 사실 하나였다. 말을 안 했을 뿐이지 장준하는 안중근의 총으로 친일파 박정희를 겨냥한 것임에 틀림없다. 이토 히로부미 같은 메이지유신의 지사를 롤모델로 삼았던 박정희가 이토 히로부미와 같은 날 같은 방식으로 황천길로 간 것은 단순한 우연

장준하(오른쪽)와 백기완은 1974년 1월 8일 긴급조치 1호가 선포된 뒤, 이를 위반한 혐의로 제일 먼저 구속되었다.

은 아닐 것이다. 역사의 필연은 종종 우연을 가장하여 자신의 모습을 드러낸다.

서명운동이 들불처럼 번지자 박정희는 12월 29일 "과대망상증에 사로잡힌 일부 몰지각한 인사들의 황당무계한 경거망동"을 격렬히 비난하는 특별담화문을 발표했다.[23] 1976년 판문점 도끼 사건 때 "미친개에게는 몽둥이가 약"이라고 펄펄 뛴 것을 제외하고는 집권 18년 동안 박정희가 쓴 가장 격한 언사였다. 그리고 열흘 뒤인 1974년 1월 8일 긴급조치 1호가 선포되었다. 유신헌법을 고치자고만 해도 영장 없이 체포해서 군사법원에서 징역 15년에 처할 수 있는 황당한 악법이었다. 박정희가 이토록 민감하게 반응한 것은 서명운동이 시작된 지 10여 일 만에 서명자 수가 40만을 돌파한데다 이 운동을 장준하가 주도했기 때문이다. 박정희에게 장준하는 떨쳐버릴 수 없는 악연이었다. 박정희는 김지태를 상대로 인질강도극을 벌여 뜯어낸 몸값으로 5·16 장학회를 만들면서 '막사이사이상과 같은 국제적인 규모'로 만들겠다고 호언했지만, 정작 두 달 뒤 장준하가 막사이사이상을 받자 다시는 막사이사이상을 입에 올리지 않았다. 긴급조치가 선포된 날 밤에 장준하는 백기완, 큰아들 호권과 함께 서명용지를 불태웠다. 40만 명의 이름이 적힌 용지는 한참을 탔다. 장준하의 눈에 맺힌 눈물은 매운 연기 때문만은 아니었다. 그리고 일주일 뒤 장준하와 백기완은 긴급조치 1호 위반으로 제일 먼저 구속되었다. 이번만큼은 학생과 젊은이가 아니라 어른들이 앞장섰다.

야권 통합을 위한 마지막 노력

장준하가 풀려난 것은 구속 10개월 20일 만인 12월 3일 밤이었다. 심장협심증과 간경화 증세가 악화되어 거동도 힘들어지자 형 집행정지로 풀어준 것이다. 날씨는 추워지는데 어린 학생들을 감옥에 두고 나오니 아픈 가슴이 더 아팠다. 그가 병석에 누워 있을 때 〈동아일보〉 백지광고 사건이 발생하자 그는 친지들이 입원비에 쓰라고 보태준 돈을 쪼개 '박대통령에게 보내는 공개서한'을 실었다. 신문에는 1975년 1월 10일 자에 실렸지만, 서한의 날짜는 박정희가 긴급조치를 선포한 지 1년이 되는 1월 8일이었다. 장준하는 "국헌을 준수한다고 서약한 귀하 스스로가 그 선서를 헌신짝같이" 버린 사실을 꾸짖으며 박정희에게 이렇게 말했다. "박 대통령 귀하, 이 지구 상에는 수백억의 인간이 살다 갔습니다. 그중에 가장이 되었던 사람들은 누구나 내가 죽으면 내 집이 어찌어찌 되겠는가라는 걱정을 안고 갔을 것입니다. 그러나 인간사회는 계속 발전하여 왔습니다. 우리들도 예외일 수는 없습니다." 내가 아니면 안 된다는 박정희의 독선과 아집을 정조준한 것이다.[24]

장준하가 몸을 추스르는 동안 많은 일이 일어났다. 박정희가 국민투표 놀음을 통해 유신체제가 국민의 지지를 받고 있다고 주장했고, 구속자들이 석방되었다가 또 잡혀갔다. 동아일보사 측은 독재정권에 무릎을 꿇었고, 언론자유를 외치던 기자들은 거리로 쫓겨났다. 인혁당 관련자 8명이 사법살인을 당했고, 서울대생 김상진이 독재에 항거하며 할복자살했다. 그리고 공산군의 탱크가 사이공(호찌민)에 입성했다. 당시 용어로 월남이 '패망' 한 것이다.

'월남 패망' 3주 뒤인 1975년 5월 21일 박정희의 제안으로 열린 여야 영수회담 이후 신민당 총재 김영삼은 반유신 투쟁대열에서 뒤로 물러나 앉았다. 장준하는 큰 충격을 받았다. 그는 2월 21일 기자회견을 통해 민주회복 노력의 단일화와 개헌의견 통합을 주장해왔던 터였다. 신민당은 진산파와 반진산파로 갈라져 싸우다가 속수무책으로 유신이라는 날치기를 당했다. 반진산파가 갈라져 나와 민주통일당을 만들었고 장준하도 여기에 가세했지만, 민주통일당은 제9대 국회의원 선거에서 겨우 3석을 차지해 명맥만 유지했다. 하나로 힘을 합쳐도 시원찮을 판에 김영삼의 신민당 따로, 양일동의 통일당 따로, 윤보선 따로, 김대중 따로 그리고 재야 따로 움직이고 있었다. 1971년의 분열에 전혀 책임이 없다 할 수 없는 장준하는 이제 모든 것을 버리고 민주 세력의 단일화에 나섰다.

그가 음지에서 움직인 덕에 3월 31일 마침내 윤보선, 김대중, 김영삼, 양일동이 모여 개헌 투쟁대열의 통합과 재야 수권태세의 확립을 위한 4자회담을 열고 야당 통합의 대원칙에 합의했다.[25] 중앙정보부는 다음 날인 4월 1일 김대중, 장준하 등을 포섭하려 했다는 김달남, 유정식 등 재일동포 간첩 사건을 발표하여 야권 통합 분위기에 빨간 칠을 하려 했다. 유신정권의 이런 장난에도 불구하고 통일당은 5월 7일 전당대회를 열고 야당 통합에 대한 권한을 양일동 당수에게 위임하기로 결의했다.[26] 장준하가 나서서 간신히 만들어놓은 야권 통합의 토대는 박정희가 나서서 김영삼을 빼감으로써 무너졌다. 여야 영수회담 이후 김영삼이 반유신 투쟁에서 발을 뺀 것을 두고 박정희와 모종의 밀약을 맺었다는 무성한 소문을 낳았지만, 김영삼은 지금까지 이 문제에 대해서만큼은 입을 꾹 다물고 있다.

의문의 죽음

장준하가 의문의 죽음을 당한 것은 바로 이런 상황에서였다. 장준하는 세상을 뜨기 20여 일 전인 7월 말 김대중을 찾았다. 1971년 대통령 선거 당시 국민당에 몸담고 있던 장준하는 김대중을 공격하는 입장이었기 때문에 둘 사이에는 약간의 앙금이 있었다. 이제 장준하가 준연금 상태에 있어 활동이 자유롭지 못한 김대중을 찾아가 당신이 못 움직이니 내가 움직이겠다며 희생을 각오하고 싸울 터이니 힘을 합치자고 제안했다. 장준하는 광주로 홍남순 변호사를, 원주로 지학순 주교를 찾아다니며 김영삼과 신민당이 빠져나간 공백을 메우려 했다. 장준하와 김대중이 손을 잡는다는 것은 박정희로서는 영 꺼림칙한 일이었다.《김대중

자서전》은 장준하의 죽음을 독재정권에 의한 살인으로 확신했던 함석헌이 이렇게 말했다고 전한다. "장준하는 김대중과 화해한 것이 죽음을 불러왔어. 저놈들이 둘이 합치면 어찌 된다는 것을 알기 때문이지. 둘 중 하나는 죽어야만 했을 것이야."[27]

장준하는 박정희에게 윤보선이나 김대중 같은 정적이나 정치적 위협은 아니었다. 그러나 일본군 장교와 얼치기 광복군 출신으로 두 차례나 국헌을 짓밟았던 박정희에게, 진짜 광복군 출신이자 진짜 민족주의자 장준하는 감히 어찌할 수 없는 존재론적 위협이었다. 가요 〈애모〉가 나오기 훨씬 전의 일이지만 "그대 앞에만 서면 나는 왜 작아지는가"가 딱 장준하 앞에 선 박정희의 처지였다.

장준하가 독재정권에 의해 살해당한 것이었다면 그 이유는 무엇이었을까를 두고 숱한 추측이 난무했다. 혹자는 야당 의원이었지만 군에서 깊은 존경을 받았던—주월 한국군 사령관을 지낸 채명신 장군 같은 이는 "그런 분이 대통령에 출마한다면 맨발로 뛰어다니며 운동하고 싶은 심정"이라고까지 했다[28]—장준하가 군사 쿠데타를 도모했다고 믿기도 하고, 혹자는 박정희를 사살한 김재규와의 각별한 인연에 무게를 두기도 하고, 혹자는 장준하가 광범위한 민중봉기를 준비하던 중이었다고 믿지만, 2기 의문사위원회는 이런 거사설을 증거가 부족하다며 채택하지 않았다. 그의 사인 역시 진상규명 불능으로 나왔다.

4·19 묘지 앞에서 장준하는 "지금의 우리를 대신해서 이 민족이 당했던 그 무서운 시련을 죽음으로 감당한 사람들"에 대한 예의를 이야기한 적이 있다. "지금 우리 가슴속에 그들이 살 자리를 비워주지 않는다면 어찌 같은 피가 흐르는 사람이라 할 수 있겠는가?"[29] 장준하처럼 살고 장준하처럼 죽기는 어려운 일이다. 그의 유족들은 사글셋방을 전전한다

는데 우리 마음 한구석에라도 장준하가 살 자리를 비워놓지 않는다면 우리는 도대체 무어란 말인가? 장준하는 분단과 전쟁으로 파괴당한 젊은이들에게, 삭막해질 대로 삭막해진 분단한국의 사상계에 〈사상계〉를 통해 영혼의 자양분을 대준 겨레의 큰 스승이었다. 그러나 정작 다섯이나 되는 제 새끼들은 대학 교육도 시키지 못한 못난 아비였다.

제3부

금기, 저항, 상처

1
금기의 시대와
청년문화

한국 시계와 세계 시계는 늘 어긋났지만, 1968년은 어긋나도 너~무 어긋났다. 한국의 1968년은 청와대 뒷산 세 검정의 총소리로 시작되었다. 영화 〈실미도〉의 첫 장면, 이북 특수부대가 박정희의 목을 따러 내려온 것이다. 박정희는 향토예비군을 설치하고, 국민 개개인에게 고유번호를 부여하는 방식으로 주민등록제도를 강화하고, 국민교육헌장을 반포했으며, 고등학교와 대학에서 군사훈련을 실시하도록 했다. 박정희가 전 국민을 단 한 명의 열외도 없이 집합시켜 병영국가를 만들 때, 세계 시계는 이른바 68혁명의 시간을 가리키고 있었다. 전 세계가 미국의 베트남전 개입에 반대하여 평화를 외칠 때, 한국의 골목에는 "붉은 무리 무찔러 자유 지키러" 월남에 간 맹호부대와 청룡부대를 찬양하는 노래가 넘쳐흘렀다.

흔히 통기타, 청바지, 생맥주로 상징되는 '청년문화'가 나타난 시점을 1970년대 초반으로 보지만, 문화연구가 이영미는 청년문화 시대의 개막을 1968년으로 잡는다.[1] 미국에서 한대수가 돌아오고, 신중현이 본격적으로 활동을 하고, 송창식과 윤형주가 트윈폴리오란 이름의 듀엣으로 데뷔한 해이기 때문이다. 68혁명 이전에 4월혁명과 6·3 사태로 미리 기운을 빼버린 탓일까, 전 세계적인 68혁명의 열기 속에서 한국의 젊은 이들이 '응답하라 코리아'에 보인 반응치고는 미미한 것이었다.

1970년대는 해방 이후 태어나 일본의 영향보다 미국의 구호물자를 제대로 먹고 자란 사람들이 20대 초·중반에 들어선 시기였다. 1960년대 후반과 1970년대 초반에 20대에 접어든 세대는 그 이전 부모나 형들 세대에 비해 조금은 숨 쉴 수 있는 역사적 공간을 갖고 있었다. 일제 말기에 20대에 접어든 세대는 일제의 징병이 시작되면서 '묻지 마라 갑자생'(1924년생)이라는 말이 있을 정도로 고생했고, 1930년대 초반 출생자들은 한국전쟁을 몸으로 겪었다. 1960년대 후반은 월남 파병과 1968년의 무장공비 대소동에도 불구하고 한국전쟁의 약발이 어쩔 수 없이 떨어져가는 시기였다. 군국 일본의 전쟁가요가 아니라 미국의 팝송을 듣고 자란 이 시대의 젊은이들은 비로소 젊음이라는 것, 낭만이라는 것에 대해 처음 얘기할 수 있게 된 세대였다. 시대의 변화가 빠른 탓일까, 이들의 감수성은 흔히 4·19 세대나 6·3 세대라 불리는 형들 세대와도 많이 달랐다. 그러니 고리타분한 부모 세대와는 맞을 턱이 없었다.

한국의 청년문화도 아주 제한된 범위이지만 흑인민권운동, 신좌파 학생운동, 반전평화운동, 그리고 프랑스에서 시작된 68혁명, 여권신장 등의 흐름과 무관하지 않았다. 윤복희가 미국에서 미니스커트를 입고 귀국하고, 한대수도 치렁치렁 머리를 늘어뜨리고 돌아왔다. 청년문화는 특히 음악 분야에서 두드러지게 나타났다. 조영남, 서유석, 윤형주, 송창식, 김세환 등은 통기타를 들고 '뽕짝'(지금은 트로트라 부르는)과는 확연히 구분되는 새롭고 세련된 노래를 불렀다. 최근 선풍적인 복고 열기의 중심이었던 세시봉은 바로 이들 세대가 즐겨 찾던 문화적 해방구였다.

환영받지 못한 청년문화 논쟁

청년문화란 말은 여기저기서 많이 쓰였지만, 사회적인 논쟁으로 번진 것은 문학평론가이자 〈동아일보〉 기자였던 김병익이 "오늘날의 젊은 우상들"이란 특집기사를 〈동아일보〉 1974년 3월 29일 자에 쓰면서부터였다. 1938년생 4·19 세대인 김병익은 청년문화의 상징인 통기타와 블루진과 생맥주를 "확실히 염색한 군복과 두툼한 〈사상계〉와 바라크의 막걸리가 상징"하는 이전 세대와는 다른 풍경으로 꼽았다. 김병익은 넉넉한 형으로서 동생들의 청년문화를 여유를 갖고 긍정적으로 바라보았다. 그는 "단절되었던 가면의 전통극으로부터 고고춤에 이르기까지, 마르쿠제로부터 안인숙(영화 〈별들의 고향〉에서 경아 역을 맡은 배우)에 이르기까지" 뻗어 있는 청년문화가 "퇴폐적인 발산이나 이유 없는 반항으로 그치지 않는 것은 분명하다"고 단언했다. 김병익은 청년문화에서 무기력한 선배와 폐쇄적인 현실, 정치적 좌절과 사회적 패배주의를 극복할 가능성을 보았다. 그는 블루진과 통기타와 생맥주를 "육당과 춘원, 3·1운동과 광주학생운동, 4·19와 6·3 데모로 연연히 이어온 청년운동이 70년대에 착용한 새로운 의상"이라고 규정하였다.[2]

고려대 사회학과 교수 임희섭(1937년생)은 김병익과 같은 4·19 세대였지만, 청년문화를 우호적으로 보지 않았다. 〈조선일보〉를 통해 그는 기타와 청바지와 생맥주로 표상되는 청년문화란 "일부 부유층 자제들, 일부 재수생들, 소수의 대학생들, 소수의 '공돌이와 공순이들', 그리고 아마 대부분의 고고족들에 의해서 받아들여지고 있다"고 의미를 한정했다. 그는 이런 고고족 문화 이외에 대학문화와 근로청년의 문화가 있으며 청년문화의 중심은 대학문화가 되어야 한다고 주장했다.[3]

1974년 3월 29일 자 〈동아일보〉에 실린 "오늘날의 젊은 우상들" 특집기사. 문학평론가이자 〈동아일보〉 기자였던 김병익은 청년문화에서 무기력한 선배와 폐쇄적인 현실, 정치적 좌절과 사회적 패배주의를 극복할 가능성을 보았다.

　1945년생으로《별들의 고향》,《바보들의 행진》같은 소설을 써서 당시 청년문화의 기수로 꼽히던 최인호는 엘리트와 대중의 이분법에 격렬히 반발했다. 그는 "청년문화선언"이란 글에서 "오늘날의 청년문화는 소수의 엘리트에 의해서 대표되는 그런 문화가 아니"라며 "고전이 무너져가고 있다고 불평"하지 말고 "대중의 감각이 세련되어가고" 있는 것을 주목하라고 강조했다. 그는 이렇게 외쳤다. "그들을 욕하기 전에 한 번 가서 밤을 새워보라. 음악에 몸을 맡기고 종전처럼 둘이 추는 춤이 아니라 혼자 떨어져 격식도 없이 몸을 흔들어대는 춤추는 젊은이들의 감은 눈을 보라. 노름판에 끼어들려면 최소한도 판돈을 대고 덤벼들어야지!"[4]

　청년문화 논쟁에 대해 당시 대표적인 통기타 가수였던 대학생 양희은은 "청바지 가수도 할 말 있다"란 글에서 "우리들은 모두 가난했다"며,

자신들을 "우울하고 가난하게 자란 미운 오리 새끼들"이라고 주장했다.[5] 그럼에도 그들은 적어도 교육과 문화적인 면에서는 선택받은 소수였다. 1970년대 초반에 대학생은 동년배 인구의 10퍼센트를 넘지 못했다. 아직도 훨씬 많은 젊은이들은 청년문화로 불리는 '포크송' 보다는 남진과 나훈아에 열광했다. 민중들의 현실은 청년문화의 작품을 통해 나타난 것보다 더 어려웠다. 호스티스 경아는 현실에서 자살하거나 창녀로 전락했고, '난장이' 들은 하염없이 굴뚝 위로 올라가고 있었다.

기성 엘리트나 선배 세대들이 일부의 예외를 제외하고는 청년문화에 대해 '꼰대' 본색을 드러낸 것은 어쩔 수 없는 일이었겠지만, 동년배들이 만드는 대학언론 역시 청년문화에 대해 매우 비판적인 시각을 드러냈다. 〈고대신문〉은 "靑바지와 기타"(1974년 4월 9일 1면)에서 청년문화는 6·3 세대의 계승이 아니라 왜곡이라면서 대학생들이 비판적 정신을 잃어버리고 외래 스타일에만 빠져 있다고 비판했다. 서울대 〈대학신문〉은 청년문화 특집에서 "청년문화라는 용어는 우리 사회에서 존재하기는 하되 실체가 없는 도깨비"라면서 이를 '버터에 버무린 깍두기' 라고 매도했다.[6]

박정희와 금기의 시대

일부 대학생들이 통기타와 청바지와 생맥주로 상징되는 청년문화를 곱게 보지 않은 것은 때가 때였기 때문이기도 했다. 〈동아일보〉가 청년문화를 대대적으로 소개하는 기사를 내보낸 직후 민청학련 사건이 터졌다. 대학생 1,000명이 넘게 잡혀가 조사를 받고 200여 명이 구속 기소되는 판에 "조개껍질 묶어 그녀의 목에 걸고" 운운하는 감미로운 노래를 부르는 사람들이 예뻐 보일 수는 없었다. 유신헌법을 고치자는 말만 해도 사형에 처하겠다는 저들과 맞서다 보니 저항 세력도 경직되어갔다. 수백 명이 감옥에 끌려간 대학가는 그야말로 초상집이었다. 대학가에서 초상집다운 경건함과 비장함을 요구하는 것은 청바지 대신 여전히 군복 물들여서 입고 고무신 신고 다니는 사람들만은 아니었다. 나 아니면 안 된다는 허황된 생각을 가진 독재자를 만난 탓에 친구였던 젊은이들은 한데 모여 감미로운 노래를 부를 수 없었고, 상처받은 사람들끼리 서로가 서로에게 깊은 위로를 보내는 대신 서로 물어뜯곤 했다.

당시 학생운동 세력이 청년문화에 대해서 꼭 우호적이지 않았던 것은 세계 시계와 한국 시계의 불일치 때문이기도 했다. 한국은 여전히 자유나 민주 같은 근대적 가치를 위해 절박한 싸움을 벌여야 했다. 그런데 68혁명은 우리가 갖지 못한 자유니 민주니 풍요니 하는 것들의 바탕이 된 자본주의와 자유민주주의 체제를 전복하려는 것이었다. 새로운 문화의 주역으로 등장한 히피들과 친구가 되기에는 한국의 학생운동 주역들은 너무 근엄하고 진지한 범생이들이었다.

1968년 국민교육헌장을 선포하면서 박정희는 우리와는 한마디 상의도 없이 우리의 출생의 의미를 '민족중흥의 역사적 사명을 띠고 이 땅에 태어났다'고 규정해버렸다. 이 시기 박정희는 병영국가 대한민국의 대범한 총사령관으로, '대한국민학교'의 너그러운 교장 선생님으로 다가오지 않았다. 그는 쪼잔한 내무사열관으로, 자기 학생 시절만 기억하는 '학주'로 군림했다. 유신독재가 시작되기 이전부터 박정희는 젊은이들과 매우 불편한 사이였다. 생리적으로 일본 군국주의식 사고방식이 꽉 박힌 박정희와 자유를 추구하는 젊은 세대는 맞지 않았다. 당시의 젊은이들은 최소한 미국식 민주주의 교육을 몸으로는 아니더라도 머리로는 받은 세대였다. 시대착오적인 박정희는 그런 젊은이들을 황국신민과 황군병사를 조련하는 방식으로 키워내려 했다. 박정희는 장발과 미니스커트 같은 겉모습뿐만 아니라 젊은이들의 머릿속과 마음도 못마땅해했다. 중단 없는 전진을 위해 너나없이 나서야 할 때에 젊은것들이 '길가에 앉아서 얼굴 마주 보며/지나가는 사람들 우릴 쳐다보네' 라고 한가히 노닥거리는 꼴도 보기 싫었고, 조국 근대화를 위해 한눈팔지 말고 앞으로 달려가야 할 때에 젊은것들이 '꽃잎 끝에 달려 있는 작은 이슬방울' 이나 '엄마 잃고 다리도 없는 가엾은 작은 새' 따위나 들여다보는 것도 한심하기 짝이 없었다.

  인혁당 사람들을 사형시킨 1975년에 박정희 정권은 무려 225곡의 가요를 금지곡으로 묶었고, 대마초 단속을 통해 이장희, 윤형주, 신중현, 김추자 등 인기 절정의 가수를 포함한 27명을 구속했다. 금지곡의 기준은 특별히 없었다. 김민기나 신중현은 이름이 들어가면 무조건 금지되는 영예를 누렸다. 〈아침이슬〉도 금지곡이었다. "태양은 묘지 위에 붉게 타오르고"라는 구절은 검열관의 귀에는, 태양은 민족의 태양 김일성 장군이고, 묘지는 박정희 치하의 남조선이고, '붉게 타오르고' 는 적화통일로 들렸던 모양이다. 한대수의 〈행복의 나라로〉는 월북을 기도하는 노래처럼 들렸고, 가는 데마다 '하면 된다' 라는 표어가 붙어 있던 시절 〈이루어질 수 없는 사랑〉은 패배주의의 상징으로 퇴출당했다. 한마디 저항의 말도, 하나의 저항의 몸짓도 허용되지 않던 시절, 동해 바다로 '조그만 예쁜 고래 한 마리' 잡으러 가겠다던 젊은이들의 꿈은 뭔지 모르지만 하여튼 국가시책에 호응하지 않는 것으로 금지되었다.

새로운 민요의 탄생

험한 시대에 벌어졌던 청년문화 논쟁은 1975년 대부분의 노래가 금지곡이 되고, 대마초 파동과 여러 가지 이유(김민기의 입대. 월남전을 비판했던 서유석의 방송 출연 금지)로 대표 주자들이 무대에서 사라지면서 소리 없이 끝이 났다. 젊음은 또다시 젊음을 빼앗겼다. 애창곡을 빼앗긴 젊은이들에게 독재정권은 수백 곡의 '건전가요'를 들이밀었다. "일하시는 대통령 이 나라의 지도자" 같은 〈유신찬가〉나 〈대통령찬가〉 같은 노래에 심지어 〈국민교육헌장〉 노래까지 출현했다. 그분께서 손수 콩나물 대가리를 다듬으셨다는 〈나의 조국〉이나 〈새마을노래〉 같은 일본 군가풍의 노래는 무의식적으로 흥얼대질 만큼 하루에도 몇 번씩 여기저기서 들려나왔다. 일부에서는 청년문화의 주역들이 박정희에게 저항하지 않은 것을 탓하지만, 나는 자유의 종을 난타하던 4·19 세대의 형들이 앞다퉈 박정희의 품에 안길 때 이들이 너절한 노래를 직접 부르지 않은 것이 고맙다. 그랬으면 세시봉 콘서트는 열릴 수 없었다.

통기타 가수들의 노래를 포크송이라 하는데, 이는 원래 민요라는 뜻이다. 포크송은 미국 민요이지 우리의 민요는 아니었다. 양희은은 "내 노래는 우리들의 노래 우리 젊은이의 노래이며 우리 모든 사람들과 민중의 노래가 되어야 하며 새로운 민요"가 되어야 한다는 바람을 고백했다.[7] 당시의 악동들이 "길이길이 보전해서 내 딸에게 물려주세"라고 가사를 바꿔 불렀던 그분의 〈나의 조국〉은 사라졌지만, 그 시대의 금지곡 〈아침이슬〉은 이제는 가히 '새로운 민요'라는 말이 어색하지 않은 경지에 이르렀다.

서양음악을 무비판적으로 수입했다고 나무라는 어른들에 대해 양희

트윈폴리오 멤버였던 윤형주(왼쪽)와 송창식. 이들은 통기타를 들고 새롭고 세련된 노래를 불렀고, 이들이 활약한 음악감상실 '세시봉'은 젊은 세대의 문화적 해방구였다.

은은 언제 학교에서 판소리, 가야금 등 우리 음악을 가르쳐준 적이 있느냐고 반문했다. 청년문화의 기수들은 노래를 만들다가 뒤늦게 이런 데 눈을 떠 구전가요를 찾아 나서고 국악의 가락이나 악기를 자신들의 노래와 접목시켰다. 1968년에 교통사고로 숨진 모더니스트 김수영은 버드 비숍의 여행기를 영어로 읽다가 득도하듯이 단절된 전통과 만나 "전통은 아무리 더러운 전통이라도 좋다"라는 절창(《거대한 뿌리》)을 남겼다. 그 후배들도 먼 길을 돌고 돌아서야 더러워진 전통, 흩어져버린 민중과 다시 만났다. 청년문화 논쟁은 '엘리트'와 '대중'에 대한 이해와 관심을 심화시켜 우리가 잃어버린 '민중'을 찾아야 한다는 절박감도 한층 심화시켜주었다. 1960년대에 사람들은 미친 듯이 서울로 몰려들었다. 한편에는 패티 김의 〈서울의 찬가〉가 있었고, 또 한편에는 김지하의 〈황톳길〉이나 〈서울길〉이 있었다. 이제 박정희의 〈잘살아 보세〉도, 대중가요 〈흙에 살리라〉도 불편해했던 도시적 감성을 지닌 젊은이들은 제 목소리로 "나 이제 가노라 저 거친 광야에"(《아침이슬》)를 노래하기 시작했다. 김지하가 〈아침이슬〉을 처음 듣고 예견했듯이 젊은이들이 저 거친 광야로 나섰다. 앞으로 무엇이 올 것인지, 어디로 가야 할 것인지 아무도 알지 못했지만 젊은이들은 광야로 나선 것이다.

2

여공애사

20세기 후반 한국은 산업화와 민주화라는 두 가지 영역에서 괄목할 만한 성과를 거두었다. 수구진영 일각에서는 '산업화 세력'이란 말로 자신들을 포장하면서 민주화도 산업화가 됐기 때문에 가능했던 것이라는 황당한 주장을 펴기도 한다. 또 일부에서는 박정희를 산업화의 아버지, 조국 근대화의 아버지로 떠받들기도 한다. 과연 이 땅의 민주화와 산업화는 누가 이룬 것일까. 민주화와 산업화 두 과제에서 정말 핵심적인 역할을 수행했으면서도 주역으로 대접을 못 받는 사람들은 노동자, 특히 '공순이'란 이름으로 차별과 멸시를 당하던 여성 노동자들이다. 그들이야말로 장시간의 고된 노동으로 맨 밑바닥에서 산업화를 이룬 역군들이며, 그 강고하던 유신독재를 무너뜨린 민주화의 선봉들이다.

자본주의화를 겪은 모든 나라에는 저마다의 슬프디슬픈 여공애사(女工哀史)와 소년노동의 피눈물 나는 이야기가 전해진다. 유교적 가부장제의 유산에 식민지 지배와 전쟁과 압축적 근대화를 겪은 한국의 여성 노동자들은 슬프기로 한다면야 다른 어느 나라의 자매들보다 더 슬픈 이야기가 많지만, 다른 나라 여공애사에서 찾아보기 힘든 빛나는 순간들을 갖고 있다. 흔히 유신시대라 불리는 1970년대에 노동운동의 주역은 여성 노동자였다. 장기간에 걸친 군사독재에서 1970년대처럼 노동운동 내에서의 성비가 여성 쪽으로 기울었던 시기는 찾아보기 어렵다. 많은 연구자들은 왜 여성들이 그토록 열심히 투쟁했는가를 규명하기 위해 노력했고 상당한 연구 성과를 내놓았다. 이 자리에서 그 연구 성과를 검토하고 평가할 여유는 없지만, 나는 중요한 질문 하나가 빠져 있는 점이 늘 아쉬웠다. 모순이 존재할 때 사람들이 투쟁에 나서는 것은 당연한 일이다. 1970년대는 왜 여성 노동자들이 투쟁에 나섰는가를 묻기보다는 왜 그때 남성 노동자들이 투쟁에 나서지 않았는가를 규명해야 한다.

여성 노동자들은 1970년대 내내 노동운동을 책임졌고, 대학생들조차 변변히 데모를 하지 못했던 유신의 마지막 순간 YH 사건을 통해 철옹성 같던 박정희 정권이 무너지는 단초를 열었다. 너무나 단단했기에 작은 충격도 흡수할 여지가 없어 깨져버린 박정희 정권과는 반대로, 그 시절의 여성 노동자들은 한없이 약했기 때문에 오히려 무한히 강해질 수 있었다. 그들은 가난하고 못 배우고 불쌍한 시다에 머물지 않고 서로 보듬고 일깨워주며 당당한 인간으로, 떳떳한 노동자로 거듭났다. 아주 드물게 영웅화되긴 했지만 대부분의 경우 부당하게 저평가되거나 의도적으로 외면되어온 여성 노동자들의 이야기는 유신시대를 온전히 이해하기 위해서도, 비정규직들이 기죽지 않고 오늘을 살기 위해서도 반드시 제대로 기억되어야 한다. 요즘 경제민주화 구호가 요란하지만, 노동이 빠진 경제민주화가 왜 사기일 수밖에 없는가를 분명히 하기 위해 유신시대 여성 노동자들의 삶과 투쟁을 살펴보도록 한다.

강주룡의 을밀대, 김진숙의 크레인

대공황의 여파가 지속되고 있던 1931년 5월 29일 강주룡이라는 여성 노동자가 광목 한 필에 몸을 의지한 채 평양 을밀대에 올랐다. 누각 뒤편은 12미터 낭떠러지지만 앞쪽은 농성을 구경하는 중학생의 머리가 사진에 찍힐 정도의 그저 2층 높이였다. 강주룡은 임금을 올려달라는 것이 아니라 깎지 말아 달라고 단식투쟁을 시작한 49명 파업단의 대표였다. 나 하나 임금 깎이는 것, 49명 파업단원들의 임금 깎이는 것 막아보려고 망루에 오른 것이 아니었다. 나의 임금 삭감은 평양의 고무공장 노동자 2,300명의 임금 삭감으로 이어질 것이고 결국에는 조선 8도 전체 노동자의 임금 삭감으로 이어질 것이기에 강주룡은 죽기를 각오하고 망루에 올랐다. 강주룡은 오래 버티지 못했다. 농성 시작 여덟 시간 만에 뒤쪽에서 몰래 접근한 경찰은 강주룡을 밀어버렸고, 아래에 쳐놓은 그물에 떨어져 기절한 강주룡을 잡아갔다.[1] 겨우 2층 높이에서 단지 여덟 시간 버텼지만, 조선 8도가 뒤집어졌다. 어떻게 여성의 몸으로 저 높은 곳에 올라 다른 노동자들의 이익을 위해 싸우는 것을 그냥 보고 있을 수 있느냐며 사람들이 힘을 보태 임금 인하를 막아냈다.

강주룡이 행한 최초의 고공농성은 지금부터 80여 년 전의 일이다. 한국 경제가 비교가 안 되게 발전한 사이, 강주룡의 손녀들은 그 시절과 비교가 안 될 정도로 더 높이, 더 멀리 올라 더 오랫동안 버텨야 한다. 김진숙은 아득한 40미터 위 85호 크레인에 올라 300일을 버텨야 했다. 지율 스님의 100일 단식 이후, 한 20일 굶은 정도로는 그 수많은 인터넷 신문에도 기사 한 줄 실리기 어렵다. 처음 원산총파업을 공부하던 대학원 시절, '어떻게 한 달 동안 파업을 계속할 수 있지'라며 다들 신기

1931년 5월 29일, 임금을 깎지 말라는 49명 파업단의 대표로 축대 위의 누각 을밀대에 오른 여성 노동자 강주룡. 누각 뒤편은 12미터 낭떠러지였다.

해했던 게 엊그제 같은데, 코오롱 구미공장은 9년, 콜트콜텍과 재능교육은 6년을 넘게 싸웠다. 요즘 1년 정도 싸우고는 장기투쟁 사업장이라고 명함도 내밀지 못한다.

강주룡이 을밀대 지붕에 기어오르던 시절, 식민지 조선의 여성 노동자들은 남성 노동자 임금의 절반을 받았다. 남성 노동자들의 임금은 일본인 남성 노동자 임금의 절반으로, 일본인 여성 노동자들의 임금과 대개 비슷했다. 소년 노동자들은 성인 노동자 임금의 또 절반이었다. 나이 어린 조선인 여공들은 일본인 성인 여공의 4분의 1의 임금을 받았다.[2] 2차대전의 패전으로 한반도에서 물러간 일본이 20여 년 후 박정희의 인도로 되돌아와 마산수출자유지역에 공장을 차렸을 때, 우리네 어린 여공이 받은 임금은 일본 성인 여성 노동자 임금의 6분의 1에 불과했다.[3]

이 여공들의 막내아들·딸보다도 어린 88만 원 세대는 5년 전 처음 이름 붙여질 당시의 88만 원보다 훨씬 못한 임금을 받아야 하는 처지에 놓여 있다. 그들에게 해방은 무엇이고 조국 근대화는 또 무엇이고 민주화는 또 무엇이었단 말인가.

도시로 온 시골 처녀들

1969년 패티 김이 발표한 〈서울의 찬가〉는 "아름다운 서울에서, 서울에서 살~렵니다"를 힘차게 노래했다. 물이 좋았던 덕인지 땡볕에서 농사일 안 한 덕인지 명절날 서울에서 선물을 한 아름 안고 내려온 동네 언니나 친구의 얼굴은 몰라보게 하얘져 있었다. 너나없이 떠나고 싶었다. 종이 울리고 꽃이 피고 새들은 노래하고 사람들은 웃어주는 곳, 서울. 결말을 뻔히 아는 언론은 '무작정 상경'이라 불렀지만 서울을 동경한 꿈 많은 시골 처녀들은 3~4년만 열심히 일해 동생 공부시키고 돈 모아 좋은 데 시집갈 야무진 계획을 마음속에 다 세워놓고 있었다. 꼭 찢어지게 가난한 집 딸들만은 아니었다. '조국 근대화'란 괴물은 시골 처녀와 아직 처녀라 부르기 어려운 어린 소녀들조차 더는 남아 있지 않을 때까지 농촌에서 결혼 전의 젊은 여성들을 죄다 뽑아갔다.

청계시장 여공의 체험을 석사 논문 〈열세 살 여공의 삶〉에 담은 나의 누님 같은 제자 신순애는 똑같아 보이는 여공들의 삶도 집안의 경제력 차이에 따라 출발선이 달랐다고 증언한다. 동일방직은 "똥을 먹고 살 수는 없다"는 처절한 외침으로 각인되어 있지만, 사실 그곳에 들어가는 것은 하늘의 별 따기였다. 그런 곳에 들어가려면 최소한 고등학교 문턱은 밟아봐야 했고 짧으면 6개월, 길면 1년씩 관리자들 집에서 공짜로 식모살이를 해줘야 했다. 나중에 동일방직 노조 위원장이 된 이총각은 먼저 입사한 언니 덕에 오래 기다리진 않았지만, 관리자에게 그 맛 좋은 연평도 굴비 한 짝을 주어야 했다.[4] 학력도 변변치 못하고 조기 한 짝 '와이로' 쓸 형편도 못 되고, 몇 달씩 공짜 식모살이 해주기에는 당장 부모님 약값이나 동생 학비를 대야 했던 사람들은 소규모 업체나 봉제 공장 문을 두드렸다. 신순애는 이총각처럼 조기 한 짝 바칠 형편이 안 돼 평화시장에 갔지만, 그래도 식구가 같이 서울로 와 잠잘 곳은 있었다. 신순애는 먼지 자욱한 평화시장 골방에서 일하다 영양실조에 결핵까지 걸렸지만, 혼자 상경해 '월수 ○원에 침식제공'이라는 광고에 팔려 술집으로 흘러간 복순이는 그런 신순애를 부러워했다.[5]

사모님과 여대생들에게는 어땠는지 몰라도 시골에서 갓 올라온 10대 여공들에게 서울은 결코 종이 울리고 꽃이 피는 아름다운 곳이 아니었다. 그들의 헛된 기대가 깨지기까지는 오래 걸리지 않았다. 시골에서 생활 형편이 그래도 괜찮았던 집 딸들은 서울 생활을 더 힘들어했다. 꼭 여유 있는 집 딸들만 그랬던 것도 아니었다. 시골에는 아무리 가난해도 뒷간 없는 집은 없고, 아무리 초라해도 집에 마루도 마당도 있었다. 서울의 화장실은 깨끗한 물이 졸졸 나온다고 들었으나, 달동네나 천변의 판잣집에는 화장실도 변변히 없었다. 셋집에 어쩌다 화장실이 있어도 주인집 식구들한테 우선권이 있었다.[6]

교도소보다 못한 근로환경

당시 어린 여공들이 경험한 근로조건은 나같이 서울의 유복한 집에서 자란 사람이 묘사할 수 있는 영역을 벗어나는 일이다. 오죽했으면 전태일이 자신의 몸에 불을 놓았을까. 그 시절도 근로기준법은 있었고, 전태일은 "근로기준법을 제정하라"가 아니라 "근로기준법을 지켜라"라고 외쳤다. 안 지켜서, 아니 처음부터 지킬 생각 없이 만들어서 그렇지 근로기준법은 꽤 좋았다. 노동조합법, 노동쟁의조정법, 근로기준법 등 노동3법은 한국전쟁 중인 1953년 초에 그야말로 후닥닥 만들어졌다. 유엔 참전국들은 민주주의를 지킨다는 명목으로 한국에 파병을 했는데, 각 나라의 야당이나 노동운동계에서는 노동3법도 없는 한국에 지켜야할 민주주의가 어디 있느냐면서 철군을 주장하거나 원조를 삭감하라고 아우성쳤다. 급하게 법을 만드느라 한국은 세계에서 가장 선진적인 일본의 노동법을 베꼈다. 미군 최고사령부는 일본에서 군국주의의 부활을 막으려면 노동운동이 제구실을 해야 한다고 보고, 자국에서도 자본가의 압력 때문에 반영하지 않은 조항들을 노동법에 많이 담았던 것이다.[7] 법은 꽤 좋았지만, 정권은 법을 안 지키는 자들을 단속한 것이 아니라 법을 지키라고 주장하는 자들을 빨갱이라고 잡아갔다. 1973년 노동청을 만들면서 청장에 연이어 치안국장 출신(최두열, 최석원)을 임명한 것만 봐도 유신정권이 노동문제를 어떤 시각에서 바라보았는지 알 수 있다.

흔히 1970년대를 대표하는 투쟁이 벌어진 동일방직이나 원풍모방이 노동조건이 열악했던 것으로 생각하기 쉬운데 사정은 정반대였다. 이런 곳에서 민주노조가 결성되고 투쟁이 벌어진 것은 노동환경이 열악해서가 아니라 그나마 근로조건이 좋았기 때문이라고 당시의 투사들은 입을 모은다. 나의 또 다른 누님 같은 제자 장남수의 노동 수기 《빼앗긴 일터》에는 그가 잡혀가 구치소에 갇힌 얘기가 나온다. 당시 장남수는 근로조건이 가장 좋다고 소문난 원풍모방 기숙사에 살고 있었는데, 구치

1970년대 평화시장의 여공들. 이들은 하루 열댓 시간의 고된 노동으로 맨 밑바닥에서 산업화를 이룬 역군들이었다.

소에서 주는 밥이 기숙사 식당에서 주는 밥보다 훨씬 좋았다고 한다.[8] 신순애도 교도소에 가서 난생처음으로 우엉이나 연근 같은 반찬을 먹었다고 한다. 신순애는 가족들에겐 좀 미안했지만 교도소에서는 실컷 잠잘 수 있었고 때 되면 밥도 줘 여러 가지로 편했다고 한다.[9] 게다가 구치소는 국도 주고 물도 주었다. 국민교육헌장의 가르침대로 능률을 지독히도 숭상하던 시절, 공장 식당에서는 노동자들이 화장실을 왔다 갔다하면 능률 떨어진다고 국이나 물을 잘 주지 않아 노동자들은 꾸역꾸역 밥을 먹어야 했다. 하루 열댓 시간 죽도록 일해도 죄수보다 못한 생활을 해야 하는 노동자의 처지는 참 서글펐다. 박정희는 노동자들의 가난이 열심히 일하지 않은 탓이라며 근면, 자조, 협동의 정신을 강조했지만, 그때나 지금이나 아침 첫차를 타고 일 나가는 사람들은 가장 가난한 사람들이다.

이름을 불러주세요

국가는 수출의 날 같은 때 가끔 노동자들을 산업전사니 산업역군이니 하고 추어올렸지만, 국가도 자본도 사회도 식이 끝나고 나면 노동자들을 '공돌이', '공순이'로 대했다. 많은 노동자들은 가난도, 차별도 다 팔자 탓이려니 하고 넘어갔으나, 일부는 이 차별에 대해 민감하게 반응했다. 노동운동에 나선 이들은 열악한 근로조건과 저임금도 힘들었지만, 가장 견디기 힘든 부분은 차별과 비인간적인 대우였다고 입을 모은다. 똑같이 데모하다 잡혀가도 대학생과 공순이는 차별을 받았다. 학생들은 조금 전에 갔다 왔어도 화장실 또 간다고 하면 순순히 보내주었는데, 노동자들에게는 "야 이 쌍년아 참아"라는 쌍욕만 돌아왔다.[10] 공순이에 대한, 약자에 대한 차별은 노동자들 사이에도 존재했다. 사회는 부모님이 주는 돈으로 버스 타는 학생들에게는 회수권을 만들어 반값만 받았지만, 저임금에서 버스비를 내야 하는 같은 또래 공돌이·공순이에게는 회수권을 허락하지 않았다. 피차 교복을 입지 못한 억울한 처지였지만, 안내양들은 일요일에도 노동자들이 회수권을 내면 귀신같이 학생증을 보자고 했다. 자본은 늘 재단사가 미싱사를, 미싱사가 미싱 보조를, 미싱 보조가 시다를 갈구게 하여 생산목표를 달성했다. 그래도 군대와 달랐던 것은 담임은 반장을 야단치고, 반장은 조장을 야단치고, 조장은 또 어린 여공을 야단치다가 서로 붙잡고 막 울기도 했다고 한다.[11] 이런 소박한 자매애, 형제애가 노동운동의 기초였다.

신순애는 '중등수업 무료'라는 유인물을 보고 찾아간 노동교실에서, 어느 날 사장이 "깡패가 죽어서 가마니로 덮어놨으니 구름다리 밑에 가지 마라"라고 했던 말의 주인공이 전태일임을 처음 알았다. 장시간 고된 노동을 마치고 공부하는 것은 힘들었지만, 여기서만큼은 그를 '7번 시다'가 아닌 신순애라는 이름으로 불러주었다. 7번 시다 신순애는 2년 반 동안 같이 일한 7번 미싱 언니의 이름을 모른다. 늘 '3번 시다', '5번 미싱 언니' 하는 식으로 불렀으니 이름을 알 길이 없었다.[12] 또래의 청소년들은 "내가 그의 이름을 불러주었을 때 그는 나에게로 와 꽃이 되었다"를 책으로 배웠지만, 이제 비정규직의 어머니가 된 그 시절의 여공들은 그 시를 노동조합이나 야학에서 눈물로 체험했다.

시다의 꿈

그 시절 '공순이'들의 숙명이었던 가난과 무식은 동전의 양면과도 같은 것이었다. 가난하니 못 배웠고, 못 배웠으니 무식했다. 대부분의 어린 여성 노동자들은 남동생이나 오빠의 학비를 벌기 위해 자신의 학업이나 진학을 포기해야 했다. 하지만 이들이 공부에 대한 갈망까지 접어버린 것은 아니었다. 고된 공장 생활에서 벗어날 수 있는 유일한 탈출구는 공부였다. 그들의 꿈을 채워주기에는 턱도 없었지만, 공장 주변에는 다양한 배움의 공간이 존재했다.

많은 소녀들은, 낮에는 공장에서 일하고 밤에는 공부할 수 있는 여건이 되어 보이는 일자리를 찾아 공장을 옮기곤 했다. 열두 시간 맞교대로 일하면 학교 갈 엄두를 못 냈지만, 하루 3교대로 일하는 방직공장에서 아침 6시부터 일하는 근무조에 있으면 학교에 다닐 수 있어 보였다. 그러나 현실은 그게 아니었다. 일주일마다 한 번씩 바뀌는 근무시간 때문에 3교대라 해도 야간학교에 다니는 것은 불가능한 경우가 많았다. 공장에서 일하며 학교에 다니는 사람들도 가끔 있었다. 남영나이론의 경우 1,000명이 넘는 종업원 중 야간학교에 다니는 사람이 50명가량 되었지만, 일이 바쁠 때면 애가 타서 발을 동동 굴러도 반장이나 조장이 출퇴근 카드를 내주지 않아 학교에 갈 수가 없었다. 울며불며 대들고 싸워 반장이 '쟤는 성질이 더러워 못 당하겠어'라며 카드를 내준 서너 명만이 학교에 갈 수 있었다.[13]

  일부 기업에서는 산업체 부설학교를 세웠다. 낮에는 공장에서 돈 벌고 밤에는 학교에서 공부한다는 산업체 부설학교는 배움에 목말라 있던 여성 노동자들에게 환영을 받았다. 마산의 한일합섬은 국내 최초의 산업체 부설학교인 한일여자실업학교를 세웠는데, 팔도에서 모여든 여성 노동자들이 한 줌씩 고향에서 잔디를 가져와 교정에 심었다는 '팔도잔디'가 기업 홍보의 상징으로 부각되었다.[14] 산업체 부설학교는 빛과 그림자를 다 갖고 있었다. 낮에 고된 노동을 하고 밤에 공부한다는 것은 말처럼 쉽지 않았다. 산업체 부설학교에서 근무했던 교사들 중에는 열정을 갖고 학생들을 가르치고 싶었지만 꾸벅꾸벅 조는 학생들을 보며 가르친다는 것이 고역이었다고 회고하는 사람들도 많다. 수업료는 회사 부담이었지만, 회사를 그만두면 학교도 그만두어야 했다. 학생의 입장에서는 졸업장을 손에 쥐려면 회사에 다녀야 했고, 회사의 입장에서 학교는 여공들의 이직을 막아 안정적으로 노동력을 확보하는 수단이기도 했다.[15] 한일여실의 경우 졸업장을 따자마자 인근의 마산수출자유지역으로 직장을 옮기는 졸업생들이 수두룩했다고 한다.

  영등포역 앞에 자리 잡았던 한림학원은 배움에 목마른 인근 지역 여공들 모두의 '모교'였다. 이곳에는 시간대별로 강좌가 개설되어 있어 근무시간이 자주 바뀌는 3교대라 해도 학원에 다니는 것이 가능했다. 시와 소설이 들어간 교재로 국어도 배우고 한문도 배우고, '유 아 마이

청계천 야학에서 공부하는 여공들. 1973년 7월의 모습이다. 대부분의 어린 여성 노동자들은 남동생이나 오빠의 학비를 벌기 위해 자신의 학업이나 진학을 포기한 채 공장에 와야 했다.

선샤인' 같은 팝송을 주로 가르치는 음악 시간도 있었다. 영어도 배우는 '숙녀 교양반'은 이곳의 대표적인 강좌였다. 이곳을 거쳐 간 여성 노동 운동가들은 이곳이 다닐 때는 나름 즐겁고 재미있었으나 나중에 생각해보면 여공들의 배움에 대한 열망을 적당히 다독거려주면서 저임금의 일부분을 고스란히 가져간 것이라 비판했다.[16] 청계천 평화시장 부근의 검정고시 학원인 수도학원도 돈을 가마니로 벌었다고 한다.

청계피복노조에서 겨우 20명 남짓 들어갈 수 있는 노조 사무실에 처음 노동교실을 개설했을 때 수강을 원한 노동자는 200명이었다고 한다. 노조의 부녀부장 정인숙이 1972년 모범근로여성으로 뽑혀 청와대에 초청받아 갔을 때, 육영수 여사는 필요한 게 뭐가 있느냐고 물었다. 정인숙은 평화시장에 여성 노동자가 2만 명인데, 상당수가 15세 미만 여성으로 다들 공부하고 싶어 하나 공부할 장소가 없어 못 하고 있으니 장소를 마련해주었으면 좋겠다고 말했다. 그 덕분에 동화시장 옥상에 새마을 노동교실이 마련되었지만, 사용주들이 운영권을 갖고 교육 내용을 관장하려 하면서 노조와 마찰을 빚었다.[17] 노동교실은 육영수 여사의 주선으로 시작되었지만, 정권은 얼마 지나지 않아 1977년 9월 건물주에게 압력을 가해 노동교실을 폐쇄하려고 했다. 노조에서는 노동교실을 절대로 빼앗길 수 없고, 빼앗길 때 빼앗기더라도 소리라도 한번 내보자고 의견을 모았다. 노동자들은 건물주가 통고한 노동교실 폐쇄시한 하루 전인 9월 9일 노동교실에 모여 "근로기준법을 지켜라 헛되이 말라"는 전태일 추모가를 울면서 부르며 농성을 시작했다. 경찰은 이들을 연행하여 이북정권 수립일인 9월 9일에 농성을 시작한 것을 보면 청계피복노조는 빨갱이 소굴이라며 노동자들을 닦달했다. 결국 이 사건으로 여러 명이 구속되었는데, 경찰은 겨우 14세의 형사미성년자인 임미경을 구속시키기 위해 주민등록번호까지 조작했다.[18]

민주노조가 활발했던 영등포와 인천의 노동자들에게 아주 중요한 배움의 공간은 산업선교회였는데, 이는 따로 다루도록 하겠다. 민주노조 조합원 출신들은 산업선교회에 나가거나 조합 활동을 하면서 새로운 관점과 지식을 습득하는 과정에서 배움에 대한 갈망을 충족시킬 수 있었다고 입을 모은다.

까막눈에서 한글 교사로

1970년대의 여공들 중에는 한글을 모르는 사람들도 상당히 많았다. 평화시장에서 일하는 여공들은 국졸 혹은 국교 중퇴가 대부분이었다.

제대로 학교에 다닐 수 있는 집에서 태어났다면 평화시장에 오지 않았을 것이다. 영어로 된 라벨을 다는 것은 한글도 모르는 소녀들에게는 고역이었다. 신순애는 M과 W를 혼동해 노상 "야 이 병신아 라벨 하나도 제대로 못 다냐?"라고 욕을 먹는 시다를 보며 한글교실을 만들었다. 국민학교 3학년 중퇴의 신순애가 교사가 되어 조합원들에게 한글을 가르치게 되었던 것이다. 그 자신이 뒤늦게 한글을 깨친 신순애의 한글 교육법은 남달랐다. 그는 ㄱ, ㄴ, ㄷ, ㄹ부터 시작하지 않았다. 대신 첫날은 다림사, 선정사, 연희사, 현대사 등 한글교실에 온 노동자들이 일하는 공장의 상호를 가르쳐주었고, 주변 친구가 일하는 상호를 두 개 이상 알아오는 것을 숙제로 내주었다. 두 번째 수업에서는 한글교실에 나온 학생들의 이름을 읽고 쓰게 했고, 숙제로는 부모님 이름 써오는 것을 내주었다. 세 번째 시간에는 학생들이 사는 동네 이름을 쓰게 했고, 네 번째 시간에는 재단사, 미싱사, 시다, 재단보조, 사장 등 공장에서 사용하는 용어를 공부했다. 이렇게 공부하자 학생들은 스스로 오늘 숙제는 원단 이름 써오기를 하자고 먼저 제안했다고 한다. 다섯 번째 수업에서는 남방, 바지, 바바리, 청바지, 블라우스, 아동복, 신사복, 숙녀복 등 자신들이 만드는 옷 이름에 대해 공부했고, 여섯 번째 시간에는 평화시장, 동화시장, 통일상가, 신평화시장, 남대문, 동평화시장 등 자신들이 일하는 상가의 이름을 읽고 쓰게 했다. 이렇게 실생활에서부터 한글 공부를 시작하자 얼마 지나지 않아 노동자들은 국어책을 줄줄 읽게 되었다. 무학에 가까운 신순애가 한글 선생님이 되어 문맹퇴치에 나설 수 있었던 것은 세종대왕께서 만든 한글이 우수했기 때문이기도 하지만, 노동자들의 현장에서의 지혜와 배움의 열망이 그 어떤 지식인이나 전문가가 만들어 낸 교육법보다 우수할 수 있다는 것을 보여주는 것이기도 하였다.[19]

한글 교사였던 신순애는 전두환이 집권한 뒤인 1980년 12월 합동수사본부에 끌려갔다. 수사관들은 쥐새끼만도 못한 평화시장 자식들, 여기서 죽어나가도 자신들은 털끝 하나 다치지 않는다며 겁을 주었다. 신순애는 노동교실 폐쇄 사건 때 잡혀가 집행유예 기간이 끝나지 않아 겁도 났지만, 자신 때문에 다른 조합원이 잡혀 오는 일은 없어야 한다고 마음먹었다. 모든 조사의 시작은 자술서였다. 수사관은 신순애에게 노동조합을 알게 된 때부터 하나도 빠짐없이 다 쓰라고 백지를 내밀었다. 동료 여성 노동자들에게 한글을 가르쳤던 신순애는 "저 한글 모르는데요"라며 시치미를 떼었다. 수사관은 대뜸 따귀를 올려붙였지만, 한글 모른다고 버티니 "거짓말하면 죽을 줄 알아"라고 협박한 뒤 고향 남원의 국민학교에 신순애의 학적을 조회했다. 국민학교 3학년 중퇴라는 결과에 수사관은 "한글도 모르는 년이 무슨 데모야"라며 욕을 했지만, 어쩔 도리가 없었다. 신순애는 한글을 모르는 척 시치미를 떼면서 20여 일 조사받는 것이 쉽지는 않았지만, 담당 수사관은 더 힘들어했다고 회고했다.[20] 1980년대 사회과학 서적에는 《또 하나의 투쟁》[21]이라는 책이 있을 정도로 공안기관에 잡혀간 뒤 어떻게 조사받을 것인가 하는 것은 중요한 문제였다. 나는 간첩 사건이나 조직 사건을 많이 다루었기 때문에 손수레로 하나 가득 되는 방대한 수사기록도 몇 장의 자술서를 토대로 만들어진다는 사실을 잘 알고 있다. 무학에 가까운 조작간첩 사건의 피해자들도 모나미 볼펜 한 다스가 다 닳도록 두들겨 맞아가며 어찌나 자술서를 써댔던지 30년이 지나도록 가운뎃손가락에 박인 굳은살이 없어지지 않았다. 그런데 자술서를 쓰지 않고 버텼다니!

비록 1980년대 초반 전두환 살인정권의 탄압 아래 1970년대의 민주노조들은 하나씩 깨져버렸지만, 이들의 역사는 무수히 많은 작은 승리의 축적으로 쓰였다는 점을 우리는 잊어서는 안 된다. 지식인들은 비장하게도 '단 한 번 승리'를 외치지만, 그 최후의 승리는 민중들이 일상생활에서 경험한 작은 승리를 통하지 않고는 오지 않는 법이다.

필사적인 노동 탈출, 그러나……

1980년대에 접어들자 학생운동 출신으로 노동운동에 투신한 젊은 지식인들은 1970년대에 여성 노동자 중심으로 경공업 사업장에 건설된 개별기업 단위의 민주노조가 경제투쟁과 조합주의에 매몰되었다고 호되게 비판했다. 분명 1970년대의 노동자들은 유신헌법 철폐나 군부독재 타도와 같은 정치적인 구호를 외치지는 않았다. 그러나 그런 구호를 외쳐야만 정치투쟁인가? 유신체제의 가장 밑바닥에서 희생과 복종을 강요당하던 여성 노동자들이 자신의 위치를 깨닫는 것 자체가 엄청난 정치적 행위였다. 당시의 여성 노동자들은 그저 먹고살기 위해 시작한 조합 활동을 열심히 한다고만 생각했다. 김진숙도 "해고자 세 사람이 밟힌 그 자리에 그대로 맨바닥에 주저앉았던 행위가 먼저 생기고 단식 농성이라는 개념은 그 후에도 몇 년 만에 등장"했다고 회고했다.[22] 연대란 말은 몰라서 쓰지 않았지만, 다른 사업장에서 싸움이 벌어졌을 때 쫓아가지 않은 적은 거의 없었다. 원풍모방처럼 노동자들이 힘을 모아 싸워서 노동조합을 이룩한 경우, 조합원들은 자신들이 노동조합도 없는 어려운 사업장에 들어가 활동해야 한다는 생각을 했지만, 자신처럼 배우지 못한 사람이 그 일을 감당할 수 있을까 고민하기도 했다. 끝내 어용노조를 민주노조로 탈바꿈하는 데 실패한 남영나이론의 김연자는 그때 자신들도 원풍과 같은 좋은 노조 가져보는 게 꿈이었다면서, 그런 꿈을 가졌던 것이 뭐가 잘못되었느냐며 자신들을 조합주의자라 비판하던 자들이 지금 새누리당이나 박근혜 정권 주변을 기웃거리는 것을 통렬히 비판했다.[23]

박정희의 죽음을 가져온 연쇄반응의 처음을 장식한 YH 사건을 떠올리지 않더라도, 1970년대의 민주화운동에서 여성 노동자들의 역할은 참으로 컸다. 1970년대 후반의 민주화운동에서 가장 일상적인 모임이었던 목요기도회에서 전태일과 동일방직을 비롯한 수많은 여성 노동자들의 이야기는 가장 중심적인 주제였고, 구속자들의 가족 외에 수많은 여성 노동자들이 고된 노동에 지친 몸을 이끌고 종로 5가에 와 기도회의 자리를 메웠다. 이들이 노동자로서 우뚝 서 주체적으로 살기 위해 몸부림치는 동안 한국 사회는 노동자들의 못 배운 한을 풀기 위해 다른 방향에서 탈출을 시도했다. 평생을 고된 노동에 시달리며 자식을 키운 부모들은 대학을 갓 졸업한 사무직들에게 반말을 들으며 내 새끼만큼은 무슨 일이 있어도 기름밥 먹이지 않겠다고 모질게 맹세했다. 온 나라가 거국적으로 벌인 필사적인 노동탈출의 결과 그 꿈은 이루어졌고, 대한민국은 이제 세계에서 대학 진학률이 가장 높은 나라가 되어 고교 졸업생의 거의 90퍼센트가 대학에 진학한다. 그러나 노동을 천시하다 못해 적대시하는 현실은 그냥 두고 개인적으로만 노동탈출을 시도한 결과는 어떠한가? 산업화 세력들이 말하는 선진화 과정을 거치면서 차장은 안내양으로, 식모는 가정부로, 운전사는 기사로, 청소부는 미화원으로, 공고는 특성화고나 마이스터고로, 공순이는 오퍼레이터로 바뀌었지만 과연 무엇이 얼마나 달라졌을까?

그때의 여성 노동자들은 지금 잘 보이지 않지만 사라지지 않았다. 원풍은 지금도 200명 가까이 모이고, 동일방직도 100명 가까이 모인다.

청계피복의 지난번 모임에는 80여 명이 나왔는데 아직도 평화시장 부근에서 미싱 타는 사람들이 많았지만 더러는 눈이 나빠져 더 이상 미싱을 타지 못하고 건물 청소를 하며 먹고살고 있었다. 원풍에서도 남편 잘 만난 소수를 빼고는 다 마트에서, 식당에서 비정규직으로 살고 있다고 한다. 개중에는 드물게 새누리당 당원이 된 사람도 있지만, 다들 여전히 그때 노조 활동하던 그 마음 그대로 살아가고 있다. 미용실에서 4대강 사업을 찬양하는 손님과 언쟁을 벌여 손님이 떨어지는 한이 있더라도 옳은 얘기는 꼭 하고야 마는 것이 1970년대 민주노조 활동을 했던 여성 노동자들이다. 그들의 자식들은 대부분 대학생이 되었지만, 심야에 편의점에서 아르바이트를 해야 하고, 졸업해도 비정규직이라도 직장을 구하기 위해 여기저기 이력서를 내야 한다.[24]

한국 현대사에서 가장 빛나는 성취가 민주화와 산업화라면 그 역사는 반드시 다시 쓰여야 한다. 그 성취의 진정한 주역은 박정희도 아니고 몇몇 이름난 민주화운동가들도 아니다. 우리가 가장 기억해야 할 사람들은 그 시절 가장 어려운 처지에서 자신들이 인간임을 자각하고, 인간으로서의 대우를 받기 위해 노력했던 수많은 여성 노동자들이다. 그 당시 민중의 최전선을 지킨 것은 무쇠팔뚝의 남성 노동자들이 아니라 가녀린 '공순이'들이었다. 사랑도 명예도 이름도 남기지 않은 그들의 역사는 아직 쓰이지 않았다.

3
동일방직 노동조합
인분 사건

          박근혜 대통령이 가장 감명 깊게 본 영화가 〈빌리 엘리어트〉란 기사[1]를 보며 하종강 선생의 노동문제 강연에서 들었던 이 영화의 한 대목이 떠올랐다. 빌리의 오디션이 끝나고 남루한 모습의 빌리 아버지가 아들과 함께 강당을 나서려는데 영국 사회의 최상류층 인사인 왕립발레학교 교장이 "엘리어트 씨" 하며 파업하다 온 광부인 아버지를 불러 세웠다. "파업에서 꼭 승리하세요." 혹시 이 교장 선생님이 빨갱이였을까? 날이 갈수록 노동운동 자체를 사회적 범죄로 취급하는 한국 사회의 기준에서 보면 그렇겠지만, 이것이 유럽의 상식적인 시민들의 일반적인 정서이고 흔히 말하는 글로벌 스탠더드이다. 전태일의 죽음 이후 싹트기 시작한 자주적 노동운동에 대해 유신시대의 독재권력과 자본은 어떤 태도를 취했을까? 빵만으로 살 수 없다는 민중들의 외침에 '빵이 없으면 과자를 먹지'라는 전설 대신 한국에서는 노동자들에게 똥물을 먹였다.

딸들의 반란, 여성 지부장의 탄생

1930년대 일본 5대 방적업체 중 하나였던 동양방적 인천공장에 뿌리를 둔 동일방직은 1970년대의 대표적인 섬유회사였다. 이 회사에는 일찍이 1946년 노조가 결성되었는데, 노동자의 대다수가 여성이었지만 1972년까지 23대에 걸친 역대 위원장은 모두 남성이었다. 그러던 1972년 5월 10일, 동일방직 노조의 정기 대의원 대회에서는 이변이 일어났다. 여성 후보인 주길자가 3회에 걸쳐 위원장을 역임했으며 회사의 지원을 받는 남성 후보를 큰 표 차이로 누르고 지부장에 선출된 것이다. 당시 한국노총 산하 448개 지부의 조합원은 총 49만 9,000명으로 그중 여성은 12만 4,500명에 달했지만, 여성 지부장이 탄생하기는 이번이 처음이었다.[2] 동일방직은 조합원 1,383명 가운데 1,214명이 여성이었다. 동일방직 노조에서 여성 지부장이 출현한 이후 1974년에는 반도상사 부평공장 지부에서, 또 YH무역 지부에서 여성 지부장이 배출되었다. 여성이 다수인 사업장에서 여성 지부장이 당선되는 것은 지금에는 당연한 일로 보일 수 있지만, 여성의 사회 활동에 대한 인식이 극히 미약했던 1970년대에는 하나의 사변이라 할 수 있었다. 주길자의 당선에는 조화순 목사가 이끈 산업선교회의 활동이 상당한 구실을 했다. 회사에서는 여성 집행부의 출현이 달갑지 않았지만, '얼마나 가나 보자' 하는 분위기였지 꼭 적대적으로 대하지는 않았다고 한다. 주길자는 이전 어용노조의 부녀부장이었지만, 지부장이 된 뒤에 노조비 지출 명세(내역)를 공개하고, 현장 활동을 강화하는 등 이전의 남성 지부장 집행부와는 완전히 다른 방식으로 노조를 운영했다. 주길자 집행부의 출현은 중앙정보부의 지시 아래 일사불란하게 노동자들을 통제해오던 한국노총 섬유연맹 체제에 균열을 가져오는 사건이었다.

회사나 남성 노동자들은 1975년 초의 선거에서 지부장 자리를 탈환하기를 원했으나, 여성 종업원의 생리휴가, 회사 창립기념일의 유급 휴일화, 기숙사 온수 시설 등의 성과를 바탕으로 주길자 집행부의 총무부장이었던 이영숙이 노조 지부장에 선출되었다.[3] 임기 3년의 지부장에 또다시 여성이 당선되자 회사와 남성 노동자들은 매년 선출하는 대의원에서 다수를 차지하여 여성 집행부에 대한 불신임안을 통과시켜 노조 집행부를 교체하려 했다. 중앙정보부는 정부에 협력적인 한국노총의 통제를 벗어나는 민주적인 노조의 출현을 반기지 않았다. 중앙정보부는 회사와 남성 노동자들을 부추겨 이영숙 집행부를 와해시키려 했다. 1976년 7월 23일 인천 동부경찰서에서 이영숙 지부장을 연행해간 가운데 회사의 지원을 받은 남성 노동자들은 자파 대의원만으로 대의원 대회를 열어 현 집행부를 불신임하고 고두영을 지부장으로 선임했다. 회사 쪽은 조합원들의 저항을 막기 위해 기숙사 문에 못질을 했으나, 조합원들은 창문에서 뛰어내리는 등 기숙사를 빠져나와 농성에 들어갔다. 오후 2시 출근자들이 농성에 합세할 기미를 보이자 경찰은 이영숙 지부장과 이총각 총무부장을 석방했다가 작업이 시작되자 이들을 다시 연행했다. 이 소식을 들은 밤 10시 퇴근자들은 연행 간부들의 석방을 요구하며 밤샘농성에 돌입했다.

노동자들은 처음에는 농성을 한 것이지 파업을 한 것은 아니었다. "무슨 놈의 법(국가보위에 관한 특별조치법)이 그따위로 생겨 먹었는지 파업을 하면 안 된다는 것"이었다. 착한 노동자들은 법의 테두리를 벗어나지 않기 위하여 교대로 여덟 시간의 작업을 끝내고 열여섯 시간을 농성하고 다시 작업에 들어간 것이다. 그럼에도 회사는 수도를 잠그고 전기를 끊고 화장실 문까지 잠가버렸다. 농성이 사흘째로 접어들자 더위와 굶주림에 지친 노동자들이 그 상태로 법을 지킨다고 작업장에 들어갈 수는 없었다. 노동자들은 "법이고 개나발"이고 가릴 것 없이 전면파업에 들어간 것이다.[4] 노동자들이 어마어마한 '불법'을 저지르자 바로 경찰이 투입되었다. 지금 우리야 닭장차와 전투경찰에 너무나 익숙해져 있지만, 이때만 해도 노동자들이 경찰과 맞닥뜨린 것은 처음이었다. 여기저기서 어린 노동자들은 울음을 터뜨렸다.

속옷 바람으로 맞서 지킨 지도부

경찰은 한발 한발 포위망을 좁히며 다가섰다. 경찰은 "주동자만 내놓으세요. 주동자만 내놓으면 여러분들은 무사히 집으로 돌아갈 수 있어요"라며 노동자들을 회유했다. 노동자들은 "주동자가 따로 없다. 우리 모두가 주동자다"라며 맞섰다. 회사 간부들은 경찰에게 손가락으로 누구누구가 조합 간부이며 주동자라고 연행 대상자를 찍어주었다. 그때 누군가가 급박하게 소리쳤다. "옷을 벗자! 옷을 벗은 여자 몸에는 경찰이 손을 못 댄다!" 참으로 장엄한 광경이 벌어졌다. 20대 초반이 대부분인 여성 노동자들이 수많은 경찰과 회사 간부들 앞에서 스스로 작업복을 벗어 던진 것이다. 한 여성 노동자는 이렇게 썼다. "내가 옷을 벗다니! 그것도 많은 남자들 앞에서! 그러나 후회는 없었다. 어디서 그런 용기가 나왔는지 끔찍하면서도 놀라울 뿐이다. 부끄러운 걸 따지자면 벗은 우리보다도 무자비한 폭력을 휘두른 그놈들의 몫이어야 한다고 생각했다. 그렇다. 부끄러움은 우리의 것이 아니라 언제까지나 그들의 몫으로 남아 있을 것이다."[5] 불행히도 경찰은 속옷 바람으로 맞선 여성 노동

1976년 7월 25일 동일방직 여공들의 탈의시위 모습. 시위 주동자를 잡겠다며 포위망을 좁혀온 경찰에 맞서, 동일방직의 여성 노동자들은 더 이상 경찰이 접근할 수 없도록 옷을 벗고 시위에 나섰다. 하지만 경찰은 속옷 바람으로 맞선 여성 노동자들을 무자비하게 패고 끌어갔다.

자들을 무자비하게 두들겨 패고 끌어갔다. 노동자들이 끌려간 빈자리에는 벗어 던진 작업복과 주인 모를 운동화, 작업모 등이 널브러져 있었다. 이 소동으로 70여 명의 노동자가 연행되었고, 40여 명이 까무러쳤다. 두 사람은 그때의 충격으로 정신병원에 입원했다. 그중 한 명은 오빠를 보면 경찰이라고 비명을 지르는 등 상태가 심해 5개월 뒤에야 퇴원할 수 있었다.

경찰서로 연행된 노동자들이 동부경찰서 2층 강당에서 긴급조치가 어떻고, 국가보위에 관한 특별조치법이 어떻고 하면서 주동자만 색출하고 모두 석방시키겠다는 경찰서장의 훈시를 듣고 있을 때, 창밖에서 노

래와 구호 소리가 들려왔다. "우리 모두가 주동자다! 우리 모두를 잡아
가라!" 동료들을 싣고 간 닭장차를 따라 수백 명의 노동자들이 울면서
경찰서로 뛰어온 것이다. 여성 노동자들은 안에서도 밖에서도 서로 부
둥켜안고 흐느꼈다.

동일방직은 당시 작업환경이 좋은 공장으로 알려져 있었지만, 실제로
그곳에서 일한 사람들의 말을 들어보면 사정은 매우 열악했다. 처음 공
장에 가본 사람들은 공장의 웅장한 규모와 아름다운 정원 등 깨끗한 환
경에 놀라지만, 공장 문을 열고 들어서면 먼저 후끈한 40도 열기에 숨
이 막히게 되었다고 한다. 굉음을 내며 돌아가는 기계 소리에 사람들은
고무로 된 귀마개를 끼고 있었고, 악을 써도 잘 안 들리기 때문에 호루
라기를 불어 의사소통을 했고, 솜에서 나오는 자욱한 먼지가 눈과 코와
입으로 들어와 생지옥이 따로 없는 느낌이었다고 한다. 하루 여덟 시간
1일 3교대는 공부도 할 수 있는 좋은 조건인 듯싶지만, 그만큼 노동 강
도가 세다는 것을 의미했다. 동일방직 입사자들이 처음 받은 훈련은 거
의 뛰는 수준으로(1분에 140보) 기계 사이를 빨리빨리 돌아다니는 것이었
다고 한다.[6]

여성 지부장이 출현하고 남성 중심의 어용 노동조합이 여성 집행부가
주도하는 민주적인 노조로 탈바꿈하자, 여러 가지 변화가 일어났다. 여
자도 능히 지부장 노릇을 할 수 있다, 아니 더 잘할 수 있다는 것이 여러
가지 면에서 증명되었다. 여자들이 집행부가 되니까 먼저 생리휴가도
찾을 수 있고, 월차도 돈으로 주던 걸 찾을 수 있게 되고, 화장실도 조금
은 자유롭게 가게 되고, 현장 관리자들의 여성 노동자들에 대한 횡포 같
은 것들이 많이 없어지고, 식사 시간도 생기게 되고, 식당 메뉴도 달라
지고, 노동자와 사무원의 식당이 따로 분리되었던 것도 하나로 통합되

는 등 실생활에서 피부로 느낄 수 있는 변화가 일어난 것이다. 조합원들이 너나없이 노조 사무실로 달려와 옷을 벗어 던지면서까지 처절하게 싸운 것은 바로 이런 변화를 가져다준 지도부를 지키기 위한 것이었다. 세계 대중운동사에 다시없는 눈물겨운 지도부 보위투쟁은 지금 우리에게 왜 민주정권이 실패했는지, 어디서부터 다시 시작해야 하는지를 가슴 아프게 돌아보게 한다.

똥물을 먹고 살 수는 없다

두 번째 여성 지부장인 이영숙이 1976년 12월 26일 개인 사정으로 퇴사하여 새로이 집행부를 선출하게 되자 중앙정보부는 동일방직 사건에 깊숙이 개입했다. 1977년 3월 30일 선거에는 이영숙 집행부의 총무부장 이총각과, 나체시위 당시에는 집행부 쪽이었지만 그 후 입장을 바꿔 회사와 섬유노조 본조의 편에 선 문명순이 입후보했다. 남녀 대결이 아닌 여성 대 여성의 대결로 치러진 것이다. 이 선거에서 이총각이 승리하여 민주노조의 3기 집행부가 출범했다. 중앙정보부는 이총각의 동향을 면밀히 감시했고, 회사 쪽은 남자 조합원들을 중심으로 조합원 탈퇴 공작을 벌였다. 당시 동일방직은 유니언숍 제도를 채택하고 있었음에도 불구하고 섬유노조 본조와 노동청과 회사의 비호 아래 탈퇴 공작을 벌인 것이다. 그러나 집행부는 일치된 단결로 이 사태를 극복했다.

끊임없이 자행되던 노조파괴 공작은 1978년 2월 21일 대의원 대회가 예정된 날 똥물 사건에서 절정을 이뤘다. 《동일방직 노동조합 운동사》에 따르면, 새벽 6시 10분 전 남성 노동자 5~6인과 집행부와 대립했던 여성 조합원인 문명순, 박복례 등이 방화수 통에 인분을 담아 야간작업

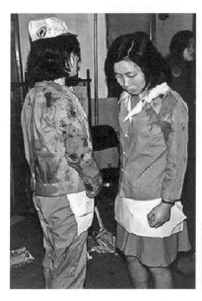

1978년 2월 21일, 중앙정보부의 비호를 받은 남성 노동자들이 노조 사무실로 들이닥쳐 여성 조합원들에게 똥물을 뿌리는 만행을 저질렀다. 사진은 똥물을 맞은 여성 노동자들의 모습.

을 마친 조합원들이 투표 준비를 하고 있던 노조 사무실로 들이닥쳐 똥물을 뿌리고, 고무장갑을 낀 손으로 비명을 지르는 여성 조합원들의 얼굴과 온몸에 바르고, 입에 집어넣고, 옷 속에 집어넣는 만행을 저지른 것이다. 당시 노조에서는 불상사를 우려하여 경찰에 경비를 요청해두었는데, 다급한 여자 조합원이 울먹이며 구원을 호소하자 경찰관은 "야이 쌍년아 가만있어, 이따가 말릴 거야"라고 답했으며, 현장에 나와 있던 섬유노조 본조 간부들은 재미난 구경거리가 난 듯 낄낄댔다고 한다. 여성 노동자들은 "아무리 가난하게 살았어도 똥을 먹고 살지는 않았다"고 울부짖었다.[7]

이 당시 중앙정보부 인천지부에서 노동문제를 담당하던 사람은 유신정권에 의해 고문·살해당한 서울대 법대 최종길 교수의 동생 최종선이었다. 1978년 초 인천지부에 부임한 그는 유신철폐와 정권타도만 요구하지 않는다면 일선 담당관 차원에서 최대한 도와주겠다며 이총각 집행부와 일종의 평화협정을 맺었다고 한다. 그러나 평화협정은 오래가지 못했다. 2월 초 최종선은 보안사 인천지부로부터 신포동 한 여관에 거동수상자 여럿이 집단으로 들락날락한다는 첩보를 접수했다. 그가 현장에 가서 자신이 중정 인천 조정관이라고 신분을 밝히고 그들에게 신분을 밝히라고 요구했으나 그들은 대꾸도 하지 않았다고 한다. 최종선이 신분을 밝히지 않는다면 강제 구금하겠다고 엄포를 놓자 그제야 그들은 "정말 우리가 누군지 몰라서 묻느냐"며 "위(중앙정보부 2국)에서 다 알고 있다"며 자신들은 동일방직 노조를 깨부수러 온 섬유노조 조직국장 우종환과 조직행동대장 맹원구라고 신원을 밝혔다는 것이다. 담당관도 모르는 사이에 본부에서 강경한 방침이 수립된 것이다.[8] 결국 이들의 비호 아래 동일방직 남성 조합원들이 똥물을 뿌리고 섬유노조 본조가 파견한 조직행동대가 현장을 장악한 가운데, 민주노조 파괴 공작이 진행되었다. 섬유노조 위원장 김영태는 동일방직 노조를 사고지부로 결정하고 이총각 지부장 등 간부 4명을 반노동조합적 활동을 했다는 말도 안 되는 이유로 제명했다.

동일방직 여성 노동자 50여 명은 3월 10일 장충체육관에서 개최된 근로자의 날 기념식이 전국에 TV로 생중계될 때 일어나 "우린 똥을 먹고 살 수 없다", "동일방직 문제 해결하라" 등의 구호를 외쳤다. 그들이 얼어터지고 머리채를 휘어잡히며 구호를 외친 바람에 생중계는 세 차례나 중단되었다.[9] 이들 중 상당수가 연행되었지만 연행을 면한 사람들은 명동성당으로 가 단식농성에 들어갔다. 단식농성 14일 만에 김수환 추기경 등의 중재로 농성을 풀고 회사로 복귀하기로 했으나, 회사는 오랜 단식으로 몸이 축난 노동자들이 회복할 시간도 주지 않고 굴욕적인 사실상의 노조탈퇴 각서를 요구했다. 그리고 노동자들이 각서에 서명하지 않자 무단결근을 이유로 126명(2명은 자진퇴사)을 해고했다. 섬유노조 위원장 김영태는 부서, 주민등록번호, 본적까지 기재한 동일방직 해고자 126명의 명단을 '업무 집행에 관한 참조사항'이란 문서로 만들어 이를 전국의 노조와 사업장에 배포했다. 이것이 이른바 '블랙리스트'의 시초였다.[10] 블랙리스트는 돈을 벌지 않으면 먹고살 수 없었던 그들에게 사형선고나 다름없었다.

이때 해고된 124명의 대부분은 1952년생인 박근혜 대통령과 1959년생인 필자 사이의 연배이다. 20대의 젊은 나이에 똥물을 뒤집어쓰고 해고라는 청천벽력을 당한 그들은 다들 그때 죽고 싶었다고 말한다. 그때 죽으려고 생각 안 했던 사람이 정상이 아니란다. 그래도 그들은 살아남았다. 산업선교회 좁은 바닥에서 몇 년 동안 없는 살림 탓에 자연스럽게 '니 팬티 내 팬티 없이, 니 칫솔 내 칫솔 없이' 살다 보니 '피와 살이 섞여' 하나가 되었다.[11] 박정희가 죽었을 때 드디어 복직이 되나 보다 기뻐했던 그들은 아직 복직이 되지 못한 채 그들과 동년배인 박근혜, 그때 그들이 그토록 부러워했던 대통령의 딸 박근혜가 대통령이 되는 잔인한 세월을 맞이하고 있다. 2013년은 그들이 해고된 때로부터 햇수로 일제 시기와 맞먹는 36년이 된다. 해고는 살인이다. 그러나 동일방직의 언니, 누나들은 그 죽음의 세월에 맞서 여전히 꿋꿋이 싸우고 있다.

4
반도상사 노동조합과 중앙정보부

　1970년대 노동운동사에서 반도상사는 몇 가지 특별한 의미를 갖는다. 반도상사는 지금 엘지그룹의 전신인 럭키그룹의 계열사로 그룹의 간판 격인 종합상사로 지정된 곳이었다. 1970년대에 등장했던 몇몇 민주노조 중에서 반도상사가 유일하게 재벌그룹의 계열사에 만들어진 노조였다. 앞서 최초의 여성 지부장으로 소개한 동일방직의 주길자는 역사가 오랜 노조의 24대 지부장이었던 반면, 1974년 4월 15일 닻을 올린 반도상사의 한순임은 한국 노동운동사에서 신규 노조의 출범 때부터 지부장을 맡은 최초의 여성이었다. 반도상사 노조의 사례는 당시 중앙정보부가 주요한 개별노조를 무력화시키기 위해 얼마만큼 깊이 개입했는지 보여주는 사례이기도 하다.

'반도대학' 근로조건의 실상

　장현자가 1969년 반도상사에 입사할 때만 해도 반도상사의 노동조건은 괜찮은 편이었다. 장현자가 반도에 입사하기 전 다녔던 롯데제과에서는 일당이 100원이었는데 반도는 120원이었다. 반도는 임금도 높고 기숙사가 있어 따로 방값이 나가지도 않는 등 근로조건이 좋기로 소문이 나서 입사하기가 쉽지 않았다. 그러나 가발업이 호황이다 보니 종업원은 몇 년 사이에 4,000명으로 늘어났고, 기숙사는 다다미방 하나에 10~15명씩 꽉꽉 채워 800명을 수용했다. 그 많은 인원을 수용하는 곳이지만 화장실과 세면장은 모두 네 개밖에 없었다. 새로 지었다는 기숙사도 부실공사라 흐린 날이면 천장에서 물이 뚝뚝 떨어져 자고 나면 몸이 가볍지 않고 여기저기 쑤신다는 사람들이 많았다. 당시에는 잔업과 철야가 빈번했는데, 기숙사생들은 한마디로 '봉' 이어서 밤낮없이 불러다 일을 시키니 몸이 아파도 어쩔 수 없이 불려 나가야 했다. 그래서 많은 기숙사생들은 돈이 좀 들고 출퇴근의 어려움이 있지만 지옥 같은 기숙사를 벗어나 살고 싶어 했다.[1]

이 시기 여성 노동자들을 괴롭혔던 것은 '검신' 이었다. 꼭 안내양만이 아니었다. 당시 유신정권은 봉건적인 충효사상을 강조하면서 근로자를 한 가족처럼 여기고, 근로자들도 공장을 가정으로, 사장이나 높은 간부들을 부모처럼 여기도록 유도하고 있었다. 그러나 검신은 노동자들을 잠재적인 도둑놈, 도둑년으로 보는 행위였다. 회사에서는 모든 노동자들을 검신 대상으로 삼았지만, 충분한 인력을 배치하지 않았기 때문에 퇴근 시간이면 줄이 길게 늘어서 한 시간도 넘게 기다려야 하는 경우가 비일비재했다. 음력설 전날 한 어린 여성 노동자가 예매해둔 차 시간이 다 되도록 검신이 끝나지 않자 급한 마음에 새치기를 했다. 그것을 본 경비원이 몽둥이로 내려치자 여성 노동자는 피를 흘리며 쓰러졌다.[2] 이런 분위기 속에서 일부 선진적인 여성 노동자들이 노조를 준비하기 시작했다. 노조가 만들어지기 한 달 전인 1974년 3월 반도상사 어느 여성

노동자의 월급봉투를 보면 '기본급: 490원×36일(일요일 가산한
듯)=17,640원, 야간급료수당: 2,450원, 연장근로수당: 91.87원×193.5
시간= 17,777원 등 합계 37,867원이고, 여기서 저금 300원과 식대
3,627원을 공제한 실지급액 33,925원'이었다.[3] 이것이 유신시대, '반도
대학'이라 불릴 정도로 노동조건이 좋았다던 대기업 계열사 반도상사
여성 노동자가 연장근로를 무려 193.5시간이나 하고 받아든 월급봉투
였다. 그해 처음 출시된 초코파이는 한 개에 50원이었다.

산업선교회와 노조의 탄생

산업선교회는 1973년 12월부터 3개월 과정으로 '부평지역 여성 지도
자 훈련'을 실시했다. 반도상사의 경우 한순임 등 모두 26명의 여성 노
동자들이 이 훈련을 받았다. 훈련의 실무 책임자는 이화여대를 막 졸업
하는 최영희(18대 의원)였다. 최영희와 여성 노동자들은 거의 동년배였지
만, 최영희는 여성 노동자들 사이에서 놀라운 지도력을 발휘했다. 그는
"한 번에 근로조건 개선을 이룰 수는 없기 때문에 지속적인 근로조건
개선을 위해서는 노조가 있어야 하며 노조 건설을 위해서는 많은 어려
움이 따를 것"이라고 말했다.[4] 이때 여성 노동자들 중에서 단연 눈에 띈
사람은 학습 능력이 뛰어나고 언변이 탁월한 21세의 한순임이었다.

한순임은 장현자, 옥판점, 김복순 등과 함께 회사나 관리자로부터 부
당하게 당해온 사실들을 중심으로 1) 폭행 사원 처벌하라 2) 중식 차별
문제 해결하라 3) 기숙사 시설 개선하라 4) 강제잔업 철폐하라 5) 취업
규칙 내걸어라 6) 임금 인상 60퍼센트 지급하라 7) 이 문제들은 사장이
직접 해결하라는 내용의 호소문을 작성했다. 이들은 1974년 2월 26일

반도상사 노조의 소식지 〈한마음〉.

을 디데이로 잡았다. 호소문에는 한순임이 여자들이 고무줄놀이 할 때 많이 부르는 '무찌르자 오랑캐' 노래에 "찾읍시다! 인권을, 피의 대가를, 불굴의 의지를 꺾지 않겠다! 싸우자! 싸워! 승리를 위해 해결이 될 때까지 투쟁하겠다!"는 가사를 바꿔 붙인 내용도 들어갔다. 이들은 호소문을 복사해 기숙사와 현장에 은밀하게 배포했다. 늘 노동자들의 동태를 감시하던 사감들도, 그 당시로서는 최첨단인 CCTV를 통해 현장을 감시하던 회사도 어린 여공들이 이런 일을 꾸미는 줄 전혀 눈치채지 못했다.[5]

2월 26일 아침 8시 반 영하 15도의 혹한 속에 여성 노동자들은 농성을 시작했다. 농성이 시작되자 회사도 놀랐지만, 한 번도 데모나 농성이란 걸 해보지 않았던 어린 여성 노동자들은 농성의 주역이 되어 처절하게 구호를 외치고 노래를 부르는 자신들의 모습에 놀라워했다. 서울의 언론사에 농성 사실을 알리러 갔다가 노동청 간부들과 함께 회사로 돌아온 장현자는 농성에 합류하여 노래를 부르기 시작하자 "온몸이 떨리면서 오싹해지더니 눈물이 마구 쏟아졌다"고 한다.[6] 노동자들은 점심도 저녁도 거른 채 '사장 나오라'를 외치며 농성을 계속했다. 밤 11시가 되어서야 섬유노조의 개입으로 회사 쪽과 한순임 등 노동자 대표 사이에 노조 결성, 강제잔업 금지, 작업장 환경과 기숙사 시설 개선, 폭행 사원의 사과, 오늘의 일에 대한 처벌 금지 등을 내용으로 하는 합의서가 작성되었다.

어린 여성 노동자들이 어쩌면 저렇게 당차게 농성을 진행할 수 있을까 놀라웠지만, 그들은 아직 참 순진했다. 그들은 노조를 만드는 것도 회사와 협의해야 하는 줄 알았다. 이 농성의 결과 노조창립준비위원회가 만들어졌는데, 위원장은 공장장이었다![7] 약 일주일 뒤인 3월 5일 오후 5시 30분 노조창립준비위원회의 주최로 노동조합 창립총회가 회사 식당에서 열렸다. 사회는 반도상사 노조의 상급노조가 될 섬유노조 쟁의부장이 맡았다. 그는 회사의 각본대로 임원은 전형위원이 선출하자고 했고, 전형위원들은 엉뚱한 경비원을 지부장으로 한 임원 명단을 발표했다. 2월 26일의 농성에서 적극적인 역할을 한 사람으로는 한순임 한 명만이 부지부장 명단에 들어 있었다. 이 명단이 발표되자 총회장은 난리가 났다. 자신들이 우롱당했다는 사실에 극도로 분노한 여성 노동자들은 "쟁의부장 죽여라, 저놈이 우리를 속였다!"며 아우성을 쳤다. 억울함과 분을 못 이긴 여성 노동자 3명이 거품을 물고 쓰러져 구급차에 실려 갔고, 창립총회는 자연히 2차 농성으로 이어졌다. 마이크를 잡은 한순임은 "이제부터는 더 이상 우롱당하지 말고 우리들이 힘을 모아 더는 속지 말자"고 호소했다. 노동자들이 구호를 외치며 시멘트 바닥에서 꼬박 밤을 지새우고 난 새벽 5시, 저벅저벅 군홧발 소리가 다가왔다. 몽둥이를 든 수백의 전경들이었다. 노동자들은 처음 보는 전투경찰의 모습에 비명을 지르면서도 스크럼을 짰지만, 전경들은 팔과 팔 사이에 몽둥이를 넣어 한 명씩 떼어냈다. 한순임을 비롯한 열성 노동자 21명이 연행되었다.[8]

자신들의 대표를 빼앗긴 노동자들은 해산하지 않았다. 농성장에 남은 노동자들은 서로를 눈물로 위로하며 대표들이 돌아와야만 일을 할 수 있다며 자연스럽게 파업에 돌입했다. 회사가 경찰에 잡혀간 노동자들의 석방을 요구할 수밖에 없었고, 노동자들은 3일 만에 풀려났다. 이들이 풀려나 회사로 들어왔을 때, 노동자들은 여전히 운동장에 모여 노래를 부르며 농성하고 있었다. 풀려난 이들과 운동장에 있던 이들이 한데 엉켜 엉엉 울면서 단결만이 살길이라는 것을 다시 한 번 깨달았다. 노동자들은 이렇게 속으며 배웠고, 얻어터지며 배웠고, 울면서 배웠다. 마침내 4월 15일 노조결성대회가 속개되었고, 한순임을 지부장으로 하는 '섬유노동조합 반도상사 지부'가 결성되었다.

중앙정보부의 은밀한 공작

노조가 결성되기 전, 경찰서에서 풀려난 한순임, 장현자 등이 현장에 복귀하여 일하고 있을 때, 회사 관리자가 경비실에 친구가 면회 왔다고 친절하게 안내해주었다. 평소에 면회는 거의 허용되지 않는데 웬일일까 하고 나가 보니 함께 호소문을 만들었던 옥판점과 김복순도 불려 나와 있었다. 공단 입구에는 까만 승용차 두 대가 그들을 기다리고 있었다. 말로만 듣던 그 무시무시한 남산, 즉 중앙정보부에서 온 것이다. 정보부에 끌려간 이들은 "네년들 머리로 호소문을 직접 썼을 리가 없다"며 "산업선교회의 조화순 목사와 실무자 최영희 등이 간첩이고 빨갱이이고 지금까지 너희들은 빨갱이들의 지시에 놀아났다"는 소리를 들으며 마구 맞았다. 자신들이 맞는 것도 힘들었지만, 옆방에서 들려오는 동료들의 매 맞는 소리, 비명 소리는 더 견디기 힘들었다. 주동자로 몰린 한순임이 제일 많이 얻어터져 온몸에 시커멓게 멍이 들었다고 한다. 당시 정보부가 조화순 목사나 최영희를 건드리지 않은 것이나, 노동조합 결성 자체를 막지 않은 것을 보면 정보부의 계획은 산업선교회와 반도상사 노동조합의 분리에 있었다. 한순임은 풀려난 뒤 처음 최영희와 자신을 연결해준 친구를 찾아가 "은인을 배신해야 할지, 조국을 배반해야 할지 미치겠다"며 펑펑 울었다고 한다.[9]

중앙정보부는 한순임이 주도한 2월 26일이나 3월 5일의 농성에서 어린 여성 노동자들이 보여준 치밀함과 단호함을 보고, 그 배후에 산업선교회 등 불순 세력이 있다고 판단한 것으로 보인다. 중앙정보부는 먼저 한순임 등 반도상사 노조의 지도부를 최영희나 산업선교회와 떼어내고, 일정한 냉각기를 거쳐 체제 내로 포섭하는 방침을 세웠다. 회사는 회사대로 노조 간부들이 산업선교회에 가면 노조와는 아예 교섭을 하지 않겠다고 으름장을 놓았다. 한순임은 노조 상무집행회의에서 공식적으로 산업선교회에 가지 말자고 말했다. 장현자에 따르면 간부들도 회사와 살벌하게 대치하는 것이 마음속으로 많이 힘들었기 때문에 지부장의 이야기에 협력하고 회사와의 관계를 원만히 하기 위해 산업선교회에 가지 않기로 결정하였다고 한다.[10]

흥미로운 것은 노조 결성 즈음에 중앙정보부가 은밀하게 취한 공작이다. 중앙정보부가 한순임 등을 잡아다가 협박한 사실은 이미 널리 알려져 있지만, 채찍을 휘두르는 것 말고 어떤 당근으로 한순임 같은 명석하고 자존심 강한 노동운동가를 유혹했는지는 별로 알려져 있지 않다. 1987년 노동자 대투쟁 당시 혜성과 같이 등장했던 노동자 출신의 지도자 권용목이 나중에 뉴라이트로 전락했다가 쓸쓸하게 세상을 뜬 것처럼, 한순임은 동일방직 똥물 사건 당시 민주노조의 파괴에 깊이 개입했고, 산업선교회를 비판하는 강연과 교육 기고 활동에 앞장섰다. 이 문제는 노동운동 내부의 노노 갈등, 산업선교회가 한국 노동운동에 남긴 빛과 그림자 등과도 관련된 문제이지만, 중앙정보부의 차원 높은 공작의 장기적인 효과가 미친 영향에 대한 고찰을 포함하지 않고서는 이해할 수 없다.

한순임이 중앙정보부에서 풀려난 직후인 1974년 3월 25일 자 '노사분규 시정방안 보고서 제출 의견'이란 중앙정보부 문건을 보면 중앙정보부는 노동자들의 요구사항에 대해 반도상사로부터 대표이사 구자승을 비롯하여 구자경, 구자두, 황인일, 김석구, 허준구, 구철회, 구정회 이사 전원의 인감 날인이 첨부된 회사의 구체적인 이행 계획 및 시정 방안을 받아냈다.[11] 구자경은 럭키그룹 창업자인 구인회의 장남으로 1969년 구인회의 사망 이후 럭키금성그룹의 총수가 되었고, 구철회와 구정회는 구인회의 동생이고, 구자두는 구자경의 동생이고, 허준구는 이들과 사돈이었다. 중앙정보부는 럭키금성그룹의 실세인 반도상사 이사진 전원의 도장을 받아내 노동자들의 요구를 들어주도록 압박한 것이다. 처음 9개 항이던 개선사항의 내용은 5월 14일, 5월 28일의 보고서를 거치면서 작업장 시설, 기숙사, 식당 시설, 전문건강관리자 배치, 재해보상금

반도상사 노조는 유신 시절 중앙정보부의 노조파괴 공작이 어느 정도 치밀했는지 보여주는 사례다. 1977년 반도상사 노동자들이 공장 옥상에 올라 임금 인상과 노조탄압 중단을 요구하며 농성을 하고 있다.

지급, 동사자와 병자 치료, 퇴직금 지급, 징계해고자 수당 지급, 도급근로자의 임금 보장, 연소자 친권자 동의서 접수 및 교육 시설, 연차유급휴가 실시, 야간작업 및 잔업, 법정휴식시간 제공, 유급휴일 실시, 신입자 건강진단 실시, 관계법규 고시 등 16개 항으로 늘어났다.[12]

중앙정보부는 이들 각각에 대해 개선 내용과 완료예정 월일, 진도에 대한 세부설명을 요구했고, 이를 일일이 부장에게 보고하고 있었던 것이다. 노조가 출범한 뒤 회사는 부산에서 올라온 비노조원들로 '봉선회'라는 단체를 만들어 노조의 활동을 방해해왔고, 이는 한순임 집행부의 큰 골칫거리였다. 중앙정보부 경기지부는 반도상사 쪽에 압력을 가해 '봉선회 활동을 일절 지원하지 말 것', '노조 상근인원을 증가시킬 것', '노조의 사무실과 비품을 지원할 것', '노조 활동에 지장을 초래할 우려가 있는 기숙사 인원 감축을 보류할 것' 등을 지시하고, 이를 노사

협의회를 통해 발표하도록 강제했다.[13] 이와 같은 점검은 1974년 11월까지 계속되었다. 산업선교회가 노동자들에게 제시한 방향은 '옳은 노선'이었을지는 모르나, 회사와 한 치의 타협도 없는 극한 대결로 치닫게 만드는 경우가 많았다. 노동 현장에서 산업선교회를 고립시켜 체제에 포섭되지 않는 노동조합을 고사시키기 위해 중앙정보부는 채찍만이 아니라 당근도 내줄 줄 알았다. 중앙정보부가 한순임을 탄압하거나 돈으로 매수하려 했다면 한순임은 이에 넘어가지 않았을 것이다. 그러나 한순임 체제의 출범을 용인하고 한순임 집행부의 주요 요구사항을 재벌기업에 압력을 가해 보이지 않게 성사시켜주는 방식으로 중앙정보부는 산업선교회와 일정한 선을 긋는 것이 편하게 원하는 것을 얻을 수 있는 길이라는 생각을 노동자들에게 주입시켰다. 한순임은 국정원 과거사위와의 인터뷰에서 자신이 산업선교회에 대해서 자주성을 추구했고 회사나 섬유노조를 적으로만 돌리지 않는 '포용정책'을 적극적으로 썼다고 주장했다.[14] 약자가 쓴 포용정책의 결과는 참담했다.

5
도시산업선교회
마녀사냥

  한국전쟁 이후 노동운동의 불모지였던 이 땅
에 뒤늦게 1970년대에 민주노조의 깃발이 오를 수 있었던 데는 개신교
의 산업선교회와 천주교의 한국가톨릭노동청년회(JOC) 같은 산업선교
또는 노동사목 조직의 역할이 매우 컸다. 너무나 열악했던 한국의 노동
현실에서 전태일의 죽음이 땅에 묻히지 않고, 그 불씨가 민중들의 가슴
에서 가슴으로 전해지다 민주노조라는 결실을 맺을 수 있었던 것은 산
업선교회와 가톨릭노동청년회의 덕분이라 해도 과언이 아니다. 1970년
대 중반 이후 "도산(도시산업선교회)이 들어오면 도산한다"는 말이 한동안
널리 퍼진 적이 있다.[1] 이 말은 물론 근거 없는 모함이지만, 산업선교회
의 활동에 대한 자본가들과 유신정권과 보수언론의 경계심이 물씬 묻어
난다. 1970년대와 1980년대 초반에 산업선교회가 어떤 역할을 수행하
였는가를 제대로 짚어보는 작업이 한국 노동운동사의 이해를 위해서뿐
만 아니라 현대 한국 사회에서 기독교의 역할에 대한 이해를 위해서도
필수적인 일이다.

기성 노조를 규탄하다

1960년대까지는 사회적인 개혁이나 구원을 의미하는 산업선교란 말보다 개인의 복음화를 강조하는 산업전도란 말이 많이 쓰였다. 이 당시까지만 해도 자본가들은 산업전도를 적대시하지 않았다.[2] 특히 사장이 신자일 경우는 전 종업원을 의무적으로 예배에 참가시키기까지 하는 일도 있었다. 교계에서도 고향을 떠난 노동자들, 특히 타향에서 고된 노동에 시달리는 어린 여성 노동자들의 경우 쉽게 교회에 나올 수 있으리라는 기대에서 산업전도에 박차를 가했다. 산업선교회에서는 감리교의 조승혁, 조화순 목사 등이 활약한 인천산선과 예수교장로회 측의 조지송, 인명진 목사가 활약한 영등포산선이 특히 두드러진 활동을 보였다. 조화순 목사의 경우 당시로서는 보기 드문 여성 목사였는데, 1966년 말 동일방직에 들어가 6개월간 실제 노동을 했다. 짧은 기간이지만 노동자로 생활하면서, 그리고 산업선교회에서 일하면서 조화순은 노동 자체도 쉬운 것은 아니었지만 노동자로서 받는 천시와 모욕이 견디기 힘들었다.[3] 노동자를 소모품으로 보지 말고 존엄성을 갖는 인간으로 대접해달라는 요구는 한국의 노동운동에서 그때뿐 아니라 지금까지도 계속되고 있다.

노동 현장에서 산선이 처음부터 정부와 대립했던 것은 아니다. 현장에서 산선과 정면으로 부닥친 것은 한국노총 산하의 기성 노동조합이었다. 노총과 산선의 대립이 첨예하게 촉발된 것은 1971년 봄 발생한 한영섬유공업 노조원 김진수의 피살 사건 때였다. 김진수는 회사의 노조파괴 공작 와중에 사 측의 노동자에 의해 드라이버로 머리를 찔려 중상을 입고 사경을 헤매다가 두 달여 만인 5월 16일 사망했다.[4] 이때 섬유노조는 이를 단순히 노동자들이 개인적으로 싸우다가 그런 것으로 발표했다. 분노한 노동자들, 특히 전태일의 친구들은 노총으로 쳐들어가 사무실을 때려 부쉈고, 산선의 목사들은 노총을 규탄하는 성명을 발표했다.

산업선교회는 노동자들을 대변하지 않는 기성 노조를 어용노조로 규정하고 그 지도부를 교체하여 민주노조로 개편하는 작업을 시도하거나, 새로운 노조를 건설하기 위해 노력했다. 앞서 살펴본 1972년 동일방직 주길자 지도부의 출현이나 1974년 반도상사 노조의 결성은 인천산선의 민주노조 건설 작업이 거둔 대표적인 성과였다. 노총과 기성 노조에서는 산업선교회의 활동을 극도로 경계했다. 반유신 민주화운동이 거세게 일던 무렵인 1974년 12월 9일 한국노총은 국가안보 강화 촉구 및 북괴 남침터널 구축 규탄 궐기대회를 열었다. 이 궐기대회는 '북괴'뿐 아니라 '자유민주주의의 환상'에 사로잡힌 일부 인사와 "노동조합조직에 개입하여 분열과 파쟁을 조성하는 등 자기 직분을 망각한 행위를 자행"하는 "도시산업선교회를 중심으로 한 일부 종교인들"을 격렬한 어조로 규탄했다.[5] 노총과 종교인들 간의 성명전은 한동안 계속되었다.

서구에서는 교회가 초기 노동운동의 강력한 반대 세력 구실을 한 경우가 많지만, 한국은 그 반대였다. 너무도 열악한 노동 현실 속에서 자신들의 운명을 개선해보려는 노동자들이 손을 내밀 곳이라곤 교회밖에 없었다. 분신 1년여 전 전태일은 "저희들의 아버님"인 '국부' 박정희 대통령에게 "자식 된 도리로서 아픈 곳을 알려드립니다. 소자의 아픈 곳을 고쳐주십시오"라며 탄원서를 보냈지만 아무런 답을 듣지 못했다.[6] 반도상사 노동자들이 호소문을 전하려 노동청에 찾아가자 노동청 간부들은 "일도 안 하고 유인물이나 뿌리고 다니는 나쁜 아이들"에게 이런 불순한 짓은 "사회를 어지럽히는 범죄인들이나 하는 것"이라고 호통을

1971년 인천기독교도시산업선교회의 초가 사무실 모습. 열악한 노동 현실 속에서 자신들의 운명을 개선해보려는 노동자들이 손을 내밀 곳은 교회밖에 없었다.

쳤다.[7] 당시 노동운동의 지원에서 종교계가 중요한 역할을 할 수 있었던 것은 공산주의나 빨갱이로 몰릴 가능성이 적었고, 국제적인 네트워크를 갖고 있어 권력이 쉽게 탄압할 수 없었기 때문이다.

1970년대 들어 산업선교회와 가톨릭노동청년회의 활발한 활동으로 동일방직, 반도상사, 원풍모방, 콘트롤데이타 등에 연이어 민주노조가 들어선 것은 5·16 군사반란 후 중앙정보부에 의해 조직된 노총과 산별연맹이라는 공식적인 체계에 균열이 발생한 것을 의미했다. 유신정권은 이 균열의 진원지로 두 단체를 지목했다. 특히 1974년 2월 반도상사의 농성으로 분출한 노동자들의 분노를 어용노조 결성을 통해 체제 내로 흡수하려던 시도가 실패로 돌아가자 중앙정보부는 적극적으로 산업선교회와 노동자들을 분리하려고 하는 한편, 산업선교회에 대한 전면적인 내사에 착수했다. 내사 대상은 영등포, 동서울, 인천, 대구, 청주, 광주, 부산, 마산 등 전국 각지의 지역산업선교회였고, 내사 목표는 각 지역선교회의 조직현황, 주요 구성원의 사상성분, 활동 상황, 활동대상 목표업체, 자금 출처, 노사분규 개입현황, 구성원 비위, 불순세력 침투 및 배후 조력 여부 등이었다.[8] 중앙정보부는 앞서 살펴본 것처럼 반도상사의 한순임을 산업선교회와 분리하기 위한 다각도의 공작을 폈다. 1974년 3월 한순임 등 반도상사 노동자들을 연행하였을 때는 산업선교회 실무자 최영희가 간첩인 것처럼 겁을 주었는데, 최영희가 민청학련 사건과 관련되어 도피하자 자연히 산업선교회와 반도상사 노동자들의 연계는 단절되었다. 중앙정보부는 또 그해 5월에 조화순 목사마저 구속했다. 표면적으로는 노동자들과 함께 간 야외예배 설교를 문제 삼은 것이지만, 사실은 반도상사 노조 결성의 배후로 지목한 것이다.[9] 전두환이 광주학살로 집권한 뒤 국가보위입법회의에서 노동조합법을 개악할 때 악명 높은 '3자개입 금지' 조항을 넣은 것[10]은 바로 산선의 활동을 의식한 결과였다.

노동자의 자주성과 산업선교회

산선의 입장에서 사방을 둘러보아도 적밖에 보이지 않았을 것이다. 자본가와 유신권력의 탄압과 언론의 비난만이 아니었다. 교회 내에서도 보수 세력은 산선이 복음 전파보다는 노동 현장에서의 대립을 부추기고 있다고 비난했다. 그런 적대적인 환경 속에서 산업선교회가 여유 있게 문제를 풀어가기를 기대하기는 어려웠다. 사실 기성 노조를 모두 싸잡아 어용노조라고 보는 것은 조금 지나친 일이었고, 섬유노조와 같은 상급노조 내부에도 좋은 사람들이 적지 않게 있었다. 아무리 열악한 환경에서도 개선의 여지는 있는 법이지만, 한순임에 따르면 산선 조화순 목사는 "타협해서 다섯 개 얻는 것보다 투쟁해서 두 개를 얻는 게 낫다"고 가르쳤다고 한다. 투쟁을 통해 단결되고 의식이 고양되기 때문이라는 것이다. 급진적인 여성 노동자들을 산선으로부터 떼어놓으려는 중앙정보부의 고도의 공작 덕분에 한순임이 이끄는 반도상사 노조는 산선이 강조한 투쟁의 방식을 취하지 않고도 회사로부터 많은 것을 얻어낼 수 있었다. 문제는 이런 성과가 노동계 일반에서 얻어질 수 있는 것이 아니라는 점이다. 3년 임기를 마친 한순임은 지부장 재선을 원했지만, 산업선교회는 산선과 거리를 두고 섬유노조와 가까워진 한순임의 재선을 바라지 않았다. 한순임은 산선의 물밑 작업과 악선전으로 선거를 며칠 앞두고 "3년간의 돌덩이 같은 조직이 깨졌다"며 산선을 비난했다. 한순임이 쓴 글은 뒤에 정보기관과 보수 기독교 세력이 산업선교회를 비난하는 무기로 사용되었다.[11] 한순임을 배제하는 데 산선이 일정한 역할을 한 것은 사실로 보이지만, 산선의 작동으로 돌덩이 같던 조직이 순식간에 깨졌다고 볼 수는 없을 것이다.

처음 눈부신 활약을 보였던 반도상사 노조 지부장 한순임이 지부장 선거에서 부지부장 장현자에게 큰 표차로 패한 이유는 그가 시간이 지나며 독선적인 태도를 보였기 때문이다. 특히 노조의 결의로 준법투쟁을 주도했던 간부진에 대한 회사의 징계 요구에 간부진과 상의 없이 합의문을 작성해준 사건이나, 건강검진에서 폐결핵 진단을 받은 노동자들의 해고에 동의한 사건은 한순임의 지도력에 큰 손상을 가져왔다. 처음

노조를 만들었을 때 노동자들은 의식적으로 자신들의 지부장을 우러러 받들었다. 회사 관리자들은 20대 초반의 한순임을 우습게 보고 예전처럼 이름을 부르거나 '한 양' 정도로 부르려 했기 때문에 노동자들은 그렇게 부른 관리자들에게서 꼭 공개사과를 받아냈고, 지부장이 현장을 돌 때면 반장이 자기 반원들을 일으켜 세워 일제히 큰 소리로 "지부장님 안녕하세요"라고 인사를 올렸다.[12] 3년 임기를 마치고 자신의 재선을 낙관했던 한순임으로서는 모든 것을 산선의 비토 때문으로 돌렸지만, 현장에서 떨어져 있는 산선이 개별 노동조합의 현장에서 벌어지는 일들을 조종할 수 있었다고 보는 것은 산선의 영향력을 과대평가한 것이다. 현장은 역시 노동자의 것이었다.

산선이 현장에 영향력을 행사할 수 있었던 통로는 다양한 소그룹이었다. 동일방직이나 반도상사, 원풍모방 같은 1970년대의 대표적인 민주노조 사업장에는 각각 수십 개의 소그룹이 존재했다. 산선은 이들 소그룹의 거의 대부분이 모이는 장소를 제공했다. 소그룹의 성격은 뜨개질이나 꽃꽂이 모임에서부터 탈춤이나 연극 모임까지 아주 다양했다. 뜨개질이나 꽃꽂이 모임도 우습게 볼 게 아니었다. 노동자들은 뜨개질을 하면서 작업환경이며 회사 일이며 관리자의 태도며 여러 가지 이야기를 나눴다. 소그룹 활동을 하면서 노동자들은 새롭게 자기 자신을 찾았다.

산업선교회에는 성직자들만이 있는 것은 아니었다. 많은 실무자들이 산선을 거쳐 갔는데, 실무자들은 노동자 출신 평신도 활동가와 지식인 출신 평신도 활동가로 대별해볼 수 있다. 한순임을 교육시킨 최영희나 김근태, 인재근 부부는 인천산선에서 일했던 대표적인 지식인 출신 활동가였다. 민주화운동청년연합(민청련) 의장으로 나서기 직전까지 인천산선에서 일했던 김근태의 가장 큰 특징은 다른 사람의 이야기를 그렇게 열심히 들어주었다는 것이다. 다른 사람을 가르치려 든 것이 아니라 열심히 이야기를 들어줌으로써 무시당하기만 하며 살아온 노동자들로 하여금 존중받는 느낌이 들게 했고, 김근태를 만나면 노동자들은 별별 얘기를 다 했다는 것이다.

산선 내부에도 여러 가지 문제가 있었다. 여성이었던 조화순 목사의 월급은 한 살 아래였던 조승혁 목사의 절반도 되지 않았다고 한다. 월급 때문에 일하는 것은 아니지만 돈이라는 게 사람을 묘하게 치사하게 만드는 법이다. 인건비가 적은 이유는 '여자이기 때문'이라는 것이었다. 여성 노동자들의 임금투쟁을 돕는다는 기관에서 이럴 수는 없었다. "인건비가 적은 게 문제가 아니라 차별이 문제"였다.[13] 차별은 또 다른 곳에도 있었다. 노동자 출신 활동가로 다른 노동자들의 큰 신뢰를 받았던 황영환의 월급도 매우 낮았다고 한다.

이런 한계를 갖고 있었지만, 산선은 1970년대 한국의 종교계나 민주화운동 진영 내에서 그 어떤 조직보다도 민중들에게 다가간 조직이었다. 산선에서 일하는 사람들은 노동자들 속에서 예수의 모습을 발견했고, 노동자들이야말로 우리 시대의 예수임을 깨달았다고 한다. 산선을 비난하는 사람들은 산선이 중남미의 해방신학을 도입했다고 하지만, 조화순 목사에 따르면 그런 게 있는지도 몰랐다고 한다.[14] 한국의 민중신학은 여기서부터 출발했다.

성경 말씀 읽은 죄

동일방직 사건이 터지고 유신체제가 말기로 접어들면서 산선에 대한 탄압은 더욱 심해졌다. 인명진 목사는 1978년 4월 청주에서 한 설교 때문에 구속되었다. 이때 검찰은 공소장에 공소사실의 하나로 "망할 것들! 권력이나 쥐었다고 자리에 들면 못된 일만 꾸몄다가 아침 밝기가 무섭게 해치우고 마는 이 악당들아"라고 말한 것을 들었는데, 실상 이는 구약성경 미가서 2장 1절의 말씀이었다. 검찰은 "가난한 자는 복이 있나니 천국이 저희들의 것이다"라는 유명한 구절을 인용한 것도 "성경의 유물사관에 의한 해석"이라고 문제 삼았다. 성서재판이 벌어진 것이다.[15] 일본 군국주의 시절 주기도문과 사도신경을 외지 못하게 한 적은 있었지만, 성경 본문을 읽은 죄로 목사가 감옥에 간 적은 없었다. 조화순 목사도 1978년 11월 긴급조치 9호 위반으로 구속되었다.

산선에 대한 마녀사냥은 박정희의 죽음을 가져온 단초인 YH 사건이 발생한 1979년 8월 9일 이후 절정에 달했다. 각 신문은 "도산이 들어오면 도산한다"는 내용의 특집을 여러 회에 걸쳐 연재했다. 보수적인 기독교계도 떨쳐 일어나 산업선교회를 맹비난했다. 해방 전 일본 나가노 정보학교를 다녔다는 홍지영이 쓴 《산업선교는 무엇을 노리나》, 《이것이 산업선교다》, 《산업선교는 왜 문제시되는가?》 등 여러 권의 소책자와 서울시경 부국장이자 예장소속교회의 장로인 김재국이 쓴 《한국 기독교의 이해》 같은 소책자들이 대대적으로 뿌려졌다.[16] 섬유노조 위원장 김영태 등은 TV에 나와 "도산의 활동은 공산당과 유사하며 발본색원하여야 한다"라고 목소리를 높였다.

8월 16일 박정희는 "종교를 빙자한 불순 세력이 산업체와 노동조합에 침투하여 노사분규를 선동하고 사회불안을 조성하고 있는데 그 실태를 철저히 조사 파악해 보고하라"고 법무장관 김치열에게 지시했다.[17] 이 지시에 따라 대검찰청 공안부장 박준양을 반장으로 하는 특별조사반이 즉각 구성되었다. 한 달 가까운 조사 끝에 특별조사반이 발표한 결론은

'도시산업선교회의 노조 침투 실태를 조사하라'는 박정희 대통령의 지시를 보도한 1979년 8월 17일 자 신문. 하지만 특별조사반의 조사 결과는 박정희의 기대와는 사뭇 달랐다.

박정희의 기대와는 사뭇 달랐다. 특별조사반은 일부 목사들이 불법투쟁을 교사하긴 했지만, "도시산업선교회가 용공단체라는 증거는 찾지 못했으며 용공단체가 아니다"라고 결론지었다. 박준양 검사는 많은 노동자들과 산업선교회 관계자들을 조사했는데, 이들은 자신들의 주장은 근로기준법대로 해달라는 것이었다면서 도대체 우리가 무슨 잘못을 했느냐고 항의하여 곤욕을 치렀다고 한다. 그는 박정희에게 산업선교회가 과격하긴 하지만 용공도 불순 세력도 아니라면서 "각하! 이거는 법대로 해달라캅니다!"라고 보고했다고 한다. 박정희는 중앙정보부장을 지낸 뒤 법률특보로 있던 신직수를 불러 "신 특보! 당신 유신 때 법 고치라고 할 때 뭐 고쳤노? 엉?"이라며 화를 냈다고 한다.[18] 전 한나라당 대표로 당시 〈조선일보〉 편집부국장이던 최병렬은 도시산업선교회에서 나오는 유인물을 기자들로 하여금 가져오게 하여 읽어보았더니 "1할만 진실이라도 이거 기업 하는 놈들 나쁜 놈들 아니냐"라는 생각이 들더라고 말했다.[19]

 YH 사건을 다룰 때 자세히 살펴보겠지만, 당시 여성 노동자들의 투쟁은 유신체제의 파탄을 가져온 계기를 제공했다. 어떤 사람들에게는 불편한 진실일 수 있겠지만, 한국 노동운동사에서 부인할 수 없는 사실은 1970년대 노동운동의 주역은 여성 노동자들이었고, 이들 여성 노동자들이 활약한 사업장은 모두 다 산선이나 노동청년회와 아주 긴밀한 관련을 맺고 있었다는 점이다. 한국 기독교는 최근 들어 '개독교'라는 모멸적인 소리를 들으면서도 또 한편에서는 여전히 많은 종교 중에서 신뢰도 1위라는 잘 맞지 않는 모습을 보이고 있다. 한국 기독교가 일반 대중의 신뢰를 받을 일이 있었다면 그것은 저 낮은 곳에 임하신 예수의 모습처럼 살고자 했던 산업선교회 덕분일 것이다. 산선이나 가톨릭노동청년회의 기여가 없었더라면 전태일이 죽은 뒤에도 한동안 노동운동의 공백기는 이어졌을 것이다. 제대로 서지 못하는 아이도 보행기를 태워주면 붕붕 날다시피 움직인다. 산업선교회는 어리고 어린 한국 노동운동에서 보행기와 같은 역할을 수행했다. 1980년대에 들어 산업선교회의 역할이 축소된 것은 꼭 전두환의 탄압 때문만은 아니었다. 이제 걸음마를 시작한 노동운동이 더 이상 보행기를 필요로 하지 않았기 때문이다.

기자들의 각성,
자유언론실천선언

          1974년 10월 24일 동아일보사 기자들은 자유언론실천선언을 발표했다. 지금의 〈한겨레〉의 출생은 바로 이 선언에서 비롯되었다고 해도 과언이 아니다. 당시 기자협회 〈동아일보〉 분회장으로 이 선언을 주도했던 장윤환 전 한겨레신문 편집위원장은 민권일지 사건으로 구속되었을 때 자유언론실천선언을 밀고 나간 힘은 '부끄러움' 이었다고 고백했다.[1] 무엇이 젊은 엘리트 기자들을 그토록 부끄럽게 만들었을까?

언론인에게 보내는 경고장

  지식인 사회에서 제일 무서운 것은 철없는 후배다. 후배가 하는 비판은 틀린 법이 없어 한마디 변명도 못 하고 당할 뿐이다. 그저 '네놈은 나중에 어떻게 하나 보자' 하고 중얼거리는 게 위안이라면 유일한 위안일 뿐이다. 비판은 아프지만 견딜 만한데, 야유와 조롱은 정말 죽을 맛이다. 4월 27일의 대통령 선거를 꼭 한 달 앞둔 1971년 3월 26일 오후

3시 서울 광화문 동아일보사 앞에서 서울대 각 단과대학 학생회장 등 10여 명이 모여 '민중의 소리 외면한 죄 무엇으로 갚을 텐가'란 플래카드를 내세우고 연좌농성을 시작했다. 학생들은 2~3일 전부터 단과대학별로 교내에서 언론 화형식이나 성토대회를 열더니, 이제 신문사에 직접 들이닥친 것이다. 학생들은 '언론인에게 보내는 경고장'이란 글에서 〈동아일보〉의 자존심을 사정없이 후벼 팠다. "안타깝다. 그 자리 그 건물이건만, 민주투사는 간 곳 없고 잡귀들만 들끓는가. 사자의 위용은 어디 가고 도적 앞에 꼬리 흔드는 강아지 꼴이 되었는가?"라고 언론인들을 야유한 학생들은 "정치 문제는 폭력이 무서워 못 쓰고, 사회 문제는 돈 먹었으니 눈감아주고, 문화 기사는 판매 부수 때문에 저질로 치닫는다"고 언론 현실을 규탄했다. 동아일보사 앞에서 건물은 그 건물이라고 한 것은 길 건너 〈조선일보〉가 정부의 알선으로 거액의 차관을 들여와 '기생관광'의 성지가 된 코리아나 호텔을 짓고 있기 때문이었다. 학생들은 〈동아일보〉마저 "하늘 무서운 줄 모르고 올라만 가는 조선의 저 추접한 껍데기"를 닮아가려 하느냐고 꾸짖었다. 학생들은 "이제 권력의 주구, 금력의 시녀가 되어버린 너 언론을 슬퍼하며, 조국에 반역하고 민족의 부름에 거역한 너 언론을 민족에 대한 반역자, 조국에 대한 반역자로 규정하여 민중의 이름으로 화형에 처하려 한다"는 내용의 '언론화형선언문'을 읽다가 출동한 경찰 20여 명에게 주동자 4명이 연행당하면서 해산되었다고 한다.[2]

후배들에 의해 화형까지 당하는 처지가 되자, 젊은 기자들의 충격은 컸다. 그러지 않아도 학생 시위 현장에 취재를 나가면 신문에 싣지도 못할 것 뭐하러 왔느냐는 야유를 듣기 일쑤였다. 동아일보사에서 해직된 기자들 중 막내인 정연주는 성명서 한 쪼가리 얻으려고 학생들이 바리

케이드 쳐놓고 농성 중인 곳에 갔다가 "기자와 개는 접근 금지"라고 쓴 것을 보고 엄청난 충격을 받았다고 한다.[3] 밖에 나가서 구박받는 기자들은 안에 들어와서도 기를 펼 수 없었다. 중앙정보부나 치안국 등 여러 정보기관에서 나온 기관원들이 신문사에 '상주' 하고 있었던 것이다. 이미 1967년에 신민당이 언론사에 기관원이 상주한다고 비판하자 각 언론기관은 신문사에 기관원을 내보내는 정보기관이 아니라 신민당을 마구 규탄했다. 이때 〈동아일보〉는 "정보기관원이 '상주' 한다는 것은 생각할 수 없는 일이나 빈번히 출입한 것은 사실"이라고 인정 아닌 인정을 했다.[4] 1971년 4월 15일 동아일보사를 시작으로 조선, 한국, 중앙 등 주요 신문과 방송사에서 언론자유수호선언이 이어진 것은 바로 이 화형식으로 젊은 기자들이 뜨거운 맛을 본 덕분이었다. 이때의 언론자유수호선언에 공통적으로 포함된 것은 정보요원의 언론사 출입 금지였다. 1971년 4월의 대통령 선거에서 2002년의 노무현보다도 젊고 국회의원 경력이 짧았던 김대중이 선전할 수 있었던 것은 화형식 이후 언론이 비교적 중립적인 태도를 취했기 때문이라는 평가도 있다.

정부 광고판이 된 신문

〈신동아〉 필화 사건으로 〈동아일보〉 주필에서 밀려난 천관우는 권력의 위세 앞에 맥을 못 추는 당시의 언론을 연탄가스에 중독된 것에 비유했다. "잠든 사이에 스며든 가스에 취하여 비명 한번 못 질러보고 어리둥절하고 있는 상태"라는 것이다. 천관우는 "돌이켜보면 가스가 스며들기도 하루 이틀 저녁의 일이 아니었던 것 같다"며 "자기의 포지션을 감당하지 않으면서" "기자는 편집인을 탓하고, 편집인은 발행인을 탓하고, 발행인은 기자를 탓하는 그런 악순환"만 계속된다면 "연탄가스 중독에서조차 깨어날 수 없을 것"이라고 말했다.[5] 언론자유수호 선언문은 연탄가스에 중독된 한국 언론한테는 찬 동치미 한 사발처럼 시원한 것이었다. 그러나 한국 언론은 온몸 세포 하나하나까지 연탄가스를 들이마신 탓에 동치미 한 사발로 정신을 차리지는 못했다. 대통령 선거 기간 정보기관원들은 잠시 언론사 출입을 자제하였지만, 박정희가 대통령에 당선되자 다시 당당하게 언론사 출입을 시작했다. 1971년 10월 교련반대와 학원자유를 외치는 대학생들의 시위가 거세게 일어나자 박정희 정권은 서울 일원에 위수령을 발동하여 주요 대학에 무장군인을 투입하고 학생 시위 주동자들을 연행했다. 박정희는 12월 6일에는 국가비상사태를 선포하고 정부는 일체의 사회불안을 용납하지 않을 것이라면서, "혹세무민의 일부 지식인들은 언론자유를 빙자하여 무책임한 안보론을 분별없이 들고나와 민심을 더욱 혼란케 하고" 있다고 비난했다. 박정희는 "언론은 무책임한 안보 논의를 삼가야 한다"며 "최악의 경우 우리가 향유하고 있는 자유의 일부도 유보할 결의를 가져야 한다"고 선언했다.[6]

박정희는 1972년 10월 17일, 유신이라는 이름의 친위 쿠데타를 일으켜 또다시 헌법을 짓밟았다. 전시 상황도 아닌데 느닷없이 선포된 계엄령에 따라 실시된 사전검열과 취재활동 제한은 이미 극도로 위축된 언론을 공포 분위기에 빠뜨렸다. 1년 전의 국가비상사태 선언 때는 그래도 일부 언론에서 조심스럽게 비판적인 태도를 보였지만, 유신이 발표되자 "10·17 특별선언은 국가의 진운을 가속적으로 개척하고 자유민주주의 토양을 굳건하게 닦는 일대 혁신조치임을 확신하고 이를 적극 지지"한다는 신문협회의 성명을 1면에 게재하는 등 앞다투어 유신을 찬양

'개와 기자는 출입 금지'라는 팻말에 각성한 기자들은 자유언론수호선언을 발표하고 '신문사 내 기관원 출입 금지'를 알리는 안내문을 내걸게 된다. 사진은 1971년 4월 〈조선일보〉 편집국에 나붙었던 안내문.

했다.[7] 계엄령하의 언론이 겪어야 했던 고충은 보도해야 마땅한 사건을 보도하지 못하는 것에 그치지 않았다. 계엄사의 공고문이나 정부의 발표문 또는 정부 당국이 돌리는 해설기사 등은 한 글자도 빼놓지 않고 크게 써주어야 했다. 당시의 언론은 보도할 자유뿐만 아니라 보도하지 않을 자유마저 박탈당한 것이다. 신문은 아예 정부의 광고판이 되었다. 10월 27일 박정희가 유신헌법안을 내놓고 국민투표를 실시하겠다고 하면서 각 신문은 정치면(1면)과 사회면(7면)에 '한국적 민주주의 우리 땅에 뿌리박자', '구국의 유신이다 새 역사를 창조하자', '통일 위한 구국영단 너도나도 지지하자', '뭉쳐서 헌정유신 힘 모아 평화통일', '잘 살려 하는 일에 너도나도 앞장서자', '몸에는 맞는 옷을 나라에는 맞는 법을', '지지하자 10월유신 참여하자 국민투표', '10월유신 성공시켜 나라번영 이룩하자', '내 한 표로 10월유신 내 힘으로 남북통일' 같은 낯 뜨거운 구호를 6단 크기로 매일매일 내보내야 했다. 유신정권은 제9대 국회의원 선거를 앞둔 1973년 2월 1일, 일부 후보자들이 사전 선거운동을 한 혐의로 내사받고 있다는 사실을 취재 보도한 〈동아일보〉 방송뉴스부 고준환 기자를 허위사실 유포로 구속했다. 그는 징역 8월에 집행유예 2년을 선고받고 석 달 남짓 옥살이를 한 뒤에야 풀려났다.

국회의원까지 잡아다가 사정없이 고문해대던 유신 직후의 살기등등한 분위기 속에서 지식인 사회와 학원은 크게 위축되었다. 그러나 1973년 8월 김대중 납치 사건을 거치면서 학생들부터 깨어나기 시작했다. 1973년 10월 2일 서울대 문리대에서 벌어진 시위는 유신 이후 최초로 유신철폐를 부르짖은 데모였다. 한국의 어느 언론도 이 역사적인 시위에 대해 단 한 줄 보도하지 않았다. 〈동아일보〉는 다음 날인 10월 3일자 신문에 문교부가 서울 시내 각 대학 학생처 과장들을 소집하여 최근 대학생들의 움직임과 관련한 지도대책을 논의했다는 짤막한 기사를 실었다. 눈치 빠른 사람들만 그저 '무슨 일이 있었구나' 짐작할 수 있는 그런 기사였다. 〈동아일보〉는 주간지가 아니라 일간지였지만 이 데모를 근 일주일이 지난 10월 8일에야, 그것도 경찰이 학생 시위와 관련하여 서울대생 21명을 구속했다는 사실을 보도하면서 덧붙였을 뿐이다.[8]

세상은 절대로 거저 좋아지지 않는다. 10월 2일의 시위 기사가 뒤늦게나마 나갈 수 있었던 것도 젊은 기자들의 몸부림이 있었기 때문이다. 기자들은 2일의 서울대 문리대 시위에 이어 4일 서울법대에서, 5일 서울상대에서 연달아 시위가 벌어지자 이를 우표딱지만 한 1단 기사로라도 보도해야 한다고 주장했다. 이들이 애써 밀어 넣은 기사는 인쇄 과정에서 중앙정보부의 요구로 삭제되고 말았다. 그러자 이들은 편집국에서 밤샘농성을 벌이며 앞으로 보도해야 할 기사가 누락되면 언제나 밤샘농성을 벌이기로 결의했던 것이다. 이렇게 하여 시위나 집회-기사누락-철야농성이 몇 차례 되풀이된 뒤 〈동아일보〉 기자들은 11월 20일 '언론자유수호 제2선언문'을 채택했다. 이 선언문 역시 언론자유가 '언론인 스스로의 무능과 무기력으로 인해 수호되지 못한 것'에 대한 부끄러움을 고백했다. 사정은 다른 신문사들도 비슷하여 앞서거니 뒤서거니 언론자유수호를 위한 결의문을 채택했다. 〈동아일보〉 기자들은 12월 3일 '언론자유수호 제3선언문'을 채택했다.

젊은 기자들의 작은 몸부림으로 유신정권도 학생 시위가 발생한 사실 자체를 1단으로 짧게 보도한 것은 눈감아주었다. 그러다 보니 사회면은 종종 1단짜리 작은 기사가 거의 절반을 차지하는 매우 우스꽝스러운 모습을 띠곤 했다. 그런 가운데 장준하, 백기완 등이 주도한 개헌청원운동이 거세게 일어나자 박정희는 1974년 1월 8일 긴급조치 1호와 2호를 발동했다. 유신헌법을 고치자고만 해도 영장 없이 체포해 군법회의에서 징역 15년에 처할 수 있게 된 것이다. 긴급조치는 친절하게도 유신헌법을 비판하거나 고치자는 일체의 행위를 방송, 보도, 출판 기타의 방법으로 다른 사람에게 알리는 행위도 똑같이 처벌한다고 했다. 이제 기자들은 알버트 허시먼 식으로 표현하자면 떠날 것인가, 남아서 복종할 것인가, 아니면 남아서 싸울 것인가를 고민하지 않을 수 없었다. 가장 상징적인 사건은 당시 기자협회장이던 김인수(〈신아일보〉)가 새로 생기는 내무부 대변인 자리로 간다는 소문이 돌자 기자들의 비판을 받고 사임한 일을 들 수 있다.

1974년 10월 24일 동아일보 기자들의 자유언론실천선언 장면. 기자다운 기자가 되고 싶은던 이들은 그간의 부끄러움을 고백하고 언론 자유를 위해 싸워나간다.

언론사 노조의 탄생과 자유언론실천선언

  기자들이 찾은 출로는 노동조합이었다. 1970년대의 여성 노동자들과
는 또 다른 이유에서 당대 최고의 지식인임을 자부하던 주요 언론사의
젊은 기자들이 노조를 조직하기 시작한 것이다. 이 당시 중앙지의 경
우는 조금 사정이 나았지만—지방지나 주간지를 포함할 경우—기자
들의 월급은 형편없이 낮았다. 기자협회가 1973년 8월 전국의 언론인
3,000여 명을 대상으로 행한 조사에 따르면 경력 13년의 차장대우 기자
의 월급은 경력 1년의 은행원보다 낮았고, 20년 경력의 국장 월급도
6~7년 경력의 은행 대리보다 못했다고 한다. 기자로서의 자존심은 땅
에 떨어진 상태에서 생활상의 기본적인 수요도 충족시켜줄 수 없는 저

임금에 시달리던 기자들은—사실 그동안 명문대 출신의 엘리트로서 노동자라는 의식을 별로 갖고 있지 못했지만—헌법상의 노동3권에 의해 법적인 지위를 확보할 수 있는 노동조합을 통해 언론의 자유를 보장받으려 했다. 기자들은 세 차례의 언론자유수호선언에도 불구하고 신문 지면이 별로 개선되지 못한 것은 자신들이 조직적인 힘을 갖고 있지 못했기 때문이라고 생각했다. 〈신동아〉 필화 사건 당시 〈조선일보〉 주필이자 편집인협회장이던 최석채가 일찍이 말한 것처럼 이제 언론사가 기업화된 상황에서 실질적으로 언론자유를 위협하고 있었던 것은 정치권력보다도 언론사 사주였고, 그 위협에 대처할 가장 좋은 방법은 노조의 결성이었다.[9]

1974년 3월 7일 〈동아일보〉 노동조합이 정식으로 설립되자, 동아일보사 사장 김상만은 다음 날 회사의 명예를 실추했다는 이유로 조합 내 지부장을 포함한 노조 임원 11명 등 모두 13명을 전격 해고했다. 노조 쪽이 이에 '해고효력 정지 가처분 신청'으로 맞서자, 사 측은 새로이 22명의 기자를 추가로 징계했다. 사 측은 법률적 검토에서 해고가 무효화될 것이 확실해지자 4월 13일 자로 징계자 전원을 '사면'했다.[10]

1974년 4월의 민청학련 사건과 8월의 육영수 여사 피격 사망 사건을 거쳐 다시 10월이 왔다. 때마침 〈동아일보〉 문화부 김병익 기자와 장윤환 기자가 각각 기자협회장과 기자협회 〈동아일보〉 분회장으로 선임되면서 새바람이 불었다. 언론자유는 말로 수호하겠다고 선언하는 것이 아니라 몸으로 실천하는 것이었다. 10월에 들어와 학생 시위가 재연되고 기자들이 들썩이자 중앙정보부는 경영진과 편집진을 겁주어 언론을 통제하기 위해 10월 23일에는 〈한국일보〉 장강재 사장과 김경환 편집국장을 월남사태 해설기사를 문제 삼아 연행했고, 〈동아일보〉에서도 송건호 편집국장이 서울대 농대생들의 시위 기사를 중앙정보부 조정관의 만류에도 불구하고 게재했다는 이유로 연행했다. 기자들은 자연스럽게 송건호 편집국장 등이 귀가할 때까지 농성에 돌입했다. 밤샘농성을 마치고 10월 24일 아침 〈동아일보〉 기자들은 역사적인 자유언론실천선언을 채택했다. 기자들은 "우리는 교회와 대학 등 언론계 밖에서 언론의 자유 회복이 주장되고 언론의 각성이 촉구되고 있는 현실에 대해 뼈아픈 부끄러움을 느낀다"고 고백했다.[11] 이 선언을 〈동아일보〉가 게재하려 하지 않자 기자들은 제작 거부에 들어갔다. 10월 24일 자 신문은 날이 바뀌어 25일 새벽 1시에야 자유언론실천선언 전문과 기자총회 관련기사가 1면 3단으로 보도된 채 제작되었다. 25일 아침 동아일보사 정문에는 기자협회 〈동아일보〉 분회가 작성한 '기관원 출입 금지'라는 경고문이 나붙었다. 화형식을 당하고 '개와 기자는 출입 금지'라는 야유의 대상이 되지 않더라도, 기자다운 기자이고 싶었던 한 인간의 부끄러움이 젊은 그들을 여기까지 밀고 왔다. 세상에는 두 부류의 사람이 있다. 부끄러워할 줄 아는 자와 모르는 자들……

7

동아일보
백지광고 사건

1974년 10월 24일 〈동아일보〉에 이어 〈조선일보〉 등 수많은 언론사 기자들이 자유언론실천선언을 했지만, 독자 입장에서 지면이 실제로 변화할 만큼 자유언론을 실천한 곳은 〈동아일보〉뿐이었다. 다른 신문의 기자들은 〈동아일보〉를 부러워했다. 김수영은 아마도 이런 때 쓰라고 〈푸른 하늘을〉이란 시를 써두었나 보다. 푸른 하늘을 제압하는 노고지리가 자유로웠다고 부러워할 필요가 없었다. 자유롭고 싶으매 그저 자신이 푸른 하늘로 솟구쳐 오르면 될 뿐이었다. 단 자유에는 피의 냄새가 섞여 있고, 그렇게 솟구쳐 오른다면 고독해질 수밖에 없는 일이었다. 유신의 먹구름을 뚫고 푸른 하늘로 날아오른 〈동아일보〉 기자들은 짧은 자유와 긴 고독을 함께 얻었다.

〈동아일보〉 기자들이 과감하게 자유언론을 밀고 나가자 진실 보도에 목말라 했던 독자들은 환호했지만 유신정권으로서는 그대로 두고 볼 수 없는 일이었다. 유신정권의 언론탄압은 다짜고짜 〈경향신문〉을 폐간시켜버렸던 이승만 정권의 언론탄압에 비하면 훨씬 세련되고 교묘해진 것이었다. 중앙정보부는 언론사의 약한 고리를 정확하게 파악하고 있었

다. 신문사에 경제적인 압박을 가해 언론사주로 하여금 알아서 기도록
만드는 것이 언론인 연행이나 폐간, 정간 등 시끄러운 조처보다 훨씬 더
효과적이었다. 집권 10년 차가 넘은 박정희 정권은 이런 사실을 1964년
언론파동 당시의 대출금 회수 등 몇 차례의 실험을 통해 깨닫고 있었다.
1960년대부터 선진적인 언론인들은 이제 언론자유에 대한 가장 직접적
인 위협은 권력을 통해서보다 언론사주를 통해서 올 것이라고 예측한
바 있었다. 이 우려는 1974년 12월부터 시작된 〈동아일보〉 광고탄압과
그에 따른 대규모 해직으로 현실화되었다.

백지 신문에 쏟아진 격려 광고

중앙정보부는 본격적으로 〈동아일보〉에 광고탄압을 가하기에 앞서
1973년 3월 〈조선일보〉를 상대로 광고주들에게 압력을 넣어 광고를 싣
지 못하게 한 적이 있다. 〈조선일보〉는 3월 4일 자 3면에 "선거 뒤에 쏟
아진 법률"이라는 제목의 기사를 실어 주민세나 전화세 등 각종 세금이
늘어난 것을 비판했다. 중앙정보부 입장에서는 유신 이후 처음으로 정
부에 비판적인 기사가 나온 것이었다. 국정원에는 '〈조선일보〉 광고게
재 조정보고' (1973년 3월 6일)라는 문건이 남아 있어 당시의 중앙정보부가
어떤 식으로 움직였는지를 알 수 있게 해준다. 중앙정보부는 지난 6개
월간 〈조선일보〉에 광고를 실은 94개 업체의 목록을 작성하고 이 중
5회 이상 광고를 실은 36개 업체 등에 대해 '조정'을 실시했다. '조정'
이란, 광고를 준 회사 대표를 중앙정보부로 불러 별도의 지시가 있을 때
까지 〈조선일보〉에 광고를 주지 않겠다는 '동의'를 받아낸 것이다. 실
제로 3월 7일 자 3면과 4면에는 광고가 실리지 않았다. 단 중앙정보부

는 1974년 12월의 〈동아일보〉에 대한 광고탄압 때와는 달리 유료광고 대신 기사나 속칭 '뎃포'라 불리는 무료광고를 싣도록 '조정'했다. 이 때문에 일반 독자들은 광고탄압이 있었는지도 잘 모르고 지나갔다. 중앙정보부가 압력을 가하자 〈조선일보〉 경영진은 즉각 꼬리를 내려 협조를 약속했고, 광고탄압 역시 조용히 끝이 났다.[1] 중앙정보부로서는 칼을 살짝 뽑았을 뿐이지만 효과는 만점이었다.

사람들 사이에 〈동아일보〉 보는 맛으로 산다는 말이 돌기 시작한 지 얼마 안 되어 1974년 12월 16일부터 몇몇 회사가 〈동아일보〉로부터 광고 동판을 회수해가기 시작했다. 당시 〈동아일보〉의 광고 효과는 매우 컸기 때문에 광고를 한번 실으려면 현금을 주고도 며칠을 기다려야 했다고 한다. 그런 〈동아일보〉에서 광고주들이 사정은 묻지 말아 달라며 광고를 취소하고 동판을 회수해간 것이다. 〈동아일보〉는 처음에는 예약된 광고를 앞당겨 싣거나 〈신동아〉, 〈여성동아〉 같은 자매지의 책 광고를 실으며 버텼지만, 광고의 98퍼센트가 해약되자 12월 26일 광고면을 백지로 발행했다. 영향력과 발행 부수에서 단연 1위를 자랑하던 신문에서 광고가 사라진 어처구니없는 일이 벌어진 것이다.

중앙정보부는 아무도 예측하지 못한 광고탄압으로 자유언론의 목을 죄려 했지만, 정말 누구도 예측하지 못한 일이 벌어지기 시작했다. 원로 언론인 홍종인이 12월 28일 '언론자유와 기업의 자유'라는 제목의 의견광고를 실은 것을 시작으로 독자들의 격려광고가 쏟아져 들어온 것이다. 중앙정보부로서는 참으로 당혹스러운 일이었고, 〈동아일보〉 구성원들로서는 "차마 받기에 가슴 아픈, 정말 가슴 아픈 성금과 격려광고"에 목이 메었다.[2]

당시는 신문이 하루 8면 발행될 때였는데, 〈동아일보〉는 1면 머리기

중앙정보부의 압력이 시작되자 몇몇 광고주는 1974년 12월 16일부터 광고 동판을 회수해가기 시작했다. 하단 광고지면이 빈 채 발행된 1974년 12월 26일 자 〈동아일보〉 4~5면.

사에서 8면 광고란까지 빼놓지 않고 보아야 할 만큼 재미있었다. 기사도 기사지만 광고는 정말 말의 향연이었다. 천주교정의구현사제단은 1월 1일 자에 "언론탄압에 즈음한 호소문"을 실은 데 이어 4일 자에 "암흑 속의 햇불"이라는 전면광고를 통해 1974년 7월부터 그때까지 나온 주요 선언문이나 결의문을 발췌하여 실어 뜨거운 반응을 불러일으켰다. 주머니를 탈탈 턴 문인 136명은 전면광고 하나를 차지하지 못하는 안타까움을 광고했고, 어느 대학 법대 동기생들은 배운 대로 실행하지 못하는 부끄러움을 광고했고, 어느 대학 교수는 "나는 조용히 미쳐가고 있다"고 광고했다. 심각한 심장병으로 형 집행정지로 풀려나와 있던 장준하는 친지들이 모아준 입원비를 털어 광고를 냈다. 구속자 가족들도 "고통받는 모든 사람의 아픔이 곧 동아의 아픔으로 나타나고 있다"고

광고했다.

장시간 노동에 시달리던 시내버스 안내양들은 그 황금 같은 휴일에 신문팔이를 해 번 돈으로 광고란을 샀으며, 어느 보급소 배달원들은 고철을 팔아 푼푼이 모은 돈으로 "〈동아일보〉 배달원임을 영광으로 생각한다"고 광고했다. "술 한잔 덜 먹고 여기에 내 마음을 담는다"는 운전사도 있었고, "이겨라 동아"를 외치는 복덕방 주인도 있었고, "왜 정부는 신문을 못살게 구나요?"라고 묻는 국민학생도 있었다. 이화여대생들은 "동아, 너마저 무릎 꿇는다면 이민 갈 거야"라고 협박 아닌 협박을 했다. 다 해진 양말에 허름한 작업복을 입은 50대의 막벌이꾼은 "〈동아일보〉를 위해 성금을 내는 것이 아닙니다. 나 자신을 위해서 내는 것입니다"라며 꼬깃꼬깃 접은 돈을 내고 갔다. 역시 허름한 차림의 한 노동자는 급한 마음에 택시를 타고서 운전사에게 〈동아일보〉에 격려광고 내러 간다고 했더니 운전사가 한사코 요금을 안 받더라며 광고를 접수시키다가 울음을 터뜨렸다고 한다.[3]

이제 〈동아일보〉 백지광고 사태는 단순히 신문사 하나가 죽고 사는 문제가 아니라 한국의 민주주의가 되살아나느냐, 이대로 시들어버리느냐의 중차대한 문제가 되었다. 날품팔이꾼까지 일당을 놓고 가는 눈물겨운 성원에 기자들은 목이 메어 "아무리 철면피한 입장으로 타락한다 하더라도 500원, 1,000원 그 없는 주머니를 털어 동아를 지켜주려 몸부림치는 저 독자들의 눈을 어떻게 마주 보겠습니까?"라고 말했다.[4] 나중에 회사에서 쫓겨난 동아투위의 성원들이 일제 36년보다 더 긴 세월을 꿋꿋이 버틸 수 있었던 것은 바로 독자들에게 이런 뜨거운 사랑을 받았던 기억 때문일 것이다.

독자의 격려가 난처한 경영진

날품팔이 독자들까지 하루 일당을 내놓고 가는 눈물겨운 성원에 기자들이 감동의 눈물을 흘리고 있을 때, 경영진은 이 상황을 호랑이 등에 올라탄 것 같은 난처한 처지로 받아들였다. 기자들은 "끼니를 거르면서 동아를 격려해주는 국민들의 눈동자를 항상 의식"하고자 했지만, 경영진은 광고탄압 이후 눈덩이처럼 불어나는 적자를 더 의식했다. 광고 사태가 발생하기 전 〈동아일보〉와 동아방송 전체의 광고수익은 월평균 2억 4,700만 원(신문 1억 5,000만 원, 방송 8,000만 원, 〈여성동아〉 1,500만 원, 〈신동아〉 200만 원)이었다. 주동황 교수의 추산에 따르면 동아일보사는 1975년 4월 23일까지 약 4개월 동안 격려광고 1억 1,240만 8,787원을 포함하여 약 4억 3,000만 원의 광고수입을 올렸지만, 동아일보사가 입은 광고 결손 누계액은 약 8억 원에 달했다.[5]

1975년 2월 28일에 열린 정기 주주총회에서 동아일보사 측은 일부 사원들의 사규문란에 엄중히 대처하겠다면서, 천관우, 홍승면 등 기자들의 자유언론실천선언에 우호적인 이사진을 교체했다. 새로이 이사 겸 주필로 선임된 사람은 1971년 12월 비상사태 선포를 비판하다가 정권의 압력으로 물러난 이동욱이었다. 〈동아일보〉는 3월 8일 기구 축소 등을 이유로 자유언론실천운동을 이끌어온 안성열과 노조 지부장 조학래 등을 포함한 사원 18명을 해임했고, 이에 항의하는 장윤환, 박지동 두 기자를 추가 해임했다. 기자들이 해임된 동료들의 복직을 요구하며 편집국과 공무국에서 농성에 들어가자 회사는 17명의 기자를 무더기 해임했다. 자유언론실천운동에 나선 젊은 기자들의 정신적 지주였던 송건호 편집국장은 사표를 내면서 사장 김상만과 주필 이동욱에게 "이와 같

1975년 3월 17일 경영진의 폭거 이후 쫓겨난 〈동아일보〉 기자들이 서울 광화문 신문사 앞에 늘어서서 출근하는 사원들에게 '우리의 주장'이라는 유인물을 나누어주고 있다.

은 방법으로 문제를 수습하면 먼 20년 후엔 반드시 후회하게 될 것"이라며 울면서 재고를 간청했지만 아무 소용이 없었다.[6]

3월 17일 새벽 3시 15분, 〈동아일보〉는 수많은 독자들을 배신했다. 수십 명의 무술 유단자를 포함해 회사 쪽이 동원한 폭도 200여 명은 문과 벽을 부수고 5일째 공무국에서 단식 중인 기자 23명을 끌어냈다. 저항은 없었다. 꼭 힘에 부쳐서만은 아니었다. 기자들은 신문사의 생명인 활자판이 폭도들에 의해 쏟아질까 봐 조심하라고 소리치며 끌려나갔다. 이어 폭도들은 3층 편집국에서 농성 중인 기자들을 끌어내고 4층 방송국의 기자와 피디들마저 끌어냈다. 길바닥으로 쫓겨난 기자들은 "이제 동아는 어제의 동아가 아니다. 동아의 정통성은 우리와 함께 있다"고 선언했다. 농성을 하다가 3월 17일 새벽에 쫓겨난 기자와 피디는 250여 명이었다고 한다. 이 중 절반 약간 넘는 130여 명이 동아투위를 만들어 지금까지 버티고 있고, 절반에 좀 못 미치는 사람들은 회사로 복귀했다. 기자들의 축출을 주도한 '구사대 대장' 이동욱은 13년 뒤인 1988년에 열린 국회 언론청문회에서 언론매체가 없는데 어디 언론인이 있고 언론이 있겠느냐며, 언론자유를 주장했던 기자들을 '공장을 점거해 제품생

산을 방해한 폭도'인 것처럼 규정하며 각목을 들고 기자들을 몰아낸 과거를 정당화했다.[7]

쫓겨난 기자들과 〈동아일보〉의 추락

중앙정보부는 동아일보사 측이 이렇게 자유언론을 실천해온 기자들을 쫓아냈지만 4개월 동안 광고탄압을 풀어주지 않았다. 〈동아일보〉 문제에 대해 해외의 언론과 정치인들이 비상한 관심을 갖고 압력을 행사했음에도 유신정권이 강경한 태도를 고집한 것은 기왕 일이 시끄러워진 바에야 〈동아일보〉로부터, 나아가 전체 언론계로부터 완벽한 항복을 받아내기 위해서였다. 여러 언론사의 사주들은 한국의 언론사 중에서 가장 영향력이 큰 〈동아일보〉가 기자 130여 명을 내쫓았는데도 광고탄압이 풀리지 않았다는 사실이 무엇을 의미하는지를 잘 알고 있었다.

〈동아일보〉 사장은 일제 때에 조선 사람이 앉을 수 있는 가장 영예로운 자리였다. 조선총독부에서도 〈동아일보〉 사장의 상대역은 총독 아니면 지금의 총리 격인 정무총감이었다. 그런데 백지광고 사태 당시 〈동아일보〉 사장 김상만을 상대한 것은 중앙정보부의 부장도 차장도 아닌 차장보 양두원이었다. 추락하는 것에 날개가 없다는 말은 〈동아일보〉에 꼭 들어맞았다. 부동의 1등 신문이었던 〈동아일보〉는 이제 부동의 3등 신문으로 전락했다. 〈동아일보〉가 입은 인적 손실은 너무나 컸다. 공채 10기에서 13기 사이는 대부분 쫓겨났고, 편집국 전체로 보면 기자의 절반 정도가 한꺼번에 잘린 것이었다. 가슴 아픈 것은 나온 사람과 남은 사람의 관계였다. 똑같이 자유언론을 염원하면서 농성하던 사람의 절반이 회사로 돌아갔지만, 회사 안과 밖의 거리는 너무나 멀었다. 동아투위는 쫓겨난 다음 날부터 회사 앞에서 도열시위를 벌였다. 해고자들로서는 다른 선택의 여지가 없었겠지만, 서 있는 사람이나 이들의 눈길을 피해 회사로 들어가는 사람이나 참으로 못할 짓이었다. 회사로 돌아간 사람들은 처음에는 마음속으로나마 쫓겨난 동료들에 대한 미안함과 함께하지 못하는 부끄러움을 가졌을지 모른다. 그러나 하루하루 시간이 지나자 극히 일부를 제외하고 이들은 쫓겨난 사람들을 미워하고 공격하기 시작했다. 〈동아일보〉가 자주 〈조선일보〉보다 더 심한 수구 성향을 보이는 것은 살아남은 자들의 이 역사적 트라우마가 종종 감당할 수 없게 도지기 때문일 것이다.

1975년 3월 17일의 폭거는 박정희가 2월 12일 유신헌법에 대한 찬반 국민투표 이후 잠시 보여주었던 유화적인 분위기가 다시 경직되는 분수령이었다. 유신정권은 〈동아일보〉 기자들을 쫓아낸 이틀 뒤인 3월 19일 국회에서 형법 개정안을 날치기로 통과시켰다. 국내 언론을 완벽히 장악한 유신정권은 외신을 통제하기 위해 내국인이 외신기자에게 정부에 불리한 정보를 제공하면 국가모독죄로 다스리겠다는 조항을 신설했다. 흥미로운 것은 당시 공화당 정책위의장 박준규가 형법 개정안이 "고질적인 사대풍조"를 뿌리 뽑고 "주체사상을 고취"(!)하기 위한 것이라고 기염을 토한 점이다.[8]

국내외 상황은 숨 가쁘게 돌아가고 있었다. 남베트남 독재정권의 붕괴가 임박한 가운데, 대법원은 인혁당 관련자 8명에 대해 사형을 확정했고, 박정희는 긴급조치 7호를 발동하여 고려대에 군대를 진주시켰다. 이런 공포 분위기에서 형 확정 열여덟 시간 만인 다음 날 새벽 박정희는 인혁당 관련자 8명에 대한 사형을 집행했다. 마침내 4월 30일 공산군에 사이공이 함락되었고, 5월 13일에는 박정희가 이제까지의 모든 긴급조치를 집대성한 긴급조치 9호를 발동했다. 5월 21일의 여야 영수회담 이후 김영삼은 박정희에게 꼬리를 내렸다. 그 좋은 봄날 〈동아일보〉 해직 기자들은 겨울공화국의 북풍한설에 홀로 맞서야 했다.

8
'무등산 타잔'의 비극

2009년 1월 20일 용산참사. 안 죽을 수 있던, 안 죽어야 했던 생때같은 목숨 여섯이 불에 타버린 날이다. 몇몇 사람들은 개발이라 불렀지만, 많은 사람들에게 날벼락 같은 철거였던 과정에서 사람들이 죽은 것은 용산이 처음은 아니었다. 용산참사 32년 전, 무등산 자락의 속칭 무당골에서 4명의 철거반원이 살해당하는 비극이 일어난 적이 있다.[1] 'silencewb'라는 아이디를 쓰는 네티즌은 이렇게 썼다. "무당골과 용산에서 벌어졌던 도시빈민의 비극은 많은 점에서 닮았다. 불이 났다는 점이 닮았고, 철거하려는 자와 철거당하지 않으려는 자가 있었다는 점이 닮았고, 누군가가 죽었다는 점에서 닮았다. 그곳에서 죽어갔던 이들은 살 수 있었다. 그들이 가난하지 않았다면, 이주계획만 있었다면, 불만 지르지 않았다면."[2] 무등산과 용산, 참으로 닮았으면서도 둘 사이에는 수없이 많은 집들이 철거당했을 32년이라는 세월의 무게만큼의 차이도 있다. '무등산의 비극'은 유신시대 한국의 천민자본주의가 적나라하게 보여준 개발과 철거의 사회사였다. 조세희의 《난장이가 쏘아올린 작은 공》이 출간된 것은 무등산의 비극 1년 뒤였다. '무등산 타잔' 박흥숙의 처절한 단독 봉기로부터 딱 3년 뒤 광주민중항쟁이 일어났다.

언론이 만들어낸 '무등산 타잔'

사람들은 비극의 주인공 박흥숙을 '무등산 타잔'으로 불렀다. 무등산은 넉넉한 산이지만 없는 게 많았다. 무등산 타잔에게도 없는 게 많았다. 그에게는 제인도 없었고, 치타도 없었고, '아~ 아아~ 아아아아~' 하고 부르면 달려와 줄 사자도 고릴라도 없었다. 무등산에는 타잔만 있었고, 치 떨리는 가난이 있었다. 서정주는 〈무등을 보며〉에서 "가난이야 한낱 남루에 지나지 않는다"고 했지만, 가난과 철거가 불꽃처럼 만났을 때 살인이 있었다. 돌이켜보니 어린 시절 숱하게 봤던 〈타잔〉에서는 악당조차도 죽어나가는 걸 본 적이 없는 것 같은데 말이다. 무등산 타잔에게는 영화 〈타잔〉에 나오지 않는 어머니가 있었다. 서정주는 "지어미는 지애비를 물끄러미 우러러보고/지애비는 지어미의 이마라도 짚어라"라고 노래했지만, 그 어머니는 물끄러미 바라보거나 이마라도 짚어줄 지애비가 없었다.

1977년 4월 20일 오후 3시께 광주시 동구청 소속 철거반원 7명이 관할지역인 운림동 산145번지 증심사 계곡 덕산골(속칭 무당골)에 들이닥쳤다. 덕산골에는 원래 20여 채의 무허가 건물이 있었는데, 여러 차례 강제철거를 통해 4채만 남은 상황이었다. 몇 번의 계고장을 받았던 박흥숙의 가족은 예정한 날짜에 철거반이 나오자 가재도구를 꺼내는 등 순순히 철거에 응했다. 문제는 철거반원들이 단지 건물을 철거하는 데 그치지 않고 불을 질렀다는 점이다. 폐자재를 얼기설기 엮어 다시 집을 짓지 못하게 하기 위해서였다. 박흥숙의 어머니는 당시 많은 빈민들이 그랬던 것처럼 은행에 돈을 맡기지 않고 천장 위에 넣어두었다. 그들에게는 어마어마한 거금 30만 원이었다. 불길이 치솟자 어머니는 집 안으로 달려 들어가려 했으나, 철거반원이 밀치는 바람에 쓰러져 정신을 잃었다. 박흥숙은 여기까지는 참았다고 한다. 박흥숙의 집을 불태운 철거반원들은 계곡을 타고 올라갔다. 몇십 미터 떨어진 곳에는 거동도 못 하는 할아버지, 할머니의 집이 있었다. 오갈 데 없는 환자들의 집마저 불타오르자 박흥숙은 이성을 잃었다.

열쇠수리점과 철물공장에서 일한 적이 있는 박흥숙은 이때의 경험을 살려 사제 총을 만들었다고 한다. 당시만 해도 무등산에 호랑이가 나온다는 소문이 있어 산짐승을 만났을 때의 호신용으로 총을 만든 것이다. 총알이 나가지 않고 소리만 크게 나는 딱총이었지만, 박흥숙이 총을 들고 나타나자 철거반원들은 기겁을 했다. 7명의 철거반원 중 2명이 산 아래로 달아나자 박흥숙은 여동생 박정자를 시켜 빨랫줄을 가져와 남은 5명을 서로 묶고는 광주시장과 담판하기 위해 광주시청으로 가겠다고 했다. 평소 얌전하던 오빠가 무섭게 흥분한 것을 본 여동생은 산을 내려가 광주시에 전화하여 급박한 상황을 알렸지만, 시청에서는 대단치 않게 생각하고 전화를 끊었다. 다급해진 박정자는 없는 살림에 택시를 타고 시청으로 달려가 시장실에 직접 신고했다. 집으로 돌아오는 길에 박정자는 경찰에 연행되었다. 당시 박정자는 덕산골에서 어떤 일이 벌어졌는지 상상도 하지 못했다.

철거반원은 대개 무술 유단자이거나 건장한 체격의 청장년들이었지만, 사제 총을 들고 나타난 박흥숙에게 제압당해 끌려가는 신세가 되었다. 그들 중 몇몇은 틈을 보아 끈을 풀고 박흥숙에게 저항하다 다시 제

현장검증을 하고 있는 '무등산 타잔' 박흥숙. 1977년 4월 20일 광주 무등산 무당골에서 일어난 이 비극은 유신시대 강제철거의 잔혹함을 적나라하게 보여주는 사건이었다.

압당했다. 흥분한 박흥숙은 이들을 인근의 가로 2.5미터, 깊이 1미터 정도의 구덩이에 몰아넣고는 쇠망치를 휘둘렀다. 순식간에 4명이 죽었고 1명은 뇌가 함몰되는 중상을 입었다. 정신을 차린 박흥숙은 현장을 황급히 빠져나갔다.

언론은 이 끔찍한 사건의 실상을 제대로 보도하지 않았다. 무술 유단자 등 건장한 철거반원들이 4명이나 왜소한 체격의 박흥숙에게 살해당했다는 것은 사실 쉽게 믿어지지 않는 일이었다. 거기에다 광주시는 폭력적인 강제철거, 특히 방화가 이 비극적인 사건의 원인이 되었다는 사실을 감추기에 급급했다. 박흥숙이 어려운 환경에서도 사법시험을 준비해오고 있었던 것은 허황한 출세욕에 사로잡혀 "되지도 않을 일을 꿈꾸는 과대망상증 환자"의 행위로 매도되었다. 언론은 박흥숙에게 가까운 친구들도 들어본 적이 없는 '무등산 타잔'이란 별명을 선사했다. 박흥숙이 운동에 열중했던 것은 '고시 공부하는 선배들을 보면 공부하다가 몸이 약해져서 실패하는 경우가 많기 때문에 공부를 위해서는 건강이 제일이라는 생각에서 체력단련을 한 것'이었다고 한다.[3] 박흥숙은 운동을 많이 해 몸이 날쌔기는 했지만, 그가 특별히 싸움 기술을 연마한 것은 아니었다.

언론은 "무당촌을 사수하려는 집념에 사로잡힌 무당의 아들이 제단을 차려둔 집도 태우려 하자 난동을 부린 것"처럼 사건의 동기를 왜곡하기까지 했다. 사건은 박흥숙 개인에 의해서 저질러졌지만, 언론은 "30여 명의 주민들이 낫과 몽둥이로 집단 난동"을 벌였고, 불도 주민들이 지른 것처럼 날조했다. 일부 언론은 박흥숙의 어머니 심금순을 무당이라고 했다. 무당도 그냥 무당이 아니라 "무당골에서도 가장 뛰어나 굿거리 10여 개를 몽땅 가지고 있어 다른 사람보다 월등히 수입이 많은 무당촌의 실력자였으며 광주 시내에다 집을 3채나 샀다"는 것이다.[4] 덕산골이 무당촌이라 불린 이유는 그곳이 산 좋고 물이 좋아 사람들이 굿을 하러 오기 때문인데, 박흥숙의 어머니는 굿하러 온 사람들이 밥을 해달라고 하면 수고비를 받고 밥을 해주는 날품팔이를 했을 뿐이다. 비극의 현장이었던 구덩이는 집이 철거될 것을 각오한 박흥숙이 철거 후 공부방으로 쓰려고 파놓은 것이었다. 언론은 박흥숙이 철거반원들을 살해하고 암매장하기 위해 미리 구덩이를 파놓은 것처럼 보도했다. 당시 조선대학교 학생이던 김현장은 덕산골 현장을 찾아가 박흥숙의 가족과 이웃을 만나 사건의 진상을 취재하여 크리스천 아카데미에서 펴내던 월간 〈대화〉 1977년 8월호에 "무등산 타잔과 인간 박흥숙"이라는 르포를 써 유신언론이 왜곡한 박흥숙의 진실을 알렸다.

움막에도 행복했던 소박한 청년

한순간에 4명을 살해한 박흥숙은 원래 착실한 청년이었다고 한다. 문화방송의 〈이제는 말할 수 있다〉에서 발굴한 박흥숙의 국민학교 생활기록부에 보면 그는 "머리가 비상하게 좋고, 마음이 착하고, 자립하려고 노력"하는 학생이었다.[5] 폐결핵을 앓던 박흥숙의 아버지는 그가 6학년 때 세상을 떠났고, 곧이어 그의 형마저 아버지의 뒤를 따랐다. 어머니는 동생들과 함께 광주로 나갔지만, 박흥숙은 고향에 남아 자신이 수석으로 합격한 영광중학교에 다니려고 했다. 그러나 가정 형편상 도저히 공부를 계속할 수 없자, 박흥숙은 교과서를 친구에게 팔아 차비를 마련해 광주로 왔다. 박흥숙네 형편으로는 광주천변에 판잣집 하나 마련할 수 없었기에 그들은 무등산 중턱 덕산골까지 흘러들었다. 이곳에 사는 사람들은 "진짜 그야말로 아무것도 없이, 밟아도 찍소리 한번 못하고 그렇게 사는 사람들", "서민 정도가 아니라 완전히 빈민들, 그냥 나무뿌리 캐 먹을 정도고, 누가 오면 밥 얻어먹고, 그런 사람들"이었다.[6] 어린 박흥숙이 어렵게 어렵게 광주로 왔지만, 이곳에서도 가족들은 모여 살 수 없었다. 국민학교 4학년을 중퇴한 여동생은 어린 나이에 식모살이를 나갔고, 어머니는 어린 남동생 둘을 데리고 내장사에 식모살이를 갔고, 외할머니도 박흥숙에게 보리쌀 2되와 쌀 1되를 어떻게 마련해주고는 먼 친척 집으로 식모살이를 갔다. 박흥숙도 시내의 철물공장과 열쇠수리점에서 일하면서 어렵게 검정고시에 합격했다.

박흥숙의 소원은 가족들이 모여 사는 것이었다. 1974년 그는 자기 손으로 집을 짓기 시작했다. 우리가 흔히 생각하는 집이 아니라 "방 1개와 부엌 1개로 이루어진, 돌을 얼기설기 붙인 '움막'에 가까운 것"이었다.

"먹고 싶은 것 제대로 먹지도 못하고 손이 부르터 피가 흘렀으나 약이 없어 바르질 못했다"면서 한 달여에 걸쳐 문제의 그 '무허가' 건물을 지은 것이다. 그 집은 "조그맣고 보잘것없는 집이었으나 어머님을 기쁘게 해드릴 수 있는 유일한 것"이었다. 그는 "이 집을 어머님에게 바쳤다". 가족들이 같이 모여 살 집을 지어 어머니께 바친 것은 박흥숙에게는 "둘도 없는 인생의 클라이맥스"였다. 그것은 "나는 울었고 쓰러져서 울었고, 다시 일어났다"는 박흥숙이 얻은 "조그마한 과실"이었다.[7] 박흥숙의 여동생 박정자는 "가난했어도 가족들이 같이 살고 그랬으니까 무지 행복하고 그때가 제일 행복한 때였다"고 당시를 회고했다.

행복은 오래가지 않았다. 박흥숙이 "신이 아닌 다음에야 미처 상상이나 했겠습니까"라고 탄식할 일이 벌어졌다. 덕산골 깊은 산골까지 무허가 건물을 자진 철거하라는 계고장이 날아온 것이다. 박흥숙은 "당장 이사 갈 곳도 없고 참으로 피와 땀의 결정이라고 해도 과언이 아닐 고생, 고생, 그 고생을 해서 지은 집을 차마 내 손으로 부술 수는 도저히 없었습니다"라고 최후진술에서 그때의 심정을 얘기했다.[8]

국가폭력에 맞선 난쟁이

문제의 1977년 4월, 왜 광주시에서는 무등산 중턱에까지 철거반을 보냈던 것일까? 1977년 10월에는 광주에서 전국체전이 열리도록 되어 있었다. 박정희는 이때 광주에 오게 되어 있었는데, 도립공원으로 지정된 무등산을 찾을 가능성이 컸다는 것이다. 그래서 광주시는 무등산 일대에 대한 정화사업을 대대적으로 펼치게 되었다. 당시 서울시 도시계획에 깊숙이 간여했던 손정목은 "박정희 대통령은 서울 상공을 헬리콥터

타고 다니면서 그래가지고 서울 상공에서 시장실에 전화를 해가지고 '지금 무허가 건물 그거 빨리 철거해' 이게 박정희 대통령 취미였습니다. 박정희 대통령만큼 무허가 건물에 관심을 가지고 없애야 되겠다 하는 분은 없어요"라고 회고했다.[9] 그 박정희가 무등산을 찾는다니, '독일 병정', '전폴레옹' 등의 별명이 말해주듯 "한번 결정한 것은 확 밀어붙이는 저돌적인 추진력"으로 유명한 광주시장 전석홍[10]은 무등산 일대의 무허가 판잣집을 깨끗이 정리하려 한 것이다. 박정희가 유신 쿠데타를 단행하고 유신헌법에 따라 대통령에 취임했을 때, 18세의 박흥숙은 "나는 대한 국민의 일원으로서 대통령 각하에게 국민총화를 위한 무궁한 지도력과 우리 민족의 숙원인 평화통일을 기원하였다"고 일기에 썼다.[11] 그 박정희가 무등산에 온다기에 철거반은 다시는 집을 짓지 못하도록 아예 무허가 건물에 불을 지른 것이다.

낙원구 행복동이 난장이들의 보금자리가 되지 못했던 것처럼 박흥숙은 살아서도 죽어서도 무등산에 그 몸을 뉘일 땅 한 평 갖지 못했다. 박흥숙은 자신이 살인을 저질렀다는 사실이 몸서리쳐진다면서 "사랑하는 부모, 사랑하는 자식, 사랑하는 형제를 잃고 애통해하는 유가족들의 모습이 자나 깨나 눈앞에 어른거려 날이 갈수록 괴롭고 괴롭다. 나의 죄는 백번 죽어도 사죄할 길이 없다. 나 같은 기형아가 다시는 이 땅에 발붙이지 못하도록 어떤 극형을 주시더라도 달게 받겠다"고 했다. 도대체 마음씨 착하고 머리 좋고 자립심 강하던 청년은, 덕산골에 요양 왔다가 홀로 쓸쓸히 죽어간 폐병 환자들에게 혼자 장사도 지내드리던 아름다운 청년은 어쩌다가 희대의 살인자가 되었을까? 박흥숙은 자신의 행위 자체에 대해서는 깊이 참회했지만, 최후진술에서 이렇게 호소했다. "당국에서는 아무런 대책도 없으면서도 그 추운 겨울에 꼬박꼬박 계고장을 내어 이에 응하지 않았다고 마을 사람들을 개 취급했고, 집을 부숴버리는 것까지는 좋았는데, 당장 올데갈데없는 우리들에게 불까지 질러, 돈이나 천장에 꽂아두었던 봄에 뿌릴 씨앗 등이 깡그리 타버리고 말았다. 하물며 당국에서까지 이처럼 천대와 멸시를 받아야 하는 우리들에게 누가 달갑게 방 한 칸 내줄 수 있겠는가? 옛말에도 있듯이 태산은 한 줌의 흙도 거부하지 않았으며, 대하 또한 한 방울의 물도 거부하지 않았다고 하지 않는가? 세상에 돈 많고 부유한 사람만이 이 나라의 국민이고, 죄 없이 가난에 떨어야 하는 사람들은 모두가 이 나라의 국민이 아니란 말인가?"[12]

아무런 대책 없이 강제철거를 밀어붙이는 국가폭력에 맞선 박흥숙의 '단독 봉기'에 대해 사법부는 사형을 선고했다. 박흥숙에게 사형이 선고되자 각계에서는 구명운동이 벌어졌다. 박흥숙의 여동생 박정자는 "박근혜 씨까지도 자기 아버지가 잘못한 걸 알고 구명운동을 했으니까"라고 증언한다.[13] 그러나 구명운동도 보람 없이 박흥숙은 1980년 12월 24일 사형을 당했다.

《난장이가 쏘아올린 작은 공》에서 난쟁이의 아들 영수는 인쇄소 노동자가 되어 옛날 노비문서를 조판하다가, "아버지만 고생을 한 것이 아니다. 아버지의 아버지, 아버지의 할아버지, 할아버지의 아버지, 그 아버지의 할아버지"까지 고생했다는 사실을 깨닫는다. 《난장이가 쏘아올린 작은 공》이 나오고 30년이 훌쩍 지난 지금, 영수의 아들은 어떤 처지가 되었을까? 이제 그들은 비정규직이란 이름의 더 작은 난쟁이가 되어버린 것은 아닐까? '아버지의 아버지, 아버지의 할아버지, 할아버지의 아버지'가 고생한 것은 어쩔 수 없는 역사다. 그러나 아들의 아들, 아들의 손자, 손자의 아들마저 난쟁이 같은 삶을 살아야 한다면 그것은 저주

다. 박흥숙이 망치를 들었다면 영수는 칼을 뽑았다. 영수는 아버지를 죽음으로 몰고 간 은강재벌 총수의 가슴팍에 칼을 박으려 했으나 '불행'하게도 그와 몹시 닮은, 그러나 경영권을 승계하지 못한 재벌 총수의 동생을 죽이고 사형을 당했다.

사건 3년 후 광주민중항쟁이 발생했을 때 박흥숙은 옥중에 있었지만, 동생 박정자는 광주 시내 대인시장 골목에서 어머니와 함께 조그만 가게를 하고 있었다. 어머니와 박정자는 밥을 함지박으로 해서 열심히 도청에 퍼 날랐다. 때마침 전두환 신군부 측의 교란공작으로 독침 사건 등이 벌어져 시민군의 신경이 곤두서 있어 외부에서 가져온 물자를 받지 않을 때였다. 그때 박정자가 자신이 박흥숙의 동생이라고 하자, 시민군들이 안심하고 밥을 받았다고 한다. 박정자 모녀는 이때 열심히 밥을 해나른 일로 2007년 제1회 오월어머니상을 받았다.

32년이 지난 뒤 비극의 무대는 인적 드문 무등산 중턱에서 서울 한복판 용산으로 바뀌었다. 죽어간 사람들은 철거반원이 아니라 철거당하는 사람들이었다. '무등산 타잔' 같은 저항도 못 한 채 이들은 도심 테러리스트가 되었다. 살기 위해 옥상으로 올라가 아래쪽을 향해 손을 머리 위로 올려 하트를 그리던 '흉악한 테러리스트'는 새까만 숯덩이가 되었다. 살아남은 '폭도' 8명은 감옥에 갔다가 3년 9개월이 지난 2012년 10월 2명만 가석방되었다. 1977년 무등산 타잔 사건이 났을 때 박흥숙의 구명에 적극적이었다던 젊은 박근혜는 이제 무엇을 해야 할까?

제4부

유신의 사회사

1
조국 '군대화'의 그늘

　　　　　　일부에서는 박정희를 '조국 근대화'의 기수라 하지만, 나는 박정희 시대의 특징을 '조국 군대화'라 부르고 싶다. 전쟁이 법적으로 완전히 종결되지 않았고 60만이 넘는 대규모 상비군이 존재하는 한국 사회는 그 자체가 하나의 거대한 병영이었지만, 민간인인 이승만이 지배했던 시기와 군인인 박정희가 지배한 시기의 분위기는 사뭇 달랐다. 박정희가 집권했던 18년에서도 후반기인 유신 시절은 군대도 비상이 걸린 군대였다. 역사에서 보면 군대는 꼭 나라를 지키기 위해서만 존재하는 것은 아니었다. 많은 경우 권력자들은 국방에 꼭 필요한 최소한의 인원만 징집하는 것이 아니라, 자신들이 원하는 방식으로 사회를 운영하는 데 적합한 인간형을 육성해내는 교육장으로 군대를 이용했다. 한창 전쟁을 치를 때보다 세 배나 많은 병력을 유지해온 한국도 그런 경우였다.

99.9퍼센트의 사회

1950년대와 1960년대의 병역기피자 수를 보면 그 규모가 전체 징병 대상자의 15~20퍼센트로, 깜짝 놀랄 정도였다. 아직 국가의 행정 능력이 개개인을 철저히 파악할 수 있을 만큼 발전하지 못한데다가, 분단과 전쟁으로 호적 등 병사서류가 완비되지 않았던 탓에 매년 수만에서 십수만 명의 병역기피자가 나왔던 것이다. 1961년 5·16 군사반란 직후 내각 공고 제1호로 병역의무 불이행자의 자수를 받았는데, 1차 기간에 자진 신고한 병역기피자가 무려 40만에 달했다. 정부는 아직 미신고 병역기피자가 17만에 달한다고 보고 2차 신고 기간을 두기로 했다.[1] 군사정권은 1962년 병역법 개정을 통해 지방의 병무청을 신설하고 병무행정의 책임자를 국방장관으로 일원화했다.[2] 원래 병무행정이란 민간인을 소집하여 군인으로 만드는 과정이기 때문에 현역입대 후에는 국방부가 관리하지만, 민간인 신분일 때는 내무부나 지방자치단체가 관리하는 것이 일반적이다. 한국과 마찬가지로 냉전의 최전선을 담당했던 대만의 경우도 한국의 병무청에 해당하는 역정사는 국방부 소속이 아니라 내정부 소속이다. 지방병무청이 만들어지고 병무행정이 국방장관 책임으로 일원화되면서 지방병무청장은 병무행정에 관한 한 지방행정부서와 경찰관서에 대한 지휘감독권을 갖게 된 것이다. 1968년 이북 124 군부대의 청와대 습격 사건으로 한국 사회가 급속도로 병영국가화의 길을 걷게 되면서 병무행정은 더욱 강화되었다. 1968년에 도입된 주민등록증은 개개인에게 고유번호를 부여한 철저한 감시 체제의 확립을 상징했다. 박정희는 "부정과 불신으로 얼룩진 병무행정을 바로잡는다"는 명목으로 1970년 8월 국방부 병무국을 해체하고 국방부의 외청으로 중앙에도 병무청을 창설했다.[3] 1971년 12월 국가비상사태를 선언한 박정희는 이듬해 2월 중앙병무사범 방지대책위원회를 열어 국가비상사태에서의 강력한 병역기피자 단속방침을 밝혔다. 그럼에도 병역비리가 발생하자 박정희는 집권당인 공화당 의장 백남억, 산업은행 총재 김민호 등 병역비리 연루자들을 사직시키고, 장성급 10여 명을 구속했으며, 병무청장 전부일을 해임한 뒤 자신의 육사 동기인 김재명을 후임으로 임명했다.[4]

유신 직후인 1973년 1월 20일 박정희는 국방부를 순시한 자리에서 "앞으로 법을 만들어서라도 병역을 기피한 본인과 그 부모가 이 사회에서 머리를 들고 살지 못하는 사회기풍을 만들도록 하라"고 지시했다. 이 지시에 따라 기존의 병역법이나 형법에 비해 처벌 규정을 강화한 것이 '병역법 위반 등의 범죄처벌에 관한 특별조치법'이었다. 입영 및 소집 기피자는 기존의 병역법으로는 3년 이하의 징역에 처하게 되어 있었으나, 새 법으로는 3년 이상 10년 이하의 징역에 처하게 되었다. 박정희는 병무비리의 근절을 위해서는 병무청만이 아니라 유관기관의 협조가 반드시 필요하다는 이유로 1973년 2월 26일 대통령 훈령 제34호로 '병무행정 쇄신에 관한 지침'을 제정했다. 이에 따르면 "병역기피자는 유신과업과 국민총화를 저해하는 '비국민'적인 행위자"로 규정되었다.[5] '비국민'(히코쿠민)이란 일본 군국주의자들이 자신들의 전쟁책동에 비협조적인 사람들을 체제로부터 배제하기 위해 즐겨 쓰던 흉포한 언어였다.

유신정권이 병역기피 일소방침을 강력히 밀고 나가고, 또 이 무렵부터 행정의 전산화가 급속히 진전된데다가, 정전 이후 남쪽에서 출생한 사람들이 징집연령에 도달하면서부터 병역기피자 수는 급격히 줄어들기 시작했다. 병무청에 따르면 1970년 13.2퍼센트에 달하던 병역기피율은

1973년 3월 특별조치법 발효 이후 0.3퍼센트로 급감했으며, 1974년에는 0.1퍼센트가 되었다.[6] 5·16 직후의 병역기피자 수가 40만을 넘었던 것에 비한다면 10여 년 뒤 병역기피자가 0.1퍼센트 이하인 200여 명으로 떨어졌다는 것은 사실상 병역기피가 근절되었다는 것을 의미한다. 그러나 박정희는 여기에 만족하지 않았다. 유신체제는 '단 한 명의 열외'도 없는 총화단결을 원했던 것이다. 박정희는 공무원들을 달달 볶았다. 병역기피자가 발생할 때에는 "지방병무청과 구·시·군·읍·면·동에 있어서는 기피자 색출 책임자를 지정하고 철저한 색출 고발과 고발 지연 또는 누락이 있을 때에는 관계 직원을 엄중 문책"하도록 하였다. 이에 따라 "검찰 및 경찰서 단위로 병무사범 전담 검사 및 경찰관을 지명하고 각 경찰서 단위로 색출 책임을 부여하여 그 검거 실적을 지검 검사에게 보고하는 제도"가 확립되었다.[7]

붉은 페인트로 쓴 '기피자의 집'

병무사범단속 전담반의 활동 실적을 살펴보면 1974년 6월 1일부터 7월 15일까지 한 달 반 동안 단속반은 관의 허가를 필요로 하는 업소 1만 2,584개를 조사하여 병역기피자를 고용한 6개 업소의 허가를 취소했고, "6,284곳의 직장에서 539명의 병역기피자를 색출, 17개 업체는 병역기피자 고용 금지 위반 혐의로 사직 당국에 고발"했다. 이때 고발된 업체는 국제화학, 대성연탄 등 재벌급 대기업에서부터 동네 이발소에 이르기까지 전국의 크고 작은 업체들이 망라되었다고 한다. 한 신문은 사설을 통해 "기피자 539명을 색출하기 위해 1만 2,500여 개의 관허 업소와 6,200여 개의 직장을 뒤졌다 하니 이에 동원된 조사관의 수와

광천동직원이 솜씨집 길가담벽에 붙은 페인
트로 크게 써붙은 「기피자의 집」글귀. 말썽이
나자 14일날 다시 지웠다.

「기피자의 집」標識 말썽

담벼락에 붉은페인트로 써붙여

홍성郡

박정희의 강력한 병역기피자 단속방침 아래
병무 당국은 개개인에 대한 감시와 통제를
강화했다. 충남 홍성군 어느 농가의 담벼락
에는 붉은 페인트로 '기피자의 집'이라고 써
놓은 나무판까지 나붙었다. 〈동아일보〉 1974
년 7월 15일 자.

쓰여진 경비가 어느 정도일지는 가히 짐작이 간다"고 꼬집었다. 이와
같은 강력한 단속이 이루어진 시점은 바로 민청학련 사건 관련자들은
영장 없이 체포해서 군사법원에서 최고 사형에 처할 수 있다는 서슬 푸
른 긴급조치 4호가 선포된 직후였다. 유신체제는 병역기피자 단속을 명

목으로 개개인에 대한 검문검색과 직장과 마을에 대한 감시와 통제를 강화했다. 박정희는 이런 식으로 '사회기강 확립'을, 다시 말해서 사회를 길들여갔다.

한 가지 흥미로운 점은 당시 박정희는 사회 저명인사나 특권층, 부유층의 자식들에 대해서 열외를 인정하지 않고 엄격하게 관리했다는 점이다. 1973년 병무 당국은 "일반 국민들로부터 주목의 대상이 되는 사회 저명인사 특권 및 부유층 인사들의 자제 942명과 연예인 및 체육인 708명을 선정"하여 특수병역관리 대상자로 삼고 명단을 관리했다. 중앙정보부는 특수병역관리 대상자의 친권자에 대해 배경을 조사하여 이를 각 부처에 통보했다. 박정희는 이 계획에 대한 보고를 받고는 결재란에 자필로 "착안이 양호함"이라고 써넣었다.[8] 병무청은 이듬해인 1974년도에도 특수병역관리 대상자 1,288명 전원에 대하여 현역입영 577명, 방위소집 201명, 징병검사 510명 등 병역의무 이행을 감독했고, 1975년에도 특수병역관리 대상자 2,708명에 대한 명부를 작성했다.[9]

이렇다 보니 유신시대에는 고위공직자나 재벌, 언론사 사주, 국회의원 등 상류층 자식들의 병적기록표에는 '특'이라는 도장이 찍혀 별도의 관리를 받았다. 박정희의 특별한 관심사이다 보니 '특' 자가 찍힌 사람들도 머리 깎고 군대에 가야 했다. 박정희의 감시는 딱 거기까지였다. 일단 군대에 입대한 뒤 의병제대나 의가사제대를 하거나 '빵실'한 보직으로 빠지는 것은 적당히 눈감아주었다. 특권층 자식들에 대한 특별관리에 대해 특권을 가진 자들은 불만이 많았다. 특권을 가진 자들은 자기 자식들에 대한 특별관리가 역차별이라고 주장하여 마침내 1996년 국방부로 하여금 특수층 자제에 대한 특별관리를 폐지하게 만들었다.[10]

특권층 자식들조차 예외 없이 군대에 끌려가야 하는 상황에서 병무

당국은 평범한 집 자식들이 병역기피를 할 경우 그들의 인권을 조금도 고려해주지 않았다. 한 예로 충남 홍성군 광천읍의 병사담당 직원은 어느 병역기피자의 집에 가로 30센티미터, 세로 1미터 40센티미터 크기의 흰색 나무판에 붉은 페인트로 "기피자의 집"이라고 써 붙였다.[11] 그 집 아들이 10년 전, 열일곱 살 때 돈 번다고 가출한 죄였다.

이렇게 열심히 병역기피자를 없앤 것은 뜻하지 않은 부작용을 낳았다. 상당한 비율의 병역기피자의 존재를 전제로 하고 징병제도가 운영되다가 갑자기 병역기피자가 일소되었다는 것은 군대에 사람이 차고 넘치게 되었다는 것을 의미했다. 군사정권은 방위 제도를 만들고 전투경찰을 만들어 국방의 의무를 다하기 위해 소집된 청년들을 정권유지를 위해 써먹었다. 그래도 사람들이 남았다. 그래서 생겨난 것이 기업에 배치되어 병역의 의무를 대신하는 산업특례요원들이었다. 기업이 자격을 취소하면 당장 현역으로 끌려가야 하는 산업특례요원은 군대라는 목줄로 죄어 맨 현대판 노예노동이라는 비판을 받았다. 군인들이 장악한 국가는 자본에 이렇게 베풀 줄 알았다.

유신체제의 '비국민' 여호와의 증인

박정희가 한 사람의 열외도 없는 강력한 병영국가 건설을 꿈꿀 때 '공공의 적'으로 등장한 것은 감히 양심적 병역거부를 실천하는 여호와의 증인들이었다. 일본 군국주의자들에 의해 '비국민'으로 몰려 옥에 갇혔던 여호와의 증인들은 박정희 체제하에서 또다시 수난의 세월을 보내야 했다. 병역기피자 일소를 외치는 박정희의 뜻에 맞추어 병무청은 1974년을 '병역기피자 일소의 해'로 정하였다. 병무청의 방침에 가장 큰 걸림돌이 되는 것은 물론 여호와의 증인들이었다. 한 예로 병무청은 1974년 7월, "올 들어 발생한 병역기피자는 모두 78명으로 이 중엔 종교적 양심을 빙자하여 병역을 기피한 여호와의 증인이 87.2퍼센트인 68명"이라고 발표했다.[12] 여호와의 증인들만 아니면 병역기피율은 획기적으로 낮출 수 있는 것이었다. 박정희는 1974년 병무청의 단속 실적을 보고받으면서 여호와의 증인 문제를 해결하라는 특별지시를 내렸다. 병무청은 1974년 12월 12일부터 1975년 1월 11일에 걸쳐 여호와의 증인 대표 210명과 입영 간담회를 개최한 결과, 증인들이 양심에 따른 병역거부가 '그릇된 소행'임을 인정하고 병역의무를 수행하겠다는 반응을 보이고 있다는 허위 보고를 올렸다.[13] 여호와의 증인들의 양심에 따른 병역거부 결정은 어디까지나 성서에 입각하여 개개인이 자신의 양심에 따라 행하는 것이기 때문에 교단 차원에서 이래라저래라 할 수 있는 것이 아니었다. 그러나 병무 당국으로서는 여호와의 증인들이 병무청의 설득에 따라 병역의무를 적극적으로 이행하기로 했다고 청와대에 허위 보고를 했기 때문에 여호와의 증인 신도들 중에서 다수의 병역기피자가 발생하는 것을 방치할 수도 없었다. 그 결과는 여호와의 증인 신도들에 대한 병무 당국의 불법적인 연행과 강제입영이었다.

1975년 3월 9일, 부산지검 검사 박철언이 이끄는 부산시 병무사범단 속반은 가야왕국회관 등 19개의 여호와의 증인 집회소를 급습하여 예배 중인 청년 63명을 구타하는 등 강제 연행했다.[14] 평화적인 종교행사를 치르고 있는 신자들을 공권력을 동원하여 연행한 것은 헌법에 보장된 종교의 자유를 중대하게 침해한 것이었다. 병무 당국은 여호와의 증인들의 종교집회뿐만 아니라 신도들의 집까지 찾아가 영장 없이 불법 연행하거나 병무소집에 불응하면 여동생을 잡아가 고문하겠다고 협박

1975년 11월 14일 집총을 거부하다 중대장에게 맞아 죽은 여호와의 증인 김종식의 묘. 국립묘지에 있는 이 묘비 뒤편엔 '순직'이라고 적혀 있다.

까지 했다.

병무청이 여호와의 증인들의 종교행사까지 습격하는 등 가혹하게 나선 것은 '병역법 위반 등의 범죄처벌에 관한 특별조치법'이 갖고 있는 문제점 때문이기도 했다. 현재 양심에 따른 병역거부자들은 1년 6개월의 실형을 선고받으면 더 이상 영장이 발부되지 않는다. 그러나 특별조치법은 병역거부자들이 실형을 살고 나와도 또다시 영장을 발부하여 몇 번이고 반복해서 처벌하도록 되어 있었다. 의대생이었던 정춘국이 네 차례에 걸쳐 7년 10개월을 복역한 것도 특별조치법 '덕분'이었다. 스물한 살 때인 1969년 병역기피죄로 10개월 형을 받으며 시작된 정춘국의 고난은 그의 나이 서른셋, 박정희가 죽고 2년이 흐른 뒤에야 끝이 났다.[15] 여호와의 증인들도 사람인지라 젊은 나이에 또다시 징역살이를 되풀이하지 않으려는 것은 당연한 일이었다. 그래서 여호와의 증인들 중에는 다시 영장이 나올 것을 알고 집에 돌아가지 않고 피해 다니는 사람들이 나타나기 시작했다. 병무 당국은 신심이 좋은 이들이 집에는 안 들어와도 예배에는 나올 것으로 보고 왕국회관 등을 습격한 것이다. 여호와의 증인들은 종교집회뿐 아니라 때와 장소를 가리지 않고 끌려갔다. 징역을 살고 나온 정춘국은 교도소 앞에서 다시 끌려갔고, 결혼식장에서 곧바로 잡혀간 새신랑도 있었다.

박정희의 강력한 의지에 부합하여 기피율 제로를 꿈꾸던 병무청은 불법적인 강제연행을 통해 여호와의 증인들을 군대로 끌고 갔다. 이제 병역기피율은 사실상 제로에 가까워졌다. 그러나 이것은 '눈 가리고 아웅'에 불과했다. 징병 연령대에 해당하는 남성 여호와의 증인 신도들은 국가의 강력한 단속에 아랑곳없이 양심의 명령에 따랐다. 이들은 민간인으로 병역법을 위반하는 것이 아니라 강제로 군대로 끌려와 항명죄를 저지른 것이 되었을 뿐이다. 이제 여호와의 증인 문제를 처리하는 국가기관의 최일선에는 병무청이 아니라 군이 등장할 수밖에 없는 상황이 초래되었다. 그 결과 김종식, 이춘길 등 여호와의 증인 신도 5명이 군대에서 맞아 죽는 사태가 벌어졌다.[16]

여호와의 증인들이 논산훈련소로 끌려오자 훈련소장 김영선은 "무슨 수를 써서라도 여호와의 증인을 '교화' 시켜라"라고 헌병대에 지시했다. 물론 때리라는 지시는 없었다. 다만 여호와의 증인이 늘어나면 대한민국이 망한다며 "잠도 재우지 마라. 밤에도 놀리지 마라. 뼈 빠지게 일도 시키고, 반드시 교화시켜 재복무시켜라"라고 지시했을 뿐이다.[17] 1975년 11월 14일 여호와의 증인 김종식이 집총을 거부하다 중대장에게 구타를 당해 쓰러졌다가 며칠 후 숨졌다. 김종식이 죽은 뒤 여호

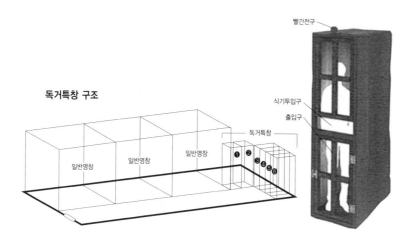

독거특창 구조

일반영창　　일반영창　　일반영창　　독거특창　①②③④⑤⑥

빨간전구
식기투입구
출입구

한 사람이 서 있을 수밖에 없는 독거특창의 구조를 보여주는 그림. 이곳에 구금되었던 사람들은 수십 년이 지나도 공황장애 등에서 자유롭지 못하다.

와의 증인으로 군대에 끌려간 박종욱은 장정 신분으로 김영선 훈련소장에게 불려 갔다. 그에 따르면 김영선 소장은 다시는 폭력을 사용하지 않겠다고 약속했다고 한다. 그래서 논산훈련소에 설치된 것이 '독거특창'이다. 독거특창이란 현재 서대문형무소 역사관에 일제의 악행을 고발하는 증거로 전시되어 있는 것과 같은 형태의 특별 구금시설이다. 독거특창은 가로 1미터, 세로 0.6미터, 높이 2미터의 벽돌로 지은 공간으로, 논산훈련소 헌병대 영창의 일부 시설을 개조하여 설치한 것이다. 일반교도소의 독방에 비해 훨씬 작은 이곳에 수감되었던 사람들 가운데 다수가 30년이 지난 지금도 공황장애 등 심리적 장애로 고통받고 있다. 독거특창에 수감된 사람들의 손은 뒤로 결박되었다. 누군가 잠이 들려 하면 헌병이 벨을 눌렀고, 수감자들은 다시 벨을 눌러 답해야 했다. 손은 뒤로 결박되었으니 입으로 벨을 눌렀다. 식구 통으로 밥을 넣어주면 몸을 움직이기도 힘든 좁은 공간에서 쪼그리고 앉아 입으로 밥을 먹었고 용변도 옷을 내리지 못한 채 그대로 보아야 했다.[18] 논산에서는 그래도 사망사고가 더 이상 나지 않았지만 1976년 3월 39사단에 방위 소집된 이춘길, 1976년 3월 해병1사단에 방위 소집된 정상복 등 여호와의 증인이 '변사' 처리되었다. 이춘길의 유가족에게는 부대장 명의로 현금 1만 원이 위로금으로 전달되었다.[19]

참으로 슬픈 일이지만, 군대에서 죽어간 사람들은 여호와의 증인들만이 아니었다. 박정희가 국민을 상대로 전쟁을 벌이던 유신 시절, 참으로 많은 젊은이들이 화랑담배 연기 속으로 사라져갔다.

민주화가 살린 목숨들

죽어도 너무 많이 죽었다. 한국전쟁의 총성이 멎은 뒤 지금까지 60년 동안 군대에서 목숨을 잃은 젊은이의 수가(군대 용어로 '비전투 인명손실'이) 베트남전쟁에서 전사한 5,000명을 제외하고도 거의 6만 명에 육박한다. 한국군에서는 전쟁을 하지 않고도 매년 1,000명의 군인이 죽어나간 것이다. 이라크 전쟁 9년간 미군 사망자 수를 대략 4,500명으로 잡으면 연평균 희생자 수가 900명인데, 한국군은 전쟁을 치르지 않고도 이보다 많은 사람들이 죽어간 것이다.

죽는 이유도 참 다양했다. 열악한 환경 속에 병들어도 제대로 치료받지 못해 죽고, 맞아 죽고, 자살하고, 교통사고로 죽고, 산사태로 죽고, 눈사태로 죽고, 홍수에 죽고, 일사병으로 죽고, 가지가지로 군인들이 죽어나갔다.

1956년 2월 말 기록적인 폭설이 내렸을 때 박정희가 사단장으로 있던

5사단에서는 제설 작업을 하던 소대장과 사병 8명이 눈 속에 얼어 죽는 참사가 일어나는 등 모두 59명이 폭설로 사망했다. 당시만 해도 군대에서 후생사업이란 명목으로 숯을 만들어 내다 팔아 간부들의 월급을 보충했는데, 숯 굽던 임시건물이 무너지거나 눈에 파묻혀 그 안에 있던 장병들이 질식사한 것이다.[20] 인명 피해의 규모만 따진다면 천안함 사건보다 더 큰 피해가 났음에도 사단장은 인사조처가 된 것이 아니라 오히려 폭설에 고생이 많았다며 표창장을 받았다. 그때 만일 제대로 된 인사조처가 내려졌다면 오늘날 우리가 아는 박정희도, 박근혜도 없었을 것이다.

2006년 군의문사위원회가 만들어졌을 때 억울한 죽음을 당한 자식이나 형제의 원한을 풀어달라고 위원회에 사건을 접수한 사례는 600건에 불과했다. 군대에서 죽음을 당한 사례 중 겨우 1퍼센트 정도만이 뒤늦게라도 진상규명을 요구한 것이다. 부모의 입장에서는 군대에서 발생한 모든 죽음이 있을 수 없는 죽음이고, 의문사였다. 그럼에도 불구하고 100건 중 1건 정도만 진상규명을 요구한 까닭은 무엇일까? 나머지 사건들은 의문의 여지가 없는 것이었을까? 아니면 결과를 기다릴 수가 없는데 괜히 수십 년 전의 일로 다시 한 번 상처를 받을까 두려워서였을까? 아니면 자식을 가슴에 묻은 부모들이 그 고통을 견디지 못하고 자식 곁으로 일찍 떠난 결과, 억울한 죽음의 사연을 풀어달라고 하소연할 사람조차 남아 있지 않기 때문일까? 그 600건의 사망사고 중 중복, 병합, 각하된 사건을 제외한 579건 중 58퍼센트인 334건이 비교적 최근인 1980년대 이후 사망자였다.[21] 그 전체 인원수는 1만 1,180명으로 1954년 이후 전체 사망자 6만 1,424명의 18퍼센트에 불과한데도 말이다.

[자료 1] 한국전쟁 이후 군대 사망자 수[22]

(단위: 명)

이승만 정권기		박정희 초기		베트남 파병기		유신정권기		전두환 집권기		민주화 이행기		민주정권 시기	
연도	사망자	연도	사망자	연도	사망자	연도	사망자	연도	사망자	연도	사망자	연도	사망자
1954	2988	1960	1533	1966	2308	1973	1318	1980	970	1988	538	1998	248
1955	2660	1961	1449	1967	3165	1974	1394	1981	806	1989	453	1999	230
1956	2710	1962	1293	1968	3044	1975	1555	1982	692	1990	430	2000	182
1957	2559	1963	1319	1969	2580	1976	1360	1983	675	1991	355	2001	164
1958	2001	1964	1471	1970	2310	1977	1471	1984	789	1992	367	2002	158
1959	1555	1965	1651	1971	2000	1978	1342	1985	721	1993	343	2003	150
				1972	1827	1979	1381	1986	653	1994	416	2004	135
								1987	619	1995	330	2005	124
										1996	359		
										1997	273		
연평균 사망 2412		1452		2462		1403		740		386		173	

대중강연을 다닐 때면 자주 던지는 질문이 있다. "민주화돼서 살림살이 좀 나아지셨습니까?" 달아올랐던 분위기는 금방 찬물을 끼얹은 듯 가라앉아 버린다. 살림살이가 나아졌다면 이명박, 박근혜가 연달아 집권했을 리는 만무하지 않은가. 그러면 민주화돼서 우리 사회가 조금이라도 나아진 것은 없단 말인가. 우리는 민주화가 남긴 가장 중요한 성과를 잊고 살아왔다. 군대 간 자식들을 부모 가슴에 묻어야 했던 죽음의 시대를 끝나게 했다는 점이다. 표에서 보는 바와 같이 1998년 민주정권 출범 이후 군 사망자 수는 계속 줄어들어 노무현 정권 말기에 이르면 120~130명 수준으로 떨어져 현재에 이른다. 박정희 독재정권 시기에 비하면 민주화는 군대 내 사망자 수를 10분의 1 이하로 줄였다. 강제 징집된 병사들을 대상으로 밀정 노릇을 강요하다 6명의 억울한 희생자를 낸 녹화사업 같은 것이 중단되었다는 것만을 의미하는 것이 아니다. 민주화는 꼭 데모하다 잡혀간 것이 아닌 평범한 젊은이들을 매년 1,000명이 넘게 죽음의 구렁텅이에서 건져냈다.

군사정권 시절 군대 내에서 엄청난 죽음의 행진이 계속될 수 있었던 것은 언론이 제구실을 못 했기 때문이다. 박정희의 유신 쿠데타 직후 국회가 해산된 상태에서 비상국무회의가 제정한 대표적인 유신악법인 '군사기밀보호법'은 사실상 군과 관련된 모든 사항을 기밀 범주에 묶어 놓았을 뿐 아니라, "신문·잡지 또는 라디오·텔레비전 기타 출판물에 의하여" 죄를 범한 자는 형의 2분의 1까지 가중할 수 있도록 하여 언론의 입을 틀어막았다.[23]

군대 내에서의 사망사고가 줄어든 데에는 자식을 가슴에 묻은 부모들의 한 맺힌 몸부림이 크게 작용했다. 여전히 군 출신 노태우가 집권하던 1990년 11월에는 1987년 6월 군에서 의문사한 아들(이진동)을 둔 철거민 이충원 씨가 스스로 목숨을 끊었고,[24] 1991년 2월에는 1987년 9월 군에서 의문사한 최우혁 씨의 어머니 강영임 씨가 한강에서 투신자살했다.[25] 자식을 잃은 아버지와 어머니가 스스로 목숨을 끊어가면서 자식의 억울한 죽음의 진상을 밝혀줄 것을 호소하면서, 군의문사 문제를 공론화하려 하였지만 당시의 언론이 군에서는 으레 너무나 많은 사람이 덧없이 죽는다고 생각했기 때문일까? 군의문사의 공론화는 쉽게 이루어지지 않았다.

군사독재 시절 군대는 성역이었다. 그때는 군대에서 사람이 떼로 죽어나가도 신문에 기사 한 줄 내지 않았다. 민주화 이후에야 군대에서의 사건과 사고가 보도되기 시작했다. 그러다 보니 마치 민주화 이후 군대 내에서 사고가 갑자기 급증한 것처럼 보일 수 있다.[26] 민주화를 비방하는 수구 세력들은 민주화 이후 인권이니 뭐니를 찾다 보니 군대에서 군기가 빠져서 사고가 빈발하고, 남북화해니 민족공조니 떠들다 보니 주적 개념이 사라져 사고가 급증했다고 주장한다. 그러나 그들이 말하는 식으로 군기가 바짝 들고 "때려잡자 김일성, 쳐부수자 공산당, 무찌르자 북괴군, 이룩하자 유신과업"을 목 놓아 외쳤던 유신군대에서는 군기 빠졌다는 민주군대에 비해 열 배도 넘는 젊은이들이 집으로 돌아오지 못했다. 군사정권 시절과 민주화 이후를 비교해볼 때 한국군의 병력이나 구조가 크게 변했다고 할 수는 없다. 달라진 것은 민주화에 따라 군이 더 이상 성역이 아니게 되어 민간사회가 군을 조금이나마 들여다볼 수 있게 되었고, 군대에서 사람이 죽으면 '개 값'만도 못했던 것이 이제 이등병의 죽음에 대해서도 경우에 따라 지휘 선상에 있는 지휘관들이 줄줄이 옷을 벗을 수도 있는 상황이 마련된 것이다. 사망사고를 적당히 덮을 수 없게 되자 실효성 있는 구타 및 가혹 행위 근절이나 자살방지 프로그램 개발 등에 많은 노력이 경주되었고, 실제로 사망사고 발생 건수는 놀라울 정도로 줄어들었다.

한국군 악습의 뿌리

한국군에서 수십 년에 걸쳐 엄청난 비전투 인명손실이 발생한 역사적 뿌리는 초기 한국군의 상층부가 대부분 일본 '황군'과 '황군'이 육성한 괴뢰 만주군 출신으로 구성된 데서 찾을 수 있다. 후발 자본주의 국가로 급속한 산업화와 군사화를 추진한 군국 일본은 전근대적인 농촌 청년들을 하루빨리 근대화된 군인으로 만들어야 했다. 단체 생활의 경험이 없고, 시계를 볼 줄 모르고, 근대적인 시간개념이 아예 없고, 기계를 다뤄본 적이 전혀 없고, 문맹인 농촌 청년을 당장 전투에 투입할 수 있는 군인으로 만드는 작업은 당연히 폭력을 수반할 수밖에 없었다. 일본군 내에서의 고질적인 구타와 가혹 행위는 이런 필요성 때문에 상부에서 단순한 묵인을 넘어 조장되었다고까지 할 수 있다. 총력전의 시기에 후발

제국주의 국가로서의 열악한 경제력을 만회하기 위해 일본군은 일찌감치 '화력주의'를 포기하고 정신력을 내세웠다. '육탄 3용사' 등 몸으로 때우면서 '하면 된다', '까라면 까라'의 전통은 이렇게 만들어져 갔다. 일본 청년들조차 두들겨 패서 황군을 만들었는데, 하물며 총을 거꾸로 들지도 모를 식민지 청년들이야 몇 배 더 두들겨 패야 했다. 일본인들 밑에서 장교로 출세하고 싶었던 조선 청년들은 식민지 출신이라는 '콤플렉스'를 이기기 위해서라도 조선인 사병들에게 더 폭력을 휘둘러야 했다. 신생 한국군의 주역이 된 일본군·만주군 출신들은 '황군'의 군사문화를 고스란히 한국군에 이식했다. 한국군의 겉모습, 전술교리와 편제와 무기는 미군을 닮았지만, 한국군의 의식구조와 작동방식은 일본군의 악습을 이어받은 것이다.

학살자 전두환이 그나마 박정희보다 나았던 점은 5공화국 시절의 군대 사망자 수가 유신군대 시절의 거의 절반으로 줄어들었다는 점이다. 1981년 1월에 강제 징집된 내가 자대에 배치되어 제일 많이 들었던 것은 군대 많이 좋아졌고, 지금은 유신군대가 아니라는 말이었다. 새까만 졸병이었던 내가 보기에도 전두환이 사망자 수를 줄이기 위해 노력했던 것은 분명했다. 전두환 시절 군대 사망자가 크게 줄어든 데는 두 가지 이유가 있다고 할 수 있다. 전두환은 자신이 나쁜 놈인지 아는 나쁜 놈이었다. 손에 묻은 학살의 피를 씻어내는 방법 중 하나가 군대 사망자 수를 줄이는 것으로 나타났다고 해야 할 것이다. 또 다른 이유는 전두환이 대일본제국의 마지막 군인이라 불린 박정희와는 달리 그래도 일본군 물을 먹지 않았다는 점이다. 전두환 세대도 일본 군국주의 교육을 세게 받은 세대이지만, 일본 군복을 입어 보았느냐, 입은 적이 없느냐의 차이는 무시할 수 없다.

베트남전쟁 기간을 포함한 박정희 집권 18년 동안 약 3만 4,000명, 유신시대만 해도 무려 1만 1,000명 이상이 군대에서 목숨을 잃었다. 유신시대에 박정희는 자신의 장기집권을 위해 국민들을 상대로 전쟁을 치렀기 때문이다. 하지만 이토록 많은 사망자가 군대에서 발생한 중대한 이유는 따로 있다. 군대에 갔다 온 우리 모두가 사실은 이 죽음을 어쩔 수 없는 것이라 여기고 외면했기 때문이다. 그랬던 우리가 이제 부모가 되어 자식들을 군대에 보내며 전전긍긍한다. 군대에서 살아 돌아와 군 복무했던 쪽을 보고는 오줌도 누지 않고 살아온 이 땅의 예비역들이여! 채 피지 못하고 쓰러져간 6만의 젊은이들에게 "받들어총!" 자식을 가슴에 묻은 12만의 아버지 어머니께 "받들어총!" 통곡을 하며 통곡을 하며 "받들어총!"

2

베트남 파병이
남긴 것

1973년 3월 20일 서울운동장에서는 파월 개선장병 환영대회가 성대하게 열렸다. '주월 군부대 복귀 및 해체에 대한 국방부 일반행정명령 제143호'가 낭독된 뒤 주월 한국군 사령관 이세호는 육사 동기인 대통령 박정희에게 주월 한국군 사령부기를 반납했다. 주월 한국군 사령부 귀국 신고식 및 해체식을 겸한 이날 대회에는 오색의 애드벌룬에 매달린 "월남에서 싸운 전공 총력안보 초석 되자", "이기고 돌아왔다"는 등의 펼침막이 나부꼈다. 한성여고생들은 주월 한국군의 전투 장면과 대민 진료 모습을 카드섹션으로 선보였다. 박정희는 "어제의 평화십자군이 오늘의 유신십자군, 구국의 십자군이 되게 하자"고 당부했다. 귀국한 파월 장병들은 환영대회를 마치고 비가 오는 가운데 서울 도심 4킬로미터를 도보로 행진했다.[1] 그로부터 2년 1개월이 지난 1975년 4월 30일, 공산군의 탱크는 남부월남의 수도 사이공의 대통령 관저인 독립궁에 진입했고, 남부월남 정부는 무조건항복을 선언했다. 베트남의 입장에서는 마침내 30년 전쟁이 끝난 것이고, 베트남에 대규모 병력을 파병했던 박정희 정권의 입장에서는 '월남 패망'의 참사가 벌어진 것이다.

박정희를 구한 '월남 패망'

인도차이나 반도에서 공산군의 공세가 강화되고 공산군이 사이공이
나 프놈펜에 몇 킬로미터까지 육박했다는 보도가 거의 매일 신문에 실
리던 1975년 초반은 한국에서 반유신 민주화운동이 거세게 일어나던
때였다. 박정희는 2월 12일 유신헌법에 대한 찬반을 묻는 국민투표를
단행했다. 유신헌법에 대한 일체의 토론은 금지된 채 정부만 맘껏 국민
투표 참여를 독려하는 가운데 거행된 국민투표에서 유신헌법은 73퍼센
트의 지지를 받았다(이보다 보름 뒤인 2월 27일 필리핀에서 독재자 마르코스는 계엄령
의 지속여부를 묻는 국민투표에서 찬반토론을 허용하고도 90퍼센트의 지지를 받았다). 박
정희는 국민투표 뒤 구속자를 석방하는 등의 유화조치를 취했지만 민주
세력은 국민투표라는 뻔한 쇼에 승복하지 않았다. 특히 인혁당 사건 관
련 구속자에 대한 고문과 조작 문제는 박정희를 괴롭혔다. 박정희는
2월 21일 문공부를 연두 순시한 자리에서 "인혁당은 세상이 다 아는 공
산당"으로 "긴급조치가 아니더라도 국가보안법으로 극형까지 내릴 수
있는 명백한 내란음모죄의 범법자들"인데, 일부 지식인이나 종교인들
이 마치 애국인사처럼 대접하며 석방운동을 하고 있다고 격앙된 어조
로 말했다. 그가 부르르 떨며 어찌나 큰소리를 쳐댔는지 마이크를 쓰
지 않았는데도 문밖에 있던 기자들이 그 내용을 다 알아들을 정도였다
고 한다.[2]

베트남뿐 아니라 크메르(캄보디아)와 라오스 등 인도차이나 3국의 정세
가 날로 긴박해지는 가운데, 박정희 정권 역시 극도로 경직되어갔다. 박

정희 정권은 〈동아일보〉 경영진에 압력을 가해 3월 17일 자유언론실천을 외치며 농성 중이던 기자들을 축출한 데 이어, 3월 19일에는 1953년 형법 제정 이래 첫 개정안(국가모독죄 신설)을 날치기로 통과시켰다. 국가 모독죄의 신설은 〈동아일보〉 기자들에 대한 폭력진압으로 국내 언론은 완전히 장악했지만, 외신에 대한 통제가 어려워지자 외신과 인터뷰하여 유신체제를 비판하는 '사대 언동'을 예방하여 '주체사상을 고취(공화당 정책위의장 박준규의 발언)'하기 위한 것이었다. 인도차이나에서 공산군의 탱크가 사이공이나 프놈펜에 가까워질수록 유신정권은 이성을 잃어갔다. 4월 8일에는 전날 격렬한 데모가 있었던 고려대 한 학교만을 대상으로 긴급조치 7호를 발동하여 휴교령을 내리고 군대를 진주시켰다.[3] 대법원은 이날 인혁당 사건 등 관련자 38명에 대한 상고심 판결에서 도예종 등 8명에 대한 사형을 확정했다. 이를 보도한 〈동아일보〉 4월 8일자 기사 바로 밑에는 공산군이 '사이공에 11킬로미터 육박'했다는 기사가 실려 있었다. 박정희 정권은 형 확정 열여덟 시간 만인 새벽 4시부터 사법의 탈을 쓴 그 새벽의 연쇄살인을 시작했다.

4월 17일 크메르 정부는 공산 크메르루주군에 항복을 선언했고, 4월 30일 사이공이 함락되자 이웃 라오스의 좌우 연립정부에서 우파는 사실상 몰락했다(인민공화국 정식 수립은 12월 3일). 인도차이나에서 도미노 이론이 현실로 나타나는 가운데 박정희는 모든 긴급조치의 종합판이라는 긴급조치 9호를 선포하여 유신헌법에 대한 일체의 비판과 반대를 금지했다. 5월 21일의 여야 영수회담 이후 그동안 나름 유신반대 투쟁에서 일익을 담당해온 신민당 총재 김영삼은 유신체제에 대한 도전을 포기하는 모습을 보였다. 그리고 8월 17일 반유신 세력의 통합을 위해 애써온 마지막 독립군 장준하가 의문의 죽음을 당하였다. '월남 패망'의 위기는 '대일본제국의 마지막 군인' 박정희로 하여금 잠시나마 민주화운동 세력의 거센 도전을 뿌리칠 수 있는 계기를 제공했다.

전시체제 확립과 장발 단속

1972년 박정희가 유신 쿠데타를 자행할 때는 결코 위기 상황이라 할 수 없었지만, 1975년에는 분명 분단한국에 치명적인 위기 상황이 존재 했다. 없는 위기도 만들어 악용해온 박정희는 이런 위기 상황을 자신의 권력강화 기회로 삼았다. 그는 중일전쟁 발발 이후 일본에 '전시체제' 가 수립되었던 것처럼, 1975년의 한국에도 전시체제를 확립하려 했다. 유신정권은 전시체제를 법적으로 뒷받침하기 위해 '사회안전법안', '민 방위기본법안', '방위세법안', '교육공무원법개정안', '전파관리법개정안' 등 이른바 5대 전시입법안을 강행 처리했다.[4] 좌익 활동을 하다가 전향 해 살아남은 박정희의 비전향자에 대한 열등감과 적개심이 강하게 반영 된 '사회안전법'은 형기를 다 마쳤어도 전향하지 않은 사람들을 재판 없이 계속 가둬두는 악법 중의 악법이었다. 또 박정희는 1975년 6월 7일 '자주국방과 총력안보'의 기치 아래 '학도호국단 설치령'을 공포하 여 전국 대학과 고등학교의 학생회를 해체했다. 학원에 수립된 전시체 제를 상징하는 학도호국단의 사단장 생도나 연대장 생도는 학생들이 뽑 는 것이 아니라 총장이나 교장이 임명했다. '월남 패망'이 남긴 장기적 인 영향에서 빼놓을 수 없는 것은 강남 개발이다. 전쟁의 공포 속에서 가진 게 있는 사람들은 강북보다 강남을 선호하게 되었다.

1975년 5월과 6월 한국 사회에서는(심지어 휴강 중인 대학가에서도) 안보궐 기대회와 김일성 화형식이 도처에서 열렸다. "때려잡자 김일성, 쳐부수자 공산당, 무찌르자 북괴군, 이룩하자 유신과업!"을 소리 높이 외치는 가운데 전국에서 아마도 수천 개의 김일성 허수아비가 불탔을 것이다. 이러한 안보궐기대회의 절정은 5월 10일 여의도 5·16 광장에서 열린 '총력안보 서울시민 궐기대회'였다. 무려 140만 명(고등학생이었던 나도 물론 동원되었다)이 참가한 이 궐기대회에서는 남녀 20여 명이 단상으로 나와 "김일성 야욕 분쇄하자"는 등의 혈서를 썼다.[5] 이런 안보궐기대회 열풍을 문제 삼은 것은 남장 여자로 유명했던 신민당의 김옥선 의원이었다. 김옥선은 10월 8일 국회 대정부 질문에서 전쟁심리 조성, 사이비민주주의 제도, 안정에 대한 약속 등이 강권통치의 특징이라는 독일의 정치학자 프란츠 노이만의 이론을 소개하면서 최근의 안보궐기대회를 관제 데모라고 주장했다. 그는 "전국을 뒤흔든 각종 안보궐기대회, 민방위대 편성, 학도호국단의 조직, 군가 보급, 부단한 전쟁 위협 경고 발언, '싸우면서 건설하자'는 구호 등은 국가안전보장을 빙자한 정권 연장의 수단"일 뿐이라며 박정희의 1인 통치를 정면 비판했다. 김옥선이 "전쟁 도발 가능성의 판단은 오로지 독재자의 전유물이며 독재자는 자신의 실정을 국가안보라는 절대적 명제로 깔아뭉개고 국민을 사병화"한다고 발언하자 국회에서는 난리가 났다. 공화당과 유정회가 김옥선의 제명을 추진하자 김영삼은 김옥선을 보호하지 않고 사퇴를 종용했다.[6] 남장 여걸 김옥선이 눈물을 머금고 사퇴하자 신민당에는 예리한 면도날을 담은 항의 편지가 날아들었다고 한다.

잠시 주춤했던 장발 단속은 '월남 패망'과 더불어 급격히 강화되었다. 문무 양쪽에서 일본식 황민화 교육을 제대로 받은 박정희는 젊은이들의 자유분방한 옷차림과 사고방식을 아주 못마땅해했다. 유신시대 국민의 외모와 사상은 당연히 국가의 통제 대상이었다. 유신공주였던 박근혜

1965년 10월 맹호부대의 베트남전 출정식 장면. 사진 가운데 박정희 대통령이 보인다. 한국군은 1973년
3월 베트남에서 모두 철수할 때까지 8년여 동안 총 32만 명이 참전하여 5,000여 명의 전사자와 1만
5,000여 명의 부상자를 남겼다.

대통령이 처음 주재한 국무회의에서 처음 다룬 안건이 경범죄처벌법 시
행령이라는 사실[7]은 오늘에까지 드리운 유신의 짙은 그림자를 절감하
게 한다. 과다노출을 단속하겠다는 것이 꼭 유신시대의 미니스커트 단
속의 부활을 의미한다는 뜻이 아니다. 나를 절망케 하는 것은 한반도의
긴장이 극도로 고조되어 있고, 국내외에 난제가 산적해 있는데 아주 중
요한 정치적 메시지를 전달할 수 있는 기회인 첫 번째 국무회의의 첫 번
째 안건이 왜 하필 경범죄처벌법의 노출단속 조항이어야 하는가 하는
점이다. 대통령이 되어 제일 먼저 하고 싶었던 일이 국민에 대한 통제였
을까? 비교하기도 참 민망하지만 김일성이 북조선임시인민위원회를 만
들고 처음 다룬 안건은 연필 생산에 관한 정령이었다. 식민지에서 갓 해
방된 백성들, 너나없이 못 배운 한에 사무친 사람들을 감동시키는 법을

그는 알았던 것이다. 박근혜 대통령은, 그리고 그의 참모들은 첫 번째 국무회의의 첫 번째 안건에 어떤 메시지를 담아야 할까에 관한 고민이 전혀 없었단 말인가? 그 점에 관한 한 정녕 유신의 적통을 이은 정권임에 틀림없다. 주월 한국군이 유신의 십자군, 구국의 십자군이 되라는 박정희의 말을 받아 최태민이 구국십자군을 만들었고, 십자군 알바단은 박근혜의 당선을 위해 열심히 노력했으니, 십자군 원정은 참 오래 계속되고 있다.

베트남 파병이 불러온 변화

베트남 파병은 우리가 흔히 생각하는 것보다 훨씬 심각하게 한국 사회를 변화시켰다. 어쩌면 베트남 파병은 이남보다 이북에 더 극단적인 변화를 강요했는지도 모른다. 1967년 조선노동당 중앙위원회 4기 15차 전원회의 이후 이북의 유일 체제는 돌아올 수 없는 다리를 건너버렸다. 1968년 1·21 청와대 습격 사건이나 울진 삼척에 대규모 무장공작원을 파견한 무모한 공세는 김일성판 베트남 파병이었다고 할 수 있다. 쿠바를 떠나기 전 체 게바라는 "둘, 셋보다 많은 베트남을 만들자"라는 유명한 연설을 했다. 체 게바라는 볼리비아를 베트남으로 만들기 위해 자신의 목숨을 바쳤고, 김일성은 베트남을 한국의 제2전선으로 보고 대규모 파병을 단행한 박정희에 맞서 한반도를 베트남의 제2전선으로 만들기 위해 이북 사회가 조금이나마 유연성을 견지할 수 있는 가능성을 포기했다. 1968년 이후 남쪽 사회도 심각한 병영국가화를 겪었지만, 시민사회가 있고 민주화운동이 있던 한국은 그래도 병영국가의 폐단을 스스로 치유할 수 있었던 반면 이북은 나날이 경직되어갔다.

베트남 파병은 한국의 외교관계에도 심각한 영향을 미쳤다. 한국은 미군을 대신하여 5,000명의 젊은이를 머나먼 이국땅에서 희생시켰지만, '무엇 주고 뺨 맞는다'는 말처럼 한미관계는 베트남 파병을 거치면서 최악의 상황으로 빠져들었다. 전 세계가 반전평화의 물결로 뒤덮였던 1968년을 한국은 전혀 다른 방식으로 보냈다. 제3세계에서, 아니 제3세계뿐만 아니라 미국 의회에서조차 베트남전쟁에 파병된 한국군이 '용병' 소리를 들어야 했던 상황에서 이른바 비동맹국과의 관계 또한 파탄을 면할 수 없었다. 1975년 8월의 비동맹 외상회의에서 남북이 같이 비동맹 회원국으로 가입을 신청했다가 북의 신청은 받아들여졌지만 남의 신청은 거부당한 일[8]은 한국 외교 사상 최악의 참사였다. 미군에 군사기지를 제공하고 있을 뿐 아니라 미군의 동맹국으로 베트남전에 대규모 병력을 파병하여 수많은 비동맹국으로부터 비난을 받았던 마당에 비동맹 회원국 가입 신청을 한 것은 참으로 무모한 일이었다.

베트남 파병은 한국의 정치사에 장기적인 영향을 미쳤다. 위로는 전두환, 노태우, 정호용, 황영시, 유학성, 장세동, 안현태 등 신군부의 주요 인물들이, 아래로는 광주에 투입되었던 공수부대의 장교나 하사관들 상당수가 베트남에 파병된 자들이었다. 이들 중 실제 베트남에서 민간인 학살에 관여한 자는 극소수라 하더라도, 유격대원과 민간인의 구분이 사실상 불가능했던 베트남전쟁에서 민간인을 잠재적 베트콩으로 보고 총을 겨눴던 경험을 가진 자들이 광주학살의 주역이 된 것은 결코 우연한 일이라 볼 수 없을 것이다. 또한 물자가 풍부했던 베트남에서 부와 경력을 쌓은 일부 장교들은 서로 밀어주고 끌어주면서 하나회와 같은 사조직으로 똘똘 뭉쳤다.

민간인 학살과 그 상처

베트남전쟁이 계속되었더라면 국민배우 안성기는 존재하지 않았을지도 모른다. 힘들었던 아역배우 생활을 청산한 안성기는 열심히 공부하여 그 당시 잘나간다던 외국어대 월남어과를 수석으로 졸업했다. 그가 군 복무를 마쳤을 때 베트남전쟁은 끝났고 갈데없는 처지가 된 그는 어쩔 수 없이 영화판으로 돌아왔다고 한다. 전두환은 자신이 백마부대 연대장으로 베트남에 다녀왔지만, 집권 후 군 출신들의 단체를 재향군인회로 통합하면서 월남참전전우회 등 38개 단체를 해체했다. 한때 '월남에서 돌아온 새까만 김 상사'의 흥겨운 가락과 같이 선망의 대상이던 베트남 참전군인들은 국가로부터도 사회로부터도 빠르게 잊혔다. 한국군의 철수 당시 한 신문은 "우리 사상 최초의 해외파병을 기록한 주월국군의 승전보는 전화에 시달린 베트남인들에게 영원히 잊혀지지 않을 십자군의 신화로 남을 것"이라고 했지만,[9] 5,000명의 전사자를 남긴 한국군의 베트남 파병은 오랫동안 베트남에서도 '잊힌 전쟁'이 되고 말았다. 대다수의 베트남 사람들은 베트남이 미국과 싸워 이겼기 때문에 그 '용병'이었던 한국군의 존재는 무시하거나 아예 알지 못하고 있다. 단 한국군의 민간인 학살이 벌어졌던 중부지방은 사정이 다르다. 그곳 사람들에게 거의 50년 전에 벌어진 민간인 학살은 여전히 살아 있는 고통과 슬픔을 주고 있다. 2013년 3월 5일, 청룡부대에 의해 135명이 학살당한 하미마을의 45주년 위령제에 참석한 필자는 학살의 상처를 아물게 하기에는 50년의 세월도 어림없이 짧은 기간이란 것만 절감했다. 하미마을에는 한국의 월남참전전우복지회라는 단체가 돈을 내어 만든 비문 없는 위령비가 서 있다. 비문이 없는 것은 아니다. 마을 사람들이 쓴 비문을 한국 정부와 참전군인 쪽에서 문제 삼아 갖가지 압력을 가해 수정을 요구한 것이다. 주민들은 강력히 반발했지만 베트남 정부의 압력을 이기지 못하였다. 결국 주민들은 비문 자체는 수정할 수 없다면서 비문을 커다란 연꽃무늬 돌로 덮어버렸다. 진실은 또다시 묻혔지만, 결코 지울 수 없는 진실은 마을 사람들의 가슴속에 새겨져 있다.[10]

일부는 베트남에서 돈도 벌고 출세도 했지만, 훨씬 더 많은 참전군인들은 전쟁의 상처로 고통받고 있다. 뮤지컬 〈블루 사이공〉에는 김 병장이 월남에서 쏜 총알은 그의 일생을 꿰뚫었다는 기막힌 대사가 나온다. 비단 고엽제가 남긴 육체적 고통만이 아니다. 참혹했던 전쟁의 섬광 같은 기억은 시도 때도 없이 찾아와 나이 들어가는 마음을 후벼놓는다. 1999년 9월부터 1년이 넘게 거의 매주 〈한겨레21〉에 실린, 베트남에서의 민간인 학살과 그에 대한 사죄운동인 "미안해요 베트남"에 관한 기사는 참전군인들을 당혹스럽게 만들었다. 용병과 학살이라는 비난에 맞서 그들은 자신들의 베트남 참전을 정당화하는 기념물을 만들기 시작했다. 국가와 지방자치단체의 예산을 지원받아 전국 곳곳에 100개가 넘는 참전기념비가 최근 5~6년 사이에 들어섰다. 희생된 병사들을 기리는 추모비나 위령비가 아니라 베트남 참전 자체를 '평화의 십자군'이자 국위선양이요, 조국번영의 초석을 놓은 것으로 찬양하는 거대한 기념물을 곳곳에 세운 것이다. 그 결정판은 맹호부대와 백마부대가 훈련을 받았던 강원도 화천군 간동면 오음리에 건립된 베트남 참전용사 만남의 장이다. 이곳에서 가장 문제가 되었던 곳은 베트남 해방전사들이 사용했던 구찌 터널을 관광자원이라고 재현해놓은 곳이다. 터널이 끝나는 곳에 한국군이 베트콩으로 보이는 두 명의 베트남 사람들을 무릎 꿇려 놓고 총을 겨누고 있는 실물 크기의 인형을 세워놓았다. 이 인형들은 그

강원도 화천군 간동면 오음리 '베트남 참전용사 만남의 장'에 재현되었던 베트남 구치터널 입구. 한국 군이 베트남 해방전사들을 무릎 꿇려 놓고 총을 겨누고 있는 실물 크기의 인형을 세워 놓았는데, 누군가 부숴버려 지금은 흔적만 남아 있다.

후 누군가가 부숴버려 지금은 흔적만 남아 있지만 참으로 부끄러운 물건이 아닐 수 없다. 입장을 바꿔놓고 일본이 과거 조선에 출병한 병사들의 훈련지에 청일전쟁이나 러일전쟁 기념관을 짓고 오늘날 일본의 번영을 가져온 초석이 된 사건이라고 찬양하면서 바지저고리를 입은 조선인에게 총이나 칼을 겨누고 있는 일본군 인형을 세워놓았다면 우리의 심경은 어떨까?

베트남 파병 당시 한국은 참 가난한 나라였다. 그 무렵 경제기획원 장관을 지낸 유창순(나중에 전경련 회장과 국무총리를 역임)은 〈사상계〉 좌담에서 파병을 하면 다리도 놓을 수 있고, 항만도 건설하고, 뭐 좀 생기는 게 있다는 이야기를 굉장히 민망해하면서 했다.[11] 남의 나라 전쟁에 젊은이들을 보내 돈을 버는 일은 미래의 전경련 회장에게도 차마 할 짓이 아니었던 것이다. 그로부터 40년 세월이 흘러 대한민국이 아주 부자나라가 되어 다시 이라크 파병을 논할 때, 국익이란 말은 진보를 자처하는 사람들에게서조차 엄청난 힘을 발휘했다.

베트남전쟁이 끝난 직후에 민간인 학살이 있었던 마을에는 하늘에 닿을 한국군의 죄악을 천대에 걸쳐 기록하리라는 '증오비'가 섰다.[12] 조금 세월이 지나며 베트남 사람들은 증오비 대신 위령비를 세웠다. 베트남과 한국은 1992년 수교를 했고, 지금 수많은 베트남 새댁이 한국에 와 살고 있다. 하지만 한국과 베트남의 거리는 참전군인들이 한국에 세운 기념비와, 민간인 학살의 생존자와 유가족들이 참사의 현장에 세운 위령비만큼이나 먼 것일지도 모른다. 한 살 때 한국군의 민간인 학살로 부모도 잃고 두 눈도 잃은 어느 피해자의 삶을 다큐멘터리로 찍고 있던 베트남의 한 기자는 내게 물었다. 어떻게 한국 사람들은 박정희의 딸을 대통령으로 뽑을 수가 있느냐고, 그러면서 베트남과 한국이 친구가 될 수 있겠느냐고! 일본도 A급 전범 기시의 손자를 수상으로 뽑지 않았느냐는 말은 차마 하지 못했다. 미안해요 베트남. 정말 미안해요 베트남.

3
기지촌 정화운동

　　　　　박근혜 대통령은 선거 때 핵심 표어로 '여성 대통령'을 들고나왔다. 생물학적인 성(섹스)과 사회적인 성(젠더)을 엄격히 구분하는 입장에서는 박근혜의 여성 대통령론을 마뜩잖게 여기고 있고, 또 한편에서는 공주도 여성이냐를 놓고 논란을 벌이기도 한다. 이런 논란이 나오는 이유는 박근혜 대통령이 동시대 여성 전체는 물론이고 자신의 동년배 여성들과도 달라도 너~무 다른 삶을 살았기 때문이다. 유신시대 여성들의 삶은 이미 살펴본 여공들보다 더 내려가 기생관광과 기지촌을 들여다보아야 바닥이 보인다.

　박근혜 대통령이 구국의 결단이었다고 찬양해온 유신의 속살을 들여다보면 일본군 위안부 제도와 본질적으로 다를 바 없는 기지촌 정화운동이 나온다. 인혁당이나 정수장학회 문제와 같은 낯익은 국가폭력 사건의 경우 직접적인 피해자도, 직접적인 가해자나 수혜자도 국민 전체에서 보면 소수라 할 것이다. 그러나 기지촌 문제는 그 피해자가 수십만이고, 수혜자도 특정하기 힘들 정도로 많은데다 너무나 뚜렷하게 현재 진행형이다. 기지촌 정화운동을 통해 우리는 대한민국이라는 국가가 사실상의 공창제를 운영하면서 힘없는 여성들의 몸뚱이를 담보로 국가 안보와 외화벌이를 동시에 해결하고자 했던 불편한 진실과 마주하게 된다.

기지촌의 새마을운동

해방 후 남한에 진주한 미군은 일본군 주둔지역에 주둔했다. 용산 미군기지는 일본의 조선군 사령부 자리였고, 미국 공군이 자리 잡은 평택도 일본군이 비행장을 닦던 곳이었다. 당연히 일제 때에 형성된 유곽은 미군을 상대로 한 기지촌으로 바뀌어갔다. 사회안전망이라고는 찾아볼 수도 없던 시절, 갑작스러운 전쟁으로 남편을 잃거나 공동체로부터 유리된 여성이 먹고살기 위해 할 수 있는 일은 많지 않았다. 아무도 그들을 지켜줄 수 없었던 전란 속에서도 순결은 여전히 목숨보다 귀한 가치였다. 한번 '몸을 버린' 여성들, 특히 가진 것이라곤 '이왕 버린 몸뚱어리' 밖에 없는 수많은 여성들은 극도의 가부장적인 사회에서 갈 곳이 없었다. 수많은 순이들은 지친 몸을 누일 곳이라곤 기지촌밖에 없다는 것을 깨닫고 에레나가 되어갔다.[1] 도대체 얼마나 많은 순이가 에레나가 되었을까? 주한미군의 규모에 따라 변동이 심했겠지만, 미군을 상대로 하는 여성의 숫자는 많게는 18만[2]에서 적게는 3만[3]으로 추산되었다. 겨우 일곱 집이 있어 일곱집매라 불렸던 작은 마을 평택의 안정리는 수천 명의 위안부가 모여 사는 거대한 기지촌으로 변화했다.

박정희는 주한미군을 한국에 붙잡아두기 위해 한국군을 월남에 파병하는 것이라고 선전했지만, 미국은 닉슨 독트린에 따라 1971년 3월 7사단과 3개 공군 전투부대 등 주한미군 6만 2,000명 중 2만여 명의 철군을 단행했다. 미군 철수로 공황 상태에 빠진 박정희는 미군의 추가 철수를 막기 위해 전전긍긍했다. '갑'인 미국은 '을'인 한국에 다양한 경로로 기지촌 정비에 대한 요구를 해왔다. 미국 대사관은 주로 한국의 기지촌에서 한국인들이 흑인 병사들을 인종차별하는 것에 대한 닉슨 대통령의 우려를, 미8군 쪽은 기지촌의 불결한 환경과 성병 문제를 제기했다. 1971년 12월 박정희가 한미 1군단 사령부를 순시했을 때 부사령관 이재전은 박정희를 수행하면서 미군 쪽이 요구하는 기지촌 정화에 대하여 건의했다.[4] 미군은 지원병 제도를 택하고 있는데 자식을 군대에 보낸 부모들이 한국이 성병 발병률도 높고 인종차별도 심하다며 자식의 한국 배치에 극력 반대한다는 것이었다. 미군 측은 한국 정부와 국민들이 주한미군의 계속주둔을 원한다 해도 미국 장병이나 부모들이 한국 근무를 기피하면 한국에 많은 인원을 배치할 수 없다고 주장했다. 주한미군 쪽은 독일이나 오키나와 등지의 쾌적한 기지촌의 예를 들며 한국 쪽에 대대적인 기지촌 정비를 요구했다.

청와대로 돌아온 박정희는 수년에 걸쳐 내각에 지시했는데 왜 정화가 안 됐느냐고 크게 화를 내면서 청와대가 직접 사안을 챙기라고 지시했다. 담당자는 정무비서관 정종택이었는데, 그는 새마을운동 담당관을 겸임해서 기지촌 정화운동은 기지촌의 새마을운동으로 불리기도 한다.[5] 1971년 12월 31일 청와대에서는 10여 개 부처의 차관들을 위원으로 하는 청와대 직속의 기지촌 정화위원회가 발족해, 미국의 요구를 적극 수용해 기지촌의 환경 개선과 성병의 예방과 치료 등의 과제를 어떻게 처리할 것인가를 논의했다.

기지촌 정화운동이 미국의 요구에 의해서 시작되었고, 추진도 한미합작으로 이뤄졌지만, 한국 정부는 사실 기지촌 정화운동이 공식적으로 시작되기 전부터 기지촌의 정비에 많은 노력을 기울였다. 미군 철수의 절박한 상황에서 바짓가랑이라도 붙드는 심정으로 기지촌 정화운동을 할 수밖에 없었다는 변명은 사실에 부합하지 않는다. 박정희의 지시로 5·16 군사반란의 적극 가담자이자 중앙정보부 서울분실장으로 막강한 위세를 떨친 백태하가 주도한 군산의 아메리카 타운은 미군들의 쾌락을 위해 건설된 계획도시였다. 1969년 9월 문을 연 아메리카 타운은 미군을 위한 클럽, 식당, 미용실, 각종 상점, 환전소에 기지촌 여성들을 위한 500여 개의 방까지 갖춘 매매춘을 위한 자급자족형 신도시였다. 많은 사람들은 군산의 아메리카 타운을 정부 주도 아래 설립된 '군대창녀주식회사'라 부른다.[6]

검진의 역사, 일본군 '위안부'에서 기지촌까지

일본군 위안부 제도는 전투력을 극대화하려면 전장의 병사들이 섹스를 즐길 수 있어야 하되, 성병으로 인한 전투력 손실을 막기 위해 깨끗한 성을 공급한다는 국가관리 성매매 시스템이었다. 이 점에서 기지촌 정화운동은 일본군 위안부 제도를 무섭게 빼닮았다. 일본군 위안부 제도는 인간이 만들어낸 가장 야만적인 제도지만, 이 제도를 만든 자들은 야만인이 아니라 대일본제국의 가장 우수한 아들들이었다. 기지촌 정화운동을 입안한 자들도 한국과 미국의 엘리트 관료들이었다. 대일본제국의 가장 우수한 아들들도, 자유와 인권이라는 보편적 가치를 지키기 위해 일본과 싸웠다는 위대한 미국의 빼어난 아들들도, 일본에서 미국으로 주인이 바뀌어도 변함없이 승승장구한 식민지 조선의 수재들도 위안부들의 인권같이 사소한, 어쩌면 처음부터 존재하지 않았던 것들을 무

1970년대 동두천의 기지촌 풍경. 기지촌 정화운동은 기지촌 여성들을 위한 것이 아니라 주한미군을 위한 것이었다. 한국 정부는 여성들을 안보전사이자 산업역군이라고 떠받들었지만, 정작 그들의 인권과 권리를 보호하기 위해서는 아무 일도 하지 않았다.

시하기는 마찬가지였다. 박정희에게 기지촌 정화운동을 건의한 이재전이 솔직하게 고백한 것처럼 기지촌 정화운동은 기지촌 주민을 위한 것이 아니라 주한미군을 위한 것이었다.[7]

기지촌 여성들은 청결한 몸과 깨끗한 성을 판매하기 위해 최소 일주일에 두 번 검진을 받아야 했다. 아무리 몸을 파는 여성이라 해도 검진대에 올라 남자 의사에게 치부를 보이는 것은 부끄러운 일이었다. 이렇게 검진을 받아야만 검진증에 도장을 받을 수 있었다. 기지촌 여성들에게 검진증은 신분증이자 '영업허가증'이었다. 검진증을 갖고 있지 않다가 미군 헌병의 검문(기지촌에서는 이를 '토벌'이라 불렀다)에 걸리면 즉심에 회부되었다. 당시 미군의 성병은 놀라울 정도로 증가하고 있었다. 기지촌 정화운동에 대한 탁월한 연구인 캐서린 문의《동맹 속의 섹스》에 따르

면, 1,000명당 성병 발생 건수는 1970년 389건, 1971년에 553건, 1972
년 692건으로 급격히 늘어났다.[8] 미군 부대 정문 보초의 주된 임무는 외
출 나가는 병사들에게 콘돔을 나눠주는 일이었다고 한다. 검진에서 성
병에 걸린 것으로 적발당한 여성은 가차 없이 '멍키 하우스'라 불린 성
병 진료소에 감금되었다. 반면 성병에 걸린 미군이 완치될 때까지 외출
이 금지되거나 하는 일은 절대 없었다. 미군의 7할이 성병에 걸려 있건
만 성병의 책임은 오로지 한국 여성의 몫이었다. 성병 진료소에서는
페니실린을 투약했는데 부작용이 자꾸 생기고 잦은 투약으로 내성이
생겨 약효가 떨어지니 투약 용량을 거푸 늘렸다. 의사들은 부작용이
거의 없었다고 했지만, 여성들은 주사를 맞으면 다리가 끊어지게 아팠
고, 많은 사람들이 자다가 죽고, 화장실에서 죽고, 밥 먹다 죽었다고
증언하고 있다.[9]

　아직 한국 경제가 제대로 성장하지 못하던 시절 기지촌 경제의 위력
은 대단했다. 이나영 교수의 연구에 따르면 1964년 한국의 외화수입이
1억 달러에 불과하던 시절, 미군 전용 홀에서 벌어들인 돈은 근 10퍼센
트인 970만 달러에 달했다.[10] 한국 정부는 주말 외출을 나온 미군들이
오키나와나 일본으로 가 성매매하는 것을 국내에서 흡수하기 위해 기지
촌 여성들에게 영어와 에티켓을 교육하려 했다. 기지촌 '양공주'에서
활동가로 우뚝 선 아메리카 타운 왕언니 김연자의 회고록에 보면 당시
강사들은 이런 식으로 얘기했다고 한다. "흠흠, 에 여러분은 애국자입
니다. 용기와 긍지를 갖고 달러 획득에 기여함을 잊어서는 안 됩니다.
에, 저는 여러분과 같은 숨은 애국자 여러분께 감사드리는 바입니다. 미
국 군인들이 우리나라를 도우려고 왔으니 그 앞에서 옷도 단정히 입고,
그 저속하고 쌍스러운 말은 좀 쓰지 마세요." 원자재 없이 외화를 벌어

들이는 산업전사이자 미군을 붙들어두는 안보전사로 그대들이야말로 참된 애국자이니 긍지를 갖고 일하라는 말에 "그렇게 좋은 일이면 제 딸부터 시키지" 하고 코웃음 치는 사람도 있었고, 그래 우리는 "열심히 썹을 팔고 좆을 빨자"고 자조하는 사람들도 있었다.[11]

영어 강사들은 "메이 아이 싯 다운?" 하는 식의 교양영어를 가르쳤지만, 여성들은 바쁜 세상에 '메이'는 무슨 놈의 얼어 죽을 메이냐며 자신들에게 필요한 영어란 '렛스 고 숏 타임', '렛스 고 롱 타임', '하우 마취' 같은 것이라고 생각했다. 경찰서나 '자매회'가 주최하는 이런 교양강좌에 관심을 갖는 사람은 없었지만, 검진증을 뺏기지 않으려면 자리를 채워야 했다.[12] 일본군 위안부로 끌려간 조선 여성들도 대부분 일본어를 몰랐다. 그들은 "닛폰징 조센징 덴노헤이까 오나지네"(일본인과 조선인은 천황폐하가 같지요) 따위의 서비스 언어를 날림으로 배워 급히 외워야 했다.

안보전사답게 기지촌 여성들도 팀스피릿 훈련을 뛰었다. 기지촌과는 달리 훈련 나와서는 부르는 게 값이었다. 미군들도 훈련 사이사이의 짧은 시간에 욕구를 풀려니 앞사람이 조금만 오래 끌면 문을 두드리고 난리를 쳤다. 이렇게 밖에는 길게 줄을 서 있고, 안에서는 5분도 안 걸리게 일을 치르면서 여성들은 '옛날 정신대 끌려간 사람들이 이랬겠구나' 생각했다. 그 와중에 한국 정부는 야전에 임시보건소를 지어 여성들을 검진했다. 여성들이 아니라 미군을 위해서였다. 왕언니 김연자는 그런 데까지 돈 벌러 간 여자들도 참 대단한 사람들이지만 거기에 천막 치고 보건소 세워준 정부도 참 대단한 정부였다고 혀를 찼다.[13]

'양공주'에 기생한 국가 포주 제도

미군기지에서 얼마나 떨어진 곳까지가 기지촌일까? 보산리, 안정리, 용주골만 기지촌이 아니었다. 미군기지는 어디에나 있었다. 대한민국이 캠프 코리아였고, 대한민국 전체가 거대한 기지촌이었다. 미군이 떠나면 우리는 다 죽는다며 미군의 바짓가랑이 잡고 늘어지는 자들이 한국의 '지도층'인 한, 정신적으로 대한민국 전체가 기지촌일 수밖에 없다. 우리는 모두 그 거대한 기지촌 캠프 코리아의 주민이었다. 우리가 몸을 팔지 않았고, 우리가 포주질 하지 않았고, 우리가 뚜쟁이질 하지 않았어도 우리는 우리 부모와 우리 형제자매가 그렇게 번 돈으로 밥 먹고 학교 다닌 것이다. 기지촌 정화운동은 아무리 좋게 얘기해도 일본군 위안부 제도와의 관련성을 부인할 수 없는 국가 포주 제도였다. 이나영 교수의 지적처럼 대한민국 전체가 '양공주'가 담보하는 국가안보에 기대어, '양색시'가 번 돈에 혹은 그들의 일터와 관계된 경제구조에 기생하며, 일정 부분 미국의 '위안부'가 되어 살아왔던 것이다.[14]

군대가 있는 곳에 매매춘이 있기 십상이지만, 군대와 성매매 사이에 필연적인 상관관계가 있는 것은 아니다. 사우디처럼 이슬람 율법이 엄한 나라의 미군기지 앞에는 매매춘으로 흥청대는 기지촌은 존재하지 않는다. 기지촌 정화운동은 도덕적으로 타락한 여성들이나 업주들과 매매춘을 원하는 미군 병사 사이의 사적인 거래에 대한 것이 아니었다. 기지촌 정화운동은 미국과 한국 두 국가가 긴밀히 협력하여 추진한 국가적인 산업이자 정책이었다. 한미동맹을 얘기할 때 가치동맹을 얘기하지만, 가치동맹 이전에 섹스동맹이 있었다. 미국은 자국 병사들의 안전한 섹스와 스트레스 해소를 원했고, 한국은 주한미군의 계속주둔과 미국

병사들이 뿌리는 달러를 원했다. 두 나라는 굳게 손잡고 기지촌 정화운동을 펼쳤다.

1960년대까지만 해도 미군 범죄에 관한 기사는 신문에 자주 실렸다. 그러나 기지촌 정화운동과 거의 동시에 시작된 유신시대의 신문지상에서 미군 범죄에 관한 기사는 찾아보기 어렵다. 정부는 기지촌 여성들을 안보전사이자 산업역군이라고 떠받들었지만, 정작 그들의 인권과 권리를 보호하기 위해서는 아무 일도 하지 않았다. '혼혈' 자식들은 미국으로 입양 보내고 홀로 남은 이들은 이제 늙고 병든 몸으로 고독한 나날을 보내고 있다. 2012년 8월 31일 기지촌여성인권연대가 발족했다.[15] 그동안 기지촌 여성들을 위해 활동해온 이들이 먼저 깃발을 들었지만, 어찌이 문제가 기지촌여성인권연대만의 과제이겠는가? 거대한 기지촌 캠프 코리아의 주민 모두는 이 문제와 무관하지 않다. 기지촌 여성 문제는 모든 국민이 책임져야 할 문제이지만, 국가 포주 제도를 건설하고 운영한 박정희에게 각별한 책임이 있다. 그들은 사회가 조금만 문을 열어주었어도 우리가 이렇게 살지는 않았다고 지금 통한의 눈물을 흘리고 있다. 그들이 정녕 안보전사였다면 마땅히 국립묘지에 모셔야 하는 것 아닌가? 국립묘지 문을 열어달라는 말은 안 하겠다. 다만 그들을 향해 굳게 닫혀 있는 우리 사회의 문, 우리 마음의 문은 열어야 할 것이다. 그 문을 가장 먼저, 가장 활짝 열어야 할 책임은 다른 누구보다도 박근혜 대통령에게 있다. 공주와 양공주는 딱 한 글자 차이지만, 이 사이에 우리나라의 모든 여성이 다 들어간다. 영애 박근혜는 그 시절 자신보다 두세 배나이를 잡수신 교장 선생님이나 원로급 사회인사들을 모아놓고 새마음 정신 고취란 이름으로 충효사상을 강연했지만, 정말 이 사회를 밑바닥에서 떠받치는 기지촌 여성들의 손을 잡은 적은 없다.

4

유신의 다른 이름,
새마을운동

"새벽종이 울렸네/새아침이 밝았네/너도나
도 일어나/새마을을 가꾸세/살기 좋은 내 마을/우리 힘으로 만드세."
새벽종이 울릴 때만이 아니었다. 왜색 가요라고 〈동백아가씨〉를 금지
시킨 나라에서 박정희 대통령 각하께서 친히 작곡하셨다는 일본 창가풍
의 〈새마을노래〉는 날이 저물도록 온 나라에 울려 퍼졌다. 유신 쿠데타
로 또다시 헌법을 짓밟은 직후인 1973년 1월의 연두 기자회견에서 박
정희는 "10월유신이라고 하는 것은 곧 새마을운동이고, 새마을운동이
라고 하는 것은 곧 10월유신"이라고 선언했다.[1] 박정희의 말이 아니더
라도 유신시대는 곧 새마을운동의 시대였다. 거의 모든 공무원들이 새
마을 모자를 쓰고 새마을 완장을 두르고 〈새마을노래〉를 부르며 새마을
연수교육을 다녀왔다. 기왕에 정부가 추진해온 대부분의 사업도 새마을
운동으로 재편되어 새마을이라는 딱지를 붙이게 되었다. 새마을운동은
"초가집도 고치고 마을 길도 넓히고"라는 노랫말이 상징하듯이 농촌에
만 국한된 것이 아니었다. 도시 새마을운동, 공장 새마을운동, 학교 새
마을운동 등등이 시작되면서 하늘 아래 새마을이 아닌 곳이 없게 되었

다. 자연히 사람들은 무엇이 새마을운동이고 무엇이 새마을운동이 아닌지를 알 수 없었다. 1979년 10월 26일 저녁 몇 발의 총성과 함께 박정희가 죽으면서 아래로부터의 열정을 담았던 '새마을운동'도 사실상 막을 내렸다. 새마을 이름을 단 관변단체가 즐비하고 관공서마다 새마을 깃발이 나부끼고 있지만, 한때 유신을 반대하던 대학생들조차 감동시키던 절절한 사연을 지닌 그 많던 새마을 지도자들은 다 어디로 갔을까? 그야말로 이것 또한 "동지는 간데없고 깃발만 나부껴"이다.

남아돈 시멘트와 새마을운동

박정희는 1969년 8월 4일 수해를 입은 지역의 복구사업을 순시하다가 경북 청도군 청도읍 신도리 마을 사람들이 "쓰러진 마을을 복구할 바에야 이 기회에 좀 더 환경을 잘 가꾸어 깨끗하고 살기 좋은 마을을 만들어보자"며 마을 길도 넓히고 지붕도 개량한 것을 보고 크게 감동했다고 한다.[2] 그는 이듬해 4월 22일 한해대책 지방장관 회의에서 이 마을 사례를 들며 농촌에서 '새마을가꾸기운동'을 벌이자고 제안했다고 한다. 새마을운동이 구체화된 것은 1970년 10월부터 이듬해 봄까지 정부가 전국 3만 5,000개 마을에 각각 300여 포대의 시멘트를 무상으로 나누어주면서부터였다. 흥미로운 것은 박정희가 각 마을에 막대한 예산을 들여 시멘트를 나누어준 계기가 쌍용시멘트 소유주였던 김성곤이 박정희에게 시멘트 업계의 재고과잉에 대한 대책을 마련해달라고 호소한 것이었다는 점이다. 김성곤은 당시 공화당 재정위원장으로 박정희의 정치자금을 관리하는 데에서 중요한 역할을 했던 자이다. "남아도는 시멘트를 부진한 새마을가꾸기운동에 돌릴 수 있는 방안을 강구"하라는 박정희의 지시를 받은 당국은 배급받은 시멘트는 반드시 마을 진입로 확장, 작은 교량 건설, 농가 지붕 개량, 우물 개선, 공동 목욕탕 건립, 공동 빨래터 만들기 등 정부가 예시한 20여 개의 새마을사업에 한정해서 쓰라는 조건을 달아 시멘트를 내려보냈다.[3]

물자가 귀했던 시절, 뜻하지 않게 시멘트를 받아든 농민들은 여기에 자신들의 자금과 노동력을 더하여 마을의 숙원사업을 해결하려 한 경우가 많았다. 정부 입장에서는 기대 밖의 성과를 거둔 것이다. 박정희는 이에 내무부에 지시하여 각 마을 단위의 사업을 면밀하게 평가하도록 한 결과, 약 3만 5,000개 마을 중 1만 6,000곳에서 우수한 성과를 얻었다는 보고를 받았다. 박정희는 이 보고를 바탕으로 전국의 마을들을 주민의 참여도와 사업성과에 따라 기초·자조·자립 마을로 나누어 '차별적이고 단계적인 지원'을 하도록 했다. 박정희는 좋은 성과를 거둔 마을 1만 6,000곳에는 마을당 평균 시멘트 500부대와 철근 1톤을 지원하도록 하고, 나머지 1만 8,000개 마을은 전혀 지원하지 말라고 지시했다. 1971년은 대통령 선거와 제8대 국회의원 선거가 있던 해였다. 여당인 공화당은 지원을 받지 못하는 마을의 반발을 우려했지만, 박정희는 "하늘은 스스로 돕는 자를 돕는다"며 선별지원을 밀어붙였다. 마을끼리의 경쟁심을 자극한 박정희의 도박은 주효했다. 박정희식으로 표현하면 "경쟁으로 더욱 잘살아보겠다고 노력을 하는 기운이 방방곡곡에 가득"차게 되었다.[4] 이런 변화가 꼭 긍정적인 것은 아니었다. 이렇게 경쟁의 기운이 몰아치는 과정에서 마을을 넘는 공동체적 유대는 파괴되었고, 마을 내에서도 열악한 경제적 처지로 인하여 마을 단위의 경쟁에 노동력을 제공하지 못하는 집들은 마을에서 점점 살기 힘든 처지가 되었다.

김정렴을 비롯한 유신정권의 핵심요인들이 입을 모아 증언하듯이 새마을운동은 "순전히 박 대통령의 개인 구상에서 시작"되었다. 당시 새마을 교육에서 활용되던 교재를 보면 "각하께서는 (중략) 새마을운동의 개념에서부터 사업 내용, 그리고 전개 방향에 이르기까지의 자세한 지침을 손수 구상하셨고, 때에 맞추어 국민 앞에 제시·설명하셨다"고 한다.[5] 박진도와 한도현이 잘 설명했듯이 "새마을운동은 처음부터 정연한 이론이나 체계를 갖고 시작된 것이 아니고, 최고 지도자의 소박한 관심에서 출발하여 한때 국정의 최고 정치철학으로까지 발전한 것"이다. 그렇기에 새마을운동은 "박정희라는 개인 그리고 유신체제를 떠나서는 설명할 수 없다".[6]

많은 관찰자들은 박정희의 새마을운동이 1930년대 조선총독부가 추진한 농촌진흥운동을 빼닮았다고 지적한다.[7] 박정희가 1970년 제창한 '새마을 가꾸기'란 조선총독부의 '아타라시이 무라 쓰쿠리'를 글자 그대로 번역한 것이었다. 박정희가 1937년부터 만 3년간 교사로 근무했던 문경공립보통학교는 농촌진흥운동의 일환으로 두 곳의 갱생농원을 경영했고, 박정희는 이 농원에 나가 40여 일간 지도를 했다고 한다. 농촌진흥운동이 박정희에게 미친 영향을 가장 상세히 기술한 것은 조갑제였다. 최길성 교수의 연구성과를 인용하여 조갑제는 새마을운동과 농촌진흥운동의 유사성에 대해 이렇게 서술했다. "운동의 이념은, 박정희 대통령의 새마을이 '자조, 자립, 협동, 충효애국'이고 그것의 집약적 표현이 국민교육헌장이었던 데 대해서 우가키 총독의 농촌진흥은 '자립, 근검, 협동공영, 충군애국'과 교육칙어였다. 박정희, 우가키 두 사람 다 농촌 출신 군인이었다. 두 운동의 현장 지도자들은 새마을연수원과 농도강습소에 의해 각각 양성되었다. 〈새마을노래〉와 〈농촌진흥가〉, 경제개발 5개년 계획과 농가경제 5개년 계획, 육림일과 애림일, 모범 부락

재고가 넘치는 시멘트를 무상으로 나눠주면서 시작된 자조운동인 새마을운동은 시간이 지나면서 관제운동이 되고 말았다. 한국의 농촌은 일제강점기 조선총독부의 농촌진흥운동과 박정희 정권의 새마을운동을 거치면서 국가의 동원 체계에 편입됐다.

의 선정 등 공통점이 적지 않은 것이 사실이다."[8]

박정희의 새마을운동과 조선총독부의 농촌진흥운동이 '관제 국민운동'으로서 여러 가지 면에서 유사한 것은 사실이지만, 둘 사이의 중요한 차이도 간과해서는 안 된다. 특히 운동이 벌어질 당시의 사회경제적 상황은 매우 달랐다. 우가키가 농촌진흥운동을 시작할 때는 세계 대공황의 피해가 조선의 농촌을 덮쳐 소작쟁의, 수리조합 반대투쟁, 부역 반대투쟁 등 농민들의 자생적인 생존권 투쟁이 격렬하게 전개되었고, 사회주의자들은 적극적으로 이러한 상황에 대처하여 혁명적 농민조합운동(적색농민조합운동)을 적극적으로 전개할 때였다. 총독부 당국은 전국 80여 곳에서 120여 건의 적색농조운동을 적발하여 6,000여 명을 검사국에 송치해야 할 정도로 심각한 체제위기에 직면해 있었다. 지수걸에 따르면 1932년 7월에 시작된 농촌진흥운동은 이런 상황에서 추진된 '비상한 시기'의 '비상한 정책'이었다.[9]

새아침은 밝았는가

새마을운동이 전개되는 시점에도 분명 위기는 존재했다. 박정희의 수출주도형 경제발전 전략은 농촌의 희생을 전제로 한 것이었기에, 경제가 발전할수록 농민들의 처지는 불안해질 수밖에 없었다. 1960년대 전반까지만 해도 농가소득이 도시근로자 가구소득보다 많았지만 1970년에 접어들면서 농가소득은 도시근로자 가구소득의 70퍼센트 선으로 급락했다. 박정희가 새마을운동을 시작한 시기는 전태일의 분신(1970년 11월)과 광주 대단지 사건(1971년 8월) 등 도시에서 노동자와 도시빈민들의 불만이 한껏 고조된 시기였다. 박정희에게는 다행히 아직 농촌에서는 도시와 같이 불만이 폭발적으로 분출하지는 않았다. 한국전쟁과 그 전후의 민간인 학살을 거치면서 농촌 내부의 '불안 요인'이 철저히 거세되었을 뿐 아니라, 도시로 도시로 향하는 이농의 대열은 불만이 농촌에 폭발할 정도로 쌓일 틈을 주지 않았다. 그럼에도 상황은 좋지 않았다. 농가의 호당 평균부채는 1962년 4,751원에서 1969년 1만 2,518원으로 크게 늘어났다.[10] 1971년 총선에서 여촌야도 현상은 여전히 존재하여 박정희의 정권을 지탱해주었지만, 농촌에서 여당의 지지율은 1963년과 1967년 총선의 67퍼센트 선에서 1971년 총선에서는 58퍼센트로 크게 감소했다.[11] 박정희가 계속 집권하기 위해서는 농촌에서의 지지율이 더 이상 하락하는 것을 방지하고 도시의 반정부 분위기가 농촌에 확산되지 못하도록 예방해야 했다.

박정희가 아직 살아 있을 때인 1979년 7월에 발간된 〈신동아〉에 실린 글은 새마을운동이 성공적인 농촌 근대화 전략이었다면 "1960년대 전반에 농촌인구 100명 가운데 1.3명이 '헌 마을'을 떠났는데 왜 1970년대 후반에는 해마다 3.7명이 '새마을'이 된 농촌을 떠났는지 설명할 수 없게 된다"고 꼬집었다.[12] 박정희는 늘 "새마을운동은 한마디로 '잘살기 운동'이다"라고 강조했지만, 농업의 희생을 전제로 한 공업화, 농업과 공업 간의 불균등 발전, 농가부채, 비민주적 농정, 저농산물 가격 정책과 외국 농산물 수입 등 구조적인 문제는 손대지 않고 소득 증대를 꾀하는 것은 불가능한 일이었다. 새마을운동이 전시행정에 그치지 않고 실질적으로 농가의 소득 증대를 이뤘다면 지금의 농촌이 저렇게 텅 비지는 않았을 것이다.

반면 국가 입장에서 볼 때, 또는 박정희 정권 입장에서 볼 때 새마을운동은 매우 중요한 성과를 거두었다. 도로의 포장이나 보수, 교량의 건설 등과 같은 사업은 정상적인 근대 국민국가에서라면 마땅히 국가의 예산으로 수행되어야 할 사업들이었다. 마을 길을 낼 때 많은 사람들은 국가로부터 한 푼의 토지보상금도 받지 않고 자기 땅을 기꺼이 내놓았다. 1960년대의 사회간접자본 건설 내용과 비교해볼 때, 새마을운동을 통해서 정부는 아래로부터 무상으로 사회간접자본 건설을 위한 토지와 물자와 엄청난 노동력을 조달받은 것이다. 이렇게 창출된 잉여는 "국가를 매개로 하여 국내외 독점자본에 이전"되었다.[13] 초기에는 새마을운동에서 농민들의 자발성이 매우 두드러졌지만 해가 갈수록 농민들은 의사결정 구조에서 배제되었고 새마을운동의 수행은 거의 공무원들에 의해 주도되었다. 정부는 새마을운동중앙협의회를 설치했고, 그 산하에 도-군-면-리로 이어지는 하부 체계를 건설했다. 대통령의 초미의 관심사가 새마을운동이다 보니 각 공무원들이 새마을운동에서 거둔 실적은 그들의 승진과 직결되었다. 유신체제의 경직된 분위기 속에서 공무원들이 여름에 덥고 돈도 많이 드는 슬레이트 지붕보다 초가지붕이 더 좋다며 지붕 '개량'을 하지 않는 집 지붕을 갈고리로 뜯어내거나, 통일벼를 심지 않은 못자리를 장화발로 짓밟는 일이 빈번하게 발생했다.

새마을운동의 관 주도성, 강압성, 전시행정, 성과주의 등은 박정희 사후에 내무부조차 공식적으로 인정한 새마을운동의 대표적인 문제점이었다. 그렇지만 새마을운동 지도자 대회에서 연설하는 내용이나 모습, 각 마을에 배포된 기관지 〈새마을〉에 소개된 새마을 지도자의 모습은 종교집회에서의 성령이 차고 넘치는 간증을 보는 듯한 뜨거움을 갖고 있다. 그것이 새마을운동의 가장 큰 힘인지도 모른다. 사실 박정희는 농민들이 "무지와 빈곤 속에서 살면서도 더 잘살아보겠다는 생각은 없었고", "나태와 질시 속에서 음주와 도박으로 소일하고" 있다고 비난하곤 했다.[14] 농촌이 궁핍한 원인을 들판에 나가 온종일 일하는 농민들이 게으르거나 자포자기한 탓으로 돌리는 것은 박정희의 새마을운동과 '자력갱생'을 부르짖었던 농촌진흥운동이 유사한 대목이다.

이런 문제점에도 불구하고 당시의 농민들이 '잘살아보세'를 부르짖은 박정희의 호소에 상당히 적극적으로 호응했던 데는 나름의 이유가 있었다. 박정희는 연설에서 자주 "나는 가난한 농민의 아들로 태어나"라는 말을 하곤 했다. 한국의 정치사에서 이렇게 말할 수 있는 최고 지도자는 박정희가 처음이었다. 이승만은 서양 여성과 같이 사는 미국 박사님이었다. 오죽하면 호칭이 이 대통령이 아니라 이 박사였을까. 윤보선은 서울 안국동의 대궐 같은 집에 사는 명문귀족 대지주 가문의 후예였다. 농민들은 자신을 가난한 농민의 아들로 규정하면서 '우리도 한번 잘살아보세'를 노래하며 촌로들과 모내기를 하고 막걸리를 마시는 박정희에게서 이승만과 윤보선에게서 찾을 수 없던 동질감을 느꼈다. 박정희는 새마을운동을 설파하는 과정에서 농민들을 게으르다고 탓하기도 했지만, 그들을 운동의 주역으로 불러냈다. 대통령에게 직접 부름을 받았다는 사실, 무언가 중요한 존재로 대우받았다는 것은 농민들, 특히 사회적으로 열악한 처지였지만 새마을운동에 적극 가담한 사람들에게는 매우 중요한 경험이었다. 때로 이들은 새마을 모자와 완장을 통해 권력을 부여받기도 했다. 종의 딸로 태어났지만 부녀회장이 된 여성 지도자는 도박 추방의 구호를 높이 든 채 남자들이 모인 사랑방 문을 열어젖히고 화투판을 엎을 수 있었다.

총독부의 농촌진흥운동에 이어 새마을운동을 거치면서 국가의 동원체계는 마을 속으로 깊숙이 침투했다. 국가가 자원배분을 통해 마을 안팎의 경쟁을 부추기면서 두레나 품앗이같이 공동체 내에서 서로 돕고 돌보는 농민 자신들의 조직은 모두 깨져버렸다. 유신체제가 요구한 것과는 다른 방향에서 농민들을 조직하고 생활의 향상을 꾀했던 움직임, 예컨대 강원도 원주에서 장일순 등이 조직한 협동조합운동은 감시와 탄압을 받았다. 2012년 협동조합기본법이 통과된 것은 새마을운동이 쓸어버린 '사회적 경제'가 부활할 수 있는 좋은 기회를 제공한 것이다.[15] 박정희의 유산을 이어받으려는 박근혜 대통령이 가장 주목하는 것은 새마을운동이다. 감히 제2의 5·16을 하겠다거나 제2의 유신을 하겠다고 말할 수 없는 박근혜 대통령이 내세울 수 있는 박정희표 정치는 '제2의 새마을운동' 밖에 없다.[16] 또다시 시대착오적으로 하면 된다고 밀어붙여 아래로부터의 자발성을 쓸어버리는 일이 없기를 바랄 뿐이다.

5
통일벼와
식량증산정책

　　김일성은 모든 인민이 이밥에 고깃국 먹는 날을 고대하며 "쌀이 곧 공산주의"라고 주장했다. 비슷한 시기 남쪽의 박정희도 주곡인 쌀의 자급자족을 위해 엄청난 노력을 기울이고 있었다. 공산 진영과 자본주의 진영이 첨예하게 대립하던 냉전 시기에 박정희는 주곡인 쌀의 증산을 경제발전과 국가안보에서 핵심적인 문제로 생각했다. 박정희에 대한 평가가 극과 극을 달리듯이 1970년대 박정희의 식량 정책에서 핵심적인 위치를 차지하는 '통일벼'에 대한 인식도 극과 극을 달리고 있다. 어떤 사람들에게 통일벼는 한국 사람들의 '보릿고개'를 없앤 '기적의 쌀'인 반면, 또 어떤 사람들에게 통일벼는 짓밟힌 못자리의 참담한 기억으로, 갑자기 닥친 변종 도열병에 새빨갛게 타들어간 농민들의 가슴으로, 밥을 지으면 풀풀 날리던 참 밥맛없던 쌀로 기억될 것이다.

　　"나는 가난한 농민의 아들로 태어나……"를 입에 달고 살던 박정희는 집권 초기부터 식량증산에 고심했다. 농림부나 농촌진흥청이 식량증산을 위해 고심했다 하면 당연한 이야기일 것이다. 그런데 1960년대 중반 식량증산에 앞장섰던 정부부처는 중앙정보부였다. 중앙정보부는 1964년 멀리 이집트에서 '나다'를 밀반입했다. 중앙정보부장 김형욱은 국회에서 자신의 부하들이 두꺼운 책에서 표지만 남기고 안쪽을 도려낸 뒤그 속에 볍씨를 채워 외교행낭 편으로 극비리에 공수해온 것을 무용담처럼 떠들어댔다. 김형욱은 자신의 행위가 '제2의 문익점'과 같은 것이라며 이 볍씨가 보릿고개를 없앨 것이라고 큰소리쳤다.[1]

박정희는 이 씨앗을 자기의 이름에서 한 글자를 떼어 '희농 1호'라 부르게 했다. 박정희는 이 볍씨를 유리 상자에 담아 집무실에 두고 손님들에게 보여주며 자랑했다고 한다. 박정희는 1965년 이 씨앗을 몇몇 곳에서 시험 재배하도록 했다. 박정희는 부진한 시험 재배 결과에도 불구하고 '희농 1호'를 밀어붙여 1967년부터 일반 농가에서 재배하도록 했다. 결과는 참담했다. 씨받이마저 하기 어려울 정도의 흉작이 들었다. '나다'가 이집트에서는 고수확 품종이었지만, 한국의 기후와 토양에는 적합하지 않았던 것이다. 이 참담한 실패 덕분인지 박정희는 그 후 여러차례 이루어진 신품종 개발에서 다시는 자신의 이름을 따서 종자의 이름을 붙이지 않았다. 과학사학자 선유정은 "희농의 실패는 그것이 다수확 벼라는 것만 믿고 국내 환경을 고려한 과학적 검증 없이 국가의 힘으로 밀어붙이면서 야기된 인재"였다고 평가했다.[2] 희농을 통해서 군사정권의 정당성을 획득해보려던 계획은 일단 좌절되었다.

기적의 종자 '통일'의 탄생

냉전 체제하에서 미국은 개발도상국에서 '녹색혁명'이라 불리는 농업생산성 향상을 위한 야심적인 계획을 추진했다. 미국은 당시 제3세계

농촌 현장에서 통일벼 재배현황을 점검하는 박정희(왼쪽). 1970년대 식량 정책에서 핵심 위치를 차지하는 '통일벼'에 대한 인식은 극과 극을 달린다. 오른쪽은 식량증산을 외치며 거리방송에 나선 공무원들.

여러 나라가 받고 있던 인구 압력을 분산시키지 못한다면 공산혁명을 피할 수 없을 것이라 보고 개발도상국의 농업발전을 위해 막대한 지원을 퍼부었다. 미국의 지원으로 1962년 필리핀에는 국제미작연구소(IRRI)가 문을 열게 되었다. 이 연구소가 개발한 키 작은 벼 'IR 8'은 기적의 쌀이라 불릴 만큼 수확량이 많았다. 통일벼 연구로 박사 학위를 받은 과학사학자 김태호는 "냉전 체제에서 녹색혁명이 미국의 국제 전략의 중요한 부분이었다는 점은 통일벼의 연구와 보급 과정에서 한국이 대단히 유리한 조건으로 국제적인 도움을 받았던 것"이라고 말한다.[3] 김태호는 이런 국제 환경이 유리하게 작용했지만, 통일벼의 탄생과 보급은 한국 과학자와 '증산 체제'라는 시스템이 결합했기에 가능한 것이었다고 평가하고 있다. 한국에서 '희농'의 실험이 참담한 실패로 돌아갈 무렵, 서울농대 교수인 허문회는 국제미작연구소에서 연구할 기회를 얻었다. 허문회의 꿈은 한국의 기후와 토양에 맞는 기적의 쌀을 만들어내는 것이었다.

1920년대에 일본 육종학자들이 벼를 크게 인도계인 인디카와 일본계의 자포니카 둘로 나뉜다. 우리가 먹는 차지고 낱알의 길이가 짧은 쌀은 자포니카 계열이고, 흔히 안남미라고 부르는 길이가 길고 밥을 하면 푸석푸석 날리는 쌀이 더운 지방에서 선호하는 인디카 계열이다. 인디카는 자포니카에 비해 수확량이 월등히 많았다. 일본의 육종학자들은 자포니카와 인디카의 교잡을 통해 자포니카의 맛에 인디카의 생산량을 가진 새로운 품종을 만들어내고자 노력했으나 모두 실패했다. 인디카와 자포니카의 교잡은 유전적으로 거리가 먼 종끼리의 교잡으로 교배기술도 쉽지 않을 뿐 아니라 암말과 수탕나귀 사이에서 태어난 노새가 새끼를 낳을 수 없는 것처럼 '잡종불임'의 문제에 봉착하게 마련이다. 허문회는 인디카와 자포니카의 '원연교잡'으로 탄생한 잡종이 불임성을 보일 때 제3의 품종과 다시 교배(삼원교잡)했더니 불임 현상이 사라진다는 사실을 발견하는 획기적인 성과를 거두었다.[4] 이렇게 탄생한 것이 'IR 667'이고, 이 새로운 종의 한국 이름이 '통일'이다. '통일벼'란 통일과 마찬가지로 인디카계의 형질을 지닌 통일의 개량종을 통칭하는 말이다. 통일벼는 수많은 논란에도 불구하고 김태호가 지적했듯이 한국의 농학과 농업의 발전사에 한 획을 그은 업적으로, 1999년 과학자들에게 한 설문조사에서 한국 과학의 10대 성취 중 하나로 선정되기도 했다.[5]

새로운 품종을 만들었다고 해서 바로 재배에 들어갈 수 있는 것은 아니다. 그러나 "10여 년씩 걸리는 통상적인 육종의 시간표는 그들에게는 너무 긴 것"이었다. 그것은 좋게 보면 하루빨리 식량의 자급자족을 이뤄야 한다는 절박한 사명감에서 기인한 것이었고, 냉정하게 평가하면 예견된 인재로 가는 고속도로를 닦는 일이었다. 다수확이나 병에 잘 안 걸리는 품종을 만들기 위해서는 특정한 유전적 성질을 강화할 수밖에 없는데, 이렇게 사람의 손을 탄 신품종은 자연히 유전적 다양성을 상실하게 마련이다. 또한 사람이 병충해에 강한 신품종을 개발해도 병원체는 끊임없이 변이를 일으키기 때문에 신품종이 병충해로부터 재해를 입게 되는 것은 결국 시간문제일 수밖에 없다.

통일벼의 성취와 좌절

통일벼 이야기를 하려면 세 명의 주역을 꼽아야 할 것이다. 먼저 개발자인 허문회 교수, 두 번째로 무려 12년간 농촌진흥청장으로 있으면서 통일벼의 보급과 증산 시스템의 구축 및 운영을 책임진 김인환, 그리고 유신체제의 총수 박정희가 있다. 통일벼에서 늘 문제가 됐던 것은 자포니카 계열의 일반미에 비해 맛이 없다는 것이다. IR 667이 개발된 뒤 1971년 2월 5일 정부 각료와 경제계 인사들이 참석한 시식 겸 평가회에서 박정희는 무기명으로 작성하게 되어 있는 설문지의 밥맛 평가란에, '좋다'에 동그라미를 치고 크게 자기 이름을 적어 넣었다. 적어도 정부 내에서 누구도 통일벼의 밥맛을 거론할 수 없게 만든 것이다.[6]

통일벼의 또 다른 문제는 재배법이 까다롭다는 점이다. 기존의 자포니카 품종은 전통적인 물못자리에서 모를 키웠지만, 통일벼는 비닐로 덮은 보온 못자리에서 모를 키워야 냉해를 막을 수 있었고 비료와 농약도 많이 쳐야 했다. 통일벼 덕에 논에서 메뚜기와 미꾸라지가 사라졌다는 얘기도 많이 나왔다. 1972년이 되자 정부는 통일벼 재배법 교재를 무려 75만 부나 배부했다.[7] 7,000명에 달하는 농촌진흥원 직원들은 "자나 깨나 통일, 죽어도 통일"을 외치며 통일벼 재배면적을 늘리려 분주히 돌아다녔다.

1972년 추수를 앞두고 닥친 냉해 때문에 통일은 대흉작을 기록했다. 〈조선일보〉는 10월 11일 자에서 "미숙품종에 겹친 천재"라며 정부도 재배면적을 성급히 확대했다고 성토했다.[8] 그러나 유신의 힘은 막강했다. 10월 17일 유신이 선포되고 박정희가 통일벼에 대해 신앙에 가까운 의지를 갖고 있다는 것이 알려지자 〈조선일보〉가 10월 31일 자에 "통일벼 다수확성 판명"이라는 기사를 게재하는 등 대부분의 언론은 통일벼에 대한 우호적인 보도를 쏟아냈다.[9] 유신 첫해인 1973년 가을 박정희는 통일벼의 성과에 매우 흡족해했다. 통일벼의 단위면적당 생산량은 자포니카에 비해 37퍼센트나 높았다. '통일'의 개발로 "박정희 정부는 오랫동안 찾으려 애썼던 기적의 쌀을 드디어 확보"한 것처럼 보였다. 1974년부터 1977년까지 쌀 생산량도, 개별 농가의 명목소득도 모두 크게 증가했다. 통일벼는 맛이 없어 시장에서의 경쟁력은 떨어졌지만, 정부는 추곡수매와 이중곡가제를 통하여 통일벼 재배 농가에 확실한 인센티브를 부여했다. 1974년에는 쌀 생산량이 3,000만 석을 돌파했고, 3년 후인 1977년에는 4,000만 석을 돌파했다. 이때 한국의 단위면적당 쌀 생산량은 세계 최고를 기록했다. 박정희는 이를 녹색혁명의 성취로 자랑했지만, 딱 거기까지였다.

통일벼의 성공은 역설적으로 통일벼의 몰락을 재촉했다. 공무원들은 증산 목표 달성을 위해 일반벼의 못자리까지 짓밟아가며 통일벼 재배면적 확대를 추진했는데, 예상을 웃도는 증산 실적은 정부에게 이중곡가제에 따른 막대한 양특적자를 남겼다. 박정희는 밥맛을 따지는 것을 사치라고 여기며 증산만을 위해 달려갔지만, 통일벼를 심는 농민들조차 통일벼는 추곡수매용이고 자가에서 소비할 쌀은 아키바레로 심는 일이 비일비재했다. 정부는 남아도는 통일벼를 처치하기 위해 1977년 12월

14년 만에 다시 쌀 막걸리의 제조를 허용했다.[10] 통일벼와 추곡수매를 통해 농민들은 자본주의 시장경제 체제 속으로 빨려 들어갔지만, 이 시장경제는 어찌 된 영문인지 1974년 이후 해마다 사상 최대의 풍년이 들었다는데 농민들의 수익구조는 계속 악화되어갔다.

통일벼와 함께 몰락한 박정희 체제

한국전쟁을 거치면서 급진적인 농민운동은 완전히 괴멸되었고, 1960년대 후반까지만 해도 대통령이 농민운동 행사에 참가할 만큼 국가와 농민운동의 관계는 돈독했다.[11] 농민들에게 통일벼 추곡수매가 보장해 주는 현금수입은 나름 매력적인 것이었다. 그러나 증산 시스템이 갖는 관성이 증산 확대를 위해 일반벼 못자리를 짓밟는 등 강제농정으로 나타나면서 분위기는 변화했다. 더구나 중화학공업 과잉투자에 석유파동이 겹치고 정부가 감당할 수 없을 정도로 쌀 생산이 늘자 정부는 고미가 정책을 폐지하고 농산물 시장을 개방하여 도시노동자의 저임금을 유지하려 했다. 이제 농민들은 아무런 완충장치 없이 농산물 시장 개방이라는 폭풍을 만나게 된 것이다.

통일벼는 보온 못자리, 비료와 농약 등 때문에 일반벼에 비해 생산비가 많이 든다는 문제점이 있다. 신품종을 재배하는 데 필요한 설비와 자재는 모두 농협 융자금, 다시 말해 빚이었다. 농가부채는 1971년 가구 평균 2만 9,500원에서 1980년에는 80만 8,400원으로 급증했다.[12] 10년 사이에 농가부채가 27배나 증가한 것이다. 정부는 고미가 정책을 포기했지만 사실 높게 책정되었다는 추곡수매가가 실제 생산비에 미치지 못한다는 주장이 강력히 제기되었다. 가톨릭농민회는 정부수매가와

1977년 통일계 품종으로 밥맛을 개선한 '유신'의 재배 현장. 그러나 '마디썩음병' 등으로 1년 만에 거의 사라져버렸다.

실제 생산비의 차이가 매년 누적된 것을 농가부채의 급증 원인으로 꼽았다.

육종학자들은 열심히 통일벼 계열의 새로운 품종을 개발했다. 핵심은 밥맛이었다. 높은 수확률에도 불구하고 밥맛이 없었던 기적의 쌀 통일은 1978년이 되면서 사실상 자취를 감추었다. 1977년에는 통일계 품종으로 밥맛을 개선한 '유신'이 새로 나왔다. "통일벼로 통일, 유신벼로 유신"이라는 구호[13] 속에 유신의 재배면적을 늘리기 위한 충성경쟁이 벌어졌다. 1977년은 사상 최대의 풍작을 기록했다고 하지만, 유신을 심은 경기도 일대의 농민들은 눈물을 흘려야 했다. 볏짚 첫 마디 부분이 까맣게 썩어 들어가면서 벼 포기들이 급격하게 주저앉는 '마디썩음병'이 발생한 것이다. 통일이 사라진 자리를 메울 것으로 기대되던 유신도 1978년에는 거의 사라져버리고 새로운 품종이 등장했다. 박정희는 1977년 1월 21일 농수산부 연두 순시에서 "앞으로는 신품종이 개발되면 개발 품종에 연구원 학자 이름을 붙여 대대손손 영예가 지속될 수 있도록 하라"고 지시했다.[14] 1977년에 새로 등장한 이리 327호는 육종 책임자인 호남작물시험장장 박노풍의 이름을 따 '노풍'으로, 밀양 29호는 영남작물시험장장 박래경의 이름을 따 '래경'으로 불리게 되었다. 정부는 유신의 실패를 가리기 위해 새로 개발된 노풍을 대대적으로 재배하게 했다.

원래 열대성 인디카 계열의 통일벼는 도열병에 강했다. 그러나 1978년 한반도를 강타한 변종도열병은 노풍을 쭉정이로 만들어버렸다. 정부의 권유를 믿고 노풍을 심었던 농민들은 회복할 수 없는 타격을 입었다. 정부의 성급한 신품종 보급으로 열정적인 육종학자의 이름은 농민들의 원한의 상징이 되었다.[15] 노풍 피해가 덮친 1978년에는 무려 78만 명이 농촌을 떠나 대부분 도시빈민 신세로 전락했다. 1978년 12월 12일 10대 국회의원 총선에서 예상을 뒤엎고 신민당이 공화당보다 득표율에서 1.1퍼센트 앞설 수 있었던 데에는 노풍의 역할도 상당했다. 박정희는 노풍 사태가 발생했을 때 조카사위인 농수산부 장관 장덕진은 경질했지만, 농촌진흥청장 김인환은 유임시켜 변함없는 신임을 과시했다. 그러나 박정희 자신이 1979년을 넘기지 못했고, 통일벼는 1979년과 1980년에도 연달아 죽을 쑤었다.

통일벼의 몰락은 자연재해나 병충해 때문만은 아니었다. 통일벼를 가능케 했던 증산 시스템 자체가 한계에 달했고, 그 시스템의 정점에 섰던 박정희가 시민들의 강력한 저항으로 사망하게 되면서 통일벼라는 새로운 품종과 통일벼 재배를 강요했던 강제농정도 사라지고 말았다.[16] 비슷한 시기 김일성도 통일벼의 증산에 자극받아 단위면적당 생산량을 높이는 데 주력하여 80년대 초반 이북도 한때 단위면적당 생산량에서 세계 최고를 기록했다. 그러나 이러한 약탈농법이 가져온 결과는 참담했다. 남과 북에서 식량 자급을 위한 길은 결코 쉽지 않았다.

6

원자력발전과
핵무기 개발 사이

1953년 12월 8일 미국 대통령 아이젠하워는 유엔총회에서 원자력의 '평화적' 이용을 강조했다. 소련이 수소폭탄 실험(1953년 8월 12일)에 성공하여 핵무기에 대한 미국의 독점이 깨진 지 채 넉 달이 되지 않아서였다. 당시 소련은 중국, 폴란드, 동독, 체코, 루마니아 등과 농축우라늄과 원자력 기술 제공을 핵심 내용으로 하는 원자력협정 체결을 준비 중(1954년 1월 체결)이었다. 아이젠하워는 핵과 관련된 핵심 기술이 공산진영 내에 곧 전파될 상황에 놓이자 그동안 미국이 견지해온 핵에 관한 철저한 비밀주의를 포기하고 적극적인 정보 공개에 참여한 것이다. 이는 "이미 핵무기용으로 생산이 포화 상태에 이른 미국의 우라늄 농축 제품을 처리하는 수단"이기도 했다.[1] 아이젠하워가 군비 확장과 핵무기 증강을 감추기 위해 원자력의 평화적 이용에 관한 성명을 발표할 때 가장 중요한 파트너로 생각한 것은 일본이었다. "히로시마와 나가사키의 기억이 아직 선명하게 남아 있는 일본"이 핵을 둘러싼 미국의 세계 전략에 적극적으로 호응한다면 미국은 어디든 핵발전을 팔아먹을 수 있다고 생각했다.[2] 피폭국 일본이 세계 3위의 핵발전 대국으로 변신하는 데에서 결정적인 역할을 한 두 사람은 나카소네 야스히로와 쇼리키 마쓰타로이다. 레이건, 전두환과 함께 1980년대 한·미·일 삼각 극우동맹을 이끌었던 당시의 일본 총리 나카소네는 해군 장교 시절 멀리서 히로시마의 원자구름을 보면서 "앞으로는 원자력의 시대"가 될 것이라고 생각했다고 한다. 그는 버섯구름 밑에 그려진 지옥도와는 상관없이 핵폭탄의 위력에 탄복하며 일본도 핵무기를 가져야 한다고 생각했다.[3] 10년 가까운 세월이 흐른 1954년 3월 나카소네는 일본 의회에서 원자력 개발 예산을 통과시킨 주역이 되었다. 나카소네의 파트너는 〈요미우리 신문〉 사장 쇼리키 마쓰타로였다. 〈요미우리 신문〉은 원자력의 평화적 이용을 위한 대강연회를 여는 등 적극적으로 원자력을 홍보했다. 두 사람은 히로시마와 나가사키의 선명한 기억 때문에 일본인들이 당연히 갖고 있는 핵에 대한 거부감을 피해가기 위해 핵폭탄과 핵발전, 즉 핵의 군사적 이용과 핵의 평화적 이용을 분리했다. 비유해서 말하자면 아톰과 고질라, 착한 핵과 나쁜 핵을 분리한 것이다.[4] 이 두 사람이야말로 일본 핵의 아버지라 할 만한데, 우리 입장에서 보면 소름 끼치는 과거사를 갖고 있는 작자들이다. 나카소네는 해군 장교 시절 전쟁 스트레스로 서로 싸우는 부하들을 '배려'하여 군 위안소를 설치한 자다.[5] 쇼리키 마쓰타로는 단순히 이승엽이 활약했던 요미우리의 구단주나 일본 프로야구의 아버지나 일본 TV 방송의 아버지가 아니다. 1923년 관동대지진 당시 경찰의 고위 간부였던 쇼리키는 대대적인 조선인 학살이라는 비극을 가져온 유언비어(조선인이 우물에 독을 탄다, 폭동을 일으킨다)를 퍼뜨린 장본인이었을 뿐 아니라 패전 후 A급 전범으로 수감된 바 있다.[6] 일본에서 핵 마피아의 핵심으로 꼽히는 자들의 전력이 일본군 위안소 설치, 조선인 학살의 진원지, A급 전범이라는 사실이 꼭

박정희 대통령은 핵무기와 핵발전소에 관심이 많았다. 1967년 10월 박정희 정부의 장기 전원개발 계획에는 1976년까지 50만 킬로와트급 원전 2기를 건설한다는 내용이 포함돼 있었다. 사진은 1970년 착공한 부산시 기장군 고리 원자력발전소의 기공식 모습. 고리 발전소 건설 역시 이런 계획 아래에서 추진됐다.

우연일까? 이런 현실을 "고놈이 고놈이다"라고 표현하는 것은 지나친 비약일까?

이승만과 박정희의 핵 사랑

한국은 1956년 2월 3일 미국과 '한미 원자력협정'을 체결했다. 단 한 명의 원자력공학자도, 핵이라는 극히 위험한 물질을 다루기 위한 그 어떤 법적·제도적 장치도 없던 때였다. 한국원자력연구소가 펴낸 공식 역사는 "우리 원자력 사업은 우리 자신의 요청에서가 아니라 미국의 권유로 시작"하였다고 쓰고 있다.[7] 뒤에 에디슨사의 사장을 역임한 워커리 시슬러는 이승만에게 우라늄 분말과 석탄 덩어리를 보여주며 "이 우라늄 1그램으로 석탄 3톤의 에너지를 낼 수 있다. 한국은 자원 빈국이 아니냐. 석탄은 땅에서 캐는 에너지이지만 원자력은 사람의 머리에서 캐내는 에너지다"라고 설득했다.[8] 이승만은 처음에는 문교부 과학교육국에 원자력과를 만든 데 이어 '원자력법'을 제정(1958년 3월)하고 1959년 1월에는 원자력 정책을 집행할 기구인 '원자력원'을 만들었다. 이승만은 원자력원 원장을 부총리급으로 두려 했을 만큼 원자력에 지대한 관심을 보였다.[9] 꼭 이승만뿐이 아니었다. 조봉암도 진보당 강령을 통해 "원자력의 발전을 기초로 하는 새로운 산업혁명은 항구적인 인류 평화를 보장하게 될 수 있을 것"이라고 낙관했다.[10] 서울대에 원자력공학과가 설치된 것은 1959년이었다. 세계 최초였다. 미국에서도 원자력공학과는 대학원 과정에만 있었지, 학부에 설치된 곳은 아무 데도 없었다고 한다.[11]

한국의 핵발전과 관련하여 빼놓을 수 없는 사람은 반민특위가 설치된 후 제1호로 검거된 친일 자본가 박흥식이었다. 영국 방문 중 원자력발전소의 미래에 눈을 뜬 박흥식은 우선 1957년 미국 웨스팅하우스와 대리점 계약부터 맺었다. 그는 1958년 1월 정부에 원자력발전소 건립 계획안을 제출했으나, 국민소득 70달러인 나라를 이끌고 있던 이승만은 관심을 보이지 않았다.[12] 이승만은 에너지로서의 원자력보다는 핵무기로서의 원자력에 더 주목했다.

박정희는 핵무기와 핵발전소 모두에 관심을 보였다. 박흥식은 1968년 초 박정희에게 불려 갔는데 박정희가 원자력발전소 구상에 대해 꼬치꼬치 캐물어 진땀을 흘렸다고 한다. 경제개발 계획을 추진하던 박정희 정부는 1967년 10월 장기 전원개발 계획을 세웠는데, 이 계획에는 1976년까지 50만 킬로와트 급 원전 2기를 건설한다는 내용이 포함되어 있었다고 한다. 정부는 핵발전소 부지 선정을 위한 조사 작업에 착수했다. 대량의 냉각수를 확보해야 하는 핵발전소의 특성상 그 입지는 해안 가이기 마련이다. 바닷가에서 지도를 펴들고 여기저기 사진을 찍어대던 부지 선정 요원들은 간첩으로 몰려 끌려가기 일쑤였다고 한다. 우여곡 절 끝에 부지로 선정된 곳은 경남 동래군 장안면 고리였다. 그때만 해도 원자력발전의 안전성이라는 신화가 먹혀들 때였기에 반경 30킬로미터 이내에 한국 제2의 도시 부산이 있다는 사실은 고려의 대상이 되지 않 았다. 고리 주민들은 대대로 살아온 땅에 핵발전소가 들어선다는 것에 반대했지만, 군사독재 시절 그 목소리는 널리 퍼지지 못했다. 한전은 주 민들이 감정가의 열 배에 달하는 보상금을 요구하며 '터무니없는 생떼' 를 쓰고 있다고 주장했다.[13] 고리 원자력발전소(1호기)는 1970년 9월 착 공되어 1978년 4월에 상업가동을 시작했다. 고리 원자력발전소 건설 사업은 경부고속도로 건설이나 포항제철 건설보다 규모가 큰 그야말로 단군 이래 최대의 토목공사였다.[14] 1973년 1차 오일쇼크가 터지자 정부 는 핵발전소 건설에 박차를 가했다.

유신시대에 청와대 경제2수석으로 방위산업을 총괄했던 오원철에 따 르면 박정희는 1972년 초 핵무기 제조에 필요한 기술력을 확보하라는 지시를 내렸다고 한다. 정부는 캐나다와 교섭하여 고리 원자력발전소 1, 2호기의 경수로 모델과 다른 캔두형 중수로(원전을 세우지 않고도 연료봉 교환이 가능)를 도입하려 했다. 이것이 이제 설계 수명이 다한 월성 1호기 이다. 정부는 또 프랑스와 교섭하여 핵연료 재처리 시설을 도입하고자 했다. 한국보다 앞서 중수로를 도입한 인도가 1974년 사용 후 핵연료에 서 플루토늄을 추출하여 핵실험에 성공하자 미국은 박정희가 핵무기 개 발을 위해 중수로를 도입하려는 것으로 의심했다. 특히 가동 중인 원자 력발전소가 단 한 기도 없는 상황에서 재처리 시설을 서둘러 도입하려

한 것은 그 의심을 확신 수준으로 굳게 만들었다. 한국의 원자력 학계와 업계는 1979년 10·26 사건으로 박정희가 죽고 전두환이 집권하는 과정에서 미국의 압력으로 직격탄을 맞았다고 생각하고 있다. 광주학살을 통해 집권한 신군부 세력은 미국의 지지가 절대적으로 필요했기 때문에 미국이 불편해했던 핵 관련 기술을 일체 포기했다는 것이다. 이때 한국 원자력연구소는 한국에너지연구소로 이름을 바꿔야 했는데, 원자력 학계에서는 이를 '치욕의 창씨개명'이라 부른다.[15]

핵발전은 정말 싸고 안전한가

1980년대 핵발전소 건설이 주춤했던 것이 핵을 숭배했던 박정희가 죽고 미국이 한국의 핵 관련 기술개발을 억눌렀기 때문은 아니다. 1980년대에는 미국에서도 핵발전소 건설이 중단되었다. 1979년 3월 28일 미국 펜실베이니아 주 스리마일 섬에 있는, 가동한 지 석 달밖에 안 된 원자력발전소에서 노심용융(멜트다운) 사고가 일어난 것이다. 급수 시스템의 고장에 운전원의 실수와 미숙한 대처가 겹치면서 다섯 겹의 방호벽 중 네 번째 벽까지 뚫리는 아슬아슬한 사고가 발생했고, 공황 상태에 빠진 주민 10만 명이 대피하는 소동이 벌어졌다. 다행히 대기 중에 유출된 방사성 기체의 양은 주민 건강에 직접적인 피해를 줄 만큼 많지는 않았지만, 싸고 깨끗하고 안전한 꿈의 에너지라는 원자력의 신화를 산산이 깨버리기에는 충분한 양이었다. 현장을 방문한 지미 카터 대통령은 미국은 새로운 핵발전소를 짓지 않겠다고 선언했다.[16]

첫 번째 핵발전소 사고는 가장 많은 핵발전소를 보유한 미국에서 일어났고, 두 번째 사고는 두 번째로 핵발전소를 많이 보유한 소련에서 발생했다. 1986년 4월 26일 우크라이나의 체르노빌 핵발전소에서 대형 폭발 사고가 발생했다. 수만 명, 어쩌면 수십만 명이 목숨을 잃은 이 초대형 사고의 여파로 소련도 결국 무너진 것이다. 스리마일 사고가 경고음에 불과한 것이었다면 체르노빌 참사는 감당할 수 없는 재앙이었다. 그 앞에서 누구도 감히 핵발전소를 짓자고 입을 벙긋하기 힘들었다. 전세계의 핵 마피아들에게는 오랜 굶주림의 계절이 시작된 것이다. 이명박을 비롯하여 전 세계 핵 마피아들이 입에 달고 사는 '원전 르네상스'란 20년쯤 세월이 흘러 체르노빌의 기억이 희미해졌기 때문에 나올 수 있게 된 말이다. 그사이 많은 변화가 있었다. 미국이 국내에서 오랫동안 신규 핵발전소 건설을 포기하면서 미국 최대의 핵발전소 건설업체이자 한국에도 8기의 핵발전소를 지은 웨스팅하우스는 일본 도시바에 넘어갔다. 55기의 핵발전소가 가동 중인 일본은 그동안 세계 3위의 핵발전소 대국이 되었고, 한국은 21기로 5위가 되었다. 중국은 현재 13기의 핵발전소가 가동 중이지만, 건설 중인 핵발전소는 무려 77기나 된다. 동북아시아는 가동 중인 핵발전소만 89기, 건설 중인 핵발전소는 102기에 달하고 있다. 이런 상황에서 2011년 3월 11일 후쿠시마 핵발전소 사건이 터진 것이다. 세 번째 핵발전소 사고는 세 번째로 핵발전소가 많은 일본에서 일어났다. 그렇게 본다면 다음 순서는 프랑스 아니면 한국이 된다.

스리마일 사고 이전 미국 핵규제위원회의 라스무센 보고서는 핵발전소 사고로 개인이 사망할 확률은 200억 분의 1로, 자동차 사고나 비행기 사고로 사망할 확률보다 훨씬 낮고, 뉴욕 양키스 스타디움에서 야구를 보다가 운석에 맞아 죽을 확률보다 낮다고 방정을 떨었다.[17] 체르노빌을 겪고 후쿠시마를 겪고도 핵 마피아들은 여전히 핵발전소는 안전하다고 떠들어댄다. 핵발전소 사고가 날 확률은 수백만분의 1이라 주장하지만 지금까지 건설된 450여 기의 핵발전소 중 스리마일 1기, 체르노빌 1기, 후쿠시마 4기 등 모두 6기의 핵발전소에서 중대한 사고가 발생했으니 지난 30여 년간 사고 발생 확률은 75기당 1기꼴이다. 현재 한국에는 21기의 핵발전소가 가동 중이고 11기가 건설될 예정이다. 후쿠시마 사고는 핵발전소가 밀집해 있는 지역에서의 사고는 동시다발로 일어날 수 있음을 보여주는데, 한국은 21기의 발전소가 고리, 월성, 울진, 영광에 옹기종기 모여 있다.

박정희가 핵발전소를 건설할 때는 그 위험성이 가능성으로만 있었지 현실로 드러나지는 않았다. 핵발전이 싸다는 것도 사실이 아니다. 어마어마한 폐기물 처리 비용만 포함해도 핵발전은 가장 비싸진다. 만약에 사고라도 터져 사람과 자연에 돌이킬 수 없는 상처를 준다면 그 비용은 계산조차 불가능하다. 핵폐기물 처리장 문제를 둘러싼 안면도 투쟁, 굴업도 투쟁, 부안 투쟁이나 대규모 송전탑 문제에서 보듯 핵발전은 엄청난 사회적 갈등을 수반한다. 전기는 서울이나 대도시, 공단에서 쓰고 발전, 송전, 폐기물 처리는 원자력의 혜택을 가장 적게 보는 오지 사람들이 떠맡아야 한다. 핵폐기물, 특히 고준위 핵폐기물의 처리에는 수만 년이 걸린다니 크로마뇽인 시대에 묻어둔 폐연료봉이 지금도 방사능을 뿜어내고 있다는 얘기다.

박정희 시대에 가동을 시작했거나 첫 삽을 뜬 고리 1호기와 월성 1호기의 설계 수명은 이미 끝이 났다. 이들 원자로는 미국의 스리마일 사고 이후 핵발전소의 안전성에 관한 기준이 세계적으로 강화되기 이전에 만들어진 것들이다. 2012년 5월 원자력안전위원회의 안전점검이 극도의 불신을 받는 이유는 핵발전소의 핵심인 압력용기 검사를 하지 않았기 때문이다. 중증 골다공증 환자를 마라톤 경기에 내보낼 수는 없지 않은 가. 거기다 부품 납품 비리에 사고 은폐에 관한 이야기가 끊임없이 나오고 있다. 탈핵은 피할 수 없는 지상과제이다. 지금 당장 가동 중인 모든 핵발전소를 멈춰 세우라는 얘기가 아니다. 10년, 20년을 내다보며 탈핵의 로드맵을 지금 만들기 시작해야 한다. 수력이나 화력발전과 달리 핵발전은 가동을 멈출 수 없어 에너지의 과잉 소비를 부추겨왔다. 박정희는 늘 기름 한 방울 안 나는 나라에서 전기 아껴 쓰고 태양열과 풍력 등 새로운 에너지원을 개발해야 한다고 하지 않았던가.[18]

7
강남공화국의
탄생

　　　　대한민국은 강남공화국이다. 어느샌가 그렇게 되어버렸다. 밤이고 낮이고 대한민국을 지배하는 강남의 역사는 유신과 함께 본격화되었다. 박정희가 제멋대로 국회를 해산하고 헌법 기능을 정지시키며 유신이란 친위 쿠데타를 단행하던 바로 그 무렵만 해도 강남은 한갓진 농촌 마을이었다. 1970년대에 사람들은 그곳을 강남보다는 '영동'이라고 더 많이 불렀지만, 이제 영동이라는 말은 차츰 사라져가고 있다. 영동은 영등포의 동쪽이라 붙여진 이름인데 '부티' 나는 강남 사람들로서는 '싼티' 나는 영등포에서 유래한 이름을 달고 살기 싫었던 모양이다. 예로부터 몇몇 임금들이나 실력자들은 왕조의 중흥을 위해 수도를 옮기는 '천도' 정치를 시도했다. 백제가 웅진으로, 사비로 계속 천도한 것은 꼭 고구려의 남진 때문만은 아니었다. 고려시대 묘청이 서경 천도를 꾀하다가 좌절한 것은 수도 개경에 기반을 둔 기득권층의 반발 때문이었다. 이성계가 새 왕조를 세우고 한양 천도를 단행한 것도 고려 권문세족의 영향에서 벗어나고 싶은 마음에서였다. 그로부터 600년, 서울을 중심으로 한 기득권 세력의 반발을 가벼이 여기고

'감히' 신행정수도 건설을 추진한 노무현은 혹독한 대가를 치러야 했다. 이성계의 한양 천도 같은 물리적 조치가 있었던 것도 아니지만, 박정희가 강남 개발을 시작한 지 불과 40년 만에 강남은 대한민국의 중심지가 되었고, 오리와 기러기가 노닐던 모래땅에 세워진 현대아파트는 대한민국 신분 상승의 종착역이 되었다.

안보 불안 속에 각광받는 강남

신행정수도 건설조차 받아들이지 않는 기득권층을 대변하여 헌법재판소는 관습헌법이라는 희한한 억지논리를 내세워 대한민국의 수도는 서울이어야 한다는 엄청난 역사적 규범을 만들어냈다. 그러나 사람들은 안다. 거기서 서울은 강남이라는 것을! 껍데기는 가라! 600년 관습헌법을 들먹였지만 서울의 껍데기는 한양이다. 한양이라는 말 자체가 한강 이북을 뜻하는 것이니, 한양은 강남을 껴안을 수 없다. 박정희가 선택한 땅으로 유신과 함께 성장한 강남은 역사 속으로 사라진 듯했던 유신을 오늘에 되살려놓았다. 박정희가 자행한 '공포의 정치'는 역사발전 속에 어쩔 수 없이 힘을 잃었지만, 박정희가 깔아놓은 '욕망의 정치'는 독재자의 딸을 대통령으로 끌어올렸다.

1963년 1월 1일을 기하여 서울은 인근 지역을 흡수하여 그 면적이 두배 이상 늘어났다. 오늘날의 강남 지역은 이때 서울로 편입되었는데, 1963년 말 상주인구조사에서 현재의 강남구에 해당하는 지역의 인구수는 1만 4,867명, 오늘날의 서초구에 해당하는 지역의 인구수는 1만 2,069명에 불과했다.[1] 서울시는 1966년 초 제3한강교(한남대교) 건설 계획을 발표했다. 강남 지역의 인구가 얼마 되지 않는데도 제3한강교 건설에 착수한 것은 도시개발이나 경제적 이유보다는 군사적 필요에서였다. 한국전쟁의 총성이 멈춘 지 아직 15년이 되지 않았던 시절, 전쟁 발발 3일 만에 이승만 정부는 한강 다리를 끊고 도망했고, 서울 시민들은 꼼짝없이 석 달간 인민군 통치하에 남겨진 기억이 너무나 선명했다. 서울의 인구는 1950년에 비해 2.5배 늘었지만 한강의 다리라고는 한강인도교와 광진교 외에 1965년에 완공된 제2한강교(현재의 양화대교) 하나만 더 늘었을 뿐이었다. 그나마 제2한강교는 전쟁 발발 시 군 작전용으로만 쓰이게 되어 있었기 때문에 유사시 서울 시민들이 어떻게 강을 건널 것이냐 하는 문제는 정부 당국의 큰 걱정거리였다.

지금에 비하면 아무것도 아니었지만, 박정희는 당시 대한민국의 주요 기능이 서울(그때는 당연히 강북이었다)에 집중되는 것을 크게 우려했다. 군 출신인 박정희는 강북에 국가의 주요 기능이 집중되어 있는 상황에서 만약에 전쟁이 발발한다면 전쟁을 제대로 수행할 수 없다고 판단했다. 한국군의 베트남 파병 이후 남북의 긴장이 급속히 고조되더니, 1968년 1월 21일 이북 특수부대의 청와대 습격 사건이 일어났고, 1월 23일에는 미국의 최신예 첩보함 푸에블로호가 이북에 끌려가는 충격적인 일이 벌어졌다. 강남 개발이 시작된 데는 교통난, 주택난 같은 현실적인 요인뿐 아니라 안보 불안감도 크게 작용했다. 특히 1975년 4월과 5월 베트남, 캄보디아, 라오스 등 인도차이나 3국이 차례로 공산화된 것은 정부와 서울 시민의 안보 불안을 부추겼고, 서울 상류층의 강남 이주를 촉진했다. "아직도 강북에 사십니까"라는 인사말도 급속히 퍼져 나갔다.

한국에서 부동산 투기가 본격화되기 직전인 1966년, 말죽거리 즉 지금의 양재동에서는 꽤 괜찮은 땅 한 평의 값이 300원에 불과했다. 그때의 짜장면 값은 30원. 지금까지 짜장면 값이 150배 정도 오르는 동안,

말죽거리 땅값은 평당 3,000만 원 이상으로 10만 배가 넘게 올랐다. 자고 일어나면 수십 배씩 땅값이 오르던 시절, 말죽거리에 땅을 사놓은 사람들에게 한국 현대사는 그야말로 '말죽거리 신화'였다. 그러나 거기 땅 한 뼘 갖지 못한 대부분의 사람들에게는 무섭게 땅값이 치솟아 오르는 한국 현대사는 '말죽거리 잔혹사'였다. 이 기막힌 일은 불과 한 세대 사이에 벌어졌다. 정부에 부동산 폭등을 막지 못한 책임만을 묻는다는 것은 어쩌면 너무 순진한 일인지도 모른다. 1970년대의 중앙정부나 서울시는 때로는 부동산 투기의 주역이었고, 대부분의 경우 공범 소리를 들어도 할 말이 없는 처지였다.

땅 거래를 잘해야 유능한 공무원?

정부가 경부고속도로 건설이나 강남 개발과 같은 굵직굵직한 사업을 특별한 개발 비용을 들이지 않고 해낼 수 있었던 것은 이른바 체비지 장사를 통해서였다. 예컨대 내가 강남에 땅이 1,000평 있을 때 내 땅 500평을 도로용지로 내놓는다면 재산의 50퍼센트가 감소한 것처럼 보일지 모른다. 그러나 도로가 난 뒤 땅값이 두 배 뛰었다면 땅값을 기준으로 볼 때 절반을 내놓고도 나는 손해 본 것이 없게 된다. 만약 땅값이 열 배 올랐다면 나는 땅 절반을 내놓고도 큰 이익을 보게 된다. 정부나 시가 도로를 내는 데 내가 내놓은 땅 500평을 다 사용하지 않고 250평만 사용했다면 나머지 250평이 체비지인데, 개발 사업의 시행자는 이 체비지를 팔아 개발 비용을 충당한다. 강남 개발의 다른 이름인 '영동 구획정리 사업'은 체비지 매각대금을 재원으로 하는 특별회계로 추진된 사업이었다.[2] 이런 방식은 정부로 하여금 공공투자를 하지 않고도 도시기반 시설을 만들 수 있게 해주지만, 체비지가 팔리지 않는다면 사업 자체가 한 발짝도 나가지 못하게 되는 위험을 안고 있다. 그러니 체비지를 팔아 개발 비용을 마련해야 했던 정부로서는 땅값 상승을 원할 수밖에 없었고, 서울시 간부들 중에서는 체비지를 잘 파는 사람이 유능한 간부로 평가받았다. 서울시가 발 벗고 땅장사를 하는 상황에서 부동산 투기는 규제의 대상이 아니라 사실상 조장의 대상이었다.

1970년대에 서울시 도시계획국장, 내무국장 등 요직을 지낸 손정목 교수는 《서울 도시계획 이야기》(제3권)에서 1971년 4월의 대통령 선거에 대비하여 청와대 경호실장 박종규의 지시로 서울시 도시계획과장 윤진우가 1970년 강남의 토지를 사고팔아 수십억 원의 정치자금을 조성하여 바친 사실을 매우 구체적으로 기록하고 있다. 윤진우는 서울시장 김현옥과 함께 육군 헬리콥터로 과천에서 송파에 이르는 강남 일대를 돌아본 뒤, 박종규에게 불려 가 "가장 장래성 있고 투자가치가 있는" 곳의 땅을 사 모으라는 지시를 받았다고 한다. 그는 "탄천을 경계로 그 서부 지역 일대", 즉 오늘의 강남구가 된 지역의 땅을 청와대가 제공한 자금으로 사 모아 땅값이 어느 정도 상승하면 되팔아서 자금을 조성했다.[3] 손정목이 확실한 자료에 근거하여 실명까지 밝혀가며 기술한 사례 외에 청와대 수준에서 개입한 것이 얼마나 더 있는지 알 수는 없다. 그러나 당시 권력 주변에서, 개별적인 차원에서 강남 일대의 땅을 사고팔아 큰 돈을 번 것은 공공연한 비밀이었다.

정부는 덩치가 큰 강남의 체비지를 처리하기 위해 카바레 등 대규모 유흥업소를 강남으로 이주시키기 위해 노력했다. 그 결과 서울 유흥가의 중심이 제3한강교를 건너 신사동 일대로 옮겨가게 되었다. 서울 도심에서 강남을 연결하는 남산 1호 터널은 강남으로 향하는 한량과 취객

1978년 서울 강남구 압구정동 현대아파트의 건설과 분양은 강남의 역사에 한 획을 긋는 사건이었다. 사진은 그해 4월, 한창 건설 중인 현대아파트 앞에서 농부가 소를 몰며 밭을 갈고 있는 모습.

들에게 큰 편의를 제공했다. 1970년대 후반부터 강남은 소비생활과 대중문화의 새로운 중심으로 등장했다. 1979년 발표된 혜은이의 〈제3한강교〉는 "어제 처음 만나서 사랑을 하고 우리들은 하나가 되었습니다. 이 밤이 새면은 첫차를 타고 이름 모를 거리로 떠나갈 거예요"라고 노래했다. 이미 우리의 세태에는 '원 나이트 스탠드'가 퍼지기 시작한 것이지만 고지식한 당국은 어떻게 처음 만나 하나가 되느냐며 이 노래를 금지시켰다. 〈제3한강교〉는 "어제 '다시' 만나서 사랑을 하고"로 가사를 바꾼 뒤에야 금지곡에서 풀렸다. 대중들이 즐겨 부르는 노래의 공간도 〈돌아가는 삼각지〉나 〈안개 낀 장충단공원〉에서 주현미의 〈비 내리는 영동교〉나 〈신사동 그 사람〉, 윤수일의 〈아파트〉같이 강남이 아니고서는 나올 수 없는 곳으로 바뀌어갔다. 그리고 지하철 2호선이 원래의 노선을 변경하여 강남을 지나는 순환선으로 설계 변경된 것은 허허벌판 강남으로의 인구 유입을 크게 부추겼다.

8학군과 강남불패 신화

1970년대에는 통행금지가 있었다. 북적북적하던 강남도 밤 11시가 넘으면 사람들이 썰물처럼 빠져나갔다. 강남이 저녁 시간만 반짝 화려한 공간으로 그치지 않으려면 사람들이 와서 살아야 했고, 사람들을 이주시키려면 무엇보다도 강남에 좋은 학교가 와야 했다. 한국 최고의 명문 경기고등학교는 강남의 동쪽인 삼성동으로 이사했고, 두 번째로 좋은 서울고등학교는 강남의 서쪽 방배동에 자리 잡았다. 이것이 바로 명문 8학군의 시작이다. 8학군이 왜 좋은가, 부자가 많이 살아서이다. 부자는 왜 8학군을 좋아하는가, 학군이 좋아서이다. 다시, 8학군은 왜 좋은가, 부자가 많이 살아서이다. 또다시 물어보자. 부자는 왜 강남으로 가는가, 학군이 좋아서이다. 이 짓을 30년 넘게 해오며 부동산과 사교육의 쌍끌이로 쌓아 올린 것이 그 누구도 허물 수 없는 강남공화국의 위엄이다.

1978년 현대아파트의 건설과 분양은 강남의 역사에 한 획을 긋는 사건이었다. 지금이야 '래미안', '푸르지오', '자이' 하는 식으로 심하게 우아 떠는 아파트 이름이 많아졌지만, 1970년대만 해도 '마포아파트, 한강맨션' 하는 식으로 아파트에 동네 이름을 붙였다. 현대아파트는 처음으로 브랜드 이름을 붙인 최고급 아파트였다. 현대에서는 아파트를 지을 때 절반은 사원용으로 한다고 허가를 받고서, 이를 힘깨나 쓰는 자리에 있는 공무원이나 언론인들에게 특혜 분양한 것이다. 물론 공무원

사교육 1번지로 유명한 대치동 아파트 단지의 모습. 전통적인 명문고들이 강남으로 이주하면서, 빚을 져서라도 자녀들을 강남에서 키우고자 하는 욕구가 커졌다.

이나 언론인들은 분양가를 지불하고 아파트를 분양받았지만, 당시 현대 아파트에는 평수에 따라 4,000만~5,000만 원이라는 어마어마한 프리 미엄이 붙었다. 당시에도 법원은 가진 자의 편이어서 프리미엄은 뇌물 이 아니라는 기막힌 판결을 내렸다.[4] 법원이 이렇게 특혜분양을 받은 자 들의 명예를 지켜주었기에, 국민들의 속은 썩어 문드러져 갔다. 당시 특 혜분양을 받은 사람들 중 공직자는 190명, 언론인은 37명이었는데, 13 년이 지난 김영삼 정권 시절 흔히 수서 비리라 불리는 수서지구 특혜분 양 사건이 터져 현대아파트 특혜분양 사건이 재조명되었을 때 〈한겨레〉 보도에 의하면 건설부 장관 등 현직 장관만 다섯 명이나 현대아파트 특 혜분양 관련자였다고 한다.[5] 현대가 유망한 관료를 족집게처럼 골라 특 혜분양을 준 것일까, 아니면 한국 사회의 엘리트층에 이런 특혜 심리가 만연한 것이었을까.

강남이 개발되어 아파트가 솟아오르며 우리네 삶도 크게 바뀌기 시작했다. 기름보일러는 주부들을 연탄에서 해방시켜주었고, 세탁기는 빨래에서 해방시켜주었고, 간편한 현관 잠금장치는 시간이 많아진 주부들로 하여금 자유롭게 외출할 수 있게 해주었다. 백화점에는 문화센터가 넘쳐났고 주부들은 서예도 배우고 운전도 배우기 시작했다. 아파트의 구조도 변화했다. 1970년대까지만 해도 부엌 옆에는 입주 식모가 자는 조그만 방이 따로 있었는데, 이제 농촌에서도 빠져나올 인구가 다 빠져나온데다가 입주 식모 대신 시간제 파출부를 선호하게 되면서 한국에만 있던 식모 방이 사라지게 된 것이다.

그러나 이런 변화는 강남 개발이 가져온 심각한 영향에 비하면 지극히 피상적인 것에 불과하다. 강남은 한국 사회의 빈부격차의 진원지였다. 유신 이전에 널리 불린 건전가요에 〈잘살아보세〉가 있다. "잘살아보세 잘살아보세 우리도 한번 잘살아보세"라는 노래를 부르며 사람들은 열심히 일하면 잘살 수 있는 길이 열리리라 믿었다. 다들 열심히 일했지만 차이는 땅을 샀느냐, 특히 '강남에 땅을 샀느냐'에서 갈렸다. '다 같이 잘살아보세'가 아닌 '나 혼자 잘살아보세'로 세상은 급격히 바뀌어갔다. 강남불패의 신화, 또는 부동산 투기란 지난 수십 년간 우리가 이룬 경제성장의 성과를 특정 지역에 일정 규모 이상의 땅을 가진 자들이 빨대 꽂아 쪽 빨아먹어 버린 것을 의미했다. 그리고 이들은 대한민국을 지배하는 강력한 수구 세력을 형성했다. 더 큰 문제는 열심히 살아온 우리의 형제들이 그들을 너무도 부러워하게 되었다는 점이다. '아하, 우리 사회에서 잘나가는 사람들은 저렇게 살고 저렇게 돈을 벌었구나'를 깨달으며 우리는 정의고 나발이고 돈이 중요하다는 것을 배워갔다. 많은 젊은이들은 성실하게 살아온 부모들을 그때 뭐했느냐며 원망하기 시작했다. 오직 판결로만 말한다는 거룩한 사법부는 돈이 곧 정의라고 가르쳐주었다. 십여 년 전 마봉춘이 제정신이던 시절 〈이제는 말할 수 있다〉에서 '투기의 뿌리 강남공화국' 편을 연출한 유현 피디는 어느 인터뷰에서 이렇게 말했다. "박정희, 전두환 정권 때 불법으로 사람 잡아다가 고문하고 때리고 한 거 용서할 수 없는 짓입니다. 그런데 이 프로를 만들고 보니까 그보다 더 나쁜 것은 모든 사람들이 투기를 꿈꾸게 만드는 사회구조, 도덕이나 근면 따위는 '웃기는 짜장'으로 만들어버리고 불로소득, 일확천금을 꿈꾸게 만드는 사회구조, 또 그 사람들이 더 높은 아파트를 쌓고, 타워팰리스를 쌓아 그들만의 세계를 만들고 호의호식하는 사회구조를 만들어버린 것이 오히려 박정희, 전두환에게 더 준엄하게 따져 물어야 할 죄악이 아닐까요?"[6] 유신은 이렇게 오늘을 지배하고 있다.

8
중학교 입시 폐지와
고교 평준화

　　　　　박정희를 긍정적으로 평가하느냐, 부정적으
로 보느냐 하는 입장은 한국 사회에서 어떤 사람이 진보인가, 보수인가
를 판가름하는 리트머스 시험지가 되어버렸다. 그런데 박정희가 단행한
평준화 정책에 대해서만큼은 진보와 보수의 입장이 완전히 바뀌어버린
다. 진보적인 입장을 취하는 사람들은 어떻게든 평준화 정책을 유지하
려 하는 반면, 박정희를 숭배하는 자들은 기를 쓰고 평준화를 깨버리려
하고 있다. 아니, 어쩌면 이것도 몇 년 전 이야기인지 모른다. 과학고와
외국어고 등 특목고 출신들이 상위권 대학 입시를 휩쓸고 있는 현실에
서 지금 지켜야 할 평준화가 남아 있느냐는 탄식조차 어렵지 않게 들어
볼 수 있다.

　1945년 해방 당시 문맹률은 근 80퍼센트였지만, 놀라운 교육열 덕에
해방 30년이 된 1975년에는 한국인 전체의 평균 학력이 국민학교(초등학
교) 졸업 수준에 이르렀다. 박정희가 1969학년도부터 중학교 무시험 진
학을 단행한 데 이어 1974학년도부터 고등학교도 무시험 진학을 실시
한 것은 한국 사회의 교육 팽창을 반영한 것이었다. 좋은 의미에서든 나

뻔 의미에서든 한국 사회의 교육열은 분단과 전쟁으로 깊은 상처를 입었던 한국이 빠른 시간 내에 민주화와 산업화를 동시에 달성할 수 있었던 원동력이 되었다.

의무교육의 실시로 1950년대 후반 거의 모든 취학연령의 어린이들이 국민학교에 입학하게 되면서 국민학생의 수는 크게 늘어났고, 자연히 중학교에 진학하고자 하는 학생도 크게 증가했다. 그러나 중학교 수는 별다른 변화가 없었기 때문에 이들을 수용하기 어려웠고, 자연히 중학교 입시는 갈수록 치열해졌다. 1960년대의 중학교 입시가 얼마나 치열했는지를 보여주는 사례로는 1965학년도 입학시험 당시의 무즙 파동을 들 수 있다. 1964년 12월 7일 전기 중학입시의 공동출제 자연과목 18번 문제는 "엿기름 대신 넣어서 엿을 만들 수 있는 것은 무엇인가"였다. 공동출제위원회의 정답은 디아스타아제였지만, 다수의 학생들은 무즙을 선택했다. 이 문제 하나로 당락이 갈린 학생들의 부모들은 행정소송을 제기했다. 열성 부모들은 아예 무즙으로 엿을 만들어 "엿 먹어라" 시위를 벌였다.[1] 법원은 원고들의 손을 들어주어 모두 38명의 학생이 명문 중학교에 입학할 수 있게 되었다. 그런데 눈치 빠른 사람들은 이 틈을 타 명문 중학교에 자녀들을 밀어 넣어 21명이 덤으로 부정입학을 한 것이다.[2]

부정입학 관련자 중에는 청와대 정무비서관 민충식과 공보비서관 박상길 등도 포함되어 있었다. 정부는 서둘러 이들을 해임했지만, 파문은 가라앉지 않았다. 결국 박정희가 직접 개입하여 문교부 차관, 문교부 보통교육국장, 서울시 교육감 등의 사표를 받으라고 지시했다. 이 사건을 두고 〈동아일보〉는 "무즙 사건의 여파는 대단하다. 학교장의 목을 날리고 청와대 비서관의 목을 날리고 권력지도를 재작성케 하고"라고 꼬집었다.[3] 1967년에는 과외에 시달린 국민학생 4명이 1주일이 넘도록 집단 가출하여 부모들이 "이젠 과외 안 시킨다. 빨리 집으로 와 다오"라고 호소하는 기사가 〈조선일보〉 사회면 톱으로 실리기도 했다.[4] 전통적으로 한국인들은 일본인들이 한국인보다 작다고 여겨왔는데, 일본 어린이의 신체지수가 한국 어린이보다 훨씬 좋다는 충격적인 조사 결과[5]가 나오자 사람들은 입시지옥 탓에 아이들이 제대로 크지 못했다고 혀를 찼다.

'뺑뺑이'로 무너뜨린 입시지옥

1968년 7월 15일 문교부 장관 권오병은 국민학교 교육의 정상화를 위해 1969학년도부터 중학교 입시를 폐지하고 추첨으로 입학하도록 하겠다고 발표했다. 문교부는 중학교의 일류병을 없애기 위해 서울의 경기중·서울중·경복중과 경기여중·이화여중 등 5개의 명문 중학교를 폐쇄하기로 했다. 국민 대다수는 이 조치를 "20년 동안 끌어온 입시지옥을 하루아침에 무너뜨린 학교군 추첨제의 혁명"이라고 환영했다.[6] 언론은 국민학교엔 환성이 터지고 어린이들의 얼굴엔 웃음꽃이 피었다고 보도했다. 극장과 만화방에는 아이들이 넘쳐났다. 명문 중학교의 폐쇄, 특히 사립인 이화여중의 폐쇄는 상당히 폭압적인 조치였지만 고등학교가 존속했기 때문인지 생각보다 반발은 크지 않았다. 반발은 엉뚱한 데서 나왔다. 서울시교위는 1969학년도에 5개 중학을 폐쇄하고 용산중·경동중·사대부중·창덕여중·수도여중은 1969학년도에 전체 학급의 절반을, 1970학년도에 나머지 절반을 없애기로 계획했다. 그런데 시교위가 용산중·사대부중·창덕여중 등 3개 중학을 명칭을 바꿔 존속시키려 하자 용산고 학생 1,000여 명이 "다른 일류 중학은 다 폐쇄하는데 왜 우리만 남겨두느냐. 계속 존속하면 학생들의 질이 떨어진다"는 이유 등을 들어 격렬한 반발 농성을 벌이기도 했다.[7]

중학교 무시험 제도의 채택은 중등교육의 수요가 폭발적으로 팽창하는 데 따른 필연적인 귀결이었다. 중학교 입시 폐지를 발표한 권오병에 대해 당시 한 신문은 "폭탄적인 중학입시제 폐지를 발표, 600만 국민교생들로부터 존경을 받게 되었다"며 "이 정도라면 어린이 왕국에서 왕좌를 누릴 만하다"고까지 보도했다.[8] 권오병은 "중학교 무시험 추첨제가 의무교육 9년 연장을 위한 첫 조치"라면서 "수익자에게 과중한 부담 없이 정부의 중등교육비로 3년 안에 중학교의 평준화를 기할 수 있다고 장담"했다.[9] 그러나 일선에서 교육을 책임지고 있던 서울시 교육감 최복현의 설명은 달랐다. 그는 중학교육은 의무교육이 아니라면서 "중학교 시설비와 증설비는 수익자 부담원칙에 따라 학부형들이 부담"해야 한다고 주장했다.[10] 서울 시내 국민학교 졸업생이 매년 3만 명씩 늘어나고 있는 상황은 해마다 중학교를 500학급씩 증설할 것을 요구하는데 국가의 재정형편이 이를 감당할 수 없다는 것이다. 결국 중학교의 공납금은 사립과 공립을 같은 수준으로 맞추면서 크게 올랐는데 공립의 인상폭은 65퍼센트나 되었다.[11]

1969년 2월 5일 영하 15도의 혹한에 어린이들은 자기 손으로 뺑뺑이를 돌려 자신이 3년간 다닐 중학교를 추첨했다. 아이들이 직접 추첨하는 것에 대해서 사행심을 조장한다는 비판도 높았다. 당국은 '삼류 학교'를 뽑은 학생이 진학을 포기할 것을 우려하여 자신이 추첨한 학교에 진학하지 않는 어린이는 다음 해 추첨권을 갖지 못하게 하겠다고 엄포를 놓았다.[12] 사설 학원에 대해서는 고입 검정고시반의 학생 모집을 중지할 것을 명령하여 학생들의 이탈을 방지했다.[13] 당국은 '삼류 학교'를

중학교 무시험 제도가 처음 시작된 1969년, 초등학교 졸업생들이 자신이 다닐 학교를 추첨하고 있다.

뽑은 우수학생의 진학 포기를 걱정했지만, 현실에서는 반대의 일이 벌어졌다. 사립명문 배재중에서는 학력이 부진한 학생 29명을 "도저히 중학생의 학력을 인정할 수 없는 '저능아'들이기 때문에 교칙에 따라 퇴학"시킨다며 무더기로 쫓아내 말썽이 벌어지기도 했다.[14] 진정한 평준화가 이루어지려면 학생과 교사와 시설이 모두 평준화되어야 하지만, 학생만 확실히 평준화되고 교사와 시설의 평준화는 한참 뒤떨어졌다.

중학교 무시험에 이어 고교 평준화까지

중학교 무시험 입학이 실시되자 국민학생들은 살판이 났다. 그 전까지는 경기중에 입학하면 큰 문제가 없는 한 경기고에 진학하는 식의 동계진학 방식으로 고교에 입학했기 때문에 고등학교 입시는 큰 문제가 아니었다. 그러나 중학교 입시를 없애자 풍선효과처럼 고등학교 입시가 치열해져 갔다. 경상북도에서는 평준화 이전에 실시된 마지막 입시에서 대규모 부정 사건이 발생했고, 그에 대한 도의적 책임을 지고 김주만 교육감이 자살하는 비극까지 발생했다.[15]

유신 쿠데타 직후의 추상같은 분위기에서 박정희 정권은 인문계 고등학교에 대한 평준화를 단행했다. 1974학년도부터 서울과 부산에서 인문계 고등학교는 연합고사를 통해 학군별로 총인원을 선발하여 추첨 배정하는 방식으로, 1975년도에는 대구, 인천, 광주로 확대한다는 것이다. 문교부 장관 민관식은 고교입시의 병폐로 "학생의 신체적 발달 저해, 이기적이고 비협동적인 성격 형성, 학교격차 조성, 사교육비, 학교교육 불신, 출신학교 위주의 인간평가" 등을 꼽았다. 박정희는 "공부는 고등학교에서 더 시키고 중학교의 어린 학생에게는 과도한 입시경쟁에서 벗어나 심신을 고루 발달시키도록 하라"고 지시했다.[16]

당시는 한국 사회에 일류 고등학교를 중심으로 한 학연·학벌 사회가 강력히 자리 잡고 있던 때였다. 그 정점에는 경기고-서울대의 특권적 교육재화를 보유한 사람을 가리키는 '케이에스(KS) 마크'가 있었다. 꼭 경기고만이 아니었다. 서울에는 5대 공립이니 5대 사립이니 하는 명문고가 있었고, 전국 각 지역에도 지역의 명칭을 딴 명문고들이 강력한 학연을 형성해가고 있었다. 박정희는 명문 고등학교를 중심으로 형성된 이 학연 체제의 바깥에 있었다. 박정희 자신만이 아니었다. 이후락, 김형욱, 박종규, 차지철 등 군 출신 실력자는 말할 것도 없고 민간 관료 중에도 명문고 출신이 아닌 자가 훨씬 더 많았다. 예컨대 박정희 시절 최고의 관운을 자랑한 신직수는 전주사범에 이름도 생소한 한국대 출신이고, 남덕우는 중학교 독학에 국민대를 나왔다. 김정렴은 강경상고를 졸업했고, 장기영은 선린상고가 최종 학력이었다. 명문 고등학교를 나온 육사 출신과 서울법대 출신들이 세상을 쥐고 흔들며 '육법당'의 전성시대를 구가한 것은 박정희가 죽은 다음의 일이다. 박정희의 용인술은 참 냉혹했다. 박정희는 경기고 등 명문 고등학교의 기득권을 박탈하는 악역을 경기고 출신인 민관식에게 맡겼다. 훗날 민관식은 자신이 경기고 출신이 아니었다면 평준화라는 개혁을 도저히 실천할 수 없었을 것이라고 회고했다.[17]

중학교 무시험과 고교 평준화와 같은 과감한 조치가 연이어 이루어진 것을 두고 많은 사람들은 이것이 박정희의 아들 박지만을 위한 것이라고 수군댔다. 박지만은 1958년생으로 중학교 '뺑뺑이'로는 3기, 고등학교 '뺑뺑이'로는 1기에 해당하니 그런 말이 나올 만도 했다. 그러나 '58년 개띠'란 말도 있듯이 이 세대는 바로 전후 베이비붐 세대였다. 베이비붐 세대의 교육열은 대단했고, 이제 고등교육은 일제시대와 같이 소수 엘리트의 양성을 위한 것이 아니라, '고등보통교육'을 의미하게 되었다. 중학교와 고등학교 무시험과 같은 충격요법을 밀어붙일 수 있었던 것은 입시지옥이 반드시 해결해야 할 사회적 병폐라는 공감대가 사회 전반에, 특히 베이비붐 세대의 부모들에게 단단히 형성되어 있었기 때문이다. 학벌과 일류 고등학교를 따지는 의식이 팽배해 있는 사회에서 중학과 고교의 평준화는 박정희가 늘 입에 달고 살았던 '가난한 농민의 아들' 다운 정책이며 그가 행한 가장 급진적인 사회개혁이었다.

껍데기만 남은 평준화 정책

평준화의 길은 순탄치 않았다. 기존의 명문 고등학교는 명문 고등학교대로, 세칭 삼류 학교는 삼류 학교대로 선배와 후배 사이에 서먹서먹한 관계가 계승되었다. 명문고의 재학생 선배나 동문들, 심지어는 몇몇 선생님들조차 운 좋게 뺑뺑이를 돌려 들어온 신입생들을 제대로 된 후배나 제자로 대접하지 않았다. 이른바 삼류 학교나 깡패 학교에서는 교사들이 재학생과 신입생의 접촉을 차단하거나 감시했고, 학교가 내놓고 신입생들을 우대했기에 재학생들은 잘못한 것도 없이 괜히 주눅이 들었다. 명문고 체제에 익숙해 있던 일부 인사들은 평준화를 "양과 이리를 한 학급에 몰아넣고 공부를 한다는 것과 같다"는 극한적인 언사로 공격하기도 했다.[18]

평준화는 5대 도시로 확대되었지만, 중3 학생들의 연합고사 성적이 1974년 평균 171점에서 1975년 154점, 1976년 150점으로 곤두박질치자 하향 평준화 논란이 거세게 일어났다. "학력 저하는 평준화 이후 고등학교 교육 기회가 확대되면서 나타나는 것으로 과거에는 고등학교에 진학할 수 없었던 학생들이 고등학교에 진학하면서 빚어진 현상"이라는 점은 완벽히 무시되었다.[19] 이화여고에서는 1975년 2학기에 "학업성적이 크게 뒤떨어져 정상적인 고교 교과과정을 이수할 수 없는 학습지진 학생" 24명에게 자퇴를 강요하여 22명을 자퇴시켰다.[20] 많은 학교에선 당국에서는 펄쩍 뛰며 금지시켰지만 내놓고 우열반을 운영했다. 한창 감수성이 예민한 시기에 수준별 수업을 한다는 명목 아래 억울하게 '이리'로 몰린 열반 학생들의 상처는 너무도 컸다. 화장실에서 마주친 우반 아이들 중 못된 것들이 인간 취급을 안 할 때면 죽이고 싶었고, 담임 선생님마저 자신들에게 신경을 써주지 않을 때는 죽고 싶었다.

흔히 사립학교들이 사립학교의 개성과 자율성을 침해당해서 평준화를 강력히 반대했다고 알려져 있지만, 사정이 꼭 그렇게 단순하지는 않았다. 고등학교의 서열화가 뚜렷했던 시절, 추첨에 의한 학생 배정은 평판이 그다지 좋지 않았던 학교들이 신흥명문으로 치고 올라올 수 있는 좋은 기회였다. 경복고만 하더라도 손꼽히는 명문이었지만 당시 교감 선생님의 회고에 따르면 평준화를 경기고와 서울고를 앞질러갈 좋은 기회로 보고 "선생님들을 들볶고 열심히 앞장서서" 입시 준비를 하여 평준화 1기의 대학입시(77학번)에서 서울대에 경기고와 서울고보다 많은 학생을 입학시켰다고 한다.[21] 학교는 점점 입시준비기관으로 전락했고, 전인교육이란 이제 아무도 거들떠보지 않는 낡은 목표가 되었다. 전에는 우수한 학생들이 자신의 적성이나 희망에 따라 대학을 선택하는 경우도 많았는데, 이제는 성적이 되는 학생은 무조건 무슨 과든지 서울대에 원서를 쓰라는 닦달을 받았다.

"개천에서 용 난다"는 말이 상징하듯 한국 사회에서 교육을 통한 신분 상승은 이 사회의 불평등과 모순을 완화하고 사회에 역동성을 부여하는 중요한 장치였다. 고교 평준화는 시간이 흐르면서 명문고 출신의 학벌 사회가 고착화되려 할 때 이를 크게 한번 흔든 충격요법이었다. 중학교 무시험은 국민학생을, 고교 평준화는 중학생을 입시지옥으로부터 해방시켰지만 이제 대학입시는 패자부활전 없는 단판 승부가 되었다. 대학입시가 평준화 이전보다 몇 배 치열해진 것은 당연한 일이었다. 하향 평준화란, 한때 사교육 시장에서 날리는 강사였던 교육평론가 이범이 단언하는 것처럼 "우리나라 교육 문제에 연관된 가장 심각한 사기극"이다.[22] 교육을 자유롭고 비판적인 시민의 양성으로 보느냐, 신분 상승의 수단으로 보느냐, 아니면 신분 고착화의 수단으로 보느냐에 따라 평준화를 바라보는 입장은 확연히 다를 것이다. 과거의 명문 고등학교 체제에 향수를 느끼는 세력은 이미 '과학고다, 외국어고다' 하면서 실질적으로 평준화를 잠식했고, "대학입시 위주의 교육을 하지 않겠다"는 뻔뻔한 구호를 내걸고 자립형 사립고도 만들어냈다. 최근의 국제중 사태에서 보듯이 특권층이 자기들끼리의 인맥을 더욱 공고히 하고 안전하게 대학에 진학한다는 '특수목적'을 위한 학교는 중학교 수준에까지 침투했다. 2013년판 《한국법조인대관》에 따르면 현역에서 활동하고 있는 법조인을 출신교별로 볼 때, 개교 30년밖에 안 된 대원외고가 100년의 역사를 자랑하는 전통의 명문 경기고와 나란히 460명을 배출했다.[23] 새로운 명문고의 등장은 확연해졌다. 껍데기만 남은 평준화를 지키는 것만으로는 새로운 신분제의 등장을 막을 수 없다. 박정희가 살아 돌아와도 통탄할 일이다.

제5부

유신체제의 붕괴

1

10 · 26의 서곡,
YH 사건

       1979년 8월 9일 오전 9시 30분 무렵 여성 노동자 187명이 공덕동 로터리에 있는 신민당 당사로 몰려들었다. 그때만 해도 회사가 문을 닫지 않고 계속 조업할 수 있게 해달라는 애절한 호소를 하러 몰려간 그들의 절박한 행동이 유신정권을 무너뜨리는 격동의 드라마를 촉발할 것이라곤 아무도 생각할 수 없었다. 여성 노동자들이 유신독재 타도나 유신헌법 철폐를 외치며 유신체제에 정면으로 맞선 것은 아니었다. 그러나 경직될 대로 경직된 유신체제는 "이 나라의 배고프고 예쁜 아가씨"[1]들의 호소를 받아들이지 못하고, 야당과 교회와 노동자 모두를 적으로 만들었다. 새벽 2시, 아수라장 속에 사지가 들려 끌려간 여성 노동자들도, 그들을 끌어낸 '사복' 들도 딱 두 달 반 후에 박정희가 머리에 총 맞고 죽으리라고는 상상조차 하지 못했다. 1970년대는 노동자 전태일의 죽음으로 시작해서 노동자 김경숙의 죽음으로 끝났다. 아니, 김경숙의 죽음은 끝의 시작이었다. YH 사건으로 구속되었던 시인 고은은 1970년대의 시작과 끝을 이렇게 노래했다. "1970년 전태일이 죽었다/1979년 YH 김경숙이/마포 신민당사 4층 농성장에서 떨어

져 죽었다/죽음으로 열고/죽음으로 닫혔다/김경숙의 무덤 뒤에 박정희
의 무덤이 있다/가봐라"²

가발 재벌 장용호

1960년대 말 이후 한국의 수출 팽창 신화에서 가장 중요한 것은 가발
이었다. 1964년 중국이 핵실험을 강행하자 미국 재무성은 1966년 2월
'중공봉쇄'라는 기본정책에 따라 유럽으로부터 원료원산지 증명이 없
는 가발을 일체 수입하지 않겠다는 강경한 제재조치를 취했다. 이 조치
로 중국제 원료를 사용한 제품으로 미국 시장의 90퍼센트를 석권하고
있던 이탈리아의 가발 산업이 몰락했다.[3] 당시 뉴욕의 한국무역관 부관
장으로 있던 장용호는 한국산 가발이 유망할 것이라 생각하여 무역공사
를 사임하고 발 빠르게 왕십리에 종업원 10명의 소규모 가발공장을 차
렸다.[4] 장용호는 회사의 이름은 자신의 이름을 따서 YH무역이라 지었
고, 부사장에는 동서인 진동희를 앉혔다. 가발은 불티나게 팔려 YH무
역은 2년 만에 면목동에 5층 건물(현재의 녹색병원)을 마련했고, 인천에 제
2공장을 지었으며, 창사 4년 만인 1970년에는 종업원 수가 무려 4,000명
을 넘어섰다. 1970년 11월 30일 수출의 날에 장용호는 수출 1,000만 달
러를 달성하여 대우의 김우중과 함께 철탑산업훈장을 받았다.[5]

1972년의 고액 개인소득자 순위를 보면 장용호는 8위, 진동희는 9위
를 차지했다. 장용호는 1973년엔 7위로 한 단계 뛰어올랐다.[6] 한마디로
갈퀴로 돈을 긁어모은 것이다. 1968년 1월 뉴욕에 YH 가발제품 판매를
목적으로 용 인터내셔널 상사를 설립한 장용호는 1970년에는 진동희에
게 사장 자리를 맡기고 자신은 가족과 함께 미국으로 이민을 가 미국에

서의 활동에 주력했다. 유신정권 시절 박동선과 함께 '코리아게이트'의 주역이었던 김한조나 민주당 대표를 지낸 박지원 의원도 가발 관련 제품으로 큰돈을 번 재미동포였다. 한창때는 고액 소득자 상위 10명 중 7명이 가발업자일 정도로 잘나갔던 가발 산업의 최대 걸림돌은 한국 업자들끼리의 과당경쟁이었다. 개당 12달러 하던 상품이 4달러에 투매되면서 가발 산업은 급격히 내리막길로 들어섰다. YH 노동자들에 따르면 눈치 빠른 장용호는 해외로 빼돌린 재산으로 미국에 백화점, 방송국, 호텔 등을 차렸고, 진동희는 1970년 사원들에게 상여금으로 10억여 원을 주었다고 꾸미고 그 돈으로 YH해운을 설립했다고 한다.

가발 산업은 대표적인 노동집약 산업으로 장용호 등은 여성 노동자들의 저임금과 열악한 근로조건을 토대로 막대한 돈을 벌어들였다. YH 노조 위원장이었던 최순영이 1970년 입사했을 때 노동자들의 초봉은 월 2,000~2,500원 정도였는데 기숙사비가 1,500원 정도로 월급의 절반이 넘었다. 종업원의 대다수는 농촌에서 국민학교나 중학교를 갓 마치고 서울로 온 여성들이었고, 기업은 이런 어린 여성들에게 임금을 제대로 주려 하지 않았다. 1969년도에 중학교 무시험이 실시되면서 중학교 진학자가 급증했지만, 어디에서도 이들에게 가장 필요한 노동교육을 해주는 곳은 없었다. YH 노동자들 사이에도 자신들의 처지를 개선하려면 노동조합이 필요하다는 움직임이 일기 시작했다. 당시 여성 노동자들은 그래도 노조를 결성하려면 "남자가 있어야 일을 박력 있게 추진할 수 있을 것"이라 생각하고 현장에서 한마디 할 만한 사람을 노조 준비 모임에 끌어들였다. 그것이 화근이었다. 하필이면 그는 공장장의 처남이라 노조 결성 움직임을 매부에게 고자질했다.[7] 주동자 4명이 해고당하는 우여곡절 끝에 YH무역에 노동조합이 설립된 것은 1975년 5월

24일이었다. 노조를 준비하던 사람들은 기숙사 이불 속에서 가입원서를 받아 브래지어 속에 숨겨 회사 밖으로 가지고 나왔다. 4,000명까지 갔던 종업원 숫자가 2,000명 아래로 떨어진 상황에서 그렇게 900장의 가입원서를 받고 노조는 첫발을 내디뎠다.[8]

생산량 초과달성에도 폐업이라니

1975년 12월 24일 회사는 관리직 사원들에게는 100퍼센트의 상여금을 지급했지만, 생산직 사원들에게는 한 푼도 지급하지 않았다. 여성 노동자들이 상여금 차별에 대해 항의하자 총무이사는 "억울하면 여러분도 관리직으로 취직하세요. …… 여러분은 국민학교밖에 안 나와서 키우는 데 돈이 적게 들어갔지만, 관리직은 적어도 고졸 이상입니다. 그런데 함께 대우해달라는 게 말이 됩니까?"라고 대답했다.[9] '못 배운 쪼깐이'들은 원통해서 눈물바다를 이뤘다. 그래도 노조가 있어서 싸운 덕에 회사 창립 이래 최초로 50퍼센트의 상여금을 쟁취할 수 있었다. 대한민국에 열 개도 채 안 되는 민주노조의 위엄이었다. 노조가 생긴 뒤 YH의 근로조건은 겨우 근로기준법 따라가기에 허덕이는 수준이었지만 "노동조합 없던 데서 있던 애들이 YH에 오면, '아 노동자의 천국이구나'라고 했다"고 한다. 부모가 돌아가셨을 때 5일의 휴가를 요청하면 회사는 "여자들이 장례에 그렇게 오래 있어 뭘 하냐"고 타박하는 것이 1970년대 노동자들의 소박한 천국이었다.[10]

이 소박한 천국도 늘 불안했다. 회사는 걸핏하면 가발 산업이 사양 산업이라느니 일감이 없다느니 하면서 휴업을 하고 도급 단가도 후려쳤다. 1977년에는 회사가 "정부 당국의 시책에 따라 가발과를 충북 (옥천

군) 청산 두메산골로 이전"한다는 공고를 내붙였다. 당장 아무 연고도 없는 시골로 가야 한다는 소리에 가발과 종업원 중 500명 이상이 사표를 쓰고 말았다. 사실 청산은 공장이 이전할 수 있는 전기나 수도도 없이 낡은 창고 하나만 덩그러니 있는 곳이었다. 회사는 '정부시책' 때문에 회사를 옮겨야 한다면서 500여 명의 종업원을 해고수당도 주지 않은 채 쫓아낸 것이다.[11] YH 노동자들의 호소문 '정부와 은행은 근대화의 역군을 윤락가로 내몰지 말라'에 따르면 이렇게 떠나간 사람들은 "겨울바람이 쌩쌩 부는 차가운 거리로, 보다 열악한 하청공장으로, 그리고 적지 않은 수가 여자의 마지막 밥벌이로 나갔던 것"이다.[12] 회사는 사양 산업이 된 가발부를 이렇게 해서 자동으로 폐쇄해버렸다. 1970년 4,000명, 1976년 2,000명이던 종업원 수는 1978년 5월이 되자 550명으로 줄어들었다. 신기한 것은 1977년 YH무역의 수출액은 가발과 봉재, 장갑 등을 합쳐 약 1,600만 달러에, 수출순위는 86위로 한창때만은 못하지만 여전히 100대 기업 안에 들고 있었다는 점이다. 본공장이 휴업을 거듭하고 종업원이 줄어들면서도 이런 수출 실적을 올릴 수 있던 마법은 "회사가 본공장은 휴업하면서 근로조건이 나쁜 하청공장으로 작업물량을 빼돌리면서 종업원들의 신분에 대한 불안감을 조성하여 휴업수당만으로는 생활하기가 곤란한 종업원들을 떠나게" 했기 때문이다.[13] 그러는 사이 회사의 빚은 눈덩이처럼 불어나 1974년 6억 3,000만 원이던 것이 1975년 16억 9,000만 원, 1977년 31억 7,000만 원, 1979년 3월에는 40억 5,000만 원이나 되었다. 이렇게 빚이 늘어난 것은 정부로부터 은행 이자의 절반밖에 안 되는 수출 특혜금융을 받아 오리온전자를 인수하고 새한칼라 주식 40퍼센트를 인수하는 등 무리하게 사업을 확장하다가 경영에 실패했기 때문이다.[14]

마침내 1979년 3월 30일 회사는 "경영 부실로 인하여 사업을 계속할 수 없어 1979년 4월 30일 자로 폐업"한다는 공고문을 회사 정문에 내붙였다. 장용호는 YH로부터 15억 상당의 물품을 미국에서 외상으로 수입한 뒤 대금을 지불하지 않았다. 300만 달러의 막대한 외화가 해외로 빼돌려진 것이다. 악덕 기업주가 저지른 외화도피의 부담은 고스란히 저임금에 시달려온 여성 노동자들의 몫이 되었다. 노동자들은 남진의 〈님과 함께〉("저 푸른 초원 위에~")의 가사를 바꿔 "임금은 최저임금 생산량은 초과달성 연근야근 다 해줘도 폐업이란 웬 말이냐"고 노래를 불렀다. 노조는 회사를 정상화하기 위해 다각도로 노력했다. 그래도 노동자의 편일 줄 알고 찾아간 북부노동청에서는 "자본주의 사회에서는 자본을 가진 자가 하기 싫다면 누구도 막을 수 없다"는 말밖에 듣지 못했다.[15] 장용호의 매부로 회사의 재정담당 상무를 맡은 자는 회사 기계를 사장의 결재도 없이 마음대로 팔아먹기까지 했다. 1979년 2월에는 쌍용그룹이 YH무역을 인수하려 한다는 기사가 경제지에 실리기도 했지만 회사 인수는 이루어지지 않았다.[16]

누구의 도움도 받을 수 없었던 노조는 장기간의 투쟁에 돌입할 것을 예상하여 빵 2,000개, 생리대 120봉지, 스티로폼 200장 등을 준비하고 기숙사의 이부자리를 긴급총회 장소인 회사 강당으로 옮겼다. 농성은 오래가지 못했다. 그날 밤 9시 20분 태릉경찰서장은 강제해산의 최후통첩을 한 뒤 곧 경찰을 투입했다. 폐업 철회를 외치며 노동자들이 공장에서 농성을 시작하자 경찰은 곧바로 현장을 덮쳤다. 노동자들은 '축구공'처럼 걷어차이고 머리채를 휘어 잡힌 채 무더기로 끌려갔다. 악에 받쳐서인지 그때는 내동댕이쳐져도 아픈 줄도 몰랐지만 150명이나 부상을 입고 보니 노조가 치른 약값만 해도 그때 돈으로 18만 원이 넘었다고 한다.[17] 노동자들은 다음 날 다시 농성을 시작했다. 놀라운 것은 기동대의 만행에 충격을 받은 남성 노동자들이 농성에 참가한 것이다. YH에서는 당시에 여성 노동자들이 주도한 다른 민주노조에서 자주 나타나던 약한 고리인 노동자 내부의 남녀 갈등이 전혀 없었다고 한다. 노동자들은 당시의 유행가 가사를 자신들의 처지에 맞게 부르거나 '와이에(이)치'의 첫 글자를 갖고 "와: 와싸 건물도 크고만/이: 이렇게 큰 건물에 취직을 하고 보니/에: 에그머니나/치: 치사 방구스럽구나" 등등의 문장을 만들며 시간을 보냈다.[18] 노동자들의 단결된 모습에 정부와 회사도 한발 물러서지 않을 수 없었다. 4월 17일 현장에 나타난 사장은 폐업 철회를 선언했고, 노동청 차장 박창규는 자신의 전화번호까지 적어주며 노동청이 꼭 책임질 것이라고 다짐했다.[19] 그러나 그것은 농성을 해제시키려는 임시방편에 불과했다. 5월 25일 정부는 수출 금융을 받고도 수출 의무를 이행하지 않은 YH무역 등 29곳에 대한 수출 지원을 중단했다.[20] "은행으로부터 외면당하고 노동청에 속고 경찰서에 속고 회사의 무책임으로 거리로 쫓겨날 지경에 이른 조합원들"은 7월 30일 다시 농성에 들어갔다. 8월 6일 회사는 다시 일방적으로 폐업을 공고했다. 노조 사무장 박태연은 조합원들 앞에서 열변을 토한 뒤 분신하려 했으나 동료들이 간신히 뜯어말려 함께 죽기를 각오하고 싸울 것을 다짐했다.[21]

가자, 신민당으로

회사는 발 빠르게 움직였다. 회사 쪽은 8월 8일 아침부터 전기도 끊고 물도 끊고 식사 제공도 중지한다고 통지했고, 8월 9일부터 기숙사를 폐

1979년 8월 YH무역 노조 조합원들이 '배고파 못 살겠다 먹을 것을 달라'라고 쓰인 펼침막을 내걸고 신민당사에서 농성하고 있다.

쇄하며, 8월 10일까지 퇴직금과 해고수당을 수령하지 않을 때에는 법원에 공탁한다고 통고했다. 똥물 사건으로 동일방직 노조가 깨진 뒤 노동계에는 경찰과 자본과 섬유노조 본조가 한편이 되어 그다음으로 YH 노조를 깰 것이라는 소문이 파다했다. 기숙사 폐쇄와 퇴직금 공탁은 '구사대' 투입이 임박했다는 것을 의미했다. 고은 시인이 "순하기는 식은 숭늉 같고 맹렬하기는 대장간에서 당장 꺼낸 뜨거운 호미나 괭이"[22] 같았다고 한 노조 위원장 최순영은 "우리가 이왕 깨질 거 왕창 깨지자. 소리를 크게 내자. 전국 방방곡곡에 알리자. 그리고 다른 노동자들을 보호하자. 민주노조 깨는 데 피해를 줘야지만 쟤네들도 겁을 먹을 거 아니냐"고 마음먹었다.[23] 임신 6개월의 몸이었기에 결코 쉬운 결단은 아니었다. 농성을 시작하면서 노동자들은 스스로 걸어나가지는 않겠다고 결의했지만, 구사대에게 일방적으로 끌려나가고 신문에는 한 줄도 실리지 않는 그런 싸움을 할 수는 없었다. 싸움을 계속하려면 농성장을 옮겨야 했다. 노동자들은 밤사이 무슨 일이 벌어질지 모른다는 불안감에 떨며 장용호가 미국 시민권자이고 미국으로 돈을 빼돌렸으니 미국 대사관에 가서 농성하자, 회사의 주거래 은행인 조흥은행에 가서 농성하자, 정부 여당의 책임이 크니 여당인 공화당 당사에 가서 농성하자, 야당인 신민당 당사에 가서 농성하자 등등의 주장을 두고 검토했다. 미국 대사관이나 공화당사는 경비가 삼엄하여 뚫고 들어가는 것이 어려웠고, 조흥은행은 바로 경찰이 투입될 것이 뻔했다. 신민당이 노동문제에 꼭 적극적인 것은 아니었지만, 그래도 기댈 곳은 거기밖에 없었다.

노동자들은 새벽이 되자 마치 목욕이라도 가는 듯 작은 대야를 들고 네댓 명씩 기숙사를 빠져나갔다. 도중에 발각되더라도 농성장소가 노출되지 않도록 팀원들에게는 명동성당으로 간다고 말해두었다. 노조 지도부는 경찰이 눈치채지 못하도록 나이 어린 50여 명은 기숙사에 남아 농성 때 부르던 노래 등을 녹음한 것을 크게 틀어놓게 하였다. 노동자들이 몰래 면목동의 YH 공장에서 마포의 신민당사로 옮겨가는 사이 문동환, 고은, 이문영 등 재야인사들은 상도동의 김영삼 신민당 총재 집을 찾아갔다. YH 여공들이 기숙사에서 쫓겨나 마지막 호소를 하러 신민당사로 가니 총재께서 이들의 호소를 듣고 해결책을 찾아달라는 말에 김영삼은 선뜻 야당 당사는 누구에게나 개방되어 있으니 그들이 찾아오면 이야기를 듣고 최선을 다해 돕겠다고 이야기했다. 면담시간은 딱 5분, 길지 않은 시간이었다. '감'의 정치인 김영삼의 최고의 직감이었다.

신민당사 주변에 흩어져 있던 노동자들이 8월 9일 오전 9시 30분 신민당사로 들어가려 하자 처음에는 당원들이 놀라서 막아섰다. 잠시 주춤하는 사이 상도동에서 연락이 와서 노동자들은 4층 강당으로 올라갔다. 새벽에 삼삼오오 기숙사를 빠져나온 187명이 모두 다 모인 것이다. 불과 몇 시간 만이었지만 그들은 무사히 다시 만난 감격에 부둥켜안고 눈물을 흘렸다. 그들은 곧 "회사 정상화가 안 되면 죽음이다"라는 머리 띠를 두르고, "우리를 나가라면 어디로 가란 말인가", "배고파 못 살겠다 먹을 것을 달라"란 펼침막을 내걸고 농성을 시작했다. 신민당에서 급하게 빵과 우유를 가져다주었지만 노동자들은 면목동에 두고 온 어린 동료들은 아무것도 먹지 못하고 있다며 손을 대지 않았다. 당원들이 그쪽에도 음식을 제공하도록 하겠다고 한 다음에야 겨우 먹기 시작했다.

당사에 나온 김영삼은 먼저 노동자 대표들을 만나 이야기를 듣고 4층 강당으로 올라와 농성 중인 노동자들에게 "여러분들이야말로 산업발전의 역군이며 애국자인데 이렇게 푸대접을 받아서야 되겠느냐"며 보건사회부 장관과 노동청장을 오게 해 문제를 해결하겠다고 말해 큰 박수를 받았다.[24] TV에서나 보던 유명 정치인들이 직접 찾아오고, 라디오에서도 YH의 농성 사실이 보도되고, 때마침 배달된 석간신문에도 농성장면 사진과 기사가 크게 실린 것을 보자 이들은 힘을 얻었다. YH무역 사장 박정원은 신민당사로 와 당 간부 및 노동자 대표들과 만났다. 그는 "회사가 폐업을 할 정도는 아니지만 이들 여공들은 작업 성적이 극히 나쁘기 때문에 더 이상 고용할 수 없다"고 주장했다가, 생산성이 떨어진 것은 노동자들이 열심히 일했지만 회사가 제때에 부품을 공급해주지 않았기 때문 아니냐는 반박을 받고 아무 대꾸도 하지 못했다.[25]

스물둘 김경숙의 죽음

YH 여공들의 신민당사 농성은 정국을 뒤흔들어놓았다. 유신체제의 억압에 대한 불만은 널리 퍼져 있었지만 1979년 상반기에는 그 불만이 저항으로 표출되지는 못했다. 사복들이 캠퍼스에 쫙 깔려 있고, 로마병정 같은 복장을 한 전경들이 여러 대의 닭장차에 타고 앉아 있던 대학가에서 1979년에는 1학기가 다 가도록 이렇다 할 학생 데모조차 일어나지 못했다. 겉으로 볼 때는 태평성대였다. 학생들도, 야당 정치인들도, 재야인사들도, 민주투사들도 깨지 못한 그 위장된 태평성대를 제일 먼저 깨고 나온 것은 "이 나라의 배고프고 예쁜 아가씨들"이었다.

여성 노동자들이 야당 당사로 뛰어들면서 YH무역 사건은 한 개 회사의 노사문제가 아니라 정국의 뇌관이 되었다. 이 충격파를 흡수하기에 유신체제는 너무나 경직되어 있었다. 여성 노동자들이 신민당사에 들어간 지 만 24시간이 된 8월 10일 오전 청와대에서 열린 고위대책회의는 신속한 강제해산을 결정했다. 경찰 내에서는 여공 200명에 당원과 당직자까지 합치면 한 끼 설렁탕 값만 해도 100만 원이 되니 돈 없는 신민당이 자연히 내보낼 터인데 구태여 끌어낼 필요가 어디 있느냐는 의견이 우세했다.[26] 그러나 이런 신중론은 곧 강경론에 묻혀버렸다. 중앙정보부장 김재규가 강제진압을 주장했다고 하지만, '부각하'라 불리던 경호실장 차지철은 더욱 강경한 입장이었다. 신민당 의원 일부는 당사 건너편 가든호텔에 방을 잡아두고 농성 현장의 움직임뿐 아니라 신민당 간부회의의 내용까지 차지철에게 열심히 보고했다고 한다.[27]

경찰의 강제진압 움직임이 가시화되자 여성 노동자들은 8월 10일 밤 10시 40분 긴급 결사총회를 열고 경찰이 진입하면 모두 투신하겠다는 결의문을 채택했다. 흥분한 여성들은 창틀에 매달려 투신하겠다고 울부짖기도 했다. 모두 8명이 실신해서 병원으로 옮겨졌는데, 카랑카랑한 목소리로 결의문을 낭독했던 노조 조직부 차장 김경숙은 금방 깨어나 농성장에 남았다. 현장의 상황이 급박하다는 보고를 받은 김영삼은 급히 4층으로 올라와 "너희는 결코 두려워 말라. 나의 의로운 손으로 너희를 붙들리라"는 성경 말씀을 인용하며 이들을 달랬다. 김영삼은 여태껏 경찰이 야당 당사를 습격한 적은 없다면서 자신과 30여 명의 의원이 지키고 있으니 안심하라며 흥분한 농성자들을 진정시켰다. 여성 노동자들이 잠자리에 들자 김영삼은 당사 정문으로 내려가 "여공들이 흥분하니 모두 물러나라"고 요구했다. 경찰들이 이에 응하지 않아 승강이를 벌이던 김영삼은 "너희들이 정말 저 여공들을 뛰어내리도록 할 참이냐"며 마포서 정보과장의 따귀를 때리기도 했다.[28]

새벽 2시, 자동차 경적 소리가 세 번 길게 울리는 것을 신호로 경찰 1,000여 명이 동원된 진압작전이 시작되었다. 사복조들이 재빨리 4층 강당의 창문 쪽을 봉쇄하여 여성 노동자들의 투신을 막는 사이, 4인 1조의 전경들은 농성 중인 여성 노동자들을 한 명씩 끌어내 닭장차 15대에 태워 서울 시내 경찰서 7곳에 분산 수용했다. 진압작전은 23분밖에 걸리지 않았지만 대단히 폭력적이었다. 신민당 대변인인 박권흠 의원은 "나 대변인이야"라고 외치다가 사복들에게 "그래, 대변인 잘 만났다"며 자근자근 밟히는 폭행을 당했다. 그는 코뼈가 내려앉고 갈비뼈가 부러지는 중상을 입었다. 청와대 비서실장 김계원은 "당시 강제해산 작전에 차지철이 청와대 경호실 직원들을 보내 야당 의원들을 손봐주라고 하였을 것"이라고 주장했다.[29] 이 과정에서 여성 노동자 한 명이 목숨을 잃었다. 실신해 업혀가다 깨어나 농성장에 남은 스물둘 김경숙이었다. 김경숙은 "혼탁한 먼지 속에 윙윙대는 기계 소리를 들으며 어언 8년 동안 남는 것은 병밖에 없다. 비록 몸은 병들었지만 마음은 상하지 않는 인간으로 올바른 삶을 살리라 다짐"[30]했건만 그 다짐을 지킬 수 없었다. 여덟 살에 아버지를 여읜 김경숙은 오빠마저 병으로 죽고 어머니가 떡장사를 나간 사이 남동생 둘을 돌보느라 제때 국민학교에 들어가지 못했다. 그는 동생 하나가 또 병으로 세상을 떠나 동생 돌보는 일의 부담이 줄어들자 학교에 가게 되었다고 한다. 동생의 죽음은 너무너무 슬픈 일이었지만, 학교를 가게 된 것은 무척 기쁜 일이었다. 하나 남은 동생의 학비를 대겠다던 누나의 다짐은 허공 속에 사라져버렸다. 경찰은 김경숙이 동맥을 끊고 투신자살했다고 발표했다. 그러나 2007년 진실화해위원회는 김경숙의 부검 보고서와 시신 사진을 근거로 손목에는 동맥을 끊은 흔적이 없고, 손등에는 곤봉과 같은 둥근 물체로 가격당한 상처가 발견되었다고 발표했다.[31] 김영삼에 따르면 YH 여성 노동자들에게 식사를 날라주던 인근 식당의 여종업원들이 끝내 밤중에 경찰에 의해 개처럼 끌려가는 그들의 모습에 충격을 받아 목숨을 끊는 비극적인 일도 있었다고 한다.[32]

총재 직무정지 가처분

김경숙의 사망이 TV 뉴스로 보도되자 박정희는 문공장관 김성진을 불러 이런 뉴스가 나갔다고 크게 화를 냈다. 김성진은 〈중앙일보〉 및 동양방송 회장 홍진기를 불러 닦달했는데, 얼마나 혼이 났던지 홍진기는 근처 약국에서 진정제를 먹고 간신히 정신을 차렸다고 한다. 경찰서로 끌려간 노동자들과 기숙사에 남아 있던 노동자들은 모두 강제로 퇴직금을 수령한 뒤 경찰이 마련한 버스 편으로 귀향 조치를 당했다.[33] 경찰에 의해 집으로 끌려갔던 김영삼은 아침 일찍 당사로 돌아와 당사 정면에 "밤이 깊을수록 새벽이 가깝다"라고 쓴 대형 플래카드를 내걸고 여성

노동자들이 끌려간 바로 그 자리에서 당 소속 국회의원 전원과 함께 농성에 들어갔다.[34]

신민당이 농성에 들어간 지 사흘째 되던 8월 13일, 신민당의 원외지구당 위원장인 조일환, 윤완중, 유기준 세 사람이 총재단의 직무집행정지 가처분 신청을 서울민사지방법원에 제출했다. 이들에 따르면 신민당 성북지구당 위원장 조윤형과 전당대회 부의장 김한수, 그리고 조윤형이 임명한 성북지구당 대의원 5명 등 7명의 대의원 자격을 인정할 수 없기 때문에, 1979년 5월 30일 전당대회에서 과반수를 겨우 2표 넘겨 당선된 김영삼의 총재 선출이 무효라는 것이다. 김영삼과 사사건건 대립하던 비주류 내부에서도 이들의 가처분 신청을 '정신 나간 짓'이라고 비난하는 입장이 있었지만,[35] 막상 심리가 시작되자 분위기는 심상치 않게 흘러갔다. 전당대회 직후인 6월 5일 조가연이라는 자가 중앙선거관리위원회에 조윤형과 김한수 두 사람의 당원 자격에 대한 유권해석을 의뢰하여 그들이 당원 자격이 없다는 결정을 받아낸 바 있었다.[36] 조가연은 과거 신민당 서대문지구당 부위원장을 지낸 바 있지만 당을 떠난 지 오랜 인물이었다. 무기명 비밀투표로 진행된 전당대회에서 문제가 된 대의원들이 꼭 김영삼에게 투표했다고 볼 수도 없고, 과거 선거 또는 당선무효 판결 등으로 의원직을 그만둔 사람들이 재직 중에 행사한 표결이 유효하다는 판례에 비추어볼 때 총재 직무정지 가처분 신청은 참으로 말이 되지 않는 것이었다.

그러나 유신체제하의 사법부는 이 가처분 신청을 받아들였다. 9월 8일 서울민사지법 합의16부 조언 부장판사는 김영삼의 총재 직무를 정지시키고, 전당대회 의장 정운갑을 총재 직무권한대행으로 선임했다. 조윤형과 김한수는 제8대 국회의원이었다가 유신 쿠데타로 투옥되어 실형을 산 사실 때문에 국회의원 선거권이 없어 정당원의 자격이 없다고 했지만, 이는 마치 노동조합에서 해고자의 조합원 자격을 인정하느냐와 같은 성격의 문제였다. 그러나 이들은 1978년 국회의원 선거에서 투표도 했고, 조윤형은 1976년 전당대회 때는 김영삼에 반대하여 이철승 편에 서서 투표한 바 있었다. 이 때문에 사람들은 유신체제에 협조적인 이철승을 찍으면 유효하고, 선명야당을 표방하는 김영삼을 찍으면 무효라는 것은 법의 폭력이라고 비난했다.[37] 청와대와 중앙정보부의 적극적인 지원을 받은 정운갑은 총재 직무권한대행의 역할을 수행하려고 하여 신민당에는 정치적 총재와 법적 총재가 따로 있는 기형적인 모습이 연출되었다. 결국 이성을 상실한 유신정권은 김영삼의 의원직마저 박탈해버렸다.

김영삼이 8월 9일 아침에 별생각 없이 YH 여공들의 신민당사 진입을 허용할 때만 해도 그는 일이 이렇게 커질 줄은 상상도 하지 못했다. 고은 시인은 김영삼이 "직감 이상의 결단으로 YH 노동자들 신민당 강당 농성을 허용"해주었다고 《만인보》 12권에 썼지만, 정작 김영삼은 회고록에서 자신은 "이때 여공들이 신민당사를 농성장소로 택한 줄은 몰랐고, 호소차 방문한 것 정도로 알았다"고 주장했다.[38] 신민당은 "밤이 깊을수록 새벽이 가깝다"라는 플래카드를 내걸고 농성을 했고, YH 사건에 대하여 《말기적 발악―신민당사 피습 사건과 YH 사건의 진상》[39]이라는 책자를 펴냈지만, 유신의 종말이 불과 석 달도 남지 않았다는 사실은 꿈에도 생각하지 못하고 있었다. YH 여성 노동자들이 농성장소를 신민당으로 택함으로써 김영삼과 신민당은 한국 현대사의 격동의 순간에 중심으로 떠올랐다. 그러나 이것은 단순한 우연만은 아니었다. 1970년대 신민당의 투쟁에 어느 정도 점수를 줄 것인가는 관찰자마다 생각이

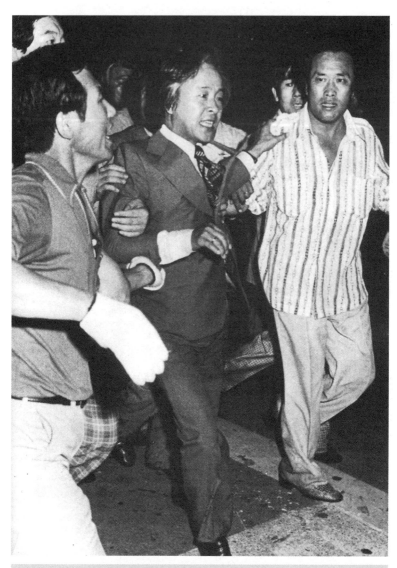

1979년 8월 11일 새벽 2시 YH무역 여성 노동자들이 농성 중인 신민당사에 경찰 1,000여 명이 들이 닥쳤다. 경찰은 김영삼 당시 신민당 총재를 당사에서 강제로 끌어내 집으로 보냈다. 이날 아침 당사로 돌아온 그는 당 국회의원 전원과 농성을 시작했다. 이 사건으로 김영삼은 한국 현대사의 중심으로 떠올랐다.

다르겠지만, 그래도 나는 어느 정도 점수를 주고 싶다. 대통령 임기 중반 이후 돌이킬 수 없이 망가졌지만, 1970년대 젊은 김영삼이 했던 투쟁에는 볼만한 구석이 조금은 있었다. 가까이는 1978년 12월의 제10대 국회의원 선거, 멀리는 1974년 8월의 신민당 전당대회 이후의 김영삼은 때로는 중심을 잃고 비틀거렸지만 그래도 유신반대라는 선명한 깃발을 내걸고 한길을 걸어왔음에 틀림없다.

야당다운 야당, 싸우는 야당

김영삼은 1974년 8월 신민당 전당대회에서 47세의 젊은 나이에 총재로 당선되었다. 한국의 야당사에서 보기 드물게 젊은 나이였다. 신익희는 61세, 조병옥은 62세, 장면은 60세, 박순천은 66세, 윤보선도 66세, 유진오는 63세, 유진산은 66세에 야당의 총재를 지냈으니, 김영삼의 당선으로 야당이 크게 젊어진 것은 분명했다. 박정희가 유신 쿠데타를 단행할 무렵, 신민당은 둘로 나뉘어 싸우고 있었다. 때로는 대사(큰 뱀), 때로는 왕사쿠라라 불렸던 유진산의 죽음은 싫든 좋든 한국의 야당사에서 한 세대가 저물었음을 상징하는 사건이었다. 유진산의 후임을 뽑는 신민당 전당대회에서 김영삼이 당선되리라고 예상한 사람은 많지 않았다. 지구당 위원장의 지지를 가장 많이 받은 사람은 김영삼, 김대중과 함께 '40대 기수론'을 펼쳤던 이철승이었고, '진산 계열'에서 미는 김의택은 언론에서 선두주자 대접을 받았다. 유신체제와의 정면대결을 회피했던 것은 꼭 유진산만이 아니었다. 유신헌법의 중선거구 제도에 따라 공화당과 사이좋게 동반 당선된 대다수의 신민당 의원들은 좀 더 '현실적'이고 좀 더 타협적이었다. 그러나 대의원들의 입장은 달랐다. 그들은 야당다운 야당, 정권을 비판하고 견제하고 싸우는 야당을 바랐다. 대의원들의 절대다수는 지구당 위원장에 의해 임명되었지만, 위원장이 이들에 대한 완벽한 통제력을 발휘하는 것은 아니었다. 지구당 위원장의 숫자로 본다면 꼴찌나 꼴찌에서 두 번째를 했음직한 김영삼이 1차 투표에서 1위를 했을 때 아마도 가장 놀란 사람은 김영삼 자신이었을 것이다. 5명의 후보 중에서 김영삼이 유일하게 유신정권과 맞서 싸우겠다고 주장했다. 대의원들이 바란 것은 선명한 야당이었다. "요즘 신민당은 야당다운 야당을 하고 있지 않다"거나 "최근엔 신민당 하는 것이 도리어 부끄럽게 느껴질 정도"라는 대의원들[40]은 야당성을 회복하겠다는 김영삼을 선택한 것이다. 김영삼 자신도 당선 소감으로 "대의원들이 나를 총재로 뽑아준 의미는 무기력하고 침체된 야당을 재건하고 국민의 진정한 소리를 대변해달라는 절규"라고 말했다.[41]

정통 보수야당을 표방한 신민당의 젊은 총재는 당 밖의 재야민주 세력과 손잡고 유신헌법의 개정을 촉구하면서 전국에서 개헌추진운동지부 현판식을 벌였고, 재야인사들이 주축이 된 '민주회복국민회의'에도 참가했다. 김영삼의 질주에 반발했던 것은 당내에 광범위하게 퍼진 타협 세력, 즉 좋은 게 좋은 거라며 유신체제와 맞서지 않고 적당한 비판만 하며 야당 의원 생활을 즐기고 있던 자들만이 아니었다. 예상을 뒤엎고 김영삼이 총재에 당선되고 곧이어 유신반대 투쟁에 적극 나서자 박정희는 상이군인을 동원했다. 김영삼이 유신체제의 안보 장사에 맞서 "북괴의 남침 위협이 없다"고 하자 1974년 12월 20일 광주지부 현판식에 상이군인이 몰려와 난동을 부렸다. 상이군인 300여 명은 이 과정에서 신민당원들이 자신들을 보고 '병신육갑' 한다고 욕했다면서 12월 27일의 대구지부 현판식 참석차 내려온 김영삼을 대구 금호 호텔에 감금하고 사과를 요구했다.[42] 1975년 3월 말 김영삼은 장준하가 헌신적으로 추진한 민주 세력의 통합 흐름에 동참하여 윤보선, 김대중, 양일동과 4자회담을 하고 신민당과 통일당의 통합에 합의했다.

닭의 모가지를 비틀어도 새벽은 온다

1975년 인도차이나 반도의 상황이 심각하게 전개되자 김영삼의 반유신 민주화운동의 스텝이 꼬이기 시작했다. 김영삼의 어머니는 1960년 권총강도들에게 피살당했는데, 수사 결과 강도들은 일본으로 밀항할 자금을 마련하려던 좌익 출신들이었다.[43] 4월 30일 남베트남의 수도 사이공이 공산군에 함락되고 3주 뒤인 5월 21일 박정희와 김영삼은 여야 영수회담을 했다. 박정희는 "김 총재, 나 욕심 없습니다. 집사람은 공산당 총 맞아 죽고 이런 절간 같은 데서 오래 할 생각 없습니다. 민주주의 하겠습니다. 그러니 조금만 시간을 주십시오"라고 부탁했다고 한다. 김영삼은 "꼭 민주주의를 하겠습니다"라는 박정희의 말이 "이번 임기를 마지막으로 물러나겠다"는 뜻으로 들렸다고 주장했다. 그는 "비명에 타계한 아내를 들먹이며 눈물을 보이고 인생의 허망함을 털어놓은" 박정희의 말을 일단 진심으로 받아들이기로 했다고 회고했다.[44] 좋게 보면 부인을 좌익의 흉탄에 잃은 대통령과 어머니를 좌익의 흉탄에 잃은 야당 총재 간에 국가의 안보위기 상황에서 어떤 공감이 형성된 것이고, 좀 더 냉정하게 말한다면 노회한 독재자 박정희가 3년 뒤인 1978년에 물러나겠다면서 그다음은 당신 차례라는 암시를 준 것에 순진한 김영삼이 속아 넘어간 것이고, 의심의 도를 높인다면 둘 사이에 어떤 묵계가 있었던 것은 아닌가 생각해볼 수도 있는 정황이었다.

영수회담 이후 김영삼이 반유신 민주화운동에서 발을 빼자 그의 입지도 위축되기 시작했다. 유신체제에 적극적으로 맞서라고 그를 지지했던 밑바닥의 야당 세력은 김영삼을 지지해야 할 이유를 상실했다. 특히 1975년 10월 8일 김옥선 의원이 인도차이나 사태 이후의 안보궐기대회를 관제 데모라고 비판했다가 여당이 초강경 제명 협박을 했을 때 김영삼은 당내에서 자신의 강경노선을 적극 뒷받침했던 김옥선을 보호하지 못했다. 김옥선이 눈물을 흘리며 의원직을 사퇴했을 때 가장 상처를 입은 것은 김영삼이었다. 선명야당의 깃발이 부러지자 1976년 5월 전당대회에서는 '안보지상주의와 자유지상주의 사이의 중도통합론'을 내세운 이철승이 김영삼을 꺾고 대표최고위원에 당선되었다. 이 전당대회는 김영삼을 낙선시키기 위해 청와대 경호실장 차지철이 "사람만 죽이지 않으면 절대로 징역 살 일이 없으니까 맘 놓고 하라"며 김태촌 등 주먹패를 동원하여 '각목대회'로 치러졌다.

신민당의 당수가 된 이철승은 꼭 박정희가 바라는 대로 행동했다. 그는 국외동포들의 반정부 활동은 "결과적으로 북괴의 통일전선 전략을 돕는 것이 된다"거나, "한국의 자유 문제는 유무의 문제가 아니라 '레벨'의 문제", "야당은 국가보안법을 폐기할 용의가 없다" 등등의 발언을 쏟아냈다.[45] 이런 신민당을 두고 당 밖에서는 유신당, 제2의 유정회 등등의 비난과 조롱이 쏟아졌고, 당내에서는 '야당성 회복 투쟁동지회'가 결성되기도 했다. 1978년 12월 12일에 실시된 제10대 국회의원 선거에서는 누구도 예상하지 못한 결과가 빚어졌다. 공화당이 31.2퍼센트에 그친 반면, 신민당 32.3퍼센트로 야당인 신민당이 공화당보다 득표율에서 1.1퍼센트포인트를 앞선 것이다. 이것은 신민당이 잘해서가 아니었다. 그만큼 민심이 유신체제를 떠났다는 것을 의미했다. 국민들의 준엄한 요구에 지리멸렬했던 선명야당 세력이 다시 결집하기 시작했다.

　오만한 유신체제는 국민들의 경고를 무시했다. 1979년 3월 제10대 국회가 개원할 때 여당 쪽은 의장으로 차지철이 적극 추천한 백두진을 내정했다. 국민들과 대다수의 야당 의원들은 지역구 출신이 아니라 박정희가 '임명'한 유정회 소속인 백두진이 국회의장으로 지명된 것을 씻을 수 없는 모욕으로 간주했다. 여론의 지지를 얻은 비주류 야당 의원들은 강경투쟁을 주장했지만, 이철승 등 당 지도부는 신민당 의원들은 퇴장하고 당 지도부만 남아 표결에 참가하는 해괴한 방식으로 백두진의 위장취임을 용인했다.[46] 백두진 파동으로부터 두 달 뒤인 5월 30일에 거행된 신민당 전당대회에서 대의원들은 "아무리 새벽을 알리는 닭의 모가지를 비틀어도 민주주의의 새벽은 오고 있다"고 외친 김영삼을 선택했다. "신민당은 유신체제에 참여하고 있으며 유신체제가 자유민주주의를 부정하는 체제라고 보는 견해는 크게 잘못"이라며 중도통합론을 강조해온 이철승이 신민당을 이끌고 있었더라면 YH무역의 여성 노동자들이 신민당사로 농성장소를 옮기는 일은 결코 없었을 것이다.

2
남민전 사건

유신의 종말이 채 20일도 안 남았던 1979년 10월 9일, 내무부 장관 구자춘은 기자회견을 열어 경찰이 "북괴의 폭력에 의한 적화통일혁명노선에 따라 대한민국을 전복, 사회주의 국가 건설을 위한 전위대"인 "남조선민족해방전선준비위원회(이하 남민전)라는 불법불온 단체의 전모를 파악했다"고 밝혔다. 경찰은 남민전이 북의 지령을 받지 않는 자생적 공산주의 조직이라고 했지만, 속칭 반체제와는 성격이 완전히 판이하다고 강조했다. 〈동아일보〉는 남민전이 "무려 74명이 지하점조직을 만들었다는 데서 6·25 후 불온조직으로서는 가장 큰 규모인 것 같다"며 이 사건을 대대적으로 보도했다.[1] 10월 16일의 2차 발표에서 경찰은 "남민전이 단순한 자생적 공산주의 조직이 아니라 북괴와 관련된 무장간첩단"이라고 규정했다.[2]

남민전 사건은 유신정권뿐 아니라 일반 국민, 나아가 당시의 '반체제' 재야인사나 청년학생들에게도 상당한 충격을 주었다. '남조선'이라는 명칭, 북의 김일성에게 '피로써 충성을 맹세'하는 서신을 보냈다느니, '남조선해방전선기'를 걸어놓고 칼을 잡고 가입선서를 했다느니, 총기와 폭약을 준비했고 실제로 무장조직을 만들어 재벌 집을 털었다느니 하는 발표 내용은 남민전이라는 이름의 조직이 기존의 민주화운동 선상에 출현했던 여러 조직이나 운동 행태와는 달라도 너무 다른 것이라는 인상을 주기에 충분했다. 조직의 구성에서도 반독재 민주화 투쟁에 주력하는 한국민주투쟁국민위원회(민투)와 반제투쟁까지를 목표로 한 남민전의 2원조직을 만들고, 민투의 '투사'로서의 활동을 일정 기간 검열하여 남민전의 '전사'로 승격시키는 방식도 기존의 민주화운동에서는 보기 힘든 방식이었다. 실제로 검거된 사람의 다수는 민투의 투사였기 때문에 남민전의 존재를 수사 과정에서 처음으로 알게 되었다고 한다.

민주화운동 진영 내에서도 반응은 냉담했다. 사건이 터진 시기는 YH 사건을 겪고, 김영삼 신민당 총재에 대한 총재 직무정지 가처분 신청이 인용되고, 2학기 개학 이후 대학가에서 자연 발생적인 데모가 일어나는 등 반유신 투쟁이 달아오르기 시작할 때였다. 재야 세력 내에서는 남민전 사건의 발표가 막 달아오르기 시작한 민주화운동에 찬물을 끼얹은 것으로 생각했다. 남민전의 일원이었던 임헌영은 사건 발생 직후 "어제까지 동지였던 사람들조차도 차갑게 눈길을 아래로 깔아야만 했던 아픈 상처의 계절"이었고, "운동권에서조차도 얼마나 남민전 사건을 편견적이고 선입견에 차서 냉정하게 대했던가"를 참담하게 회고했다.[3] 사건이 터졌을 때, 나는 대학교 2학년이었다. 여기저기서 남민전이 얼마나 무모하고 분별없고 소영웅주의적이고 모험적이고 맹동적이고 운동에 해만 끼쳤는가를 성토해댔다. 그 와중에 누군가가 물었다. "가만, 그래도 연장이라도 한번 들어본 게 지리산에서 다 깨진 다음에 처음이잖아!" 반년쯤 지나 광주에서는 수천의 시민군이 총을 들었다.

어떡해도 죽을 운명, 싸우다 죽자

남민전의 주모자는 당시 45세(1934년생)의 이재문이었다. 경북의 유학자 가문 출신인 이재문은 4월혁명 직후 짧은 기간 발간된 〈민족일보〉의 기자를 지냈고, 1964년 1차 인혁당 사건에 연루되어 옥고를 치렀다. 전세계적으로 1960년대는 민족주의가 크게 고양된 시기였다. 아시아, 아프리카에서는 연합국의 구식민지들이 앞다투어 독립을 선포했고, 베트남 전쟁의 전개 과정은 전 세계 양심들의 눈길을 사로잡았다. 한국의 진보적인 청년들도 제3세계 민족해방운동을 예의 주시하면서 분단 조국의 민주화와 통일을 어떻게 달성할 것인가를 모색했다. 1차 인혁당 사건, 통혁당 사건, 해방전략당 사건 등은 총칼로 잡은 정권을 영구히 지키려는 군사정권과 민족민주혁명의 지도부를 어떻게 건설할 것인가를 모색하던 진보 세력의 충돌 과정에서 터진 사건들이었다. 1차 인혁당 사건 당시는 다행히 사형을 당한 사람들이 없었지만, 통혁당 사건과 해방전략당 사건, 그리고 몇몇 '간첩' 사건 관련자들이 1960년대 후반과 70년대 초반에 사형을 당했다. 군사정권의 혹심한 탄압과 연이은 실패에도 불구하고 진보 세력은 끊임없이 혁명의 지도부인 전위조직에 대한 열망을 포기하지 않았다. 일부에서는 혁명의 지도부 없이는 민족민주혁명의 승리를 기대할 수 없다며 즉각적인 전위조직 건설을 주장한 반면, 이재문은 즉각적인 당 건설 주장에 대해 "누굴 믿고 당을 만들자는 것인가. 과거 운동에서 실패한 사람들과 무슨 일을 할 수 있겠는가. 새로운 인자의 양성이 필요하다"고 반박했다고 한다.[4] 특히 1974년 봄 전국적인 학생 시위가 준비될 당시 대구·경북 지역을 중심으로 활동하던 진보인사들 사이에는 투쟁 방향을 놓고 상당한 의견 차이가 있었다고 한다. 서도원 등은 "대중운동이 고양되고 있는 지금 그동안 계속 투쟁해온 사람들을 중심으로 전위조직을 건설해야 한다"고 주장한 반면, 이재문 등은 "투쟁이 계속되면 기반이 취약한 역량이 다 바닥난다"면서 일시적인 성공에 도취하지 말고 조직적으로 후퇴해야 한다고 주장했다는 것이다.[5] 이렇게 이야기가 오가긴 했지만 전위조직이 어떤 형태로든 실제로 만들어진 것은 아니었다. 그러나 전위조직을 시급히 결성해야 한다고 주장했던 사람들을 중심으로 중앙정보부는 '인혁당 재건위'를 조작했다. 8명의 목숨을 앗아갔지만 '인혁당 재건위'라는 명칭의 단체는 조직된 바 없었다. 1차 인혁당 사건을 겪은 진보인사들은 명칭, 강령, 규약 등을 갖춘 조직을 만들 경우 당장 '넥타이공장'(교수대)에 끌려갈 것이라는 사실을 잘 알고 있었기에, 형식이 없는 아주 느슨한 모임만 가질 뿐이었다. 그렇기에 중앙정보부도 '인혁당 재건위'의 실존을 입증할 수 없었고, 이들은 '인혁당 재건위'를 만들 경우 서울 지도부와 같은 조직, 경북 지도부와 같은 조직이라는 별개의 반국가 단체를 조직한 것으로 기소되었다. 이때 이재문도 체포되었다면 사형을 면하기 어려웠을 것이지만, 그는 일찍이 모든 연락을 끊고 지하로 잠적했다. 전창일의 집에 피신 중이던 이재문이 전창일과 함께 저녁을 하고 있을 때 경찰이 전창일을 잡으러 들이닥치자, 전창일은 이재문이 잡히면 사형을 당할지 모른다는 생각에 시간을 끌어 이재문이 벽장 속에 몸을 숨길 수 있었다고 한다. 별일 없을 것으로 생각해서 이재문이 은신처로 택했던 친구 전창일은 이렇게 잡혀가 무기징역을 받았다.[6]

경찰은 이재문을 잡기 위해 특별검거반을 편성했다. 이재문의 가까운 선배인 김병권은 해방전략당 사건으로 5년형을 받고 복역 후 출소한 지 얼마 되지 않았는데, 매일 특별검거반에 불려 가 이재문을 잡으러 다녀야 했다. 김병권은 낮에는 이재문을 잡으러 다니는 척하고, 밤에는 몰래 이재문을 만나 수사 방향도 이야기해주고 깊이 있는 정세토론도 같이 했다.[7] 이렇게 몸을 피하기 1년여, 마흔을 갓 넘긴 이재문의 머리는 하얗게 세어버렸다. 1975년 4월 8일 대법원은 인혁당 관련자 8명에 대한 상고를 기각하여 사형을 확정했고, 박정희 정권은 형 확정 열여덟 시간 만인 4월 9일 새벽 4시부터 연쇄 사법살인을 저질렀다. 큰 뜻을 품었으나 유신체제에 맞서 제대로 변변히 싸워보지도 못하고 목숨을 빼앗긴 것이다. 사람이 한번 세상에 태어나서 불의 앞에 납작 엎드려 있어도 죽고, 마주 싸워도 죽어야 할 운명이라면 마주 싸우는 것이 도리가 아니겠는가. 김남주는 미지근한 싸움은 차라리 참는 게 낫다고 했다.(《진혼가》) '얼어붙은 강을 으깨어' 놓기 위해 전사 김남주가 원했던 것은 '철의 규율'과 '불의 열정'과 '바위의 조직'이었다.(《강》)

가신 이의 속옷으로 만든 깃발

남민전 사건은 당시로서는 충격적이고 어쩌면 황당하기까지 했다. 남민전 전사들의 헌신성과 민주화운동 진영의 보통 사람들이 느꼈던 황당함 사이의 거리는 인혁당 사형수 8명의 억울한 죽음을 어떻게 받아들였느냐의 차이로 설명되어야 할 것이다. 1980년대의 맥락에서 본다면 한국전쟁 정전 이후 가장 과격한 운동집단이었다는 남민전의 강령이나 분위기는 특별한 것이 아니고, 그 강령은 민주화 이후 "재야의 여러 단체에서 공개적으로 내세우는 강령에 비추어 오히려 온건"한 것이라는 평까지 받고 있다.[8] 그것은 광주의 힘이었다. 1980년 5월 27일 새벽 '나는 도청에 남았을까' 라는 질문에서 자유롭지 못한 사람들은 과감하게 모

남민전 조직원들을 검거한 경찰은 1979년 11월 13일 기자회견을 열었다. 사진은 위부터 임헌영, 이문희, 이수일, 김남주. 그 왼쪽은 '남조선해방전선기'를 묻은 항아리 사진이다. 〈경향신문〉 1979년 11월 13일 자 기사.

든 금기를 뛰어넘어 전두환을 향해 돌격했다. 1980년대 '살아남은 자의 슬픔'을 깊이 간직한 사람들의 행동은 그런 슬픔을 전혀 느끼지 못하는 사람들이 볼 때 무모하고 모험적이고 편협하기 짝이 없는 것이었다. 광주가 있기 5년 전, 인혁당 8명이 목숨을 빼앗겼을 때, "그들은 나일 수 있고 내가 그들일 수 있었다. 그들의 죽음은 곧 나의 죽음일 수 있었다"(홍세화)고 생각한 사람들은 불행히도 많지 않았다. 인혁당은 그렇게 쓸쓸하게 죽었고, 남민전 전사들은 그만큼 더 돌출적으로 과격했다. 이재문은 전창일의 부인을 통해 인혁당 사형수 8명의 가족으로부터 가신 이들이 입었던 속옷을 모아 남민전의 깃발을 만들었다. 홍세화는 이재문으로부터 그 깃발의 내력에 대해 들었을 때 "눈물이 핑 도는 현기증"을 느꼈다고 한다.[9]

인혁당 관련자들에 대한 연쇄살인이 있고 채 1년이 안 된 1976년 2월 29일, 청계천 3가의 태성장이라는 중국음식점에서 이재문, 김병권, 신향식 등 3인은 남민전의 결성식을 가졌다. 이재문은 1차 인혁당 관련자이고, 김병권은 해방전략당, 신향식은 통혁당 관련자였다. 꼭 그렇게 모으려 했던 것은 아니지만, 1960년대를 대표하는 전위조직 관련자들 중에서 탄압 속에 살아남은 사람들이 모인 것이다. 남민전이 결성되고 바로 다음 날인 3월 1일, 명동성당에서는 전 대통령 윤보선, 전 대통령 후보 김대중, 원내 최다선 의원 정일형, 종교인 함석헌 등 저명인사 11인이 서명한 '3·1 민주구국선언문'이 3·1절 기념미사의 마지막 순서로 낭독되었다. 시위도 농성도 없이 달랑 선언문 한 장 성당에서 읽었을 뿐인데 김대중 등 11명이 구속되었다. 공개적인 영역, 합법적인 영역에서의 모든 활동은 철저히 차단된 것이다. 독재정권에 대한 싸움을 포기한다면 모를까, 투쟁을 한다면 비합법, 비공개, 지하활동밖에는 길이 없었다.

더구나 1975년 '사회안전법'이라는 악법이 공포되면서 과거 좌익 활동에 관련되었던 사람들은 신고하고 전향서를 제출하지 않으면 보안감호란 명목으로 다시 투옥되어야 하는 상황에 놓이게 되었다. 이재문은 이미 수배 중이었고, 김병권과 신향식은 사회안전법 때문에 지하로 들어가지 않을 수 없는 처지였다. 꼭 이런 처지가 아니었다 하더라도 남민전이라는 지하 비합법 전위조직에 가담한 사람들은 혁명가로서 자신이

옳다고 생각한 일에 목숨을 건 사람들이었다(이재문은 후일 사형을 선고받고 1981년 11월 고문 후유증으로 서대문구치소에서 옥사했다). 목숨을 걸었다는 것만으로 모든 행동이 정당화될 수는 없겠지만, 목숨을 걸어본 사람들의 행동을 가벼이 평가하는 것도 옳은 일은 아니다. 조직의 모든 기밀을 담은 문서 보따리와 모든 증거물과 수배자들이 한꺼번에 털려버린 것은 어처구니없는 일이지만, 그 어두운 죽음의 시대를 치열하게 산 남민전을 제대로 평가하려면 안도현의 짧은 시 한 구절을 한 번은 외워보아야 한다. "연탄재 함부로 발로 차지 마라/너는/누구에게 한 번이라도 뜨거운 사람이었느냐"

남파간첩도 고정간첩도 아닌

유신정권은 남민전이 이북과 어떤 관계를 갖고 있을 것이라고 확신하고 가혹한 고문을 가하며 관련자들을 수사했지만, 남민전이 이북과 직접적인 관련이 있다는 사실은 밝혀내지 못했다. 〈동아일보〉는 남민전에 대해 "북괴의 무장남파간첩도 아니고 접선간첩도 아니며 고정간첩도 아닌 점에서 '코레콩'은 주목을 끈다"고 보도했다.[10] 그럼에도 검찰은 논고문에서 "이 사건은 직접적으로나 현실적으로 김일성의 지시를 받지 못하였을 뿐"이지 북한 공산집단의 "대남간첩단 사건임이 명백"하다고 주장했다. 그렇지만 남민전 사건으로 사형을 당한 신향식의 공소장을 보면 남민전 중앙위원회는 "남민전은 북괴의 지시에 의한 남한의 혁명 세력이 아니고 남한 출신 인사의 자주적 혁명단체"이고, "북괴와의 접촉이 가능하면 남민전과 북괴의 대표가 대등한 입장에서 접촉한다"는 데 합의하였다고 한다.[11] 이 점은 북을 '남조선 혁명'의 지도역량으로 상정했던 통혁당과는 다른 입장이었다.

남민전은 7년에 걸친 유신시대에서, 그 절반이 넘는 3년 8개월간 지하에서 활동했다. 고도의 정보정치가 행해졌던 유신시대에 상당한 규모를 가진 지하조직으로서는 꽤 긴 시간 활동한 것이라 할 수 있다. 남민전의 보위력은 상당한 것이었다. 남민전이 조직된 직후 3인 중앙위원의 한 사람이었던 김병권이 남민전 강령 초안을 소지한 채 검거되었으나, 조직의 실체는 드러나지 않고 김병권 개인만이 단순 반공법 위반으로 처벌받았다. 1977년 초에는 민투의 책임자였던 이재오(한나라당의 그 이재오!)가 긴급조치 위반으로 구속되었으나 불똥이 지하조직으로 튀지 않았다. 1979년 4월에는 남민전의 무력부장 임동규(현재 24반무예협회 총재)가 조총련 간첩 사건으로 구속되어 무기징역을 받았으나(임동규는 남민전 사건으로 무기징역을 또 받아 행형 사상 보기 드문 '쌍무기'가 되었다) 조직이 드러나지 않았다. 1979년 4월에는 남민전의 혜성대 전사들이 당시 7공자의 맏형으로 불리던 동아그룹 회장 최원석의 집을 털다가 이학영(현 민주당 의원)이 체포되고 '공범'인 박석률, 김남주, 차성환 등이 사진수배되었지만 역시 남민전이라는 지하조직은 드러나지 않았다. 이 '강도 사건'은 두고두고 말이 많았는데, 수사 당국의 발표처럼 도시 게릴라 활동이나 무장대의 활동이라기보다는 자꾸 늘어나는 수배자의 은신처 마련 등 조직의 활동자금을 마련하기 위한 것이었다. 그러나 '땅벌 1호 작전'이라고 명명한 이 사건으로 오히려 특급 수배자가 3명이나 늘어났다. 이들이 잠실 시영아파트에 있던 조직의 중앙 아지트에 이재문과 같이 은신하다가 박정희가 죽기 불과 3주 전인 10월 4일 단순히 유인물 사건의 관련자를 잡으러 온 경찰에게 몽땅 잡혀간 것이다. 이 과정에서 이재문은 자살을 기도하여 중상을 입었다.

조직원의 포섭과 교양 이외에 남민전이(주로 민투의 이름으로) 대외적으로 했던 주된 활동은 전후 여덟 차례에 걸친 유인물의 배포였다. 지금과 같은 정보의 홍수 속에서는 유인물의 의미가 잘 드러나지 않을 수 있지만, 유신과 같이 끝없는 침묵을 강요당하던 시기에는 바늘 하나가 떨어져도 큰 울림이 오듯 유인물 한 장이 주는 충격이 적지 않았다. 특히 남민전이 결성된 시기는 성명서 한 장 낭독한 것으로 고령의 전직 대통령이 연금되고 전직 대통령 후보가 구속되는 그런 때였다. 남민전은 유인물의 배포에서 당시로서는 획기적인 실력을 과시했다. 건물 옥상의 애드벌룬에 대량의 유인물을 묶어 쑥으로 만든 담배에 불을 붙여 하늘로 띄우면, 일정한 시간이 지난 뒤 쑥담배가 타들어가며 유인물이 묶인 끈을 태워서 하늘에서 유인물이 살포되는 방식은 남민전이 처음 개발한 것이었다. 버스가 정류장에 정차했을 때 유인물을 버스의 환기구를 통해 지붕에 두고 내려 달리는 버스에서 유인물이 살포되도록 하던 방식은 80년대에도 애용되었다. 때로는 혼잡한 버스 정류장 부근에서 전후좌우에 건장한 체격의 조직 성원이 엄호하는 가운데 키가 작은 성원이 과감하게 유인물을 뿌리고 대오가 유유히 빠져나가는 대담한 방식을 쓰기도 했다. 워낙 탄압이 심하던 시기라 똑같은 방법을 두 번 쓰기도 힘들어 남민전은 매번 새로운 방식을 개발해야 했다. 애드벌룬을 이용할 수 없게 옥상의 출입문은 모두 잠겼고, 혼잡한 버스 정류장은 유인물이 살포되자 곧 노선별로 정류장이 분할되었다. 유인물 살포에는 조직의 총책임자인 이재문도, 수배자의 신분이었음에도 불구하고 빠지지 않고 앞장섰다고 한다. 유인물 배포는 성공적이었지만, 조직의 총체적 붕괴의 실마리도 유인물 배포에서 비롯되었다. 장기간의 유인물 배포에 노이로제가 걸린 경찰은 남민전이 YH 김경숙의 죽음을 애도하기 위해 뿌린 유인물의 필체가 몇 년 전 서울대에 살포된 유인물의 필체와 동일한 것을 확인하고 그 필체의 소유자인 김부섭을 추적하여 김부섭의 상부인 이수일(전 전교조 위원장)의 집을 덮쳤다가 뜻밖에 이재문과 박석률, 김남주, 차성환 등 최원석 집 '강도 사건' 수배자를 한꺼번에 잡아가게 된 것이다.

뜻하지 않게 불러온 권력투쟁

경찰이 남민전이라는 거대한 지하조직을 적발한 것은 뜻하지 않게 유신정권의 심장부에서 권력투쟁을 격화시켰다. 중앙정보부는 방대한 조직망에도 불구하고 남민전의 존재에 대해 아무런 정보도 수집하지 못했다. 남민전과 같은 조직을 적발해내는 것이 중앙정보부의 임무였음에도 남민전이라는 대어를 낚은 것은 경찰이었다. 경호실장 차지철은 남민전 사건이 터지자 중앙정보부장 김재규의 무능을 질타했고, 박정희도 김재규에 대한 신임을 거두기 시작했다. 한마디로 남민전 사건은 김재규가 박정희의 신임을 잃게 된 결정적인 계기였다.[12]

남민전 관련자들은 남영동 치안본부 대공분실에서 혹독한 고문을 받았다. 이재오는 자신이 박종철 고문치사 및 은폐 사건의 주역인 박처원과 유정방에게서 혹독한 고문을 당했다고 증언했다.[13] 김근태를 고문했던 자의 사진을 보고 그의 이름이 이근안임을 확인한 것도 이재오였다.[14] 남민전 사건 이후 1980년대에 이근안에게 고문을 당한 자들은 이근안이 당당하게 '이재문이가 왜 죽었는지 아느냐'고 하는 소리를 들으며 끔찍한 일을 당해야 했다. 남민전에서 청년학생에 대한 조직과 지도를 담당했던 최석진(법륜 스님의 가형)은 고문을 견디다 못해 직원 화장실 창문으로 투신하여 중상을 입고 들것에 누운 채 재판을 받아야 했다.

남민전이 적발되었을 때 대부분의 자료는 그 성원들이 무명의 사회인
이라고 했다. 그때는 그랬을지 모른다. 당시 〈동아일보〉는 "그 구성원들
도 남의 달콤한 꾐에 속아 넘어가는 단순한 사람들이 아닌 교사, 학생,
지식인 등 이른바 '아는 사람'들이며 사회지도층도 될 수 있는 사람들
이었다"고 썼다.[15] 30년이 넘게 지난 오늘의 입장에서 보면 남민전에는
오른쪽으로는 이재오에서, 왼쪽으로는 김남주에 이르기까지 인재가 참
많았다. 그 수많은 인재들이 목숨을 걸고 재벌 집 담을 넘고, 예비군 훈
련장에서 총기를 분해해서 훔쳐 나왔다. 유신은 그런 시대였다. 그 어둠
의 시대는 남민전의 적발과 함께 저물어가고 있었다.

3
김형욱의 실종과
죽음

1979년 10월 16일 아침 〈조선일보〉는 1면에 3단짜리 크지 않은 기사로 "미국에 거주 중인 김형욱 전 중앙정보부장이 프랑스에 여행 중 1주일째 행방불명"이라고 보도했다. 기사를 쓴 신용석 특파원은 당시 서울에 왔다가 돌아가는 길에 일본에 체류 중이었기에, 데스크에서는 파리에 있지도 않은 특파원의 기사를 못 미더워했지만 신용석이 강하게 밀어붙여 큰 특종을 했다.[1] 김형욱, '날으는 돈가스', '공포의 삼겹살' 등의 별명을 얻을 만큼 박정희 집권 18년 중 3분의 1이 넘는 기간 동안 중앙정보부장으로 박정희를 위한 악역[2]을 도맡았던 그였다.

유신 다음 해인 1973년 슬그머니 미국으로 망명한 그는 1977년 6월 미국 하원 국제관계 소위원회의 세칭 프레이저 청문회에 나와 박정희 정권에 불리한 증언을 쏟아냈다. 그 때문에 김형욱은 유신체제의 공공의 적 1호가 되어 반역자, 변절자, 쓰레기 등 온갖 비난을 받았을 뿐 아니라, 1977년 말에는 그를 단죄하기 위해 '반국가행위자의 처벌에 관한 특별조치법'이 제정(1996년 헌재의 위헌 결정)되기까지 했다. 그런 김형욱이 갑자기 사라진 것이다. 그의 실종을 둘러싸고 갖가지 시나리오가 난무할 만큼 많은 사람이 관심을 가졌지만, 정작 그의 죽음을 슬퍼한 사람은 가족 이외에는 별로 없었다. 아무도 슬퍼하지 않은 죽음, 파란만장했지만 참 슬픈 삶이었다.

증언대의 시한폭탄

3선개헌을 성공적으로 마친 직후 박정희로부터 큰 상을 받는 대신 토사구팽당한 김형욱은 불안한 심경으로 세월을 보내다가, 유신 후 1973년 박정희가 그동안 총애해 마지않던 수도경비 사령관 윤필용을 구속시키자 타이완에 명예박사 학위를 받으러 간다는 핑계로 슬그머니 한국을 빠져나왔다. 가족과 재산은 이미 빼돌려놓았고 자신만 맨 마지막에 나온 것이다. 프레이저 청문회 과정에서 밝혀진 바로는 그가 빼돌린 재산은 미국 내에만 1,500만~2,000만 달러에 달하고 바하마 등 해외에 숨긴 재산이 400만~600만 달러에 달하는 막대한 것이었다.[3] 망명 초기 김형욱은 조용히 지내고 있었지만, 그의 망명은 유신정권에는 큰 골칫거리였다. 1974년 6월 국회의장 정일권은 박정희의 친서를 갖고 미국에 가 김형욱을 두 번 만나 귀국을 종용했다.[4]

김형욱의 존재가 부각된 것은 1976년 10월 24일 〈워싱턴 포스트〉가 한국 정부가 로비스트 박동선을 통해 미국 관리들에게 수백만 달러를 뇌물로 제공했다고 폭로하면서부터였다. 이른바 '코리아게이트' 사건이 시작된 직후인 11월 말 대외적으로는 주미 한국 대사관의 참사관이었지만 실질적으로는 중앙정보부의 미국 활동조직 부책임자였던 김상근이 미국으로 망명하는 일이 벌어졌다. 김상근은 과거 김형욱의 비서였으며, 망명 과정에서도 김형욱의 도움을 받았다. 박정희 밑에서 가장 좋은 관운을 자랑했다던 중앙정보부장 신직수는 김상근의 망명으로 1976년 12월 4일 자리에서 물러나야 했다. 신직수의 후임이 바로 김재규였다. 김재규의 첫 번째 임무는 김형욱을 귀국시키는 일이었다. 1977년 1월 17일 자로 김재규는 김형욱에게 정중히 예를 갖춘 편지를 보내 귀국을 종용했다. 김재규는 이 편지에서 "각하께서는 그 친구가 돌아온다면 얼마나 반가운 일인가, 자유롭게 왕복한다면 남이 보아도 좋고 본인은 얼마나 떳떳하겠는가, 또 돌아와 일하겠다고 하면 원하는 중책도 맡기지, 하시더군요"라고 썼다.[5] 약 한 달 뒤인 2월 14일 김재규는 '백의종군한 충무공'을 들먹이면서 "싱긋이 웃으며 김포공항의 트랩을 내리는 김 부장의 그리운 모습을 생각"한다는 편지를 또 보냈다.[6] 이 무렵 김형욱은 심한 향수병을 앓아 한국 술집에서 술만 마시면 '고향이 그리워도 못 가는 신세'를 부르곤 했다고 한다. 유신정권은 이 밖에도 국회의장 정일권, 김형욱과 황해도 신천 동향인 전 총리 백두진이나 육사 8기 동기인 전 총리 김종필, 박정희의 사위인 유엔대표부 부대사 한병기 등을 보내 그의 귀국을 종용했다.

유신정권의 김형욱 귀국 공작은 1977년 6월 6일과 7일 이틀에 걸쳐 〈뉴욕 타임스〉가 김형욱과의 독점 인터뷰 내용을 대서특필함으로써 물거품으로 돌아갔다. 이 인터뷰에서 김형욱은 박동선을 활용한 공작에 대해 자세히 폭로하고, 박정희는 하야해야 한다고 주장했다. 이것은 예고편에 불과했다. 김형욱이 6월 22일 미 하원 국제관계 소위원회의 프레이저 청문회에도 나가 증언하기로 한 것이다. 시한폭탄이 터지는 것을 피해보려고 박정희는 김형욱의 고향 선배이자 군 선배인 무임소장관 민병권을 급히 김형욱에게 보냈다. 민병권은 김형욱에게 첫째, 신변을

김형욱은 유신 다음 해인 1973년 미국으로 망명했고, 1977년 '프레이저 청문회'에 나와 박 정권에 불리한 증언을 쏟아내 '유신 공공의 적 1호'가 됐다. 사진은 1977년 청문회 모습이다.

보장할 테니 귀국하거나, 둘째, 미국을 떠나 제3국으로 가거나, 셋째, 앞에 두 가지를 받아들이기 어려우면 증언을 2주간만이라도 미뤄달라는 것이 박정희의 뜻이라고 전했다.[7] 민병권은 불가피하게 증언을 하게되더라도 "박동선 사건에 박 대통령이 직접 개입되었다는 사실만 언급하지 말아달라"고 '애걸'했고, 김형욱은 선배가 여기까지 온 것은 안됐지만 자신은 거짓말을 할 수 없다고 답했다고 한다. 6월 22일 청문회에나간 김형욱은 "박정희 씨 개인에게 설사 인간적인 배신자가 되는 것을 감수한다 하더라도 국민과 역사 앞에 배신자가 될 수는 없다고 믿기에이르렀다"고 밝혔다.[8] 여섯 시간에 걸친 그의 증언에 대해 〈월간조선〉은 "전직 정보 책임자로서 신랄하면서도 권위 있는 폭로"이며 "5·16 이후어느 누구도 이처럼 지독하게, 또 증거를 들이대면서 박 대통령에게 도

전한 사람은 없었다"고 평가했다.[9]

실패로 돌아간 회유공작

"내가 입만 열면 한 방이면 훅 간다"는 말을 우리는 흔히 듣는다. 그런데 막상 현실에서는 제대로 입을 여는 사람도 많지 않고, 누가 입을 열었다고 정권이 한 방에 훅 가는 일도 거의 없다. 김형욱의 증언은 확실히 박정희에게 시궁창 물을 제대로 끼얹어 잊을 수 없는 치욕을 안겨준 것임에 틀림없었으나, 박정희 정권을 무너뜨리기에는 무언가 부족했다. 증언을 마친 김형욱이 1977년 6월 말에 착수하여 실종되기 직전인 1979년 9월 말 완성할 때까지 몰두한 것은 회고록의 작성이었다. 민병권의 부탁을 받아들인 탓인지, 아니면 보복의 두려움 때문이었는지, 아니면 마지막 카드는 쥐고 있는 것이 유리하다고 생각했기 때문인지 김형욱은 청문회에서 박정희의 여자관계를 비롯하여 중요한 몇 가지 문제에 대하여 언급하지 않았다. 그래서 사람들은 회고록에 더 주목했고, 프레이저 의원은 김형욱이 자신이 아는 사실을 충분히 진술하지 않았다고 생각하여 그를 압박하기 위한 수단으로 김형욱이 미국으로 빼돌린 2,000만 달러 이상의 막대한 재산 문제를 치고 들어갔다. 1977년 7월 11일 프레이저 청문회에서 2차 증언을 마친 김형욱은 7월 15일 '국민과 역사 앞에 참회합니다'라는 제목의 특별성명서를 발표했다. 그는 자신이 "박정희 씨를 인간적으로 비하시키는 개인적인 부덕을 강력 자제"해왔다면서, 오랜 기간 정보기관의 책임자였던 자신은 "박정희 씨에 대하여 여러분이 상상하시는 것 이상으로 많은 것을 알고" 있다고 강조했다. 김형욱은 "박정희 씨가 유치한 방법으로 나를 계속 중상한다면 이를 천하에 폭로할 작정"이라고 유신정권을 협박했다. 김형욱은 "나는 박정희 씨를 참된 반공주의자요, 민주주의자라고 믿고 있지 않다"고 밝히면서, 자신의 최종 목표는 놀랍게도 박정희의 "탄압 아래 신음하고 있는 수많은 동포들의 인권 회복"이라고 강조했다.[10] 김재규의 편지를 김형욱에게 전달하는 등 김형욱에 대한 감시와 회유 공작을 담당했던 정보부의 뉴욕 파견 영사 손호영은 상부의 닦달에 "김형욱이 상당히 뉘우치고 있다"는 등 거짓 보고를 계속하다가 귀국명령을 받자 문책을 우려하여 미국으로 망명했다.[11]

회고록이 어느 정도 작성되어 출판을 앞두게 되었다는 소문이 돌자 박정희는 마음이 조급해졌다. 박정희는 중앙정보부 해외담당 차장으로 있던 윤일균을 선택했다. 윤일균은 예비역 공군 준장으로 김형욱과는 고향이 30리 정도밖에 떨어지지 않아 매우 가까운 사이였다. 육군 중령 김형욱이 1963년 정보부장 감투를 썼을 때, 지프에 그를 태우고 운전해서 정보부로 모셔온 사람이 당시 정보부에서 국장을 하고 있던 공군 중령 윤일균이었다. 둘의 관계를 잘 알고 있던 박정희는 1978년 11월 말 또는 12월 초 윤일균에게 직접 전화를 걸어 "자네, 미국 좀 다녀와야겠어"라고 했다고 한다. 윤일균이 준비되는 대로 가겠다고 하자 박정희는 "아니야, 당장 가"라고 서둘렀다.[12] 미국으로 달려간 윤일균은 권총을 탁자에 꺼내놓는 김형욱을 상대로 사흘 밤낮을 설득하여 복사지 2,000장 분량의 방대한 회고록 원고를 건네받는 데 성공했다. 그 대가로는 미국 돈 50만 달러를 제공하고 김형욱의 여권 문제를 해결해주기로 했다. 회고록 출판을 중단시키기 위해 박정희가 보낸 특사 중 일고여덟 번째에 해당한다는 윤일균이 마침내 성과를 거둔 것이다.

김형욱은 이중 플레이를 하고 있었다. 김형욱은 일본의 유명한 출판사인 고단샤(강담사)에서도 회고록 출간을 준비했는데, 한국 정부가 고단샤에 다른 이권을 주고 출판을 저지했다고 한다. 그런데 1979년 4월 '창'이라는 작은 출판사가 《권력과 음모》라는 제목으로 김형욱 회고록의 축약판을 내놓았다. 유신정권이 뒤통수를 맞은 것이다. 윤일균은 〈월간조선〉과의 인터뷰에서 중앙정보부가 "협상에 매달렸던 것은 회고록 출판의 원천 봉쇄이지, 출판이 확대되는 것을 막는 데 있지는 않았다"면서 "문고판으로 나온 순간 우리 정부는 국제적으로 망신을 당할 대로 다 당한 것"이고, 회고록 협상은 물 건너갔다고 주장했다.[13] 윤일균은 가능성을 부인했지만, 조갑제는 전 해군참모총장 이용운이 김재규와 김형욱 사이에서 회고록 출간을 저지하는 교섭을 담당했다고 쓰고 있다.[14] 이용운은 1975년 1월 일본 교도통신과의 회견에서 6·25는 남침이 아니라 북침이라고 발언하여 큰 파문을 일으킨 바 있는 인물이었다. 그는 1978년 4월 로스앤젤레스에서 그동안의 반정부 활동을 반성하는 기자회견을 했고, 8월에는 국내에서 기자회견을 하여 반체제에서 친정부로 완전히 돌아섰다.[15] 군의 원로였던 이용운은 김형욱의 집에서 김재규에게 전화하여 두 사람의 통화를 주선했다. 김재규는 김형욱이 요구한 150만 달러를 주고, 압류 중인 김형욱의 국내 부동산을 풀어주고, 여권 문제도 해결해주는 대가로 이용운이 원본임을 확인한 원고를 건네받기로 했다고 한다. 이것이 1979년 9월의 일이었다. 김재규는 얼마 후 이용운에게 전화하여 김형욱의 여권을 뉴욕 총영사관에 맡겨놓았으니 찾아가면 된다고 말했다. 이용운이 김형욱에게 이를 전하자 김형욱은 "뉴욕 총영사관은 치외법권 지대인데 내가 만약 여권을 찾으러 갔다가 납치라도 당하면 어떻게 합니까?"라며 여권을 간부급 직원이 직접 가져다줄 것을 요구했다. 이를 전해 들은 김재규는 지금까지 약속한 것

을 다 취소하겠다고 전화통에다 신경질을 내더니 한마디를 덧붙였다고
한다. "김형욱, 그자는 혼 좀 나야 하겠습니다."[16]

1979년 9월 파리

박정희보다 20일 정도 앞서 김형욱은 죽었다. 김형욱이 어디서, 어떻
게 살해당했느냐를 두고 다양한 설이 제기되었다. 2005년 국정원 과거
사위원회에서 사람들 입에 비교적 많이 오르내린 시나리오를 갈무리해
보면 모두 열 가지가 넘었다. 살해설만 하더라도 '국내 압송 후 살해' 설
과 '프랑스 현지 살해' 설로 대별되었다. 국내설에는 국내로 납치해오다
대서양 상공에서 바다로 떨어뜨렸다느니, 폐차장에서 압살했다느니, 청
와대 지하 사격장에서 박정희가 직접 쏘아 죽였다는 주장이 있고, 프랑
스 현지설로는 주프랑스 대사관 지하실에서 살해했다, 살인청부업자가
살해하여 우아즈 강에 수장했다, 파리 근교의 양계장에서 살해하여 시
신을 닭 모이 분쇄기로 처리했다(김기영 감독의 영화 〈화녀〉의 방식!), 중앙정
보부 요원이 파리 교외에서 살해했다 등등이 있었다. 돈을 노린 범죄라
는 설도 있었고, 이북이 납치해갔다는 설도 있었고, 본인이 잠적했다는
주장도 함께 제기되었다.

2004년 11월 출범한 국정원 과거사위원회는 김형욱 실종 사건을 7대
우선규명 사건의 하나로 선정했다. 다른 사건은 대개 민간 측의 요구에
의해 선정된 반면, 이 사건은 국정원 측의 강력한 요구에 의해 선정되었
다. 당시 국정원 기조실장으로 위원회의 국정원 쪽 간사를 맡았던 김만
복 전 국정원장은 사건 해결을 자신했다. 김형욱이 중앙정보부장 김재
규의 지시에 의해 프랑스에서 연수 중이던 중정 요원에 의해 납치 살해

당했다는 것은 정보부 내에서 공공연한 비밀이었다는 것이다. 김만복 실장은 그 연수생들이 누구인지 알고 있었고, 이미 그들에 대한 설득 작업을 진행 중이었다. 이들은 상당한 정도로 사건의 진상을 털어놓았다. 문제는 관련자들이 사건 당시 그들에게 '과업'을 직접 부여한 프랑스 주재 중앙정보부 조직의 거점장인 전 프랑스 공사 이상열의 존재를 여전히 부담스러워했다는 점이다.

이상열은 김재규와는 각별한 사이였다. 김재규가 3사단 부사단장을 지낼 때 이상열이 부관이었고, 김재규가 보안 사령관을 지낼 때 보안사에 근무했고, 김재규의 동생 김항규와는 젊은 시절부터 오랜 친구였다. 김재규가 건설부 장관으로 중동 건설에 매진할 때 이상열은 사우디아라비아 대사관의 참사관과 공사를 지냈다. 이상열의 인생에서 전기가 된 것은 1965년의 원충연 반혁명 사건을 고발한 일이었다. 5·16 후 최고회의 공보실장을 지낸 원충연 대령은 박정희가 원대복귀의 약속을 저버리고 장기집권의 길로 들어서자 그를 제거하려고 하였다. 박정희 집권 초기에는 군부 내에서 수많은 '반혁명 사건'이 발생했는데, 모두 박정희가 반대파를 제거하기 위해 조작한 것이고 오직 원충연 사건만이 실제 병력을 동원하여 박정희를 제거하려 한 실체가 있는 사건이었다. 원충연은 거사의 성공을 위해서는 방첩대(오늘의 기무사) 소속 고위 장교가 가담해야 한다고 이상열을 끌어들였는데, 그가 원충연 등의 모의 내용을 녹음하여 이를 고발한 것이다. 일부에서는 이상열이 김형욱에게 고발하면서 그와 깊은 인연을 맺었다고 하나, 최근 원충연 사건 관련자들의 증언에 의하면 이상열은 김형욱이 아니라 방첩대장 윤필용에게 녹음 테이프를 갖다 바쳤다고 한다.[17] 원충연 등의 재판에 이상열이 증인으로 나오자 피고인들이 자리에서 벌떡 일어나 "이놈 배신자야!", "개××

야” 하는 등 욕설을 퍼부어 공판장이 소란해졌다고 한다.[18] 이상열이 주
월 방첩부대장, 주말레이시아 무관, 주사우디 참사관 공사, 주멕시코 공
사 등 외국으로 전전한 것도 이 사건을 고발하여 보복이 두려웠기 때문
이라고 한다.[19]

  1979년 9월 이상열은 중앙정보부 직원으로 프랑스에 연수를 나가 있
던 5~6명의 유학생을 자택으로 초대했다. 이상열은 “요즘 젊은 사람들
은 패기도 없고 마음에 안 든다”고 이들을 자극하면서 파리 주재 북한
통상대표부에 관한 정보를 수집해오라고 지시했다. 연수를 마치고 귀국
을 앞두고 있던 신현진(가명)은 “우리 같은 졸따구들이야 그렇더라도 공
사님들급은 패기가 없으면 국가에 문제가 있을 수 있다”며 가볍게 들이
받았지만, 북한 통상대표부에 대해서는 다른 유학생들에 비해 상세한
보고서를 작성하여 제출했다. 신현진의 담대함과 업무 추진력을 눈여겨
본 탓인지 이상열은 신현진을 따로 불러 특별히 부여할 임무가 하나 있
는데, “일단 자네한테 임무를 전달하고 나면 자네한테는 선택의 여지가
없다. 이 일은 자네 아니면 할 사람이 없다”고 분위기를 잡았다. 이상열
은 “부장님한테 (김형욱 살해) 지시를 받았는데 자네가 적극적으로 해주었
으면 좋겠다”며 임무를 부여했고, 신현진은 김형욱을 처치하겠다는 뜻
으로 “보내겠습니다”라고 답했다고 한다. 신현진은 “평소 기질이 맞아
친근하게 지내던 후배 연수생 이만수(가명)”를 보조 역할로 지목했다.[20]
신현진은 국정원 과거사위원회와의 면담에서 김형욱 살해의 실행은 어
학연수 과정에서 알게 된 제3국인(동유럽) 친구 2명에게 10만 달러를 주
고 시켰다고 진술했다.

김재규의 마지막 충성

　김형욱이 파리에서 마지막으로 모습을 보인 것은 1979년 10월 7일이었다. 이상열은 그날 오후 신현진을 급히 불러 김형욱으로부터 돈을 빌려달라는 전화가 와서 곧 만나기로 했으니 오늘 처치하라는 지시를 내렸다. 신현진은 이상열을 조수석에 태우고 이상열의 관용차(푸조 604)를 직접 운전했다. 신현진은 이만수 등을 불러 10만 달러가 든 돈 가방을 가지고 다른 곳에서 대기하게 한 후 제3국인 친구 2명을 뒷좌석에 태우고 김형욱을 만나기로 한 장소로 갔다. 이상열은 김형욱에게 운전하는 사람은 자신이 아끼는 중정 연수생이고, 뒷좌석의 두 사람은 돈을 빌려주기로 한 사람들이니 가까운 카페에 가서 이야기를 나눠보라고 하고 자신은 저녁 약속이 있다면서 현장을 이탈했다. 김형욱은 이상열 대신 조수석에 올랐고, 차는 개선문 앞 로터리를 우측으로 돌아 시 외곽 순환도로를 건너 어두워진 파리 시내를 벗어났다. 신현진에 따르면 뒷좌석에 앉아 있던 제3국인 친구가 갑자기 김형욱의 머리 뒷부분을 가격하여 실신시켰다. 그리고 파리 교외의 인적이 드문 작은 숲에서, 제3국인 친구 2명이 조수석에 실신해 있는 김형욱의 양쪽 팔을 끼고 차에서 끌어내려 도로 우측 숲 속으로 끌고 내려간 후 30분쯤 지나서 돌아왔다고 한다. 그들은 신현진에게 바바리코트로 싼 김형욱의 소지품을 전해주면서, 도로에서 약 50미터 떨어진 장소에서 신현진으로부터 받은 소음권총으로 김형욱의 머리를 쏘아 죽이고 땅을 깊이 파지 않은 채 두껍게 쌓여 있는 낙엽으로 덮어버렸다고 말했다.[21]

　신현진은 10월 10일, 이만수는 10월 11일 각각 귀국했다. 신현진은 3년 반의 연수가 끝나 귀국할 때가 되었지만, 이만수는 2년 계획으로 연수를 떠난 지 3개월밖에 안 된 상태였다. 신현진은 연수를 마치고 귀국한 여러 명과 함께 중앙정보부장 김재규에게 귀국신고를 했는데, '하늘 같은 부장' 김재규가 '새까만 졸따구' 신현진에게 "신 군, 자네 내 방으로 좀 와!"라고 해서 사람들은 "어떻게 부장이 연수생을 아는지" 상당히 놀랐다. 며칠 후인 10월 16일 김형욱 실종 사건이 보도되자 중정 직원들 사이에는 신현진과 이만수가 김형욱 사건과 관련 있다는 설이 널리 퍼지게 되었다고 한다. 신현진에 따르면 김형욱 처리 결과를 보고하자 김재규는 "수고했어. 잘했어. 우리가 그런 놈을 그냥 놔두면 우리 조직은 뭐하는 곳이야"라면서 "현금 300만 원과 20만 원이 든 봉투를 각각 2개씩 주어 그중 1개씩"은 이만수에게 전해주었다. 김재규는 신현진에게 근무하고 싶은 곳이나 가족관계, 생활형편 등을 자상하게 묻고 앞으로 장가가면 살 만한 신혼집을 40~50평대 아파트로 알아보고 전화하라고 번호를 따로 적어주었다고 한다.[22]

이것이 신현진이 전한 김형욱의 최후이고, 국정원 과거사위원회도 이 이상을 밝혀낼 수 없었다. 과거사위원회는 김재규-이상열-신현진으로 이어지는 김형욱 살해 체계는 틀림없는 것으로 보았지만, 마지막 단계에서 김형욱 살해에 제3국인 2명이 동원되었다는 신현진의 진술은 신빙성이 없는 것으로 보았다. 김대중 납치 사건 당시에도 일본 야쿠자를 이용하는 방안이 검토되었지만, 한국 정부가 두고두고 야쿠자에게 코가 꿰일 것을 우려하여 포기한 바 있었다. 김재규는 해외담당 차장-차장보-담당 국장-프랑스 거점장-파견 요원으로 이어지는 공식 라인을 통하지 않고, 자신과 친밀한 관계에 있던 이상열에게 직접 지시했다. 이상열은 일부 파견 요원들의 도움을 받긴 했으나 핵심 과제는 신현진에게 직접 지시하여 처리했다. 이상열은 과거사위원회와의 면담에서 자신의 개

입사실 자체는 시인했지만 구체적인 내용에 대해서는 '내 면담 조사는 노(No)라고 기록해달라'고 말할 정도로 철저히 함구했다. 당시 신현진, 이만수와 직접 면담했던 국정원 과거사위원회의 국정원 쪽 간부들은 이상열이 살아 있는 한 신현진과 이만수도 더 이상의 진술을 하지 않을 것이라고 보았다. 이상열은 끝내 입을 열지 않고 2006년 4월 3일 사망했다. 신현진은 산에 오르다 사찰이 보이면 자신도 모르게 법당 앞으로 가 끝없이 절하며 김형욱의 극락왕생을 빌었다지만, 끝내 김형욱을 살해한 장소에 대해서는 입을 다물었다. 과거사위원회는 김형욱의 유해라도 수습하여 유가족이 장례를 치를 수 있도록 하고자 했으나, 뜻을 이루지 못하였다.

김형욱은 1977년 10월 21일 프레이저 청문회에 다시 섰을 때, 한국 역사에 일본으로 망명했다가 중국 상하이에서 살해당한 김옥균이라는 정치인이 있던 사실을 상기시켰다. 그는 또 1977년 7월 15일 자 성명서에서 자신이 박정희에게 맞선 것을 "로마를 구원하기 위해 시저(카이사르)를 죽인 브루투스의 과감한 용기를 택한 것"에 비유했다.[23] 불행하게도 김형욱은 김옥균도, 브루투스도 아니었다. 박정희의 브루투스는 따로 있었다. 바로 김형욱을 살해하라는 지시를 내린 김재규였다. 김재규는 박정희의 제상에 바칠 제물로 김형욱을 준비했다. 그것이 박정희에 대한 김재규의 마지막 충성이었다.

4

부마항쟁,
불길이 치솟다

       1979년 10월 18일 아침, 조간신문을 집어든 사람들은 깜짝 놀랐다. 부산에 18일 자 0시를 기해 비상계엄이 선포되었다는 것이다. 박정희가 하도 '비상사태다', '긴급조치다', '위수령이다' 등 특별조치를 남발했지만, '비상계엄'이란 말에는 각별한 무게가 담겨 있었다. 계엄법에 따르면 "비상계엄은 전쟁 또는 전쟁에 준할 사변에 있어서 적의 포위공격으로 인하여 사회질서가 극도로 교란된 지역에 선포한다"고 규정되어 있었다. 지난여름 YH 사건이 터진 뒤로 김영삼 신민당 총재에 대한 총재 직무정지 가처분 신청이 떨어지고, 2주일 전인 10월 4일에는 급기야 김영삼 총재가 국회에서 제명되는 소동까지 일어나는 등 정국은 계속 요동치고 있었지만, 비상계엄은 참으로 느닷없었다. 7년 전 10월 17일 느닷없는 비상계엄으로 시작된 유신체제는 꼭 7년 후 느닷없는 비상계엄으로 종막을 향해 치달리기 시작했다. 아무도 이틀 전인 10월 16일 부산대학에서 일어난 작은 시위가 5만 군중이 참여하는 격렬한 가두시위로 발전하리라고 예상치 못했다. 또한 비상계엄을 불러온 이 시위가 중앙정보부장이 대통령을 총으로 쏘아 죽이는 엄청난 태풍을 불러올 나비의 날갯짓일 것이라고는 아무도 생각하지 못했다. 너무 엄청난 결과를 가져왔기에 그 역사적 의미가 제대로 규명되지 못한 것이 바로 1979년 10월의 부마항쟁이었다.

유신대학, 유신반대의 깃발을 들다

부산대의 상징은 무지개문에 달린 자유의 종과 독수리탑 꼭대기의 독수리였다. 부산대생들은 부산대의 2대 불가사의가 울리지 않는 자유의 종과 날지 않는 독수리라고 자조했다.[1] 1975년 10월 부산대에서는 1974년 4월의 민청학련 사건 이후 처음으로 유인물이 뿌려졌는데, 유인물에 쓰인 노동자의 '動' 자가 일본에서만 쓰는 글자였다. 이 때문에 중앙정보부는 재일동포 유학생 김오자가 유인물을 뿌렸다는 것을 쉽게 파악했고, 그를 중심으로 학생 간첩단 사건을 조작했다.[2] 이제 순수한 학내 유인물도 간첩으로 몰리는 세상이 된 것이다. 아직까지 운동의 토대가 약했던 부산대의 학생운동은 이 사건으로 초토화되었고, 그로부터 4년 동안 학내에서는 유인물 한 장 뿌려지지 않았다. 지금은 상상하기 힘들겠지만 당시의 대학 캠퍼스에는 '짭새'들이 곳곳에 둥지를 틀고 있었고, 로마군사 복장을 한 전경들을 태우고 온 닭장차는 학교 도로에 길게 줄지어 서 있었다. 매일매일 숨죽인 채 닭장차와 짭새들 사이로 눈을 깔고 얌전히 등교해야 했던 젊은 학생들의 모멸감과 자괴심은 날로 깊어가고 있었다. 4년간 데모 한번 없어 스스로 '유신대학'이라고 자조하던 부산대에서는 "이화여대생들이 남자 성기 그림과 가위를 보내왔다"는 유언비어가 소리 없이 퍼져가고 있었다.[3] 이대생들이 실제로 가위와 그림을 보낸 것은 아니었지만, 당시 데모도 못 하는 대학의 운동권 학생들은 스스로 이런 유언비어를 만들어 퍼뜨리며 자신들을 질책했다.

1979년 10월 15일 오전 10시가 조금 못 되어 부산대 교정에는 10시에 도서관 앞으로 모이자는 유인물이 뿌려졌다. 유인물을 뿌린 학생들은 도서관 앞에서 초조하게 사람들이 모이길 기다렸으나 학생들은 별로 모이지 않았다. 10시 30분쯤 일이 실패한 것으로 단정한 주동자들이 학교를 빠져나온 뒤에야 도서관 앞 잔디밭과 계단에는 학생들이 하나둘 모여들어 300여 명에 달했다. 이들은 무언가 극적인 상황을 기대하고 모였지만, 대학에 입학한 뒤 구호 한번 외쳐본 적도, 어깨 걸고 스크럼 한번 짜본 적도 없었다. 모두 무언가 해야 한다고 생각했고, 누군가 나서주기를 간절히 바라고 있었다. 그러나 정작 자기가 폭풍전야의 적막을 깨는 첫발을 내딛지는 못했다. 숨 막힐 듯한 시간을 보내고 하릴없이 집으로 돌아가는 발걸음은 너무나 무거웠다. 눈물이 나게 부끄러웠다.

다음 날인 10월 16일 또 다른 학생들이 유인물을 뿌렸다. 전날의 실패에 대한 반성 때문에 경제학과 정광민은 학생들이 많이 모여 있는 강의실을 돌며 두 주먹을 치켜들고 "저 유신독재정권에 맞서 우리 모두 피 흘려 투쟁하자"고 열변을 토했다. 이들이 뿌린 '민주선언문'은 "한민족 반만년 역사 위에 이토록 민중을 무자비하고 처절하게 탄압하고 수탈한 반역사적 지배집단이 있었단 말인가?"라고 유신정권을 규탄하면서, 조금은 고색창연하지만 동학군을 본떠 유신헌법 철폐 등 7개 항의 '폐정개혁안'을 제시했다.[4] 처음 200여 명에 불과했던 시위대는 곧 2,000명으로 늘어났고, 시내 진출을 기도하면서 정문으로 향할 때는 그날 등교한 학생의 절반이 넘는 5,000명으로 불어 있었다. 경찰의 완강한 봉쇄에 막혀 주춤하던 학생들은 구 정문 옆의 담장을 힘껏 밀었다. 때로 부실공사도 민주화에 기여하는가, 힘없이 무너진 담장 밖으로 학생들은 몰려나가기 시작했다. 학생들이 버스에 올라타자, 안내양은 차비를 받지 않았고 운전사는 격려했고 승객들은 손을 잡아주었다. 학생들이 시내로 진출하자 부산대학교 당국은 학교 차로 시위 현장으로 가 학생들을 설득하기 위해 교수들을 모았다. 이때 마침 고향 부산에 와 있던 문교장관 박찬현이 허겁지겁 부산대로 달려와 교수들에게 "이번 사태는 전적으로 교수 여러분들의 책임이다. 어용이 무엇이 두려운가. 자랑스러운 어용이 되라"고 일장연설을 늘어놓았다. 연설 도중 비서관이 헐레벌떡 뛰어 들어와 쪽지를 전하자 당황한 박찬현은 연설을 중단하고 황급히 달려나갔다. 창선동 파출소가 학생들에 의해 불타고 있다는 것이다.[5]

돌 맞는 파출소, 불태워진 박정희

휴대폰은 없던 시절이지만 소식은 빨랐다. 부산대 학생들이 거리로 진출했다는 소식이 전해지자 동아대와 고려신학대 학생들도 시내로 모여들었다. 고신대는 한국의 보수 기독교 교파 중에서 가장 보수적인 교파로 종교의 사회참여를 강력히 반대해온 예장 고신파의 신학대학이었다. 경찰은 이런 곳에서 반유신 데모가 일어나 학생들이 가두로 진출하리라고는 꿈에도 생각하지 못했기에, 고신대생 500여 명은 아무런 제지도 받지 않고 시내의 데모대에 합류했다.[6] 경찰이 진압하면 학생들은 복잡한 골목길로 피했다가 다시 모이곤 했다. 시민들은 1960년 4·19 이후 근 20년 만에 대규모 가두시위를 벌이는 학생들을 박수로 응원했다. 경찰이 학생들을 때리거나 잡아가려고 하면 모여든 시민들은 "우우" 소리를 지르며 경찰을 제지했다. 어둠이 깔리면서 시위의 양상은 변화했

부마항쟁 때 거리행진을 벌이는 시위대를 시민들이 바라보고 있다. 1979년 10월 16일 부산대에서 일어난 시위는 김재규 중앙정보부장이 대통령을 총으로 쏘아 죽이는 엄청난 태풍을 불러온 나비의 날갯짓이 되었다.

다. 낮의 시위는 학생들의 시위였지만, 밤이 되자 다양한 계층의 시민들이 시위에 참여했다. 규모도 놀라울 정도로 늘어나 5만을 넘어섰고, 양상도 상상을 초월할 정도로 격렬해졌다. 아무도 예상하지 못했던 시위는 다음 날인 17일도 계속되었다. 16일 밤에는 파출소 열한 곳과 언론기관 한 곳, 17일 밤에는 경남도청, 중부세무서, 경찰서 두 곳, 파출소 열 곳, 언론기관 세 곳이 시위대의 습격을 받았다. 부산 시민들은 유신 7주년을 이렇게 격하게 기념해주었다.

　시위대의 습격을 가장 많이 받은 곳은 시민들이 유신권력의 최말단 촉수로 여긴 파출소였다. 파출소는 원래 병력이 많지 않은데다가 그 병력마저도 시위 진압에 동원되었기에 시위대의 습격을 받으면 속수무책이었다. 시민들은 파출소를 점령하면 오토바이나 순찰차를 때려 부수고 박정희 사진을 떼어내어 짓밟고 불 질렀다. 시위대의 또 다른 공격 대상은 언론인과 언론사였다. 특히 17일 자 신문에 부산 시내를 들었다 놓은 16일의 격렬한 시위를 제대로 보도하지 않고 10월유신 7주년이라는 사실만 강조하자 시민들의 분노는 극에 달했다. 당시 한 기자는 "기자 신분임을 밝혀도 시위대는 시위대대로, 진압대는 진압대대로 기자를 마구 폭행"했다고 고충을 토로했다.[7] 4·19 당시 시위를 생중계했던 부산문화방송과 김주열의 시신 사진을 실어 혁명의 승리에 크게 기여했던 〈부산일보〉는 5·16 장학회로 넘어가 어용이 되어 한국방송 부산방송국과 함께 시위대의 공격을 받았다. 기독교방송은 시위 현장의 한복판인 광복동에 자리 잡고 있었지만 평소 용기 있게 유신체제를 비판해온 까닭에 아무 탈이 없었다. 〈국제신문〉은 부산시경 바로 옆이라는 입지 조건 덕에 습격을 면했다. 당시 부마항쟁을 밀착 취재했던 조갑제는 시위대가 "표적으로 삼은 언론기관은 그 나름대로 정확하게 선별된 것이란 평가를 기자사회에서 받았다"며 "민중의 분노는 폭발적이라고 해서 결코 눈먼 것은 아니었던 것이다"라고 평가했다.[8] 기자들, 특히 카메라를 든 사진기자들이 공격 대상이 된 이유는 "언론에 대한 반감과 함께, 시위 군중들의 신원 노출에 대한 공포감 때문"이었다.[9] 시위대는 누군가가 "경찰이 옥상에서 사진을 찍는다"고 외치자, 주변의 건물을 향해 "불꺼, 불 꺼"라고 외쳤고, 불을 끄지 않은 상점이나 사무실, 민가를 향해서는 돌팔매를 날렸다. 군중들은 "야음의 익명성 속에서 억압된 자아의 해방감을 유감없이 분출"했다. 낮에 학생들이 목이 터져라 애국가를 부를 때 가슴이 벅차올라 눈물을 흘리기도 했지만, 그때와는 또 다른 감격과 희열이 있었다. 파출소를 습격했던 한 어린 노동자는 "속이 후련했습니다. 나이도 몇 살 안 되었겠지만 겁도 없었고 정말 인자 세상이, 아, 바뀌는구나, 그런 생각"이 들었다고 했고, 또 다른 참여자는 구호를 외치고 돌을 던지며 "오히려 황홀하기까지 한 그런 분위기"를 느꼈으며 "희열을 넘어서 황홀한 감정"에 휩싸였다고 회고했다.[10] 조갑제에 따르면 "많은 취재기자들은 그때의 분위기를 '축제'로 표현"했다고 한다.[11] 당시 앰네스티 부산지부 간사였던 허진수는 "오랜만에 시내에서 구호도 마음껏 외치고 뛰어다니고 하니까 일단 모든 것을 떠나서 신이 났어요. 정말 이것이 정권 몰락의 불씨가 되리라고는 전혀 생각지도 못했습니다. 다음 날이 되자 사람들의 물결이 거대하게, 그러니까 공중에 떠서 다니는 기분이 들었습니다"라고 증언했다.[12]

부산에서 마산으로

5년 동안 데모가 없다 보니 경험이 부족하긴 경찰도 마찬가지였다. 10월 16일 부산진경찰서 기동대가 시내로 나온 학생들과 처음 대치한 곳은 동래온천 부근 미남 로터리였는데, 경찰은 시위 진압을 위해 출동하면서 방패를 갖고 나오지 않는 치명적인 실수를 저질렀다고 한다. 학생들이 인근 공사장의 자갈을 던지자 경찰의 방어선은 궤멸되었다. 10월 17일 오전 내무장관 구자춘은 시위 진압 실패의 책임을 물어 부산시경국장 이수영을 해임하고 시위 진압 전문가인 육사 8기 동기 송제근을 후임으로 임명했다.[13] 그러나 경찰이 시위를 진압할 책임을 맡을 시간은 많이 남아 있지 않았다. 박정희가 18일 밤 0시를 기해 부산 일원에 계엄령을 선포한 것이다. 부산에 투입된 공수부대와 해병대는 무자비하게 시위를 진압했다. 계엄군이 휘두른 곤봉에 맞아 중상을 입는 사람이 속출했다. "대검을 꽂은 M-16을 휘두르며 최루탄을 쏘아대는 공수부대의 무자비한 진압에 시위대는 깨어지고 무수한 시민들이 부상을 당하면서 부산 시내는 다시 '강요된 침묵'으로 빠져들었다."[14] 시위가 격렬하긴 했지만 내무장관 구자춘은 경찰 병력으로 시위를 막을 수 있다고 판단했다. 현지를 관할하는 2관구 사령관 장성만 소장도 구태여 군 동원을 하지 않아도 사태를 수습할 수 있다고 밝혔다. 그럼에도 박정희는 비상계엄 선포라는 과잉대응을 했다. 어떤 도전도 용납할 수 없다는 강박관념에 빠진 박정희는 날이 갈수록 정상적인 판단력을 잃어가고 있었다.

공수부대의 잔인한 진압으로 부산의 시위는 일단 잠잠해졌다. 이번에는 마산에서 대대적인 시위가 발생했다. 마산은 4월혁명의 도화선이 된 3·15 의거가 발생한 고장이지만, 박정희의 오랜 충복이자 경남대의 사실상 교주였던 박종규의 고향이기도 하다. 경남대 학생들은 처음 시위에 나설 때 3·15 의거 희생자들에게 "선배님, 못난 후배를 꾸짖어주십시오. 우린 전국 대학생들이 유신헌법 철폐 시위를 벌일 때 학교 당국의 농간으로 '유신찬성 데모'를 해버린 못난 후배들입니다"라고 묵념을 올렸다.[15] 마산의 시위는 부산보다 더 격렬했다. 시위대는 1960년 3·15 부정선거 당시 자유당사를 공격했던 것처럼 공화당사를 때려 부수었고, "박종규 개새끼, 죽여라!" 하고 외치면서 그의 호화주택으로 몰려가 돌팔매를 퍼부었다.[16] 시위대는 부산과 마찬가지로 시내 곳곳의 파출소를 습격하여 박정희의 사진을 떼어내 찢어버리고 짓밟았다. 부마항쟁에서 사망자가 발생했다는 소문은 오랫동안 떠돌았는데, 2011년에 가서야 사실로 확인되었다. 경찰의 보고서에 "왼쪽 눈에 멍이 들고 퉁퉁 부은 채(코와 입에서 피를 흘린 채)" 변사체로 발견되었다고 기재되어 있던 이의 신원이 유족이 제시한 호적등본의 사망사유 등을 통해 유치준(당시 51세) 씨로 확인된 것이다.[17] 마산에서도 격렬한 시위가 계속되자 유신정권은 10월 20일 정오를 기해 마산과 창원 일대에 위수령을 발동했다.

부산과 마산에서의 시위로 부산에서는 모두 1,058명이 연행되어 66명이 군사재판에 회부되었고, 마산에서는 505명이 연행되어 59명이 군사재판을 받게 되었다. 박정희는 10월 18일 계엄령을 선포하면서 "지각없는 일부 학생들과 이에 합세한 불순분자들"이 난동을 부렸다고 했고, 치안본부는 시위양상을 볼 때 "우발적인 군중 시위행동이 아닌 조직적인 폭거"로 "조직적인 불순 세력이 개입한 징후가 농후하다"고 주장했다.[18] 길 가다가 애국가 나오면 멈춰 서고, 반공궐기대회에 동원하면 김일성 허수아비 화형식을 잘만 하던 선량한 시민들이 하루아침에 '폭도'로 돌변하여 파출소를 때려 부수고 박정희 사진을 불태운 것에 대해 유신정권은 어떻게든 나름의 설명을 내놓아야 했던 것이다. 거기에는 배후가 필요했다. 당시 부산 보안부대장으로 계엄하의 합동수사본부장이었던 권정달의 증언에 따르면 중앙정보부 모 국장이 "남민전 조직도를 나에게 가져와 남민전 관련자가 부마사태를 일으켰을 것으로 보인다. 여기에 맞춰서 수사를 해주십시오"라고 부탁했다고 한다.[19] 당시 연행된 많은 사람들이 10월 초에 적발된 남민전과 부마항쟁을 억지로 엮으려는 유신정권의 기도 때문에 모진 고문을 받았다. 부마항쟁과 관련된 또 하나의 해프닝은 마산경찰서장 최창림이 시위대가 사제 총기를 사용한 것을 적발했다고 발표한 것이다. 취재기자들에 따르면 이 사제 총기라는 것은 딱총에 화약을 넣어 발사한 장난감 수준이었다는 것이다. 기자들이 이런 걸 발표하는 것은 "시위대를 음해하기 위한 수단이 아닌가"라고 질문하자 서장은 얼굴을 붉히고 당황해했다고 한다. 그러

나 사제 총기가 발견된 것은 대대적으로 방송되었다.[20]

똘마니들, 역사의 주인이 되다

1979년 10월에 하필이면 부산과 마산에서 격렬한 반유신 데모가 일어나고, 1980년 5월에 하필이면 광주에서 격렬한 민중항쟁이 일어난 것은 김영삼과 김대중이라는 그 지역이 배출한 정치인의 존재를 떠나서는 설명할 수 없다. 물론 부마항쟁이나 광주항쟁의 발발 이유를 김영삼 제명이나 김대중 체포로 단순화시키는 것은 매우 잘못된 일이다. 그러나 이때로부터 30년 가까이 지속된 이들의 영향력을 고려할 때 부마항쟁이나 광주항쟁이 '양 김'이라는 변수와 무관하다고 볼 수는 없다.

부마항쟁과 관련하여 좀 더 엄밀한 연구가 필요한 부분은 시위의 주체가 누구였나 하는 점이다. 박정희는 부산의 데모는 선량한 시민보다 "식당보이나 똘마니들"이 많지 않았냐면서, "그놈들이 어떻게 국회의원의 사표를 선별수리하느니 뭐니 알겠는가. 신민당에서 계획한 일인데"라며 시위의 배후는 신민당이고, 데모에 나선 것은 "식당보이나 똘마니들"이라고 인식하고 있었다.[21] 이 '똘마니들'이 역사를 바꿨다. 부산시경의 '79부마사태의 분석'이란 보고서를 보면 "20세 전후 불량성향자 대학생 가장 합세(때밀이, 식당종업원, 공원, 구두닦이 등)"를 "데모의 특이양상"으로 지적했다.[22] 특히 "야간이 되면서 시위대는 도시룸펜, 접객업소 노동자, 영세상인, 반실업 상태 자유노동자, 무직자, 구두닦이, 식당종업원, 상점종업원, 고교생 등 도시 하층민이 중심이 되어 시위를 주도"한 것이다.[23] 광주항쟁에서도 일정하게 유사한 양상을 볼 수 있지만, 항쟁의 전체 흐름을 볼 때 학생이나 자영업자, 사무직 등 중산층의 역할 또

한 경시할 수 없다.

중앙정보부장 김재규는 부마항쟁이 일어나자 급거 부산으로 내려와 현지를 둘러보고 생생한 보고를 받았다. 변호인이 작성한 '항소이유서'에 따르면 김재규는 부마항쟁의 성격을 "피고인이 현장인 부산에까지 가서 본 결과 160여 명을 구속하였는데 학생은 불과 16명밖에 안 되고 나머지는 순수한 민간인이고, 남민전 같은 불순 세력의 배후조종이 없고 오히려 민란이나 민중봉기와 같은 것"이라고 보았다. 그는 박정희에게 부마항쟁은 "유신체제에 대한 도전이고 물가고에 대한 반발과 조세에 대한 저항에다가 정부에 대한 불신까지 겹친 민중봉기입니다. 불순 세력은 배후에 없습니다. 위와 같은 민란은 정보자료로 판단건대 5대 도시로 확산됩니다"라고 보고했다가 질책을 받았다.[24]

유신정권은 1978년 12월 총선에서 패배한 주요한 이유를 경제문제의 악화에서 찾았다. 그런데 1979년도의 경기는 "1978년보다 현저히 하강 곡선을 그리고 있었고, 물가는 뛰고 있었다".[25] 부마항쟁 직후 부산계엄사령부 합동수사단이 실시한 여론조사를 보면 부마항쟁이 발발한 첫 번째 이유는 "경제침체에 의한 서민 상인층의 불만"으로 나타났다.[26] 부산은 박정희가 5·16 군사반란 전에 군수기지 사령관으로 근무하였기 때문에 각별한 인연이 있는 곳이었다. 박정희의 대표적인 업적으로 사람들은 경제성장을 꼽지만, 당대의 민중들, 그것도 박정희가 특별한 연고를 가진 부산 시민들은 정치적 억압 때문만이 아니라 경제의 실패 때문에 박정희의 사진을 불태웠고 유신체제를 온몸으로 거부했다. 시민들의 저항이 확산되려 하자 박정희는 발포하겠다는 강력한 의지를 표명했다가 김재규의 총에 맞게 된다.

5
1979. 10. 26.
운명의 날

　　　　　　　1979년 8월의 YH 사건 이후 김영삼 총재 직
무정지 가처분 신청, 김영삼의 의원직 제명, 부마항쟁의 발발과 계엄령
선포 등으로 상황은 절정을 향해 숨 막히게 치달아가고 있었다. 파국은
너무나 갑자기 아무도 예상하지 못한 방식으로 와버렸다. 유신체제 수
호의 총책임자인 중앙정보부장 김재규가 친형과도 같은 각별한 사이였
던 박정희를 총으로 쏴 죽인 것이다. 김재규의 박정희 살해 사건 수사
책임자 전두환은 10·26 사건을 "김재규가 과대망상에 사로잡혀 대통령
이 되겠다고 어처구니없는 허욕으로 빚어낸 내란 목적의 살인 사건"이
라고 규정했다.[1] 박정희의 추종자들에게 이 사건은 '패륜아' 김재규가
공적으로는 '국부' 요, 사적으로는 '은인' 인 박정희 대통령을 '시해'(시
해란 봉건시대에나 쓰는 말이다)한 사건이었다. 어떤 사람들에게는 권력의 최
고 정점에 있는 자들이 자기들끼리 총 쏘고 죽이며 엄벙덤벙 난리굿을
친 사건이었고, 또 어떤 사람들에게는 김재규의 어설픈 총질로 민중봉
기에 의한 유신정권 타도의 기회를 날려버린 아쉬운 사건이었다. 계엄
하의 철저한 언론통제 때문에 밖으로는 거의 알려지지 않았지만 뜻밖

에도 김재규는 자신의 행동을 단호하게 민주구국혁명으로 규정하고 있었다.

심복들도 몰랐던 거사 계획

10월 26일 오후 4시 10분께 경호실장 차지철은 중앙정보부장 김재규에게 전화로 저녁 6시 궁정동 중앙정보부 안가(안전가옥: 대통령이 연회를 하거나 사람을 만나는 비밀장소)에서 만찬을 할 것이니 준비하라고 통보했다. 운명의 10·26, 그 날짜를 택한 것은 김재규가 아니라 박정희 자신이었다. 김재규는 육군참모총장 정승화에게 궁정동에서 저녁이나 하자는 전화를 걸었다. 대통령과의 만찬이 있는데 이중으로 약속을 잡은 것이다. 김재규는 남산의 집무실을 떠나 궁정동 안가로 와 자신의 집무실 금고에 있던 권총에 실탄을 장전했다. 김재규가 궁정동에 도착했을 무렵 중정 의전과장 박선호는 해병대 동기이자 절친한 친구인 경호실 경호처장 정인형으로부터 '대행사'를 준비하라는 통보를 받았다. '대행사'는 주로 대통령, 중앙정보부장, 비서실장, 경호실장 등 유신체제의 권력서열 1위에서 4위까지의 인사들이 2~3인의 여성과 함께 술 마시는 자리이고, '소행사'는 대통령이 여성을 은밀하게 만나는 자리였다. 청와대 경호실 차장까지도 그 존재를 모를 정도로 은밀한 장소였던 궁정동 안가에서는 '대행사' 월 2회, '소행사' 월 8회꼴로 매달 10회가량의 연회가 열렸다고 한다. 경호실과 중정의 담당 직원들 사이에서는 '대행사', '소행사' 라는 말이 아예 공식용어가 되었다.[2] 중정 의전과장의 주된 임무는 이런 행사가 벌어지는 궁정동 안가의 관리와 여기에 참석할 여성을 조달하는 일이었다. 그날도 박선호는 연회 한 시간 반가량을 남기고 허겁지겁 연회에 참석할 여성을 '섭외' 하여 은밀히 모셔와 단단히 교육시켜 연회에 들여보내야 했다.

연회가 시작한 지 한 시간쯤 지나 김재규는 옆 건물에서 자신을 기다리던 육군참모총장 정승화에게 갔다. 정승화는 김재규를 대신해서 그를 접대하던 중정 제2차장보 김정섭과 식사 중이었는데, 김재규는 그들에게 대통령과의 식사가 곧 끝나니 조금 더 기다려달라고 말했다. 김재규는 2층 집무실에서 권총을 꺼내온 뒤, 의전과장 박선호와 현역 육군 대령으로 자신의 수행비서인 박흥주를 불러 엄청난 얘기를 꺼냈다. "시국이 위험하다. 나라가 잘못되면 우리도 다 죽는다. 오늘 저녁 해치우겠다. 방 안에서 총소리가 나면 너희들은 경호원을 제압하라. 불응하면 발포해도 좋다."[3]

둘이 당황한 기색을 보이자 김재규는 육군참모총장과 2차장보도 와 있다면서 각오는 되어 있느냐고 되물었다. 박선호가 얼떨결에 "각하까지입니까?"라고 묻자 김재규는 "응"하고 대답했다. 박선호가 "경호원이 7명이나 되는데, 다음 기회로 미루면 어떻겠습니까?"라고 묻자 김재규는 오늘 하지 않으면 보안이 누설된다며 "똑똑한 놈 세 명만 골라서 나를 지원하라. 다 해치운다"고 단호하게 말했다. 박선호는 30분만 여유를 달라고 부탁했다.[4] 김재규는 유신체제의 절대 권력자 박정희를 살해하는 엄청난 일을 준비하면서 자신의 최고 심복들에게도 거사 직전에야 계획을 알렸다. 김재규는 피의자 신문조서에서 "이조시대 이래 2인 이상이 역모를 해서 성공한 사례를 볼 수 없었기 때문에 혼자서 골똘히 구상했다"고 진술했다.[5]

꼭 부하를 못 믿어서가 아니었다. 유신정권 정보수집 체제의 정점에 있던 그는 한번 입 밖에 나간 말은 어떻게든 첩보망에 걸려들게 되어 있다는 것을 잘 알고 있었다. 박선호는 김재규가 한때 군에서 쫓겨나 대륜중학교에서 체육 교사를 할 때의 제자로, 김재규가 특별히 중앙정보부로 끌어들여 가장 비밀스러운 임무를 맡긴 자였다. 박홍주는 중위 시절 사단장인 김재규의 전속부관이 된 이래, 김재규가 6관구 사령관, 보안사령관, 중앙정보부장으로 자리를 옮길 때마다 데려와 네 번이나 같이 근무한 가장 아끼는 부하였다. 놀라운 것은 박선호와 박홍주뿐만 아니라 "똑똑한 놈 세 명"으로 뽑힌 이기주, 유성옥, 김태원도 모두 김재규의 말 한마디에 대통령 살해 계획에 서슴없이 가담했다는 점이다. 이는 김재규가 부장으로서의 권위뿐만 아니라 인격적으로도 측근 부하에서부터 말단까지 절대적인 신뢰를 받고 있었다는 것을 의미한다. 특히 예비역 해병 대령으로 사나이 중의 사나이를 자부하던 박선호는 현대판 '채홍사' 역을 하는 것을 죽기보다 싫어했다고 한다. 권력의 사유화와 도덕적 타락이 극에 달했을 때, 그 일을 실제 담당해야 했던 실무자의 환멸도 깊어만 갔던 것이다.

김재규 최후의 선택

박정희가 죽은 직후 사건의 진상이 밝혀지기까지 긴박했던 몇 시간 동안 유신정권의 요인들은 김재규가 아니라 차지철이 박정희를 해친 것으로 의심했다고 한다.[6] 그만큼 차지철의 월권은 심각했다. 차지철은 수도경비 사령부를 경호실장의 통제를 받도록 하고 야전포병단과 미사일 부대를 창설했다. 그는 경호실 주관으로 성대한 규모의 열병식을 거행하고 박정희를 졸라 경호실 차장을 중장으로, 차장보를 소장으로 보임했다. 대위 출신의 차지철이 이렇게 대장 행세를 하자 군 내부에서 그에 대한 비판이 높았다고 한다.[7] 차지철의 월권은 1978년 12월 총선 패배의 책임을 지고 청와대 비서실장 김정렴이 물러나면서부터 더욱 심해졌다. 신임 비서실장 김계원은 육군참모총장과 중앙정보부장의 요직을 지냈지만 유순한 인물이었고, 박정희가 기대한 역할도 김정렴처럼 경제정책을 총괄하고 정치자금의 수금과 관리를 전담하는 일이 아니라 그저 술친구 역할을 해주는 것이었다. 차지철은 나이로 보나 경력으로 보나 새까만 선배인 김계원이 자신보다 늦게 청와대에서 일하게 되자 보고 순서를 양보하지도 않는 등 여러 가지 면에서 '서열 정하기' 게임을 벌였다. 모욕감을 느낀 김계원이 차지철을 가만두지 않겠다고 분개하자 김재규는 대장 출신이 대위 출신과 싸우면 대장이 욕을 먹는다고 김계원을 달랬다고 한다.[8] 그러나 차지철은 곧 김재규도 여러 면에서 밟아버리기 시작했다. 경호실에 정보처를 두고도 비공식적인 사설 정보대까지 운영하며 정보수집에 나서는가 하면, 4선 국회의원 경력을 근거로 국회나 신민당에 대한 정치공작을 자신이 디자인하여 중앙정보부로 하여금 실행케 하는 등 월권을 자행한 것이다. 박정희는 이 모든 것을 최소한 방임, 어쩌면 권장했다.

차지철의 오만방자함이 심각했다지만, 문제의 근원도, 10·26 사건의 직접적인 이유도 박정희에게 있었다. 김재규가 방아쇠를 당긴 가장 절박한 이유는 부마항쟁에 대한 박정희의 태도에서 찾아야 한다. 김재규는 부산의 현장을 다녀온 뒤 부산의 소요는 불순 세력이나 신민당의 선동 때문이 아니라 유신체제에 대한 민중봉기이고 곧 5대 도시로 확산될 것이라고 보고했다. 그러자 박정희는 버럭 화를 내면서, "앞으로 서울에서 4·19와 같은 데모가 일어난다면" "이번에는 대통령인 내가 발포명령을 하겠다"고 호언했다. 이 자리에 배석했던 차지철은 "캄보디아에서는 300만 정도 죽여도 까딱없었는데 데모대원 100만~200만 정도 죽여도 걱정 없습니다"라고 박정희를 부추겼다.[9] 김재규는 1946년 육사 2기 동기생으로 만난 이래 같은 고향 출신의 박정희와 친형제처럼 친하게 지내왔기에 박정희에 대해서 누구보다도 잘 아는 사람이었다. 박정희는 이승만과는 달리 절대로 물러서지 않는 성격의 소유자였다. 그런 박정희의 말이 결코 빈말이 아니라는 것을 김재규는 잘 알고 있었다. 김재규는 "4·19와 같은 사태는 눈앞에 다가왔고, 아니 부산에서 이미 4·19와 같은 사태는 벌어지고" 있는 절박한 상황에서 수천 명이 희생되는 유혈사태를 피할 수 있는 길을 모색했다.[10] 불행하게도 대한민국에서 가장 많은 정보를 쥐고 있는 김재규가 이 유혈사태를 막기 위해 할 수 있는 일은 박정희를 제거하는 것밖에는 없었다. 일체의 비판도 허용하지 않은 박정희의 극단적인 성격은 자유민주주의와 박정희를 양립 불가능한 사이로 만들어버렸다.

유혈사태가 임박했음을 감지한 김재규는 매우 초조하고 절박한 상황에 놓이게 되었다. 김재규가 오늘 해치운다고 말했을 때 그의 부하들이 선택의 여지가 없었던 것처럼 10월 26일 오후 차지철로부터 만찬을 준비하라는 통보를 받았을 때 김재규에게도 다른 선택의 여지가 없었다. 1976년 12월 중앙정보부장이 된 이후 김재규는 '순리적인 방법'으로 문제를 풀어보고자 여러 가지 건의를 올린 바 있다. 김재규는 1977년에는 박정희에게 직선제를 해도 무난히 당선될 수 있으니 개헌을 하자고 건의하기도 했고, 1979년에는 악명 높은 긴급조치 9호를 해제하기 위해 긴급조치 9호의 실효성이 떨어졌다는 명분으로 긴급조치 10호를 건의했으나 역시 받아들여지지 않았다.[11] 김영삼이 1979년 5월 전당대회에서 당선될 수 있었던 것도 김재규가 연금 중이던 김대중의 외출을 눈감아주어 김대중이 김영삼 측 단합대회에 참가하도록 해주었기 때문이다. 김재규로서는 나름 최선을 다해 극한 상황을 피하기 위해 노력했지만 모든 방법은 실패로 돌아갔다. 유혈 참극 가능성은 바로 문밖에 와 있었고, 신문지상에는 정부 여당의 요직 개편설이 거론[12]되고 있었으며, 정가에서는 다음 중앙정보부장으로 법무장관 김치열이나 내무장관 구자춘의 이름이 거론되고 있었다. 중앙정보부장 자리에서 물러나게 된다는 것은 임박한 유혈사태를 막을 기회를 잃어버린다는 것을 의미했다.

그날은 26일이었지만 박정희에게는 한때 유행했던 이용의 노래처럼 10월의 마지막 밤이었다. 연회의 분위기는 무거웠다. 연회에 불려 온 가수 심수봉이 〈그때 그 사람〉을 불러도, 비서실장 김계원이 애써 화제를 돌려도 박정희는 신민당 이야기를 자꾸 꺼냈고, 김재규에게 "정보부가 좀 무서워야지, 당신네는 (신민당 의원들) 비행조사서만 움켜쥐고 있으면 무엇하나. 딱딱 입건해야지"라며 언짢은 소리를 해댔다. 차지철은 "데모대가 지나치게 하면 탱크를 동원해서라도 좀 더 강압적으로 눌러야 됩니다"라고 박정희의 비위를 맞췄다.[13]

야수의 심정으로 유신의 심장을 쏘다

박선호로부터 준비가 완료되었다는 보고를 받은 직후인 저녁 7시 40분께 김재규는 옆자리에 앉은 김계원을 툭 치면서 "각하 똑바로 모시시오" 하더니, 권총을 꺼내 차지철에게 "이 버러지 같은 새끼……" 하면서 한 발을 쏘았다. 차지철을 먼저 쏘았기 때문에 박정희의 추종자들은 김재규와 차지철의 갈등 때문에 김재규가 욱해서 우발적으로 차지철을 쏘고 흥분해서 박정희까지 쏘게 되었다고 믿고 싶어 한다. 김재규가 박정희에 앞서 차지철을 쏜 것은 그가 총을 갖고 있으리라 생각하여 먼저 제압한 것이었다. 차지철은 수도경비 사령부의 막강한 무력을 경호실의 통제 아래 돌렸지만 정작 결정적인 순간에 권총 한 자루 지니고 있지 않았다. 김재규가 총을 뽑고 조금 망설였던 탓인지 차지철은 팔로 방어 자세를 취했고 김재규가 쏜 총알은 차지철의 오른 팔목에 맞았다. 자신만이 박정희를 보호할 수 있는 것처럼 으스대던 차지철은 피를 흘리며 화장실로 도망갔다. 김재규는 차지철을 쫓아갈 듯 엉거주춤 일어서다가 앞에 앉은 박정희의 가슴을 향해 총을 발사했다. 자유민주주의의 회복이라는 대의를 위해 박정희와의 개인적인 의리라는 소의를 끊고 "야수의 심정으로 유신의 심장"을 쏜 것이다. 김재규가 박정희를 향해 다시 방아쇠를 당겼으나 총알이 나가지 않았다. 김재규는 밖으로 나와 박선호의 총을 빼앗아 들고 다시 방으로 들어갔다. 그는 경호원을 부르며 화장실에서 나오는 차지철에게 한 발을 발사하고 식탁에 쓰러져 있는 박정희에게 다가갔다. 50센티미터 거리에서 김재규는 박정희의 뒷머리에 다시 한 발을 쏘았다.

실내에서 김재규가 첫 발을 쏘았을 때 경호처장 정인형과 부처장 안재송은 박선호와 대기실에서 TV를 보고 있었다. 해병대 동기인 정인형과 박선호는 휴가를 같이 가는 둘도 없는 친한 친구였다. 상황을 예측하고 있던 박선호는 총소리와 함께 먼저 총을 꺼내 들었다. 박선호는 "꼼짝 마!"라고 소리치며 정인형에게 "우리 같이 살자"고 애원조로 말했다. 국가대표 사격선수 출신으로 속사에 능한 안재송이 총을 뽑으려 하자 박선호의 총이 불을 뿜었고, 정인형도 총을 뽑으려 하자 박선호의 총이 다시 친구를 쓰러뜨렸다. 김재규는 그 직후 밖으로 나와 이 총을 가져가 박정희를 쏜 것이다.

김재규의 계획은 여기까지는 기적적으로 맞아떨어졌다. 김재규는 옥중에서 쓴 수양록에서 경호요원들의 사격 실력으로 볼 때 자신이 박정희의 살해에 성공하더라도 "죽을 가능성을 90퍼센트"로 보았는데 기적적으로 죽지 않고 살았다고 고백했다.[14] 김재규는 자신의 행동을 민주구국혁명이라 주장했지만, 여러 동지들과 충분한 토론을 통해 면밀하게 계획한 혁명은 아니었다. 10·26 사건은 가장 가까운 심복들조차 30분 전에야 행동지침을 통보받은 데서 볼 수 있듯이 김재규가 처음이자 끝인 단독 거사였다. 김재규는 히틀러를 암살하려던 독일의 신학자 본회퍼와 같이 '미친 운전사' 박정희의 폭주를 중단시키는 것을 과제로 삼았다. 김재규는 군중을 향해 돌진하는 미친 자동차의 폭주를 일단 멈추게 하는 데 성공했다. 어제까지 유신만이 살길이라고 외치던 자들도 유신헌법을 고쳐야 한다는 데 감히 토를 달지 못했다. 긴급조치는 해제되었고 그 많던 구속자들은 석방되었다.

궁정동을 빠져나온 김재규는 육군참모총장 정승화와 함께 차를 타고 남산의 중앙정보부로 가려다 용산의 육군본부로 방향을 틀었다. 김재규의 '민주구국혁명'이 실패로 돌아가는 치명적인 갈림길이었다. 김재규는 박정희만 제거하면 곧 유신체제의 붕괴라고 안이하게 판단하여 자신이 구상한 민주구국혁명의 지휘소를 어디에 둘 것인지조차 구상하지 못했던 것이다. 김재규는 변호인들이 작성한 '항소이유서'를 보충하기 위해 자신이 직접 쓴 '항소이유서 보충서'에서 "본인이 결행한 민주 회복을 위한 혁명은 완전히 성공"했으며 "10·26 이후 유신체제는 완전히 무너졌고, 자유민주주의는 회복"되었다고 주장[15]했지만 불행하게도 박정희의 제거가 유신체제의 붕괴를 의미하지는 않았다. 박정희가 키운 영남 군벌의 핵심인 전두환과 노태우는 청와대 경호실 작전차장보와 행

박정희 정권의 파국은 아무도 예상치 못한 방식으로 왔다. 1979년 10월 26일 중앙정보부장 김재규는 '대행사'가 열리던 궁정동 안가에서 '거사'를 실행했다. 사진은 1979년 11월 7일 박정희 대통령 저격 사건에 대한 현장검증에서 김재규가 밧줄에 묶인 채 권총을 들고 당시 상황을 재연하고 있는 모습.

정차장보를 지냈다. 박정희에 뒤이어 박정희 없는 박정희 체제를 이끌 어간 자들은 박정희의 근위장교들이었다. 김재규가 친형과도 같던 박정 희의 목숨과 자신의 목숨을 던져 막아보려고 했던 유혈참극은 몇 달 뒤 로 미루어졌을 뿐이다.

너무 빨리 찾아온 봄

유신체제에 대한 저항이 대단했다고 하지만, 청년학생들의 구호는 "유신철폐"와 "독재타도" 정도였지 박정희를 죽이자는 구호까지 나온 것은 아니었다. 그런데 박정희가 죽어버렸다. 그것도 중앙정보부장의 손에! 대중들의 충격은 너무도 컸다. 대중들은 감히 예상치 못한 독재자의 죽음에 충격과 불안에 빠져들었고, 일부는 이북에서 김일성이 죽었을 때만큼은 아니더라도 분향소를 찾거나 국장 때 연도에 나와 하염없이 울었다. 그러나 어느 누구도 박정희 1인을 위해 복무하던 유신체제가 유지되어야 한다고 주장하진 못했다. 어제까지 "유신만이 살길이다"라고 외치던 공화당과 유정회 의원들이나 유신언론인들은 저마다 새로운 살길을 찾아야 했다. 그렇게 기세등등하게 신민당 의원들의 사퇴서를 선별수리하겠다느니 떠들어대던 자들 중에 유신체제를 지켜야 한다고 나선 자는 아무도 없었다. 아버지 장례를 치르자마자 쫓겨나듯 청와대를 떠나야 했던 박근혜는 사람들이 "아버지 살아 계실 땐 '유신을 해야 우리가 산다!' 이렇게 외치고 다녔는데 아버지가 돌아가신 후에는 유신에 대해서 옹호를 안 한다"며 배신감에 치를 떨었다.[16] 유신의 나팔수들은 국회에서 여야 동수로 새로운 헌법을 만들기 위한 개헌특위가 조직된 것을 지켜봐야 했고, 긴급조치의 해제와 구속자의 석방에 감히 토를 달지 못했다. 유신 '잔당'들이 내건 유일한 꼼수는 대통령 권한 대행을 맡은 유신정권의 국무총리 최규하를 현행 헌법(즉 유신헌법)에 따라 통일주체국민회의에서 정식으로 대통령에 선출하여 그의 주도하에 개헌 등 정치 일정을 진행하자는 것이었다.

재야민주 세력은 '선 대통령 선출, 후 개헌'을 유신 잔당들이 "자신들의 부패한 특권지배를 끝내 온존시키겠다"는 "시대착오적인 사기극"으로 보고 이를 저지하기 위해 '통대선출 저지 국민대회'를 개최했다. 11월 24일 명동 YWCA 회관에서는 신랑 홍성엽과 신부 윤정민의 결혼식이 열리게 되어 있었다. 신랑은 민주화운동 진영의 꽃미남이었지만 신부는 가공의 인물이었다. 당시는 계엄령 때문에 일체의 집회가 금지되어 있었기 때문에 '위장 결혼식'을 빌려 국민대회를 연 것이다(이날의 신랑 홍성엽은 '위장 결혼식'을 한 탓인지 진짜 결혼식을 치르지 못하고 총각으로 살다 안타깝게 2005년 백혈병으로 별세했다[17]). 국민대회 준비위원장 백기완 등은 계엄포고령 위반으로 잡혀가 모진 고문을 당했다.

민주화라는 뚜렷한 목표가 제시되었음에도 불구하고 짙은 안개 때문에 길은 보이지 않았다. 유신 막바지 국회에서 쫓겨났던 김영삼은 화려하게 정치 무대에 복귀했고, 오랫동안 연금 상태에 있었던 김대중은 최규하가 대통령으로 뽑힌 뒤에 연금에서 풀려났다. 오래전 자신이 만들었던 공화당의 총재로 선출된 김종필은 유신체제의 피해자인 척하면서 "새로운 시대를 개척하고 그 주역이 되어야 한다"며 개헌 이후 실시될 대통령 선거에 대한 욕심을 감추지 않았다.[18] 바야흐로 3김 시대가 개막되는 듯했다. 그러나 소식통을 자처하는 사람들은 차기 대통령은 어쨌든 김씨는 아니라는 군부 발 루머를 열심히 시중에 퍼 날랐다.

박정희 없는 박정희 시대

계엄령이 선포되자 합동수사본부장이 된 보안 사령관 전두환은 10월 28일의 중간 수사 발표에서 김재규가 차지철과 감정대립이 격화되었고 "업무 집행상의 무능으로 수차례 걸쳐 대통령으로부터 힐책을 받아왔으며 이로 인하여 최근 요직 개편설에 따라 자신의 인책해임을 우려한 나머지 범행을 저지른 것"이라고 주장했다.[19] 11월 6일의 수사 결과 발표에서 전두환은 10·26 사건을 "정권 탈취를 목적으로 한 김재규의 계획된 범행"으로 밀고 나갔다. 10·26 사건은 "음흉한 야욕"을 가진 김재규가 "과대망상증에 사로잡혀 대통령이 되겠다는 어처구니없는 허욕이 빚은 내란 목적의 살인 사건"이라는 것이다.[20] 전두환에게 김재규는 "아버지를 죽인 자식과 다를 바 없는 패륜아"였다.[21]

김재규에 대한 재판은 12월 4일 처음 시작되었다. 김재규가 박정희를 쏘아 죽였다는 점은 의문의 여지가 없었다. 문제는 의도였다. 전두환을 중심으로 결집한 '신군부'는 김재규의 행위가 내란 목적의 살인 사건이었다고 규정했지만, 당사자인 김재규는 자신이 "개인의 의리를 배반하고 대통령 무덤 위에 올라갈 정도로 도덕관이 그렇게 타락되지 않았습니다"라고 주장했다. 김재규는 박정희가 박정희 자신의 존재를 자유민주주의와는 결코 공존할 수 없는 대립관계로 몰아갔기 때문에 민주회복을 위해 불가피하게 박정희를 쏜 것이지, 자신이 정권을 잡을 생각은 추호도 없다고 강조했다.[22] 재판에서 또 다른 쟁점은 관할권 문제였다. 김재규가 박정희를 사살한 것은 1979년 10월 26일 저녁 7시 40분께로 계엄령이 선포되기 이전이었고, 박정희나 김재규나 모두 현역 군인이 아니었기 때문에 군사법정에서 재판이 진행되어야 할 근거는 어디에도 없었다. 그럼에도 신군부는 군법회의에서 거의 매일 재판을 열 정도로 재판의 진행을 서둘렀다.

최규하가 유신헌법에 따라 대통령으로 선출되고 12월 8일 0시를 기해 긴급조치가 해제되자, 사람들은 더디지만 이제야 민주화가 시작되는 듯한 느낌을 가질 수 있었다. 그런 느낌은 며칠 가지 않았다. 12월 12일 저녁 한강 이남에서 강북으로 귀가하던 시민들은 계엄군이 당시 11개였던 한강 다리를 모두 차단하고 차량통행을 허락하지 않음에 따라 곤욕을 치러야 했다. 착수에서 완료(이듬해 5월 17일)까지 세계에서 가장 길었던 쿠데타라 불리는 12·12 사건이 벌어진 것이다. 이날 저녁 계엄사의 합동수사본부장인 전두환이 계엄 사령관인 육군참모총장 정승화를 김재규의 공범으로 의심된다고 연행한 것이다. 정승화는 김재규의 강력한 추천으로 육군참모총장이 된데다. 김재규가 10·26 사건 당일 궁정동 안가에 불러두었기 때문에 김재규와 어떤 공모를 한 것으로 의심을 받았다. 한국 현대사의 가장 결정적인 순간에 선제공격으로 결정타를 날린 것은 전두환이었다.

박정희는 자신과 고향이 같은 영남 출신들을 중용했다. 전두환은 5·16 직후 육군사관학교 생도들의 5·16 지지 시위를 조직하여 박정희의 눈에 든 이후 청와대 경비를 맡은 30대대장, 공수1여단장, 대통령 경호실 작전차장보, 1사단장, 보안 사령관 등을 지내며 박정희의 총애를 받았다. 박정희의 정치적 아들인 그가 10·26 사건의 수사 책임자인 보안 사령관이었다는 점은 향후의 사태 진전에서 결정적인 의미를 갖는다. 10·26 사건은 유신정권의 실제 권력서열 1위에서 4위에 해당하는 대통령, 중앙정보부장, 경호실장, 비서실장이 모인 자리에서 정보부장이 대통령과 경호실장을 살해한 사건이었다. 유신체제의 정점에 갑자기 엄청난 권력의 공백이 발생한 것이다. 이 공백기에 새로운 실력자로 부상한 사람은 육군참모총장으로 계엄 사령관이 된 정승화와 보안 사령관으로 합동수사본부장을 맡은 전두환이었다. 10·26 사건은 법적으로 살인 사건이었기에 수사 책임자인 합동수사본부장의 권한이 강화될 수밖에 없었다. 그런데 합동수사본부장의 상급자인 계엄 사령관이 살인 사건의 공모자로 의심을 받게 된 것이다. 정승화로서는 매우 억울한 일이었다. 그는 결정적인 순간에 김재규를 남산의 중앙정보부가 아닌 용산의 육군본부로 이동하게 함으로써 김재규의 의도를 좌절시킨 장본인이었다. 그럼에도 불구하고 그가 의심을 받게 된 것이다.

정승화가 의심을 받은 이유는 따로 있었다. 정승화는 전두환에게 권력의 쏠림 현상이 일어나는 것은 매우 위험하다고 보았다. 정승화는 전두환을 보안 사령관에서 해임하여 동해경비 사령관으로 좌천시킬 계획을 세웠으나, 보안사가 감청을 통해 이 계획을 알아버렸다. 자신이 군사반란을 통해서 집권한 박정희는 보안사를 통해 쿠데타를 방지하고 군을 통제했다. 독재 체제하에서 군의 지휘 체제가 정상적인 라인과 보안사 라인으로 2원화된 것이다. 늘 군부 쿠데타를 경계해온 박정희 체제에서 보안사는 막강한 기구였지만, 10·26 사건 이후의 보안사는 어제의 보안사가 아니었다. 계엄령으로 보안사를 중심으로 합동수사본부가 편성되면서 보안사는 검찰과 경찰을 통제하게 되었다.

평상시 보안사를 견제할 수 있던 유일한 기관인 중앙정보부는 그 수장이 대통령을 살해함에 따라 완전히 역적기관으로 몰려 보안사에 장악되었다. 보안사의 실제 병력은 얼마 되지 않았다. 정승화는 쿠데타 방지가 주된 임무인 보안사가 군의 정보 채널을 독점하고 쿠데타를 일으키니 계엄 사령관도 당할 수밖에 없었다고 변명했다.[23] 계엄 사령관 정승화는 육군 대장에서 졸지에 이등병으로 강등되어 보안사에서 물고문까지 당했다. 대통령과 중앙정보부, 경호실, 비서실이 모두 무력화된 상태에서 합동수사본부 직제를 통해 검찰과 경찰을 장악하고 군사반란을 일으켜 계엄 사령관까지 제압한 보안 사령관 전두환은 최고의 실세로 떠올랐다.

"유신이라는 거대한 괴물"이 "박정희 한 사람이 없어지면 그대로 없어질 것"으로 보았던 김재규[24]는 유신의 머리를 자르는 데는 성공했다. 그러나 머리 잘린 유신이란 괴물에게 새로운 머리가 솟아났다. 박정희의 정치적 사생아 전두환이었다. 전두환은 김재규를 베고 광주를 피로 물들였다. 박정희의 뒤를 이어 결국 이 나라를 13년간 통치한 전두환과 노태우는 각각 청와대 경호실 작전차장보와 행정차장보를 지낸 박정희의 근위장교들이었다. 전두환은 박정희의 흔적을 지우고 새 시대를 표방했지만, 그것은 박정희 없는 박정희 시대였다.

김재규를 어떻게 평가할 것인가

김재규는 12월 18일에 행한 1심 최후진술에서 민주화를 향한 정치 일정을 밟지 않는 최규하를 향해 "자유민주주의는 대문 앞에 와 있는데 문을 열지 않고 있다. 절대로 자유민주주의 때문에 혼란이 오지 않는다. 빨리 정권을 이양하여 혼란을 막아라"라고 촉구했다. 김재규는 "빨리 민주회복을 하지 않으면 내년 3, 4월경 전국적으로 민주회복운동이 일어날 것"이라고 예언했다.[25] 최규하는 무엇을 적극적으로 해서가 아니라 이 결정적인 시기에 아무것도 하지 않음으로써 전두환의 등장과 유신의 부활을 위한 카펫을 깔아주었다. 아무것도 하지 않은 죄가 이리 클 수는 없었다. 시중에는 전두환 고스톱이 등장하고 최규하 고스톱도 나왔다. 전두환 고스톱은 싹쓸이를 하면 피가 아니라 자기가 갖고 오고 싶은 것을 아무거나 한 장씩 가져오는 것이었다. 최규하 고스톱은 싹쓸이를 하면 자기 피를 상대방에게 한 장씩 주는 것이었다. 고스톱 판에서는 최규하 고스톱을 치면서 낄낄댈 수 있었지만, 실제 역사에서는 수많은 사람들이 피눈물을 흘렸다.

법정에서의 김재규는 당당했다. 처음 인권 변호사들은 아무리 독재자 박정희를 처단했다고 하지만, 민주인사를 탄압한 중앙정보부의 수장을 변호해야 하느냐며 김재규의 변호를 마뜩잖게 여겼다. 그러나 재판이 진행되면서 변호사들은 자유민주주의의 회복에 대한 김재규의 진정성과 인품에 매료되었다.[26] 계엄령하의 군사독정에서 진행되는 재판 상황을 알 길이 없었던 청년학생들이나 일반 시민들은 김재규의 거사를 차지철과의 갈등에서 비롯된 우발적인 것으로 보는 경향이 있었다. 그러나 보다 심층적인 정보를 접할 수 있었던 재야인사들이나 양심적인 종교인들, 특히 김수환 추기경 이하 가톨릭 사제들은 김재규의 구명에 적극적이었다. 김재규 구명운동의 취지문은 "우리는 결코 김재규를 영웅이라든가 의사라 칭해야 한다고 주장하지는 않는다"면서 "김재규는 새 헌법 아래에서 유신악법과 함께 국민의 공정하고 공개적인 심판을 받아야지, 유신악법이 그를 심판할 수는 없다"고 주장했다.[27]

김재규는 "대장부로 이 세상에 나서 내가 할 수 있는, 내가 죽을 수 있는 명분을 발견"했다고 생각했기에 법정에서 자신의 목숨을 구걸하지 않았다.[28] 다만 그는 부하들만큼은 꼭 살리고 싶어 했다. "혁명 이념에 완전히 동조한 사람이면 저세상에 데리고 가도 좋지만 아무것도 무슨 영문인지도 모르고 죽는다는 것"에 대한 죄의식 때문이었다. 김재규는 옥중 수양록에서 "지금까지는 자신의 정당성 주장으로 죄책감 못 느꼈다"고 했지만, "이제 저 얼굴들 보니 죽고 싶다. 하루빨리"라고 썼다.[29]

김재규는 박정희를 쏘았지만, 박정희의 명예만큼은 지켜주고 싶어 했다. 그는 법정에서 박정희에게 여자 연예인을 불러다 주는 일을 담당했던 박선호가 (윤창중이 한 짓은 아무것도 아니었던) 박정희의 여자 문제에 대해

10·26 사건 이후 군사법원에 회부된 김재규(오른쪽 흰옷 입은 사람) 중앙정보부장이 1979년 12월 8일 육군본부 계엄보통군법회의 대법정에서 부하인 박선호(왼쪽 포승줄에 묶인 사람) 중앙정보부 의전과장을 만나 밝은 표정으로 인사를 하고 있다.

진술하려 하자 뒤를 돌아보며 "야, 하지 마"라고 제지하기도 했다.[30] 그러나 김재규는 현역 군인으로 박흥주가 단심으로 사형을 선고받자 흔들렸던 것으로 보인다. 그는 1980년 2월 15일(음력 12월 29일) 자 수양록에서 "전원을 구제하는 방법이 대국민 여론에 달렸다고 하면 사실만은 공개해주어야겠다"며 "물론 돌아가신 분의 명예를 생각하면 가슴은 아프다. 그러나 저 젊은 생명 여하히 하겠는가"라고 번민했다. 김재규도 박선호도 박정희의 여자 문제에 대해서는 끝내 입을 열지 않았다.

우리 역사에는 또 다른 10·26 사건이 있다. 안중근이 이토 히로부미를 쏜 날이 1909년 10월 26일이었다. 70년을 두고 두 개의 10·26 사건이 있는 것이다. 일본 제국주의의 잔재를 청산하지 못해 군사독재가 왔는데, 일본 제국주의를 상징하는 이토의 제삿날과 군사독재의 상징인 박정희의 제삿날이 같다는 것은 단순한 우연만은 아닐 것이다. 안중근도, 윤봉길도, 김재규도, 아니 저 멀리 사마천의 《사기열전》에서 가장 감동적인 부분인 〈자객열전〉의 형가도 장부 또는 장사를 노래했다.

분단과 전쟁과 학살을 거치면서 너무 얌전해진 탓인지 진보진영에는 대의를 위해 제 몸을 불태우고 제 피를 흘린 열사들은 일일이 이름을 부를 수 없을 정도로 넘치지만, 제 목숨을 바쳐 적의 피를 흘리게 한 의사는 단 한 명도 없었다. 오른쪽 동네라고 사정이 다른 것은 아니다. 친일파가 득세한 나라에서 안중근, 윤봉길, 이봉창, 김구로 상징되는 보수우익 의사의 계보는 대가 끊어졌다. 야수의 심정으로 유신의 심장을 쏘았으면서도 박정희의 명예는 끝까지 지켜주고자 했던 김재규는 대가 끊겼던 한국 보수우익의 계보학에서 돌출한 마지막 대륙형 인간이었다.

김재규는 5·16과 유신이라는 박정희의 내란에 동행했으면서도 결국 이 내란을 종식시켰다. 김재규의 행동을 내란 목적 살인으로 몰고 간 것은 전두환의 내란이었다. 김재규는 최후진술에서 "국민 여러분, 자유민주주의를 만끽하십시오"라는 말로 국민들에 대한 작별인사를 대신했다. 김재규가 사형당한 것은 광주에서 민중항쟁이 한창이던 1980년 5월 24일이었다. 김재규를 죽인 전두환은 광주 시민들의 항쟁마저 짓밟고 생명이 다한 것 같았던 유신체제를 간판만 바꿔 달아 신장개업했다. 전두환의 내란은 그렇게 완성되었고, 그로부터 33년이 지난 오늘, 우리는 아직도 자유민주주의를 만끽해보지 못했다.

1979년 10월 민중들의 거센 저항과 집권 세력 내부의 균열로 인해 역사의 무대에서 퇴출당했던 박정희는 1997년 말의 외환위기와 2012년의 대통령 선거를 거치면서 화려하게 부활했다. 2012년의 대선 결과가 역사의 법정에서 박정희에게 준 최종판결일 수 있을까? 프랑스에서도 혁명 이후 나폴레옹이 스스로 황제가 되는 일이 벌어졌고, 최초의 대통령으로 선출되었던 그 조카 루이 나폴레옹도 '국민투표'를 거쳐 또다시 황제가 되었다. 프랑스 마지막 황제의 출현을 보면서 마르크스는 인간이 과거로부터 조건 지어지고 넘겨받은 환경 속에서 역사를 만드는 것이라고 말했다. "모든 죽은 세대의 전통은 악몽과도 같이 살아 있는 세대의 머리를 짓누르고 있다"는 것이다. 황제 나폴레옹의 동상이 거꾸러져 산산조각이 나기 위해 조카 루이 보나파르트의 어깨에 황제의 망토가 걸쳐져야 했던 것처럼,[31] 박정희의 향수도 또 어떻게든 한 번은 소비되어야 했다. 역사의 법정에서 박정희와 김재규가 제대로 마주 서게 되는 것은 그 후에야 가능할 것이다. 지금은 대중들에게 자신이 왜 박정희를 쏘았는지를 이야기할 기회조차 제대로 갖지 못한 채 형장의 이슬로 사라진 김재규의 재평가를 위한 준비를 시작할 때다.

도청에 남은 그들을 기억하자
— 광주, 그 장엄한 패배

광주는 아프다. 죽도록 아프다. 30년의 세월
이 흘러도 오래된 상처가 낫지 않아서가 아니다. 새로운 공수부대가 낯
선 흉기로 찌르고 두들겨 팬다. 뒤늦게 트라우마 센터를 만들어 아픈 상
처 토닥여주면 무엇하나. 저렇게 새로운 아픔, 새로운 슬픔이 폭포처럼
쏟아져 내리는데……. 〈임을 위한 행진곡〉이 합창은 돼도 제창은 안 된
단다. 합창을 하면 합창단만 부르면 되지만, 제창하면 대통령을 포함해
참석자 일동이 불러야 하기 때문이었을까? 돌아가신 분들의 관을 임시
로 상무관에 모신 것을 두고 '홍어 택배 포장 완료' 운운한 것[1]을 보면
저런 정신파탄자들이 우리 사회에 넘쳐난다는 사실이 그때의 계엄군 만
행보다 더 무섭다. 저런 자들은 전두환 같은 자들이 데려다 '좌로 굴러,
우로 굴러' 몇 번 시킨 뒤 곤봉과 대검 쥐여서 광화문에 풀어놓으면 그
날 금남로에서 벌어진 일보다 더 끔찍한 일을 서슴없이 저지를 자들이
다. 광주를 겪고도 군대에서 시민들에게 발포하라는 상관의 부당한 명
령을 거부하라는 인권교육이 이루어지지 않는 나라, 아니 발포명령의
실체조차 밝혀내지 못하는 나라에서 재발 방지는 그저 꿈일 뿐이다.

금남로에 뿌려진 너의 붉은 피

1980년, 새봄이 왔지만 학원가는 유신시대에 사라진 학생회를 재건하는 데 몰두하느라 아직 정치적인 이슈를 전면에 제기하지 못하고 있었다. 대통령 최규하도, 국무총리 신현확도, 새로운 실세로 등장한 중앙정보부장 서리 전두환도 모두 유신 잔당들이었다. 명확하지 않을 이유가 없던 정치 일정이 안갯속에 빠진 것은 유신 잔당이 자신들의 기득권을 유지해보려고 몸부림쳤기 때문이다. 제도권이 정당과 국회를 통해 국민들의 에너지를 제대로 수렴하지 못했기 때문에 군과 학생의 대결이 한국 정치의 결정적인 대립 구도를 형성해왔다. 그것은 1979년 10월 부산·마산에서 시작되어 1980년 5월 광주에서 끝났지만 흔히 '서울의 봄'이라는 서울 중심적인 용어로 불리는 이 격동기에도 마찬가지였다. '선빵'을 날리는 쪽이 손해를 본 적이 많았던 묘한 역사 때문인지 군과 학생은 서로 눈치를 보고 있었다.

거리로 먼저 나온 것은 일사불란한 명령 체계를 가진 군이 아니라, 학생들이었다. 5월 13일 밤에 이어 14일과 15일 이틀간 수만 명의 학생들이 서울 시내를 휩쓸고 다녔지만 학생들의 기대와는 달리 시민들의 반응은 냉담했다. 유신 말기 부마항쟁 당시 수백 명의 학생들이 거리에 진출하자 삽시간에 시위대가 수만 명으로 불어났던 것과는 너무나 다른 양상이었다. 시민들의 참여가 거의 없자 학생들은 5월 15일 이른바 서울역 회군을 통해 거리에서 학원으로 돌아갔다. 군부는 그 틈을 타서 치고 나왔다. 정부는 5월 17일 밤 24시를 기해 비상계엄 선포지역을 전국으로 확대했다. 모든 정치 활동은 중단되었고, 대학은 문을 닫았으며, 전국에서 수백 명의 정치인과 재야인사, 학생들이 검거되었다. '3김'

중에서 김대중은 소요조종 혐의로, 김종필은 권력형 부정축재 혐의로 연행되었지만, 김영삼은 자택에 연금되었을 뿐 연행은 모면했다. 교활한 신군부는 김대중과 김영삼을 다른 방식으로 처리함으로써 호남과 영남이 손잡고 저항할 가능성을 차단했다. 당시 대학생들은 캠퍼스로 돌아가면서 만약 군부가 치고 나올 경우 학생들이 모일 시간과 장소를 정해두고 있었다. 실제로 학생들이 일부이지만 모이지 않은 것은 아니었다. 그러나 서울역이나 영등포역 등 집결지에 모였던 일부 학생들은 공수부대가 진압봉을 높이 들고 고함을 치며 달려들자 몇 초 버티지도 못하고 그대로 해산하고 말았다. 완벽한 초전박살, 그것이 끝이었다. 광주한 곳을 제외하고는.

운명의 5월 18일 아침 10시, 7공수 33대대가 지키고 있던 전남대 정문 앞에도 학생들이 모여들었다. 모여든 학생이 200~300명에 이르자 학생들은 용기를 내어 "비상계엄 해제하라", "김대중을 석방하라", "전두환은 물러가라" 등의 구호를 외치기 시작했다. 공수부대는 곧 진압을 시작했다. 공수부대의 진압은 경찰의 진압과는 차원이 달랐다. 공수부대도 부마항쟁을 진압할 당시의 공수부대가 아니었다. 당시 보안사가 작성한 '부마지역 학생소요사태 교훈'이라는 보고서나 부마항쟁 당시 부산지역 보안부대장이었던 5공 핵심 권정달에 따르면 "부마사태 진압 작전에 대한 평가 과정에서 시위의 대규모 확산을 미연에 방지하기 위해서는 초동 단계부터 공수부대 등을 투입해 강경진압을 하는 것이 효율적이라는 반성론이 제기"되었다는 것이다.[2] 이에 따라 신군부 수뇌부들은 현장의 공수부대에 공식·비공식 루트를 통하여 "소요자는 최후의 1인까지 추격하여 타격 및 체포"라는 등 강경진압을 거듭 지시했다.[3] 결과는 참혹했다. 공수부대는 "시위학생을 잡으면 먼저 곤봉으로 머리를 때려 쓰러뜨리고는 서너 명이 한꺼번에 달려들어 군홧발로 으깨버리고" "얼굴을 위로 돌리게 해놓고는 안면을 군홧발로 뭉개고 곤봉으로 쳐서 피 곤죽을 만들었다".[4] 공수부대는 피투성이가 된 희생자들의 발과 머리를 맞들고 좌우로 '하나, 둘' 흔들다 '셋' 하고 트럭으로 던졌다. 쓰러진 사람 위에 사람들이 겹겹이 쌓였다. 누군가가 프랑스 노래 〈누가 할머니를 죽였나〉에 곡을 붙여 〈오월가〉를 만들었다. 그 시절 "꽃잎처럼 금남로에 뿌려진 너의 붉은 피"를 떠올리며 목 놓아 부르던 그 노래가 던진 의문을 우리는 아직 풀지 못했다. "왜 찔렀지? 왜 쏘았지? 트럭에 싣고 어딜 갔지?"

군이 이럴 수는 없었다. 사실 저들은 국군이 아니라 인민군이라는 얘기는 지금과는 전혀 다른 의미에서 그때도 있었다. 그때 그 소문의 진원지는 어린아이들이었다. 눈앞에서 벌어지는 군인들의 살육을 도저히 이해할 수 없었던 어린이들은 선생님이나 부모님께 "저 사람들 국군 아니죠? 인민군이죠?"라고 애타게 물었던 것이다. 팔에 흰 완장을 두른 위생병이라면 적군도 치료해주는 것이 마땅하건만, 계엄군은 진압봉을 높이 쳐들어 피 흘리는 부상자를 치고 또 쳤다.

슬프고 외로웠던 대동세상

공수부대의 무자비한 학살에 시민들은 처음에 공포에 떨며 도망갔지만, 어느 지점에선가 그야말로 '겁대가리'를 상실했다. 어느 정도의 만행에 공포감이 극대화되고, 어느 정도를 넘어서면 사람들이 겁을 상실하게 되는지는 참으로 말로 설명하기 어려운 지점이다. 공수부대에 쫓길 때는 그저 무서운 생각뿐이었지만, 일단 몸을 피하고 나면 계엄군이 사람들을 때리고 죽이던 모습이 떠올라 엄청난 분노를 억제할 수 없었다. 조금 전까지 같이 시위를 구경하던 사람, 조금 전까지 같이 구호를 외치던 사람, 조금 전까지 같이 도망치던 사람이 픽픽 쓰러지는 것을 보니 죽고 사는 것은 내가 결정할 수 있는 문제가 아니라는 생각도 들었다.

계엄군의 만행에 몸서리를 치며 발을 구르던 시민들이 공수부대를 몰아내자며 저항에 나섰다. 계엄군은 겁먹고 도망쳐야 할 시민들이 장년, 노년층까지 나서서 저항하자 몹시 당황하였다. 마침내 5월 21일 오후 1시 도청 스피커에서 애국가가 울려 퍼질 때 계엄군은 시민들을 향해 집단 발포를 시작했다. 수많은 사람들이 희생되었고, 이제 시민들도 외곽의 파출소 무기고를 부수고 무장을 갖추기 시작했다. 시민군이 등장한 것이다. 저녁 8시 시민군이 마침내 도청을 점령했다. 조선왕조 500년 동안 도청 소재지가 민중들에게 넘어간 적은 왕조의 끝물에 전봉준의 동학군이 전주 감영을 점령한 것 딱 한 번뿐이었다.

이런 오합지졸 혁명군은 역사에 다시 없었다. 아무 준비도 없이, 아무 계획도 없이, 아무 조직도 없이 시민군은 얼떨결에 도청 소재지를 해방시켰다. 시민들에 대한 집단 발포 직후 계엄 사령관 이희성은 서울에서 담화문을 발표하여 '광주사태'는 '불순분자'나 '고정간첩'들의 선동에 넘어간 깡패, 불량배 등 소수의 폭도들에 의한 것이라고 왜곡했다. 앵무새 언론은 광주는 폭도들의 약탈과 방화와 파괴가 넘치는 무법천지 난장판이라고 떠들어댔다. 그러나 시민들이 주인이 된 광주는 평온했다. 1977년 7월 핵발전소에 벼락이 떨어져 미국 뉴욕 시가 열두 시간 동안 정전이 되었을 때, 수천 건의 약탈 사고가 일어나 현장에서 체포된 자만 3,800명에 달했다고 한다.[5] 하지만 총기가 수천 정 풀린 광주는 단 한

건의 강도 사고도 없이 무척 평온했다. 광주엔들 도둑놈, 양아치, 강도가 없었겠는가. 그들조차 상중이었다. 도시 전체가 거대한 상갓집으로 변한 광주에서는 모두가 상주였던 것이다. 5월 광주는 거대한 슬픔의 공동체이자 나눔의 공동체였다. 계엄군이 소비도시 광주의 외곽을 차단하여 물자가 들어오지 않았지만 물가는 오르지 않았고 매점매석도 없었다. 양동시장과 대인시장의 상인들은 거리에 솥단지를 걸어놓고 주먹밥을 만들어 시민군을 먹였다. 오병이어의 기적은 예수만 만들 수 있는 것이 아니었다. 당시 시민군으로 활동했던 화가 홍성담은 그때 그 순간 그 시민들과 함께했던 것을 생각하면 가슴이 터질 것 같고 당장 죽어도 여한이 없다고 30여 년이 지난 지금도 말하고 있다.

그럼에도 시민들은 너무너무 외로웠다. 광주 사람들은 광주의 소식이 전해진다면 서울에서도, 부산에서도, 대구에서도 시민들이 마땅히 들고일어날 것이라 기대했다. 전국의 시민들이 들고일어나야 살인마 전두환의 집권을 막을 수 있을 텐데 어느 곳에서도 그런 소식은 들려오지 않았다. 공수부대를 몰아냈을 때의 기쁨도 잠시, 하루하루 시간이 흐를수록 초조감이 몰려왔다. 광주 외곽을 철저히 봉쇄한 계엄군의 시내 진입은 다가오고 있었고, 사태 해결의 출구는 보이지 않았다. 광주의 유지와 재야인사들이 중심이 된 시민수습대책위원회는 무기를 반납해야 한다고 주장했다. 2차대전이나 한국전쟁 때 쓰던 M1이나 카빈총으로 중무장한 계엄군이 작심하고 쳐들어올 때 광주를, 아니 도청이라도 지켜낸다는 것은 애초부터 불가능한 일이었다. 산 사람은 살아야 할 것 아닌가. 총을 내려놓자는 말이 틀린 말은 아니었다.

그러나, 그러나 그날 모두가 총을 내려놓았다면 광주는 우리 가슴에 오늘과는 다른 모습으로 남았을 것이다. 끝까지 총을 내려놓을 수 없다는 사람들이 있었다. 승패가 문제가 아니었다. 왜 총을 내려놓을 수 없다는 것인가? 말로는 설명할 수 없는 일이었다. '걍' 내려놓을 수 없었다. 텅 빈 도청에 전두환과 그 졸개들이 씩 웃으며 들어온다면 지금까지 죽은 사람은 뭐가 되고, 지금까지 싸운 건 또 뭐가 되느냐는 것이다. "산 사람을 더 생각하는 자들은 총을 내려놓자고 했고, 죽은 이들을 더 생각하는 자들은 총을 놓을 수 없었다."[6]

반만년 역사에서 가장 긴 새벽

5월 26일 오후에도 도청 앞 분수대에서 3만여 명의 시민이 참가한 가운데 시민궐기대회가 열렸다. 시민들이 광주를 해방한 이후 매일 열리는 궐기대회였다. 그날의 분위기는 여느 때와는 달랐다. 그날 밤 계엄군의 진입은 확실했다. 계엄군은 이미 최후통첩을 보냈다. 그 3만 명이 모두 다 도청에 남았다면 계엄군은 진입작전을 펼 수 있었을까? 계엄군을 몰아냈던 위대한 광주 시민들은 비장한 침묵 속에 하나둘 집으로 돌아가기 시작했다. 99퍼센트의 시민들이 집으로 돌아갔고, 1퍼센트 남짓한 300여 명이 도청에 남았다. 학생들이 없었던 것은 아니지만 가방끈 긴 사람들보다는 가방끈 짧은 사람들이 훨씬 더 많았다. 몇몇은 자신이 죽고 나면 돌봐줄 사람도 없을 거라며 목욕을 하고 새 속옷으로 갈아입었다. 밤은, 지는 싸움을 피하지 않고 자리를 지킨 이들의 처연함을 삼키며 깊어만 갔다.

영화 〈화려한 휴가〉에서 신애가 마이크를 잡고 울면서 호소한 것이 바로 이 밤이었다. "광주 시민 여러분, 우리를 기억해주십시오. 우리는 폭도가 아닙니다." 몇 시간 전까지 도청 앞 분수대에 있다가 무거운 발걸음으로 집으로 돌아간 사람들이 밤이 깊었다고 잠들 수 있었을까? 차라리 도청에 남은 사람들이 극도의 중압감을 주체하지 못해 꾸벅꾸벅 졸았다고 한다. 도청에 남은 사람들을 생각하며 덜덜 떨며 잠 못 이루던 사람들은 신애의 호소를 가슴으로 들어야 했다. 새벽 3시 30분 계엄군은 광주로 진입하기 시작했다. 4시엔 도청을 포위했다. 4시 10분께 계엄군의 일제사격이 시작되었다. 총성은 오래 계속되지 않았다. 계엄군의 상황일지에는 "04:55, 도청 완전 점령"이라고 쓰여 있었다.

몇십 분 안 되는 시간이었지만 집에서 총소리를 들어야 했던 사람들에게 그 시간은 반만년 우리 역사에서 가장 긴 새벽이었다. 그 새벽을 보내고 라디오를 켜니 도청의 폭도들이 소탕되었고, 이제 광주에는 질서와 안정이 찾아왔다는 뉴스가 나왔다. 새 시대를 이끌 새로운 지도자 전두환을 찬양하는 '전비어천가'는 도처에서 울려 퍼졌다. 그 새벽을 지새운 사람들의 가슴에는 '살아남은 자의 슬픔'이 자라고 있었다. '살아남은 자의 슬픔'이라는 새로운 유전자를 가진 사람들은 고향과 상관없이 다 광주의 자식들이 되었다.

모두 죽기를 각오하고 도청에 남았지만 워낙 화력 차이가 커 순식간에 제압당한 탓인지 꽤 많은 사람들이 살아남았다. 《오월의 사회과학》의 저자 최정운 교수는 "살고 싶었던 사람은 다 살았고, 죽기로 작정한 사람도 한 반은 살았다"고 썼다.[7] 어쩌면 반보다 훨씬 많이 살아남은 그들은 등에 '악질 극렬', '실탄 10발 소지', '권총 소지' 등의 분류기준이 매직으로 쓰인 채 상무대 영창으로 끌려갔다. 지금까지 계속되는 광주의 트라우마, 살아남은 자의 고통이 시작되었다.[8] 지금은 망월동 묘역이 으리으리한 국립묘지가 되었지만, 도청에서 희생된 분들이 한 분 한 분 꽃상여를 타고 그곳에 모셔진 것이 아니었다. 영구차도 아니었다. 쓰레

기차에 관이 포개져 실렸다. 무척이나 더웠던 5월의 날씨 탓에 포개져 실린 관 위에 뿌옇게 소독약이 뿌려졌다. 〈임을 위한 행진곡〉의 주인공 윤상원도 그렇게 실려 갔다. 처절한 패배였다. 그러나 장엄한 패배였다. 때로 역사에서는 잘 지는 것이 구차하게 이기는 것보다 훨씬 중요했다. 1980년 5월에서 1987년 6월까지는 한 호흡이었다. 5월 27일 새벽이 없었으면 6월은 올 수 없었다.

광주는 끝났는가

살아남은 자의 슬픔을 간직한 1980년대의 젊은이들은 자기 삶을 온전히 살 수 없었다. 강풀의 《26년》에서 실어증에 걸렸던 미진의 아버지가 죽기 전 딸에게 남긴 한마디, "미진아, 너는 너의 삶을 살아라"는 너무나 절절한 말이었다. 1980년대는 살아남은 자들이 먼저 간 이들의 삶을 대신 살아야 했던 무거운 시대, 한마디로 죽음을 끼고 산 시대였다.[9] 도청의 진압이 있고 꼭 1년 뒤인 1981년 5월 27일 서울대에서 벌어진 광주학살진상규명 시위가 진압되어 갈 때 시위에 참여하지도 않고 도서관 5층에서 공부하던 김태훈이라는 학생이 '전두환을 처단하라'라는 구호를 세 번 외치고 몸을 던졌다. 그가 콘크리트 바닥에 떨어지자 흩어졌던 시위대가 비명을 지르며 몰려왔다. 경찰이 최루탄을 하염없이 쏴대어 부들부들 떨고 있는 김태훈의 몸 위로 최루탄 분말이 눈처럼 하얗게 쌓였다.[10] 그 꼴을 안 보았으면 모를까, 본 사람들은 또 광주의 자식이 될 수밖에 없었다. 광주의 죽음과 대면하면서 1970년대의 낭만적인 민주화운동은 치열해졌고, 엘리트 중심에서 보다 민중적인 성격을 띠게 되었다. 1983년 9월 김근태를 의장으로 하는 민주화운동청년연합이 결성되었을 때 민청련의 상징은 두꺼비였다. 옴두꺼비는 뱀의 길을 가로 막아 스스로 잡아먹히지만, 뱀의 몸 안에 독을 뿜어 죽게 하고 그 몸 안에 알을 낳아 수백 마리의 새끼 두꺼비들이 뱀의 몸을 파먹으며 자란다는 것이다. 수많은 광주의 자식들은 '1980년 5월 26일 밤 내가 광주에 있었더라면 나는 총을 들었을까'라는 질문을 내려놓지 못한 사람들이었다. 그들의 노래가 〈임을 위한 행진곡〉이었다.

2010년 출간된 마이클 샌델의 《정의란 무엇인가》는 2012년 대선 때까지 무려 120만 부가 넘게 팔렸다고 한다. 지하철역을 나왔을 때 군복 입은 청년들이 지나가던 여학생을 곤봉으로 패고 대검으로 찌르고 있으면 어떻게 해야 하나. 그걸 누가 말려야 하나. 그런 상황에서 정의가 무엇인지 꼭 하버드 대학 교수에게 물어보아야 하나? 5월 광주만 돌아보면 알 수 있는 일이다. 그런데 광주가 아프다. 광주의 트라우마로 너무나 심한 고통을 겪고 있는 '유공자'나 그 가족들을 보면 공수부대의 행패를 보아도 말리겠다고 나서는 것이 아니라 못 본 척 돌아가야 한다.

도청이 진압당한 뒤 6월 1일 처음 나온 〈전남매일〉은 1면에 김준태 시인의 시 〈무등산은 알고 있다〉를 실었다. 말이 필요 없었다. 제목만 보고도 시민들은 눈물을 흘렸다. 그래, 무등산은 알고 있었다. 모를 수가 없었다. 그러나 서울의 남산은? 부산의 금정산은? 대구의 팔공산은? 대전의 계룡산은? 요즘 말로 "알랑가 몰라"다. 아니, 알아도 모르는 척했다. 그래서 광주는 많이 아팠다. 무등산만 알았다. 그 무등산이 낮아졌다. 사랑도 명예도 이름도 모두 다 가진 자들이 '살아남은 자의 권력'을 휘두르며 무등산 등골을 파먹어 무등산이 낮아졌다.[11] 광주와 아무런 연고를 갖지 않았던, 대한민국 도처에 널려 있던 '광주의 자식들'이 모두 입을 모아 '우리들의 영원한 청춘의 도시'로 불렸던 광주는 어느새 지방의 작은 도시로 찌그러졌다. 일베의 모욕은 그다음에 왔을 뿐이다. 그 모욕을 받고도 분해 하지도 않으니 모욕이 증폭될 뿐이다.

　광주민중항쟁은 박정희 없는 유신체제를 이어가려던 유신 잔당과의 싸움이었다. 그로부터 33년이 지난 지금 유신체제의 핵심 박근혜는 대한민국의 대통령이 되었다. 우리 역사에서 광주만큼은 승리한 투쟁이라고 여겼던 믿음이 뿌리째 흔들리고 있는 오늘이다. 5월 27일 새벽 도청에 남은 사람들이 계엄군을 기다리며 어두운 창문 너머로 꿈꾸던 30년 뒤의 대한민국은 어떤 모습이었을까? 33년 뒤의 대한민국이 유신공주가 대통령이 되고, 가난한 집 아이들의 장래희망은 겨우 '정규직'이고, 자신들과 함께했던 동료들이 극심한 트라우마에 시달리고 있다면 그날 밤 죽겠다고 도청에 남는 것이 아니라 집에 가는 것이 옳았다. 이런 상황이 고착되어버린다면 도청에서의 죽음은 '개죽음'을 면할 수 없는 것이 아닐까? 그들의 죽음을 '홍어' 운운하며 모욕하는 벌레들이 아니라 이런 현실이 고착되는 것을 방치하는 우리가 그들을 더 욕되게 하는 것이 아닐까? 역사는 과거와 현재의 대화이고, 역사는 끊임없이 다시 쓰여야 한다. 유신이 부활한 오늘, 도청의 그들이 우리에게 말을 걸어온다. 광주는 아직 끝나지 않았다고……. 광주의 역사를 이렇게 끝낼 수는 없다고…….

박근혜 후보에게
드리는 공개장

역사의 판단에 맡기자는 말

지난 며칠 세상이 시끄러웠습니다. 시끄러운 세상만큼이나 제 속도 시끄러웠습니다. 도저히 견딜 수 없어 이런 글을 쓰게 되었습니다.

후보님께서는 5·16과 유신에 대한 시비를 역사의 판단에 맡기자고 하셨지요. 그 한마디 말씀에 참 여러 가지 결이 다른 감정과 생각이 솟아올랐습니다. 먼저 든 생각은 그 대사는 후보님 같은 생을 살아와 현재의 위치에 서 있는 분이 할 얘기가 아니라는 점입니다. 비슷비슷한 말이 많이 있지요. 역사가 알아주리라, 역사가 우리를 기억하리라, 역사에 어떻게 남는가 보자, 후대 사가들의 판단에 맡기겠다……. 제 직업이 역사를 공부하는 것인지라 이런 말을 들을 때마다 무거운 책임감을 느끼게 됩니다. 그런데요, 이런 말을 하고 사라진 분들, 혹은 이런 말조차 남기지도 못하고 사라진 분들이 서 있던 위치는 후보님이 지금 서 계시는

*2012년 9월 22일 〈한겨레〉에 게재된 내용임.

위치와 사뭇 다릅니다. 역사의 판단에 맡긴다는 말은요, 그래도 역사를 한 40년 공부해온 제가 느끼기에는요, 형형한 눈빛으로 바라보던 세상을 더 이상 볼 수 없게 된 전봉준이 형장에 끌려가며 할 만한 말입니다. 몸은 비록 가나자와 육군형무소의 형틀에 묶여 있지만 마음만은 조선의 하늘을 날았을 윤봉길 의사가 일본 헌병들의 '사격 준비' 소리를 들으며 떠올렸을 말입니다(아, 그러고 보니 이번 대통령 선거일이 꼭 80년 전 윤봉길 의사가 처형당한 날이군요. 그날 전 윤봉길 의사께 투표할 겁니다). 1980년 5월 27일 새벽 광주에서 거리의 소년, 배달의 기수들이 이제 죽어 자빠지면 돌봐줄 가족도 없다며 목욕하고 속옷 새로 사 입은 뒤 도청 계단에 쭈그리고 앉아 다가오는 계엄군을 기다리며 마음속으로 했을 생각입니다. 캄캄한 새벽 아직도 자고 있는 같은 방 재소자들을 행여 깨울까 봐 발꿈치 들고 조심조심 감방을 나와 사형당한 인혁당 사형수, 유언마저 조작당한 그 인혁당 사형수가 남겼을 만한 말입니다. 권력을 가진 사람들, 한 나라의 최고 권력자가 되려는 사람들은 역사의 판단이 아니라 우선 자기 시대의 민중, 당대의 민중들에 대해서 책임을 지는 겁니다. 사람들이 물어본 건 5·16과 유신에 대한 후보님의 견해이지 후세 역사의 판단은 아닙니다.

　역사의 판단에 맡기자는 말을 듣고 몸서리나도록 분노했던 기억도 새삼스럽게 납니다. 1989년 1월 일본 천황 히로히토가 세상을 떠났습니다. 무려 63년 동안 천황의 지위에 있었던 그도 결국 세상을 떴습니다. 우리에게 아무리 모진 짓을 했기로서니 26킬로그램의 찌그러진 몸으로 세상을 떠난 89세의 노인에게 왜 조금이라도 연민의 정이 없었겠습니까만, 그런 연민의 정을 가질 겨를도 없었습니다. 당시 일본 총리 다케시타 노보루가 국회에서 히로히토의 전쟁 책임과 관련해서 그 전쟁의 성격에 대해 역사의 판단에 맡기자고 했거든요. 동의하십니까? 이런 걸 우리는 망언이라고 부릅니다.

5·16과 유신이 불가피했다고요?

잘 믿지 않으실 것 같지만 저는 후보님이 '박정희 딸'이라서 안 된다는 주장에 단호히 반대해왔습니다. 그리고 '박정희 딸'이라는 이유로 후보님의 능력이나 잠재적인 가능성을 얕잡아보는 견해에 대해서도 매우 잘못된 것이라고 비판해왔습니다. 후보님의 아버지에 대해 대한민국에서 둘째가라면 서러워할 정도로 날 선 비판을 해온 제가 후보님을 지지하는 것은 결코 아닙니다. 제가 '박정희 딸'이라서 안 된다는 주장에 단호히 반대해온 것은 수십만의 민중들이 '빨갱이 자식'이라는 이유만으로 차별받고 숨죽이며 살아야 했던 이 땅에서 연좌제는 반드시 사라져야 한다는 생각에서입니다. 제 주변의 많은 사람들은 5·16까지는 몰라도 유신에 대해서는, 적어도 유신의 후반부에 대해서는 후보님께 책임을 물어야 한다고 주장합니다. 후보님이 유신정권의 퍼스트레이디였다는 점에서 그런 주장이 무리는 아닙니다. 그럼에도 저는 심정적으로 유신 자체로 후보님을 공격하고 싶은 마음은 없습니다. 어머님의 피격 사망이란 비극을 겪으며 황망하게 그 자리에 서게 되신 거니까요. 그리고 딸에게 자신이 아니라 아버지가 범한 국가폭력과 헌정질서 파괴의 범죄행위를 비판하라고 다그치는 것도 점잖지 못한 일이라고 생각합니다. 그러나 그것은 어디까지나 딸이 공인이 아닌 사인의 위치에 있을 때의 일입니다.

지금 후보님은 이 나라의 명운을 최소 5년간 짊어질 중요한 자리를 놓고 승패를 겨룰 위치에 서게 되었습니다. 한 나라의 헌정질서와 헌법에 담겨 있는 가치를 지키고 발전시켜야 할 책무가 있는 자리에 도전하는 공인이라면 아버지와 딸이라는 사사로운 관계를 넘어 1960년대와 1970년대 대한민국에서 벌어진 역사적 사건에 대한 책임 있는 평가를 요구받을 수밖에 없습니다. 5·16과 유신에 대한 후보님의 견해를 묻는 이유는 딸에게 아버지의 지난날의 행위에 대한 견해를 사적으로 묻기 위해서가 아닙니다. 대한민국은 동일인에 의해 두 차례나 헌정질서가 유린당한 불행한 경험을 갖고 있습니다. 한 번은 나라 지키라고 준 총을 거꾸로 든 군사반란으로, 또 한 번은 "국헌을 준수하겠다"는 선서를 한 대통령의 신분으로 자행한 친위 쿠데타로 인해 대한민국 헌법은 철저히 유린당했습니다. 후보님은 여러 차례 5·16과 유신은 불가피했다고 말해왔습니다. 5·16이 불가피했다고요? 5·16은 육군 소장 박정희가 집권하기 위해 불가피했을 뿐입니다. 유신이 불가피했다고요? 유신은 이미 3선을 한 박정희 대통령이 영구집권을 하기 위해 불가피했을 뿐입니다. 대한민국에서 가장 열정적으로 선친의 행적을 옹호해온 조갑제 기자조차 유신은 느닷없이 선포되었다고 썼습니다. 국헌을 준수해야 한다는 입장에서 본다면 5·16은 군 형법상 "작당하여 병기를 휴대하고 반란"한 행위이고 그 "수괴는 사형에 처한다"고 되어 있습니다. 저는 사형제에 반대하지만, 군 형법은 군사반란의 수괴에 대해서는 무기징역도 없는 사형을 규정하고 있습니다. 유신이 범한 죄는 형법상의 내란죄입니다. 당시 형법은 친절하게도 제91조에서 '국헌문란의 정의'를 "헌법 또는 법률에 정한 절차에 의하지 아니하고 헌법 또는 법률의 기능을 소멸시키는 것"이라 하고 있습니다. 형법은 그 수괴에 대해 "사형, 무기징역 또는 무기금고에 처한다"고 규정하고 있습니다. 시민들이 후보님께

묻는 것은 1961년 5월 16일과 1972년 10월 17일 후보님의 선친께서 취한 행동이 위의 규정에 해당하는가 여부입니다. 혼자서 멋대로 불가피하다고 생각하고 이런 짓 저지르면 어떻게 합니까? 우리는 이런 국헌문란 행위를 구국의 결단이라 합리화하는 사람은 다시 이런 범죄행위를 저지를 수 있는 사람이라 생각하며, 그런 사람은 21세기 민주국가의 지도자가 될 자격이 없는 사람이라고 생각합니다. 노무현 대통령 시절 누구보다도 후보님은 헌법질서와 헌법적 가치를 강조하며 노 대통령을 비난했습니다. 1961년 5월 16일과 1972년 10월 17일 선친께서 취한 행동을 그 잣대로 재도 불가피한 구국의 결단입니까? 우리는 이중잣대의 문제를 여쭙고 있는 겁니다.

딸은 모르는 아버지 이야기

따님으로서 후보님은 아마 박정희 대통령과 가장 많은 시간을 보냈고 박정희 대통령을 가장 잘 아는 분일 것입니다. 그러나 부디 후보님이 박정희 대통령의 모든 것을 안다고는 생각하지 마십시오. 저를 포함하여 이 세상 누구나 마찬가지겠지만 어느 부모가 자식을 속속들이 다 알겠으며 어느 자식이 또 부모의 삶을 온전히 안다고 하겠습니까. 따님은 모르는, 어떤 경우에는 따님만 모르는 아버지 이야기가 얼마든지 있을 수 있습니다. 어찌하다 보니 제가 그런 이야기들을 전문적으로 조사하고 연구하는 처지가 되었습니다.

논란이 되었던 인혁당 사건……. 2004년 11월 국정원 과거사위원회가 구성되었을 때 저는 그 위원회의 말석에 앉게 되었습니다. 그때 7대 우선조사 사건을 선정했는데 하필이면 제가 인혁당 사건에 정수장학회

사건까지 맡게 되었습니다. 그래서 그 사건에 대해 제가 남들보다 조금 잘 아는 편입니다. 매우 불편하시겠지만 인혁당 사건에 대해서는 후보님께서도 꼭 아셔야 할 부분이 많은 것 같습니다. 지난 3월 후보님께서는 산업화 과정에서 본의 아니게 희생된 분들께 항상 죄송한 마음을 가져왔다며 사과의 뜻을 표하셨습니다. '본의 아니게'란 표현이 너무나 마음에 걸렸습니다. '본의 아니게'라뇨? 무지의 소치입니까, 아니면 작심하고 역사를 왜곡하시려는 겁니까? 1975년 2월 유신헌법 찬반 국민투표에서 승리한 박 대통령은 인혁당 사건 관련자와 반공법 위반자를 제외한 구속자를 석방했습니다. 선친께서는 이 조치로 반유신운동이 잠잠해지길 기대했으나 석방자들이 개선장군 대접을 받으며 고문조작을 폭로하자 분노와 초조감에 싸여 보복을 준비했죠. 2월 21일 문공부 연두 순시에서 선친께서는 석방인사들이 개선장군 대접을 받는데 중앙정보부, 법무부, 문공부는 뭐하냐며 크게 화를 내셨죠. 인혁당은 간첩이 만든 지하당이고 이들의 내란음모 행위는 긴급조치가 아니더라도 국가보안법으로 극형에 처해야 한다고 말입니다. 문공부 회의실에서 어찌나 큰 소리로 질책했는지 마이크를 켜지 않았는데도 문밖에서 기자들이 그 소리를 다 들었다고, 검열 심하던 그때 신문에도 났습니다. 인혁당 분들이 본의 아니게 희생되었다고요? 후보님, 이는 확실한 본의, 아니 확실한 살의였습니다.

요즘 1989년 후보님께서 10년 만에 처음 하신 TV 인터뷰가 화제가 되고 있습니다. 김형욱을 청와대 지하실로 잡아와 선친께서 직접 처형했다는 루머를 부인하면서 후보님은 "아버님은 인명을 중시하는 분"이라고 말씀하셨죠. 인혁당 사건에도 적용되는 말일까요? 후보님께서 이렇게 반응하셨다면 그것은 인혁당 피해자들이 확정판결이 나고 열여덟

37년 뒤에도 멈출 수 없는 분노. 2012년 9월 12일 '인혁당 재건위' 사건의 유가족들이 박근혜 후보의 인혁당 사건 관련 발언에 항의하며 억울함을 호소하고 있다.

시간 만에 사형당했다는 소식을 처음 들은 25세의 박근혜 양이 "그럴 리 없다, 아버님은 인명을 중시하는 분이다, 잘못된 소식일 것이다"라는 식으로 반응할 때뿐이지, 사건이 조작된 것이라는 재심판결까지 난 마당에 할 수 있는 얘기는 아닙니다. 후보님이 아는 아버님과 역사적 사실로서의 아버님이 다를 수 있는 대목입니다. 10·26 사건의 발단이 된 것도 대규모 시위가 발생할 경우 발포 문제였습니다. 10·26 사건은 후보님과 가족들뿐 아니라 국가적으로도 큰 비극이었습니다. 대규모 유혈사태야 반드시 막아야 했던 것이지요. 역사의 판단이 필요하다면 바로 이 대목일 것입니다. 그것이 유혈사태를 막기 위한 '불가피한' 결단이었는지, 아니면 다른 길이 있었는지……

사과보다 더 바라는 것

후보님께서는 과거에 얽매이지 말고 미래로 나아가자고 말씀하셨습니다. 역사논쟁은 그만두고 민생을 이야기하자고 하셨습니다. 저도 같은 생각입니다. 7월 10일 민주당 의원들을 대상으로 한 정수장학회 특강의 결론에서 저는 정수장학회 문제가 중요한 문제이기는 하나 민주당의 대선 승리에서 결정타가 될 수 있는 사안은 아니라고 얘기했습니다. 이 문제는 저 같은 사람이 열심히 할 테니 적당히 도와만 주시고, 당은 전력을 다해 민생 문제부터 해결하라고 말씀드렸습니다. 과거에 얽매이지 않기를 정말로 바라는 사람이 인혁당 유가족일 수 있다는 생각은 혹시 안 해보셨는지요? 요즘 여기저기서 많이 쓰는 트라우마란 말이 있지요. 부모님을, 그것도 따로따로 총탄에 잃은 후보님께서도 깊은 트라우마를 안고 계실 것이기에 역지사지의 심정을 가져주시기를 간곡히 호소합니다. 세월이 아무리 흘러도 지워지지 않고 시도 때도 없이 찾아오는 그 고통스러운 기억으로부터, 그 고통스러운 과거로부터 정말로 벗어나기를 기원하는 사람이 누구이겠습니까?

얼마 전 광주에 트라우마 센터를 짓는 일에 조금 관계한 적이 있습니다. 트라우마 센터를 지어야 한다고 악을 썼지만, 30여 년 전의 트라우마가 치유될 수 있는 건지 걱정이 되기도 합니다. 솔직한 심정을 말씀드리자면 그렇게 오랜 세월 굳어버린 트라우마가 치유될 수 있겠습니까? 그저 더 악화되지 않기만 바랄 뿐이지요. '트라우마 센터만 지으면 뭐하나' 하는 마음도 들었습니다. 아직도 아물지 않고 진물이 흐르는 그 상처에 후보님처럼 소금을 뿌려댄다면 말입니다. 제발 부탁입니다. 치유를 도와주지는 못할망정 상처에 소금을 뿌리지는 말아주십시오. 아무

상관 없는 사람이 피해자에게 악플만 달아도 범죄가 되는 세상입니다. 아버지가 지은 죄를 대신 갚으라는 말은 하지 않겠습니다. 역사에 대한 범죄만은 저지르지 말아주십시오. 그것이 인혁당 연쇄살인 사건의 가해자들에 대한 처벌조차 요구하지 못한 채 살아온 유가족들에 대한 예의입니다.

혹시 코스타 가브라스 감독의 〈뮤직박스〉라는 영화를 보셨는지요? 나치 전범으로 몰린 아버지를 위해 우리 아버지가 그럴 리 없다는 굳은 믿음으로 사력을 다해 무죄판결을 받아낸 변호사 딸. 그러나 마지막 순간 뮤직박스에서 경쾌한 음악과 함께 쏟아져 나오는 증거 사진에 딸은 자기 손으로 무죄판결을 받아낸 아버지를 고발하는 편지를 씁니다. 저는 후보님이 아버지를 고발하는 그런 딸이 되기를 바라지 않습니다. 사과도 바라지 않겠습니다. 그러나, 그러나 몇 년 전 방영된 드라마 〈여인천하〉의 중전마마 대사를 빌려 딱 한 말씀만 드리겠습니다.

"그 입 다물라!"

신유신의 밤

유신의 부활을 막기 위해 '유신과 오늘'의 연재를 시작했지만, 이제 유신이 오늘이 된 날에도 '유신과 오늘' 원고를 써야 한다는 것은 고문에 가까운 일이다. 하고픈 말이 너무 많을 것 같으면서도, 말 자체를 하고 싶지 않은 밤이다. 1972년 10월 17일 박정희의 느닷없는 비상계엄 선포와 헌법 정지 선언을 들은 지식인들은 그 밤을 어떻게 보냈을까? 이명박 시대가 끝나고 박근혜 시대가 온다는 것은 그래도 외형상 헌정의 테두리를 유지하던 제3공화국 대신 유신의 '겨울공화국'이 온 것 같은 느낌이다. 그 시절 박정희 치하의 남쪽은 '겨울공화국'이라 종종 불렸고, 김일성 치하의 북쪽은 '동토의 왕국'이라 불렸다. 그리고 40년이 지난 이 겨울, 북쪽은 김일성의 손자가, 남쪽은 박정희의 딸이 다스리는 나라로 변모했다. 어디 남북한뿐이랴. 일본의 신임 총리 아베 신조는 전 수상 기시 노부스케의 외손자이고, 중국의 새로운 지도자 시진핑 역시 8대 원로인 부총리 시중쉰의 아들인 태자당

---

*2012년 12월 22일 〈한겨레〉에 게재된 내용임.

출신 2세 정치인이다. 혹자는 기시 노부스케가 만주국을 사실상 설계했고, 박정희는 다카키 마사오란 이름으로 만주군에서 복무했으며, 김일성은 일본 제국주의와 만주국 괴뢰정권을 상대로 항일무장투쟁을 전개한 점을 들어 동아시아에 만주국 시절의 대립구도가 부활했다고 얘기하기도 한다. 오사카 시장 하시모토 도루와 전 도쿄도지사 이시하라 신타로가 이끄는 일본의 극우세력은 일본유신회를 만들어 지난 16일 총선에서 제3당으로 부상했는데, 한국에서 유신공주 박근혜가 집권하자 한일간에 '유신 연대'가 이뤄지게 되었다고 비아냥거리는 소리도 들린다. 이번 선거의 결과로 북의 3대 세습을 비판하는 것도 머쓱해졌다. 하긴 교회도 언론도 기업도 학교도 학벌도 그리고 가난도 대물림되는 나라에서 대통령 자리를 가업으로 승계한 게 무엇이 새삼스러우랴.

한국 현대사의 무게

제18대 대통령 선거는 어쩔 수 없이 박정희로 대표되는 기득권 세력과 김대중, 노무현으로 대표되는 민주화 세력에 대한 역사적 평가라는 성격을 띠고 치러졌다. 양대 세력의 진검승부는 유신의 부활로 귀결되었다. 너무도 참담한 일이지만, 식민지 지배와 군사독재로 얼룩졌던 한국 현대사의 무게는 민주진보진영이 감당하기에는 아직 너무 무거웠던 것인지도 모른다. 지난 20세기를 돌이켜보면 대한제국 시절의 첫 10년을 제외하면 90년 중에서 4월혁명 직후의 1년과 김대중 정부가 들어선 1998, 1999, 2000년 등 딱 네 해만 빼놓고는 모두 제국주의와 군사독재 세력의 지배를 받았던 것이다. 그렇게 오랜 기간 우리 현대사를 물들였던 얼룩은 민주정권 10년으로 지워버리기에는 너무도 짙었다.

지금 우리는 당연한 일처럼 여기지만 역사적 관점에서 본다면 솔직히 김대중 정부와 노무현 정부가 출현한 것도 기적이었다. 1997년 제15대 대통령 선거는 외환위기 상황에서 치러졌다. 나라 살림을 거덜 낸 세력에게 다시 정권을 맡길 수는 없지 않은가. 게다가 이인제가 출마하여 보수진영의 표를 500만 표나 갉아먹었다. 김대중과 김종필의 디제이피 (DJP)연합은 그동안 김대중의 발목을 잡았던 지역 구도를 깨버렸고, 김영삼의 아들 김현철과 관련된 국정농단 스캔들은 온 나라를 뒤흔들었다. 거기에 36년 만의 정권교체를 이뤄보자는 국민들의 열망이 겹쳐졌다. 위에 열거한 여러 요인 중 한 가지만을 갖고도 정권교체가 전혀 이상할 게 없을 텐데, 이런 요인들이 대여섯 개가 겹쳐졌는데도 겨우 39만 표 차이로 김대중이 승리했다. 2002년의 제16대 대통령 선거에서 한국의 기득권 세력은 이회창 대세론만 믿고 '듣보잡'에 '갑툭튀'인 노무현을 깔보다가 패배했다. 보수 세력은 이때 제대로 한번 바꿔보자는 젊은이들의 열망과 인터넷이라는 새로운 환경의 등장이 갖는 힘을 감지하지 못한 채 무너졌다. 19대에 걸친 총선과 18대의 대선에 이르기까지 그 숱한 선거에서 민주 세력이 승리한 것은 4월혁명 직후의 제5대 총선과 김대중의 당선, 노무현의 당선, 그리고 탄핵 직후의 제17대 총선 딱 네 번에 불과했다. 이번 제18대 대선에서 친일과 독재를 정당화해온 세력이 다시 정권을 잡은 것은 우리의 도덕적 신념에 큰 상처를 주었지만, 돌이켜 보면 5 대 5의 근접 승부를 벌이게 된 것도 결코 쉬운 일은 아니었다. 우리는 0 대 0에서 시작한 것이 아니라 100 대 0에서, 그것도 기울어진 경기장에서 시작하여 여기까지 온 것이다. 민주화는 끊임없는 과정이지 단판 승부가 아니다.

여기저기 대중 강연을 다니면서 던져보는 질문이 있다. "민주화돼서 살림살이 좀 나아지셨습니까?" 제법 달아올라 있던 강연장의 분위기도 이 질문 한 마디면 일순간에 싸해진다. 이번 선거로 다시 한 번 확인된 것이지만 민주 세력의 집권 시기에 상처받은 사람들이 너무 많았다. 문제는 그들의 다수가 기득권 세력이 아니라는 점이다. 이번에 박근혜 후보를 지지한 1,577만 유권자의 다수는 월소득 200만 원 이하, 중졸 이하, 비정규직, 주부, 블루칼라층이었다고 한다. 민주진영은 젊은 세대만을 보고 투표율만 높으면 이길 것이라 예측했지만, 계급적으로 자신의 편이라고 여긴 사람들이 수구 세력을 선택한 것이다. 노무현을 뽑을 당시 바꿔보자는 기대는 바꿔봤자 별수 없다는 환멸로 바뀌었다. 100만의 촛불도, 노무현 대통령의 서거 때 모인 600만의 조문객도 어마어마한 숫자임에는 틀림없지만, 대통령 선거라는 큰 판을 승리로 이끌기에는 크게 부족한 숫자였다. 광화문에서 서울역까지를 꽉 메운 100만의 촛불 인파를 보고 민주진영은 대한민국 국민들이 다 나왔다고 생각했지만, 이번 선거 유권자의 겨우 2.5퍼센트였다. 촛불과 노무현 대통령 서거와 4·11 총선에 이르기까지 민주당은 거리의 운동정치에서도, 제도 속의 대의정치에서도 너무나 무기력한 모습을 보여주었다. 민주당이 저토록 무기력해진 데에는 정치혐오증을 덮어씌운 새누리당과 수구언론의 역할도 상당하겠지만, 민주당 자신이 져야 할 책임이 너무나 크다.

'잘 살아보세'와 유신의 부활

유신공주가 대통령이 된다고 해서 1970년대의 유신시대가 재현되는 것은 아닐 것이다. 최소한 박근혜의 '신유신'이 박정희의 유신보다 독할 수는 없을 것이다. 그리고 무엇보다도 박근혜 시대는 그 끝을 알 수 없던 유신시대와는 달리 딱 5년이라고 끝이 정해져 있다. 이명박 5년을 거치며 지칠 대로 지친 민주시민들은 이제 어떻게든 박근혜 5년을 또 살아내야 한다. 그것은 결코 쉽지 않은 일이겠지만, 우리를 덮치는 엄청난 쓰나미처럼 전혀 손쓸 수 없는 일은 아니다. 우리가 중심을 잘 잡고 버텨내면 능히 이겨낼 수 있는 시련이다. 유신시대가 어떤 시대였고, 박근혜는 어떤 인물인지 미리 알고 마음의 준비를 하면서 다가오는 재앙을 막아내야 한다.

  유신시대가 어떤 시대였는지는 이 난을 통해 많이 설명했지만, 충분히 다하지는 못했다. 먼저 유신시대는 죽음의 시대였다. 최종길, 장준하와 인혁당 관련자들만 희생된 게 아니었다. 유신시대는 군대에서 1년에 근 1,500명이 죽던 시대였다. 유신시대 전체가 아니라 1년에 1,500명의 젊은이들이 군대에서 죽어갔다. 유신 전체로 치면 1개 사단이 전쟁도 치르지 않았는데 전멸한 것이다. 아니, 전쟁 없이 죽었다기보다는 박정희가 민주주의를 상대로 치른 전쟁에서 그렇게 많은 사람들이 희생된 것이다. 민주화가 이룬 가장 중요한 성과는 대통령을 우리 손으로 뽑는 것보다도 그 죽음의 행렬을 멈춘 것이라고 나는 생각한다. 1년에 1,500명의 젊은이가 소리 소문 없이 죽어나가도 입 한 번 뻥긋할 수 없는 것이 유신시대였다. 둘째, 유신시대는 박정희 한 사람이 자유롭기 위해 만인의 자유가 희생된 시대였다. 박근혜가 죽어라 하고 토론을 기피했던 것은 박정희를 닮아서이다. 박정희는 유세 다니고 토론하는 것 하기 싫어서 대통령 직선제를 없애버렸다. 그 시절 박정희는 천황과도 같은 절대적인 지위를 꿈꿨다. 셋째, 유신시대는 표현의 자유가 끔찍하게 유린당한 시대였다. '유신독재 타도하자' 나 '유신헌법 철폐하라' 가 아니라 대통령에게 헌법을 '고쳐주세요' 하고 부탁(청원)해도 영장 없이 체포해서 군법회의에서 징역 15년을 때려버리는 것이 유신체제였다. 오죽했으면 구속된 민주인사의 가족들이 입에 십자 모양으로 테이프를 붙이고 침묵시위를 했을까. 넷째, 유신시대는 표현의 자유를 넘어 인간 내면의 양심의 자유까지 침해된 시대였다. 친일파에서 광복군으로, 광복군에서 좌익이 군부에 침투시킨 최고 프락치로, 좌익 프락치에서 다시 우익으로 숨 가쁘게 변신한 박정희는 전향하지 않는 좌익수들의 꼴을 봐주지 못했다. 1975년 제정된 사회안전법은 형기를 다 살았어도 전향서를 제출하지 않으면 계속 옥살이를 시켰다. 형기를 마치고 밖에 나와 있는 사람들도 전향서를 쓰지 않으면 다시 잡아들여 보호감호란 이름으로 기약 없는 옥살이를 시켰다.

모든 비판이 봉쇄됐던 시대, 박정희의 심기까지 경호 대상이 되었던 그 시대에 익숙해진 박근혜는 과연 귀에 거슬리는 비판을 들을 준비가 되어 있을까? 유신체제의 퍼스트레이디 이후 국회의원이 되기 이전에 박근혜가 공직을 맡았던 것은 영남학원의 이사와 육영재단의 이사장이었다. 불행히도 두 경우 모두 측근들의 심각한 부정부패가 문제가 되어 박근혜는 자리를 내놓아야 했다. 영남학원이나 육영재단 정도 규모를 운영할 때에도 측근들이 어마어마한 부정을 저지르는 것을 몰랐다면(알고도 방치했다면 더 큰 문제다) 과연 국가를 운영하는 데에서 측근들의 부정부패가 재발하지 않는다는 보장이 있을까?

지식인들의 겨울나기

단언하건대 유신시대의 언론은 조선시대에 비해 훨씬 막혀 있었다. 박정희의 집권 초기만 해도 정부를 비판하는 것이 어느 정도 가능했지

유신 시절 젊은 세대에게 지적 자양분을 공급해주며 고군분투했던 지식인들. 왼쪽부터 리영희, 장준하, 송건호 선생.

만, 언론인들에 대한 테러(범인이 잡힌 적은 당연히 없다)나 강제연행이 잦아지면서, 그리고 정보기관원이 언론사에 상주하기 시작하면서 비판적인 언론은 사라져갔다. 1960년대에는 비판적인 기사를 쓴 언론인들이 가끔씩 끌려가서 두들겨 맞거나 곤욕을 치르고 나오는 식이었지만 그래도 자리는 보존했는데, 1968년 말의 신동아 필화사건부터는 해직 언론인이 나오기 시작했다. 처음에는 일단 해직시켰다가 곧 복직시켜도 중앙정보부에서 모르는 척 넘어갔는데, 유신 이후에는 해직된 지식인들이 다른 곳에 취직을 해도 기관에서 찾아와 압력을 행사해 며칠 못 가 쫓겨나는 일이 비일비재했다. 박정희는 지식인들을 통제하기 위해 채찍과 당근을 적절히 섞어서 구사했다. 〈사상계〉에 모였던 비판적 지식인들은 박정희가 좋은 자리를 미끼로 하나둘 빼갔다. 언론사 간부들이 서로 한 회사에 한 자리씩 나눠준 유정회 국회의원을 노리면서부터는 정보기관에서 굳이 언론사에 기관원을 상주시킬 필요도 없어졌다. 당시 비판적 지식인 중 상당수는 젊은 시절 좌익 활동에 관련된 적이 있었는데, 사회안전법의 실시는 이들의 입을 꾹 다물게 만들었다. 함석헌, 장준하, 리영희, 문익환같이 한 점 흠잡을 데 없는 우파로 젊은 시절을 보낸 사람들만이 그래도 입을 열 수 있었다. 유신정권은 1974년 말 민주회복 선언에 서명한 서울대 백낙청 교수를 파면한 데 이어 1975년에는 교수재임용 제도를 도입하여 전국 98개 대학에서 460명의 교수를 쫓아냈는데, 이 중 반체제 인사는 50명가량이었다.

동아일보 백지광고 사태 당시 회사에서 쫓겨났거나 이런저런 이유로 대학에서 쫓겨난 교수들은 대개 30대와 40대의 가장이었다. 리영희는 1969년 정부의 압력으로 조선일보에서 해직된 뒤 월부 책장사를 했다. 실업자가 되어 집에서 낮잠을 자는데 옆에서 놀던 어린 남매가 '아버지가 실업자라 이번 크리스마스에는 선물이 없을 것 같다'는 말을 듣고 가슴이 아파 월부 책장사를 한 것이다. 양손에 새끼로 묶은 소설책 더미를 들고 빙판에 미끄러져가며 리영희는 양심을 지켰다. 1975년 동아일보 사태 당시 울면서 사표를 던진 송건호 편집국장은 뒤에 그 시절에 대해 "무직 상태에서 생활하면서 처자를 거느리기가 한없이 괴로웠다"며 "생활에 대한 공포감으로 견딜 수 없었으며 미칠 것 같았다"고 괴로운 심정을 토로했다. 올망졸망 6남매를 둔 채 해직당한 40대 가장은 박정희가 장관 자리를 준다는 것도 거절한 채 "돼지갈비 한번 실컷 먹었으면 좋겠다"는 소원을 풀지 못한 채 자신과의 처절한 투쟁을 벌였다. 〈사상계〉를 통해 전쟁의 폐허에서 방황하는 젊은 세대에게 지적 자양분을 공급해준 장준하 선생도 자식들 대학 공부 시키지 못한 무능한 아비였다.

송건호는 이때 우리 역사를 돌아보았다. 1924년생인 그가 중학생이던 일제 말기는 한국 현대사의 가장 암울한 시기였다. 그때 그는 민족적 양심이나 독립이라는 문제를 제대로 의식하지 못하고 지냈지만, 자신이 해직되고 보니 "당시에 양심을 지켰던 분들이 한없이 두려웠을 것이라는 생각에 그들이 이 어려움을 어떻게 견뎌냈나 궁금해"졌다. 송건호는 "사학자들은 구름같이 많은데 단 한사람도 (이 시대에 대해) 쓴 일이 없으니 기가 막힐 지경"이었기에 역사학도는 아니지만 자신이 써보기로 마음을 먹었다. 이렇게 해서 탄생한 것이 한국에서 최초로 나온 현대사 책인 《한국현대사론》이다. 역사에 관심이 많았지만 주로 조선시대에 흥미를 느꼈던 나는 고교와 대학 초년 시절 송건호와 리영희의 글을 보며 현대사 쪽으로 방향을 돌리게 되었다. 그때는 이분들이 그런 어려움 속에서 글을 썼으리라고는 생각도 하지 못했다. 송건호는 미칠 것같이 괴로웠던 1970년대 자신의 처지가 일제 말기에 양심을 지키려고 고군분투했던 당시의 지식인들에 비하면 훨씬 편한 것이라고 겸손해했다. 자신은 박정희 정권이 영원하지 못할 것이라는 확신을 갖고 있었지만, 1940년대 초반 국내의 지식인들은 일제의 패망을 예측하지 못하고 있었던 것이다.

유신시대가 부활할지도 모르는 절박한 상황에 처한 2012년에 대학교수와 언론인을 비롯한 지식인의 수는 유신시대에 비해 수십배 늘어났다. 그러나 유신의 부활을 막기 위해 발 벗고 나선 지식인은 불행히도 그리 많지 않았다. 장준하, 리영희, 송건호 같은 거룩한 이름을 다시 떠올리게 되는 밤이다.

프롤로그 – 유신의 몸과 광주의 마음을 가진 그대에게

1 "숨은 수범에 갈채—13회 청룡봉사상 시상식", 〈조선일보〉 1979년 3월 18일 자.
2 "'고문기술자' 이근안 '그건 일종의 예술이었다'", 〈한겨레〉 2011년 12월 12일 자.
3 김일영, "박정희 체제 18년, 어떻게 볼 것인가", 〈계간 사상〉 1995년 겨울호, 242쪽.
4 "전 서울대생 내란음모 사건 전말", 〈다리〉 1972년 6월호, 178~207쪽.

제1부 헌정의 파괴

1 유신 전야, 1971년의 대한민국

1 "박 대통령 특별선언", 〈경향신문〉 1972년 10월 18일 자.
2 조갑제, 《박정희 10 —10월의 결단》, 조갑제닷컴, 2007, 166쪽.
3 김성곤의 좌익 경력에 대해서는 김형욱이 자신의 회고록에 자세히 서술해놓았다(《김형욱 회고록》 2권, 성도문화사, 1989, 25~32쪽). 김형욱은 김성곤이 남로당 대구시당의 재정부장이었다고 주장했다. 김성곤이 경상북도 인민위원회의 재정부장을 지낸 것은 문헌으로 확인이 가능하다(〈대구시보〉 1946년 8월 15일 자; 〈무궁화〉 1945년 12월호, 80쪽. 허종, "1945~1946년 대구지역 좌파 세력의 국가건설운동과 '10월인민항쟁'", 〈대구사학〉 75호, 2004, 166쪽에서 재인용).
4 "박 대통령 특별선언", 〈경향신문〉 1972년 10월 18일 자.
5 Che Guevara, "Create Two, Three, Many Vietnams", Che Guevara Reader— Writings on Guerrilla Strategy, Politics and Revolution, 2003, 350~362쪽.
6 한홍구, "박정희 정권의 베트남 파병과 병영국가화", 〈역사비평〉 62호, 2003, 120~139쪽.
7 Habib, Telegram 5970 from Seoul, October 16, 1972, POL 23—9 KOR S, RG 59, NA. 마상윤, "안보와 민주주의, 그리고 박정희의 길—유신체제 수립원인 재고", 〈국제정치논총〉 제43집 4호, 2003년 12월, 175쪽에서 재인용.

2 친위 쿠데타의 준비, 풍년사업

1 김진, 《청와대비서실》 1, 중앙일보사, 1992, 209쪽.
2 김대중, 《김대중 자서전》 1, 삼인, 2010, 243쪽. 당시의 언론보도를 보면 김대중은 "이번에 정권교체가 안 되면 이 나라는 영원한 파멸의 길을 걷게 되며 박정희 씨 1인의 총통제 시대가 온다. 공화당 정권은 외국에 연구원을 파견해서 총통제를 연구했으며 서울시청 앞 구 대한항공 빌딩 8층에 총통제 연구기관이 있다"고 주장했다(《동아일보》 1971년 4월 26일 자).
3 《동아일보》 1971년 4월 26일 자.
4 최종고, 《유기천―자유와 정의의 지성》, 한들출판사, 2006, 265~280쪽.
5 《82회 국회회의록》 제11호, 1972년 7월 22일, 11쪽.
6 《82회 국회회의록》 제15호, 1972년 7월 28일, 11쪽.
7 최형우, 이종남, 조윤형, 이세규 등 야당의원 12명이 유신 직후 당한 고문에 대한 상세한 폭로는 《동아일보》 1975년 2월 28일 자를 볼 것.
8 《동아일보》 1975년 10월 6일 자; 김진, 《청와대비서실》 1, 중앙일보사, 1992, 206~209쪽.
9 돈 오버도퍼, 《두 개의 코리아―北한국과 南조선》, 중앙일보사, 1998, 50쪽.
10 김충식, 《남산의 부장들―정치공작사령부 KCIA》 1, 동아일보사, 1993, 390~391쪽.
11 "박정희 대장 예편", 《경향신문》 1963년 8월 30일 자.
12 조갑제, 《박정희 10―10월의 결단》, 조갑제닷컴, 2007, 113쪽.
13 국가정보원 과거사건 진실규명을 통한 발전위원회, "풍년사업", 1971년 4월 20일 자 중앙정보부 보고서, 《과거와 대화, 미래의 성찰》 4권(정치·사법편), 2007, 59~60쪽.
14 김진, 《청와대비서실》 1, 중앙일보사, 1992, 195~198쪽; 김충식, 《남산의 부장들―정치공작사령부 KCIA》 1, 동아일보사, 1993, 379~383쪽.
15 《중앙일보》 1973년 4월 3일 자; "유신헌법은 박정희가 구상하고 신직수·김기춘이 안을 만들었다―한국헌법학회 학술대회서 한태연 고문 주장", 《오마이뉴스》 2001년 12월 9일.

3 박정희와 일본 - 유신의 정신적 뿌리

1 《고종실록》 고종 1년(1864 갑자) 1월 10일(임자) 두 번째 기사.

2 김정렴,《아, 박정희》, 중앙 M&B, 1997, 170~171쪽.

3 이상우, "박 정권, 일본에 기울어진 내막",《박정희, 파멸의 정치공작》, 동아일보사, 1993, 123쪽.

4 박정희,《국가와 혁명과 나》, 향문사, 1963, 167~172쪽. 박정희에게 미친 식민지 체험과 일제 교육의 광범위한 영향에 대해서는 이준식의 "박정희의 식민지 체험과 박정희 시대의 기원"(《역사비평》89호, 2009, 236~256쪽)을 볼 것.

5 이상우,《박정희, 파멸의 정치공작》, 동아일보사, 1993, 120~122쪽.

6 〈조선일보〉 1963년 12월 19일 자: 12월 20일 자.

7 〈조선일보〉 1963년 12월 22일 자.

8 〈동아일보〉 1963년 12월 17일 자 "횡설수설".

9 "大野伴睦", 일본 위키피디아.

10 〈동아일보〉 1964년 2월 8일 자.

11 이상우,《박정희, 파멸의 정치공작》, 동아일보사, 1993, 123쪽.

12 이병주,《대통령들의 초상》, 서당, 1991, 95~96쪽.

13 이준식, "박정희의 식민지 체험과 박정희 시대의 기원", 〈역사비평〉89호., 2009, 254쪽.

제2부 헌법 위의 한 사람

1 국회 안의 꼭두각시, 유정회

1 〈경향신문〉 1973년 3월 5일 자.

2 "새 체제에 맞춘 신형 의정", 〈동아일보〉 1973년 3월 9일 자.

3 유신정우회사 편찬위원회,《유신정우회사》, 1981, 112~113쪽.

4 구태회, "10月維新과 維政會의 政治的機能과 役割", 〈국민회의보〉 12호, 1975년 12월, 41쪽.

5 유신정우회사 편찬위원회,《유신정우회사》, 1981, 120쪽.

6 노재현,《청와대비서실》2, 중앙일보사, 1993, 94쪽.

7 유신정우회사 편찬위원회,《유신정우회사》, 1981, 175쪽, 216쪽.

8 이상우, "박 정권 18년의 '어용지식인' 들",《박정희, 파멸의 정치공작》, 동아일보사, 1993, 330쪽.

9 〈동아일보〉 1974년 12월 14일 자.

10 유신정우회사 편찬위원회,《유신정우회사》, 1981, 221쪽.

2 윤필용 사건

1 〈조선일보〉 1965년 5월 12일 자; 1981년 3월 4일 자. 원충연은 출옥 후 회고록을 남
   겼다(《이 줄을 잡아라—옥중회고록》, 설우사, 1982).

2 〈경향신문〉 1971년 6월 29일 자; 〈동아일보〉 1971년 8월 7일 자.

3 〈동아일보〉 1971년 10월 7일 자.

4 노재현, "'윤필용 사건' 누명 벗은 손영길 진 준장 '권력투쟁과 시기심… 음모로 희생
   된 통한의 38년'", 〈월간 중앙〉 2011년 3월호.

5 김진, 《청와대비서실》 1, 중앙일보사, 1992, 36쪽.

6 "군법회의 선고를 보고", 〈동아일보〉 1973년 4월 30일 자 사설.

3 김대중 납치 사건

1 국가정보원 과거사건 진실규명을 통한 발전위원회, "김대중 납치 사건 진실규명",
   《과거와 대화, 미래의 성찰》 2권(주요 의혹사건편 상권), 2007, 445쪽.

2 국가정보원 과거사건 진실규명을 통한 발전위원회, 앞의 보고서, 515~512쪽.

3 국가정보원 과거사건 진실규명을 통한 발전위원회, 앞의 보고서, 521쪽.

4 국가정보원 과거사건 진실규명을 통한 발전위원회, 앞의 보고서, 471~474쪽.

5 국가정보원 과거사건 진실규명을 통한 발전위원회, 앞의 보고서, 471~474쪽.

6 〈동아일보〉 1958년 2월 18일 자; 3월 7일 자.

7 납치 사건 가담자들의 명단과 직급, 역할 등이 수록된 중앙정보부 자료 'KT공작요원
   실태조사보고'는 〈동아일보〉 1998년 2월 19일 자에 실려 있다.

8 국가정보원 과거사건 진실규명을 통한 발전위원회, 앞의 보고서, 503쪽.

9 국가정보원 과거사건 진실규명을 통한 발전위원회, 앞의 보고서, 505쪽, 524쪽.

10 김대중, 《김대중 자서전》 1, 삼인, 2010, 317쪽.

11 〈동아일보〉 1975년 7월 26일 자; 1991년 12월 21일 자.

12 〈동아일보〉 1998년 2월 19일 자.

13 〈동아일보〉 1998년 2월 19일 자; 2월 20일 자.

14 〈동아일보〉 1973년 8월 29일 자.

4 긴급조치와 민청학련

1 서중석, "3선개헌 반대, 민청학련 투쟁, 반유신 투쟁", 〈역사비평〉 1호, 1988, 80쪽.

2 〈동아일보〉1974년 12월 14일 자.

3 이철, "민청학련 사건에서 사형수가 되기까지", 〈역사비평〉 14호, 1991, 247쪽.

4 〈동아일보〉1974년 4월 6일 자.

5 이 노래는 1920년대 만주의 독립군들이 전사한 동지들을 위해 부른 〈독립군추도가〉
였다(독립군시가집편찬위원회, 《배달의 맥박》, 독립동지회, 1984, 163쪽).

6 〈동아일보〉1974년 4월 25일 자.

7 국가정보원 과거사건 진실규명을 통한 발전위원회, "인혁당 및 민청학련 사건 진실규
명", 《과거와 대화, 미래의 성찰》 2권(주요 의혹사건편 상권), 2007, 187쪽.

8 국가정보원 과거사건 진실규명을 통한 발전위원회, 앞의 보고서, 187쪽.

9 국가정보원 과거사건 진실규명을 통한 발전위원회, 앞의 보고서, 188쪽.

5 인혁당 재건위 사건

1 1차 인혁당 사건에 대해서는 〈한겨레〉 2010년 4월 19일 자와 4월 26일 자 "한홍구
교수가 쓰는 사법부—회한과 오욕의 역사" 47, 48화에서 자세히 다루었다.

2 국가정보원 과거사건 진실규명을 통한 발전위원회, "인혁당 및 민청학련 사건 진실
규명", 《과거와 대화, 미래의 성찰》 2(주요 의혹사건편 상권), 2007, 205쪽.

3 〈동아일보〉1974년 4월 4일 자.

4 〈동아일보〉1974년 4월 25일 자.

5 국가정보원 과거사건 진실규명을 통한 발전위원회, "인혁당 및 민청학련 사건 진실
규명", 《과거와 대화, 미래의 성찰》 2(주요 의혹사건편 상권), 2007, 208쪽.

6 민청학련 사건과 인혁당 재건위 사건의 1심과 2심은 비상군법회의에서 진행되었다.
이때의 일에 대한 설명은 필자의 다른 글('형확정 18시간만에 사형… 사법부도 함께
죽었다 – 이른바 '인혁당재건위' 사건과 사법살인', "한홍구 교수가 쓰는 사법부—
회한과 오욕의 역사" 13화, 〈한겨레〉, 2009년 8월 11일 자)이 자세히 설명하고 있어
여기에 옮긴다.

6 대통령 저격 미수와 육영수 여사의 죽음

1 이건우의 주장은 노가원의 《영부인 암살자—저격 당시 서울시경 감식계장 이건우 양
심고백록》(동광출판사, 1989)이 가장 자세하다.

2 MBC 〈이제는 말할 수 있다〉, "중앙정보부는 문세광을 알았다", 2005년 3월 20일 방
송; MBC 〈이제는 말할 수 있다〉, "문세광을 이용하라", 2005년 3월 27일 방송.

3 SBS 〈그것이 알고 싶다〉, "누가 육영수 여사를 쏘았는가—8 · 15 저격 사건, 30년간의 의혹", 2005년 2월 12일 방송; SBS 〈그것이 알고 싶다〉, "누가 육영수 여사를 쏘았는가 2 — 나는 육영수 여사를 겨냥하지 않았다", 2005년 3월 26일 방송.

4 김충식, 《남산의 부장들—정치공작사령부 KCIA》 2, 동아일보사, 1992, 130~137쪽.

5 "이후락 증언에 할 말 있다" 중 육인수 증언, 〈신동아〉 1987년 11월호, 335쪽.

6 〈동아일보〉 1974년 8월 12일 자.

7 〈동아일보〉 1974년 8월 23일 자.

7 장준하 의문사

1 장준하, 《돌베개》, 사상사, 1971, 293~296쪽.

2 장준하, 앞의 책, 307쪽.

3 장준하, 앞의 책, 379~384쪽.

4 박경수, 《재야의 빛 장준하》, 해돋이, 1995, 249쪽.

5 서중석, "분단체제 타파에 몸 던진 장준하", 〈역사비평〉 38호, 1997, 64~65쪽.

6 정경모, 《시대의 불침번—정경모 자서전》, 한겨레출판, 2010, 176~179쪽.

7 박경수, 《재야의 빛 장준하》, 해돋이, 1995, 315쪽.

8 박경수, 《재야의 빛 장준하》, 해돋이, 1995, 346~350쪽.

9 〈동아일보〉 1966년 10월 26일 자.

10 〈동아일보〉 1955년 4월 23일 자; 1959년 6월 12일 자.

11 〈동아일보〉 1960년 11월 10일 자.

12 〈경향신문〉 1967년 4월 19일 자.

13 〈동아일보〉 1967년 5월 13일 자.

14 박경수, 《재야의 빛 장준하》, 해돋이, 1995, 378~381쪽.

15 장준하, 《돌베개》, 사상사, 1971, 514~517쪽.

16 〈경향신문〉 1963년 11월 6일 자.

17 "다시는 이런 일 없도록", 〈동아일보〉 1967년 4월 4일 자.

18 "여적", 〈경향신문〉 1975년 8월 21일 자.

19 장준하, "죽음에서 본 4 · 19", 〈기독교사상〉 1972년 4월호, 80쪽.

20 박경수, 《재야의 빛 장준하》, 해돋이, 1995, 416쪽.

21 〈경향신문〉 1973년 12월 27일 자.

22 〈동아일보〉 1973년 12월 28일 자.

23 〈동아일보〉 1973년 12월 29일 자.

24 〈동아일보〉 1975년 1월 10일 자.

25 〈동아일보〉 1975년 3월 31일 자.

26 〈동아일보〉 1975년 5월 7일 자.

27 김대중, 《김대중 자서전》 1, 삼인, 2010, 349쪽.

28 KBS 〈인물현대사〉, "장준하 제2부―거사와 죽음의 진실", 2004년 1월 16일 방송.

29 장준하, "죽음에서 본 4·19", 〈기독교사상〉 1972년 4월호, 84쪽.

제3부 금기, 저항, 상처

1 금기의 시대와 청년문화

1 이영미, 《한국대중가요사》, 시공사, 1998, 187쪽.

2 김병익, "오늘날의 젊은 우상들", 〈동아일보〉 1974년 3월 29일 자.

3 임희섭, "청년문화", 〈조선일보〉 1974년 4월 18일 자.

4 최인호, "청년문화 선언", 〈한국일보〉 1974년 4월 24일 자.

5 양희은, "통기타 가수도 할 말 있다―젊은이 발언", 〈조선일보〉 1974년 9월 29일 자.

6 "지금은 진정한 목소리가 들려야 할 때다", 〈대학신문〉 1974년 6월 3일 자.

7 양희은, "통기타 가수도 할 말 있다―젊은이 발언", 〈조선일보〉 1974년 9월 29일 자.

2 여공애사

1 〈동아일보〉 1931년 5월 30일 자; 5월 31일 자; 6월 2일 자; 6월 3일 자. 강주룡의 삶
과 투쟁에 대한 설명으로는 박준성의 "강주룡, 최초의 고공농성 여성 노동자"(《박준성
의 노동자 역사 이야기》, 이후, 2009, 256~273쪽)와 권영숙의 "한 고무공장 여성 노동자
의 싸움"(《발굴 한국현대사 인물》 3, 한겨레신문사, 1992, 133~138쪽) 등을 볼 것.

2 조선 성인 남성 노동자의 임금을 1로 본다면 일본인 남자는 2.32, 일본인 여자는
1.01, 조선인 여자는 0.59였다(이원보, 《한국노동운동사 100년의 기록》, 한국노동사회연구
소, 2005, 61쪽).

3 이창복, "특별르뽀―마산수출자유지역의 실태", 〈창작과비평〉 1974년 12월호,
1,232쪽.

4 이총각, "길을 찾아서―'하늘의 별따기' 동일방직에 들어가다", 〈한겨레〉 2013년
5월 23일 자.

5 신순애, 〈열세 살 여공의 삶〉, 성공회대 석사 학위 논문, 2012, 59~60쪽.

6 신순애, 앞의 논문, 25쪽.

7 김영곤, 《17～21C 한국 노동사와 미래 1 ─ 임노동의 맹아에서 4 · 19까지》, 선인, 2005, 535～539쪽; 신인령, "한국사회법 변천", 《노동법과 노동운동》, 일월서각, 1991년 개정증보판, 79～83쪽.

8 장남수, 《빼앗긴 일터》, 창작과비평사, 1984, 115～116쪽.

9 신순애, 앞의 논문, 105쪽.

10 신순애, 앞의 논문, 101쪽.

11 장미경, "근대화와 1960, 70년대의 여성 노동자 ─ 여성 노동자 형성 과정을 중심으로", 이종구 외 지음, 《1960-70년대 노동자의 생활세계와 정체성》, 한울, 2005, 288쪽.

12 신순애, 앞의 논문, 33～34쪽.

13 2012년 11월 6일 평화박물관에서 가진 1970년대 여성 노동자 집담회에서 남영나이론 해고 노동자 김연자의 발언.

14 1980년대 중반 한일합섬은 "엄마 잔디는 어딨지"라는 제하에 "언제부터인지 팔도의 소녀들이 고향에서 가져온 잔디를 심기 시작했습니다. 한 뼘씩의 잔디가 모여 팔도 잔디. 작은 뜻이 모여 큰일을 이룬다는 것, 우리의 믿음입니다"라는 문구의 기업 홍보 광고를 내보냈다(〈경향신문〉 1986년 10월 3일 자). 이에 대한 상세한 설명은 "당찬 고졸들 '新주경야독'"(〈한국경제〉 2013년 3월 22일 자)을 볼 것.

15 당시 산업체 부설학교의 부정적 측면에 대한 비판은 "기업이윤 추구수단, 산업체 부설학교를 고발한다"(〈중등 우리교육〉 10호, 1990, 76～83쪽)를 볼 것.

16 2012년 11월 6일 평화박물관에서 가진 1970년대 여성 노동자 집담회에서 원풍모방 해고 노동자 장남수, 황선금의 발언.

17 안재성, 《청계, 내 청춘》, 돌베개, 2007, 150쪽.

18 신순애, 앞의 논문, 105쪽.

19 신순애, 앞의 논문, 114～121쪽.

20 신순애, 앞의 논문, 128～134쪽.

21 조한백, 《또 하나의 투쟁 ─ 검거에서 석방까지, 투쟁의 원칙과 방도》, 백산서당, 1988.

22 김진숙, "따뜻한 콩국 한 그릇이 너무 먹고 싶습니다", 〈참세상〉 2010년 1월 19일. 이 글은 김진숙 민주노총 지도위원이 85호 크레인에서의 300여 일의 고공농성에 앞서 한진중공업 측의 정리해고 명단 발표를 막기 위해 단식농성을 할 때 6일 차 되던 날 민주노총 부산본부 조합원 게시판에 올린 글이다.

23 2012년 11월 6일 평화박물관에서 가진 1970년대 여성 노동자 집담회에서 남영나이

론 해고 노동자 김연자의 발언.

24 2012년 11월 6일 평화박물관에서 가진 1970년대 여성 노동자 집담회에서 청계피복 출신 신순애, 원풍모방 출신 장남수, 황선금 등의 증언.

3 동일방직 노동조합 인분 사건

1 "박근혜, 가장 기억에 남는 영화는 '빌리 엘리어트'", 〈머니투데이〉 2012년 8월 18일 자.

2 〈동아일보〉 1972년 5월 16일 자. 같은 시기 한국노총 부산 피복보세가공지부에서도 여성 지부장이 탄생했다.

3 동일방직복직투쟁위원회 엮음, 《동일방직 노동조합 운동사》, 돌베개, 1985, 36쪽.

4 동일방직복직투쟁위원회 엮음, 앞의 책, 45~63쪽.

5 동일방직복직투쟁위원회 엮음, 앞의 책, 61쪽.

6 2012년 11월 6일 평화박물관에서 가진 1970년대 여성 노동자 집담회에서 동일방직 해고 노동자 최연봉의 발언.

7 이총각, "길을 찾아서─아무리 가난해도 똥을 먹고 살진 않았다", 〈한겨레〉 2013년 7월 18일 자; 동일방직복직투쟁위원회 엮음, 앞의 책, 99~104쪽.

8 국가정보원 과거사건 진실규명을 통한 발전위원회, 《과거와 대화, 미래의 성찰》 5권 (언론·노동편), 2007, 317~319쪽.

9 동일방직복직투쟁위원회 엮음, 앞의 책, 108~110쪽.

10 동일방직복직투쟁위원회 엮음, 앞의 책, 125~129쪽. 권력과 자본에 의해 노동 현장에서 블랙리스트가 어떻게 이용되었는가에 대한 포괄적 설명은 《과거와 대화, 미래의 성찰》 5권(언론·노동편, 국가정보원 과거사건 진실규명을 통한 발전위원회, 2007, 348~264쪽)을 볼 것.

11 2012년 11월 6일 평화박물관에서 가진 1970년대 여성 노동자 집담회에서 동일방직 해고 노동자 최연봉의 발언.

4 반도상사 노동조합과 중앙정보부

1 장현자, 《그때 우리들은》, 한울사, 2002, 36~37쪽.

2 장현자, 앞의 책, 43~44쪽.

3 민주화운동기념사업회 민주화운동 아카이브즈, "오의숙 월급봉투", 반도상사 부평 공장.

4 2007년 3월 16일 국정원 과거사위원회와 최영희와의 인터뷰.

5 2012년 11월 5일 평화박물관에서 행한 장현자와의 인터뷰.

6 장현자, 앞의 책, 54쪽.

7 장현자, 앞의 책, 61쪽.

8 장현자, 앞의 책, 64~67쪽; 한국기독교협의회 한국교회산업선교25주년기념대회,
《1970년대 노동 현장과 증언》, 풀빛, 1984, 303~306쪽.

9 2007년 3월 16일 국정원 과거사위원회와 최영희와의 인터뷰.

10 2012년 11월 5일 평화박물관에서 행한 장현자와의 인터뷰.

11 중앙정보부, '노사분규 시정방안 보고서 제출의견', 1974년 3월 25일.

12 중앙정보부, '1974년 3월 1일자 임금인상(정기승급실시) 결과보고서─자체 근로조
건 개선사항 결과보고서(1974년 5월 14일), 반도상사 부평공장': '중요보고' 1974년
5월 28일.

13 중앙정보부, '중요보고─반도상사 노사분규 조정결과(경기)', 1974년 6월 10일.

14 2006년 11월 18일 국정원 과거사위원회와 한순임과의 인터뷰.

5 도시산업선교회 마녀사냥

1 "계급투쟁 선동하는 도산", 〈경향신문〉 1979년 8월 20일 자; "YH 정국 안팎 취재방
담", 〈동아일보〉 1979년 8월 31일 자.

2 2006년 10월 10일 국정원 과거사위원회와 조승혁 목사와의 인터뷰.

3 한국여신학자협의회 여신학자 연구반 편, 《고난의 현장에서 사랑의 불꽃으로─조화
순 목사의 삶과 신학》, 대한기독교서회, 1992, 69~79쪽.

4 〈동아일보〉 1971년 6월 16일 자; 6월 26일 자; 〈경향신문〉 1971년 6월 26일 자. 김
진수 사건에 대한 자세한 설명은 《김진수》(민주화운동기념사업회 연구소 엮음,
2003)를 볼 것.

5 〈경향신문〉 1974년 12월 9일 자.

6 전태일기념관건립위원회 엮음, 《어느 청년 노동자의 삶과 죽음─전태일 평전》, 돌베
개, 1983, 252~254쪽.

7 장현자, 《그때 우리들은》, 한울사, 2002, 52쪽.

8 국가정보원 과거사건 진실규명을 통한 발전위원회, 《과거와 대화, 미래의 성찰》 5권
(언론·노동편), 2007, 434~435쪽.

9 2006년 10월 18일 국정원 과거사위원회와 조화순 목사와의 인터뷰.

10 〈매일경제〉 1980년 12월 27일 자; 12월 29일 자.

11 한순임, '새 생활을 누리면서―수기', 홍지영, 《'산업선교' 왜 문제시되는가?》, 기독
교사조사, 1978, 94쪽. 한순임의 글이 홍지영이 쓴 책에 수록되어 있지만, 한순임은
국정원 과거사위와의 인터뷰에서 홍지영이 무슨 책을 내서 산업선교회를 파헤친 사
람이란 것만 알지 만나본 적이 없다고 진술했다(2006년 11월 18일 국정원 과거사위원회
와 한순임과의 인터뷰).

12 장현자, 앞의 책, 87~88쪽, 92~97쪽, 109~119쪽; 2012년 11월 5일 평화박물관
에서 행한 장현자와의 인터뷰.

13 한국여신학자협의회 여신학자 연구반 편, 《고난의 현장에서 사랑의 불꽃으로―조화
순 목사의 삶과 신학》, 대한기독교서회, 1992, 87~91쪽.

14 한국여신학자협의회 여신학자 연구반 편, 앞의 책, 183쪽. 또한 윤문자의 "한국신학
자료로서의 조화순"(같은 책, 406~424쪽)을 볼 것.

15 ncck인권위원회, 《1970년대 민주화운동―기독교 인권운동을 중심으로》 4, 한국기
독교교회협의회 인권위원회, 1987, 1,490~1,491쪽.

16 홍지영, 《산업선교는 무엇을 노리나?》, 금란출판사, 1977; 洪志英, 《政治神學의 論
理와 行態―基督敎에 浸透하는 共産主義戰略戰術批判》, 금란출판사, 1977; 홍지
영, 《'산업선교' 왜 문제시되는가?》, 기독교사조사, 1978; 홍지영, 《이것이 '산업선
교' 다》, 기독교사조사, 1978; 김재국, 《한국 기독교의 이해》

17 〈동아일보〉 1979년 8월 16일 자; 8월 17일 자.

18 MBC 〈이제는 말할 수 있다〉, "마녀사냥―도시산업선교회", 2001년 8월 3일 방송,
박준양 인터뷰.

19 MBC 〈이제는 말할 수 있다〉, "마녀사냥―도시산업선교회", 2001년 8월 3일 방송,
최병렬 인터뷰.

6 기자들의 각성, 자유언론실천선언

1 동아자유언론수호투쟁위원회, 《자유언론―1975~2005 동아투위 30년 발자취》, 해
담솔, 2005, 304쪽. 장윤환은 법정에서 이렇게 진술했다. "당시 대학생, 종교인들의
신문에 대한 불신은 대단한 것이었습니다. 신문사 밖에서 '부패기자 각성하라'고 학
생들이 외쳤습니다. 우리들은 부끄러웠습니다. 그리고 각성했습니다. 그래서 우리는
'10 · 24 자유언론실천선언'을 하게 된 것입니다."

2 동아자유언론수호투쟁위원회, 앞의 책, 70~71쪽.

3 정연주, "개와 기자는 출입 금지? 부끄러웠습니다―MBC-KBS 후배님, '분노의 화
살' 되어야", 〈오마이뉴스〉 2012년 2월 7일.

4 "신민당의 언론관", 〈동아일보〉 1967년 4월 11일 자 사설.

5 천관우, "신문의 자유(4)―연탄가스에 중독된 신문", 《언관사관―한국 신문의 체질》, 배영사, 1969, 96~99쪽.

6 〈동아일보〉 1971년 12월 6일 자.

7 〈동아일보〉 1972년 10월 19일 자.

8 〈동아일보〉 1973년 10월 8일 자.

9 최석채, "신문은 신문인 손에서 떠났다", 이상우, 《한국 신문의 내막―상업주의 신문의 정체》, 삼성사, 1969, 239쪽.

10 동아자유언론수호투쟁위원회, 앞의 책, 89~101쪽.

11 동아자유언론수호투쟁위원회, 앞의 책, 116쪽.

7 동아일보 백지광고 사건

1 국가정보원 과거사건 진실규명을 통한 발전위원회, 《과거와 대화, 미래의 성찰》 5권 (언론·노동편), 2007, 157~164쪽.

2 동아자유언론수호투쟁위원회, 앞의 책, 150~167쪽.

3 성유보 외 지음, 《너마저 배신하면 이민 갈 거야!―박정희 정권의 언론탄압에 맞선 자유언론운동》, 말, 2002, 38~59쪽.

4 동아자유언론수호투쟁위원회, 앞의 책, 177쪽.

5 주동황, "동아일보 광고탄압 해제와 경영진의 변절", 성유보 외 지음, 앞의 책, 66~67쪽.

6 송건호, "고행 12년 이런 일 저런 일", 《한국현대언론사》, 삼민사, 1990, 197쪽.

7 '제144회 국회 문교공보위원회회의록' 제16호, 1988년 12월 14일, 4~6쪽; 〈한겨레〉 1988년 12월 15일 자.

8 〈중앙일보〉 1975년 3월 19일 자.

8 '무등산 타잔'의 비극

1 이 사건에 대한 최초이자 가장 기본이 되는 설명은 김현장의 "무등산 타잔과 인간 박흥숙"(《월간 대화》 1977년 8월호)을 볼 것. 사후의 분석으로는 김원의 "훼손된 영웅과 폭력의 증언"(《박정희 시대의 유령들―기억, 사건, 그리고 정치》, 현실문화, 2011)을 볼 것.

2 "아직도 꺼지지 않은 두 가지. 오세훈, 그리고 무등산의 화염", 출처 : http://swordsoul8.egloos.com/2617037, 2010년 6월 4일 입력, 2013년 11월 3일 검색.

3 김현장, "무등산 타잔과 인간 박흥숙", 〈월간 대화〉 1977년 8월호, 133쪽.

4 〈전남매일〉 1977년 4월 21일 자. "'77년 무등산 철거반원 살해 (상)", 〈광주일보〉 2004년 6월 9일 자에서 재인용.

5 MBC 〈이제는 말할 수 있다〉, "무등산 타잔 박흥숙", 2005년 5월 15일 방송.

6 박정희, "그때 그런 일 안 한 사람은 없겠죠. 다 내 일이었으니까", 광주전남여성단체 연합 기획, 《광주, 여성─그녀들의 가슴에 묻어둔 5 · 18 이야기》, 후마니타스, 2012, 178쪽. 박정자는 박흥숙의 여동생이다.

7 김현장, "무등산 타잔과 인간 박흥숙", 〈월간 대화〉 1977년 8월호.

8 유인물, '호소문', 박흥숙 구명을 위한 회, 1978. 김원, 《박정희 시대의 유령들─기억, 사건, 그리고 정치》, 현실문화, 2011, 361쪽에서 재인용.

9 KBS 〈역사스페셜〉, "최초공개 정부기록보존소", 2003년 5월 10일 방송. 정부기록 보존소에 보관되어 있는 '광주대단지 사건 진상보고서'에는 박정희가 쓴 "주동자는 엄단에 처하라"는 메모가 남아 있다고 한다.

10 〈동아일보〉 1995년 6월 13일 자.

11 "'77년 무등산 철거반원 살해 (하)", 〈광주일보〉 2004년 6월 23일 자.

12 김원, 《박정희 시대의 유령들─기억, 사건, 그리고 정치》, 현실문화, 2011, 376쪽.

13 박정자, "그때 그런 일 안 한 사람은 없겠죠. 다 내 일이었으니까", 광주전남여성단 체연합 기획, 《광주, 여성─그녀들의 가슴에 묻어둔 5 · 18 이야기》, 후마니타스, 2012, 176쪽.

제4부 유신의 사회사

1 조국 '군대화'의 그늘

1 〈조선일보〉 1961년 8월 11일 자; 9월 8일 자.

2 "병무행정 일원화", 〈동아일보〉 1962년 1월 1일 자.

3 〈경향신문〉 1970년 4월 14일 자; 〈매일경제〉 1970년 5월 12일 자.

4 장남의 병역 부정과 관련된 백남억의 사임은 〈경향신문〉 1972년 7월 24일 자를 볼 것. 산은 총재 김민호의 사임은 〈동아일보〉 1972년 7월 26일 자를 볼 것. 전부일의 해임과 김재명의 임명은 〈경향신문〉 1972년 7월 22일 자를 볼 것.

5 《병무행정사(하)》, 병무청, 1986, 119쪽.

6 《병무행정사(하)》, 병무청, 1986, 799쪽.

7 《병무행정사(하)》, 병무청, 1986, 799~800쪽.

8 '병역기피풍조 일소를 위한 특수병역관리에 관한 보고', 병무청, 보고번호 제73-838호, 1973년 10월 31일, 보고관 심융택

9 '특수병역관리 대상자에 대한 74 및 75 관리현황 보고', 병무청, 보고번호 제75-70호, 1975년 3월 19일, 보고관 심융택

10 〈한겨레〉 1997년 8월 5일 자. '지도층 자제'에 대한 병역관리는 1996년 10월 국정감사에서 사회 지도층 자제의 병역특혜 의혹이 불거져 나오자 일부 국회의원들이 이에 불만을 품고 병무청에 이 제도의 폐지를 요청한 것. 따라 국정감사 직후 폐지되었는데, 1997년 8월 5일 뒤늦게 보도되었다.

11 〈동아일보〉 1974년 7월 15일 자; 〈경향신문〉 1974년 7월 15일 자.

12 〈중앙일보〉 1974년 7월 30일 자.

13 (여호와의 증인 대표자들이 워치타워 성서책자협회 한국지부에 보고한 내용) '최근에 수차에 걸쳐 지부를 방문한 서울지방병무청 직원과 서울회중을 대표한 대화에 관한 보고'

14 〈조선일보〉 1975년 3월 11일 자.

15 홍영일, "양심적 병역거부와 여호와의 증인", 안경환·장복희 편, 《양심적 병역거부》, 사람생각, 2002, 227~228쪽.

16 김영균, "구타·물고문·철창타기·살해위협… '여호와의 증인' 5명 어떻게 죽었나—군의문사위가 밝힌 '양심에 따른 병역거부' 잔혹사", 〈오마이뉴스〉 2009년 1월 21일; 군의문사진상규명위원회의 진상규명 결정문은 "진정 442호 김선태", 대통령소속 군의문사진상규명위원회, 〈종합보고서〉 제3권: 결정문 II, 2009, 638~647쪽; "진정 487호 이춘길", 앞의 보고서, 750~780쪽; "진정 489호 김영근", 앞의 보고서, 781~800쪽; "진정 490호 김종식", 앞의 보고서, 801~828쪽; "진정 491호 정상복", 앞의 보고서, 829~854쪽을 볼 것.

17 "진술조서(지○○)", 군의문사진상규명위원회.

18 "독거특창, 그 몸서리치는 기억", 〈한겨레21〉 651호, 2007; "녹취록(박○○, 윤○○, 진○○), 2007년 12월 23일, 군의문사진상규명위원회.

19 한홍구, "여호와의 증인 앞에서 부끄럽다", 〈한겨레21〉 511호, 2004.

20 조갑제, 《박정희 3—혁명전야》, 조갑제닷컴, 2007, 54~57쪽.

21 대통령소속 군의문사진상규명위원회, 〈종합보고서〉 제1권: 위원회 활동과 조사 결과, 2009, 24쪽.

22 김호철, "군내 자살처리자 어떻게 대우할 것인가: 군의문사 진정사건을 통해 본 자살처리자 문제 현황", 〈2006년도 전문가 초청토론회 자료집〉, 군의문사진상규명위원회, 2006, 6쪽.

23 '군사기밀보호법', 법률 제2387호(1972년 12월 26일 제정), 법제처 국가법령정보센터

연혁법령 검색.

24 〈한겨레〉 1990년 11월 13일 자.

25 〈한겨레〉 1991년 3월 7일 자.

26 강상현, "군 관련 보도의 일관성", 〈한겨레〉 1998년 12월 11일 자.

2 베트남 파병이 남긴 것

1 〈동아일보〉 1973년 3월 20일 자; 〈경향신문〉 1973년 3월 20일 자; 〈매일경제〉 1973년 3월 20일 자.

2 〈중앙일보〉 1975년 2월 22일 자.

3 〈동아일보〉 1975년 4월 10일 자.

4 〈동아일보〉 1975년 12월 23일 자; 12월 26일 자.

5 〈동아일보〉 1975년 5월 10일 자.

6 〈동아일보〉 1975년 10월 9일 자; 10월 14일 자.

7 〈한겨레〉 2013년 3월 12일 자.

8 〈동아일보〉 1975년 8월 27일 자.

9 〈경향신문〉 1973년 1월 31일 자.

10 윤충로, "한국의 베트남전쟁 기념과 기억의 정치", 〈사회와 역사〉 86호, 2010, 161~168쪽.

11 전 경제기획원 장관 자격으로 좌담회에 참석한 유창순은 파병에 따른 경제적 이익에 관한 이야기가 한 차례 지나간 뒤 다시 그 이야기가 나오자 이렇게 말했다. "아까 제가 사실은 우리가 파병을 하는 반대의 급부 형태로서 가서 용역이라든가 하청부라든가 토목공사라든가 하는 것을 맡았다는 이야기는 차마 못 드렸습니다." 김점곤, 부완혁, 유창순, "정담(鼎談) 월남전쟁", 〈사상계〉 1966년 5월호, 75쪽.

12 구수정, "그들이 세운 '증오비'를 아십니까", 〈한겨레〉 2013년 7월 6일 자.

3 기지촌 정화운동

1 〈에레나가 된 순이〉, 손로원 작사, 한복남 작곡, 한정무 노래(1954), 안다성 노래(1959). "그날 밤 극장 앞에서 그 역전 카바레에서/보았다는 그 소문이 들리는 순이/석유 불 등잔 밑에 밤을 새면서/실패 감던 순이가 다홍치마 순이가/이름조차 에레나로 달라진 순이 순이/오늘 밤도 파티에서 춤을 추더라."

2 "전국 사창의 생태", 〈경향신문〉 1958년 8월 11일 자. 이 기사에 따르면 당시 전국의

'창녀' 숫자는 30여 만으로 추산되는데 그중 한국인을 상대로 하는 '창녀'가 40.9퍼센트이고 유엔군 상대 '창녀'가 59.1퍼센트라고 되어 있다. 그러나 당시 미군 숫자를 고려해볼 때 유엔군 상대 매매춘 여성을 근 18만이라 추산한 것은 과도한 것으로 보인다.

3 이나영, "기지촌 형성 과정과 여성들의 저항" 〈여성과 평화〉 5호, 2012, 185쪽.

4 이재전, 《온고지신》, 육군본부, 2004.

5 이재전, 앞의 책.

6 MBC 〈이제는 말할 수 있다〉, "섹스동맹, 기지촌 정화운동", 2003년 2월 9일 방송.

7 이재전, 앞의 책.

8 캐서린 문 지음, 이정주 옮김, 《동맹 속의 섹스》, 삼인, 2002, 143쪽.

9 MBC 〈이제는 말할 수 있다〉, "섹스동맹, 기지촌 정화운동", 2003년 2월 9일 방송. 동 방송 자료집 수록 전 기지촌 여성 인터뷰.

10 이나영, "기지촌 형성 과정과 여성들의 저항" 〈여성과 평화〉 5호, 2012, 186쪽.

11 김연자, 《아메리카 타운 왕언니 죽기 오 분 전까지 악을 쓰다》, 삼인, 2005, 123쪽.

12 김연자, 앞의 책, 125쪽.

13 김연자, 앞의 책, 195쪽.

14 이나영, "기지촌 형성 과정과 여성들의 저항" 〈여성과 평화〉 5호, 2012, 187쪽.

15 "기지촌 여성의 삶, 우리 사회가 책임져야—인권회복 · 특별법 제정 목표로 한 '기지촌여성인권연대' 31일 출범", 〈오마이뉴스〉 2012년 9월 1일.

4 유신의 다른 이름, 새마을운동

1 〈동아일보〉 1973년 1월 12일 자.

2 김정렴, 《최빈국에서 선진국 문턱까지—한국경제정책 30년사》, 랜덤하우스코리아, 2006, 223쪽.

3 김정렴, 앞의 책, 224쪽.

4 대통령비서실, 〈박정희대통령 연설문선집—새마을운동〉, 1978, 171~173쪽.

5 새마을운동중앙협의회, 〈제4회 새마을학교 교본: 1974 겨울〉, 문교부. 김보현, "박정희 시대 지배체제의 통치 전략과 기술—1970년대 농촌 새마을운동을 중심으로", 〈사회와 역사〉 90호, 2011, 60쪽에서 재인용.

6 박진도 · 한도현, "새마을운동과 유신체제—박정희 정권의 농촌 새마을운동을 중심으로", 〈역사비평〉 47호, 1999, 39쪽.

7 이용기, "'유신이념의 실천도장', 1970년대 새마을운동", 〈내일을 여는 역사〉 48호,

2012, 77쪽: "남재희 증언", 정성화 외 엮음,《박정희 시대와 한국 현대사―연구자와 체험자의 대화》, 선인, 2007, 313쪽.

8 조갑제,《박정희 1―군인의 길》, 조갑제닷컴, 2007, 175쪽.

9 池秀傑, "1932~35年間의 朝鮮農村振興運動―植民地 '體制維持政策' 으로서의 機能 에 관하여", 〈한국사연구〉 46호, 1984, 18~19쪽.

10 오유석, "박정희식 근대화 전략과 농촌 새마을운동", 〈동향과 전망〉 55호, 2002, 166 쪽.

11 이용기, "'유신이념의 실천도장', 1970년대 새마을운동", 〈내일을 여는 역사〉 48호, 2012, 70쪽.

12 오유석, "박정희식 근대화 전략과 농촌 새마을운동", 〈동향과 전망〉 55호, 2002, 158 쪽에서 재인용.

13 오유석, "박정희식 근대화 전략과 농촌 새마을운동", 〈동향과 전망〉 55호, 2002, 169 쪽.

14 이용기, "'유신이념의 실천도장', 1970년대 새마을운동", 〈내일을 여는 역사〉 48호, 2012, 76쪽.

15 정태인 인터뷰, "박근혜의 새마을운동이냐, 박원순의 사회적 경제냐", 〈프레시안〉 2013년 3월 7일.

16 박근혜 대통령은 2013년 10월 20일 전국새마을지도자대회 축사에서 "새마을운동의 내용과 실천 방식을 시대에 맞게 변화시켜서 미래지향적인 시민의식 개혁운동으로 발전시켜나가길 기대한다"고 말했다("복지공약 어디 가고 새마을 타령인가", 〈한겨 레21〉 984호, 2013).

5 통일벼와 식량증산정책

1 중앙일보 특별취재팀,《실록 박정희》, 중앙M&B, 1998, 144~145쪽: 선유정, "과학 이 정치를 만나다―허문회의 'IR667'에서 박정희의 '통일벼'로", 〈한국과학사학회 지〉 30권 2호, 2008, 419~423쪽.

2 선유정, 앞의 글, 422쪽.

3 김태호, 〈통일벼와 1970년대 쌀 증산체제의 형성〉, 서울대 대학원 과학사 및 과학철 학 협동과정 박사 학위 논문, 2009, 12~13쪽.

4 선유정, "과학이 정치를 만나다―허문회의 'IR667'에서 박정희의 '통일벼'로", 〈한 국과학사학회지〉 30권 2호, 2008, 425~426쪽.

5 KBS 〈20세기 한국 톱 10―한국을 이끌어온 10대 과학기술〉, 1999년 8월 2일 방송.

6 김태호, 〈통일벼와 1970년대 쌀 증산체제의 형성〉, 서울대 대학원 과학사 및 과학철학 협동과정 박사 학위 논문, 2009, 147쪽.

7 선유정, "과학이 정치를 만나다―허문회의 'IR667'에서 박정희의 '통일벼'로", 〈한국과학사학회지〉 30권 2호, 2008, 427쪽.

8 "'통일벼 첫해'의 시련. 현장분석 '미열품종'에 겹친 천해. 1년 앞당긴 성급한 권장", 〈조선일보〉 1972년 10월 11일 자.

9 "농촌진흥청 통일벼 다수확성 판명. 단보당 4백 37kg", 〈조선일보〉 1972년 10월 31일 자.

10 "쌀 막걸리 14년 만에 나온다", 〈동아일보〉 1977년 11월 8일 자.

11 김태일, "1970년대 가톨릭농민회와 농민운동", 차성환 외, 《1970년대 민주화운동 연구》, 민주화운동기념사업회, 2005, 504쪽.

12 김태호, 〈통일벼와 1970년대 쌀 증산체제의 형성〉, 서울대 대학원 과학사 및 과학철학 협동과정 박사 논문, 2009, 222쪽.

13 김태호, 앞의 논문, 201쪽.

14 〈동아일보〉 1977년 1월 22일 자.

15 "실농의 원성, 새 품종 노풍", 〈동아일보〉 1978년 9월 4일 자; "기적의 통일서 한숨의 노풍까지", 〈동아일보〉 1978년 9월 11일 자; "노풍의 책임은 누가 지는가", 〈동아일보〉 1978년 9월 26일 자.

16 김태호, 앞의 논문, 243쪽.

6 원자력발전과 핵무기 개발 사이

1 《한국 원자력 20년사》, 한국원자력연구소, 1979, 7쪽.

2 권혁태, "두 개의 아토믹 선샤인―피폭국 일본은 어떻게 원전 대국이 되었는가?", 〈황해문화〉 72호, 2011, 28쪽.

3 한홍구·서경식·다카하시 데쓰야 지음, 이령경 옮김, 《후쿠시마 이후의 삶》, 반비, 2013, 37~38쪽.

4 권혁태, "두 개의 아토믹 선샤인―피폭국 일본은 어떻게 원전 대국이 되었는가?", 〈황해문화〉 72호, 2011, 21~28쪽.

5 〈한국일보〉 1995년 7월 20일 자; 〈중앙일보〉 2011년 1월 11일 자.

6 "쇼리키 마쓰타로(正力 松太郞, しょうりき まつたろう)", 일본 위키피디아

7 《한국 원자력 20년사》, 한국원자력연구소, 1979, 12쪽.

8 이정훈, "이승만의 집념과 시슬러의 우정 위에 출범한 원자력원과 한국원자력연구

소", '한국의 핵주권', 〈신동아〉 2006년 12월호 송년 특별부록, 48쪽.

9 이정훈, 앞의 글, 55쪽.

10 '진보당 강령', 권대복 엮음, 《진보당—당의 활동과 사건 관계 자료집》, 지양사, 1985, 25~28쪽.

11 최형섭, 《불이 꺼지지 않는 연구소—한구과학기술 여명기 30년》, 조선일보사, 1995, 116쪽.

12 이호 기자의 박흥식 인터뷰, "박 대통령, '원전 건설 설명해봐라'", 〈이코노미스트〉 866호, 2006.

13 〈매일경제〉 1969년 8월 13일 자.

14 〈매일경제〉 1976년 1월 1일 자.

15 장인순, "민족 밝히는 원자력, 후손 위한 원자력 만들기 위해 우리는 정말 온 정성을 다했다", '한국의 핵주권', 〈신동아〉 2006년 12월호 송년 특별부록, 27쪽.

16 김명자, 《원자력 딜레마—원자력 르네상스의 미래》, 사이언스북스, 2011, 180쪽.

17 〈동아일보〉 1978년 3월 9일 자.

18 고리 원자력발전소 1호기 준공식에서 한 발언. 〈동아일보〉 1978년 7월 20일 자.

7 강남공화국의 탄생

1 손정목, 《한국 도시 60년의 이야기》 1, 한울, 2010, 222쪽.

2 손정목, 《서울 도시계획 이야기》 3, 한울, 2011, 162쪽.

3 손정목, 《서울 도시계획 이야기》 3, 한울, 2011, 109~116쪽.

4 MBC 〈미디어비평〉, 이상호 기자의 고발뉴스, 2003년 7월 11일 방송.

5 "78년 현대아파트 특혜분양자 6공 고위공직에 다수 포진", 〈한겨레〉 1991년 3월 2일 자.

6 한홍구, 《특강》, 한겨레출판, 2009, 164~165쪽; 유현, "대한민국에는 강남공화국이 있다", 정길화 외, 《우리들의 현대침묵사》, 해냄, 2006, 172~184쪽.

8 중학교 입시 폐지와 고교 평준화

1 "꼬리 문 소동… '자연' 18번 '무즙 엿 먹어보라'", 〈동아일보〉 1964년 12월 22일 자.

2 〈동아일보〉 1965년 5월 20일 자; 5월 22일 자; 〈경향신문〉 1965년 5월 21일 자; 5월 25일 자; 5월 26일 자.

3 〈동아일보〉 1965년 6월 8일 자.

4 〈조선일보〉1967년 10월 26일 자.

5 〈경향신문〉1968년 7월 12일 자 사설; 1971년 11월 22일 자.

6 〈동아일보〉1968년 7월 16일 자.

7 〈동아일보〉1969년 11월 1일 자. 이 시위는 매우 확대되어 경찰이 투입되었고 교장과 교감이 해임되었다. 〈경향신문〉1969년 11월 5일 자; 11월 6일 자.

8 〈매일경제〉1968년 8월 2일 자.

9 〈경향신문〉1968년 7월 20일 자.

10 〈경향신문〉1968년 7월 19일 자.

11 〈경향신문〉1968년 12월 27일 자.

12 〈경향신문〉1969년 1월 23일 자.

13 〈동아일보〉1969년 1월 23일 자.

14 〈경향신문〉1970년 3월 3일 자.

15 〈동아일보〉1974년 2월 7일 자.

16 국정브리핑 특별기획팀, 《대한민국 교육 40년—경기고의 '추억' 잊고 평준화 원칙 지키려면》, 한스미디어, 2007, 168~169쪽.

17 민관식, "고교평준화 조치—내가 경기 출신이었기에 가능했다", 월간조선 엮음, 《한국 현대사 119대 사건—체험기와 특종 사진》, 조선일보사, 1993, 207쪽.

18 국정브리핑 특별기획팀, 《대한민국 교육 40년—경기고의 '추억' 잊고 평준화 원칙 지키려면》, 한스미디어, 2007, 172쪽.

19 강대중, "고교 평준화 제도의 전개 과정", 〈교육비평〉8호, 2002, 66쪽.

20 〈경향신문〉1975년 10월 10일 자.

21 서울특별시시사편찬위원회, 《사대문 안 학교들 강남으로 가다》, 서울역사구술자료집 4권, 2012, 87쪽.

22 이범, 《이범의 교육특강》, 다산에듀, 2009, 173쪽.

23 "전체 법관 외고 출신 강세… 부장급 이상은 경기고 등 '전통 名門' 주축", 〈법률신문〉2013년 1월 7일 자.

제5부 유신체제의 붕괴

1 10 · 26의 서곡, YH 사건

1 양성우, "그대 못다 부른 슬픈 노래를—K양의 죽음에 붙여", 채광석 편, 《노동시선집》, 실천문학사, 1985, 214쪽. K양은 YH 사건 당시 사망한 김경숙이다.

2 고은, 〈YH 김경숙〉

3 〈동아일보〉 1966년 3월 31일 자.

4 "7억$의 기수 12—국무총리상 YH무역", 〈매일경제〉 1969년 12월 13일 자.

5 〈동아일보〉 1970년 11월 30일 자.

6 〈매일경제〉 1972년 7월 15일 자; 1973년 6월 6일 자.

7 전 YH노동조합, 《YH노동조합사》, 형성사, 1997, 28쪽.

8 전 YH노동조합, 앞의 책, 40~47쪽.

9 전 YH노동조합, 앞의 책, 74~77쪽.

10 최순영 전 의원 인터뷰, "유신 선포 40년, YH 투쟁 33주년—여성 노동자의 힘으로
   유신정권을 무너뜨렸죠", 〈레프트21〉 90호, 2012년 10월 8일 자.

11 강인순·이옥지, 《한국여성노동자운동사》, 한울, 2001, 361쪽.

12 YH 여성 근로자들, '호소문—정부와 은행은 근대화의 역군을 윤락가로 내몰지 말
   라', 1979년 8월 8일 자, 민주화운동기념사업회 소장.

13 강인순·이옥지, 《한국여성노동자운동사》, 한울, 2001, 362쪽.

14 〈동아일보〉 1979년 4월 14일 자.

15 YH 여성 근로자들, '호소문—정부와 은행은 근대화의 역군을 윤락가로 내몰지 말
   라', 1979년 8월 8일 자, 민주화운동기념사업회 소장.

16 〈매일경제〉 1979년 2월 12일 자.

17 한국기독교협의회 한국교회산업선교25주년기념대회, 〈1970년대 노동 현장과 증
   언〉, 580쪽.

18 전 YH노동조합, 《YH노동조합사》, 형성사, 1997, 172쪽.

19 전 YH노동조합, 앞의 책, 174쪽.

20 〈동아일보〉 1979년 5월 25일 자.

21 전 YH노동조합, 앞의 책, 182~183쪽.

22 고은, "최순영", 《만인보》 12, 창비, 1996, 197쪽.

23 최순영 전 의원 인터뷰, "유신 선포 40년, YH 투쟁 33주년—여성 노동자의 힘으로
   유신정권을 무너뜨렸죠", 〈레프트21〉 90호, 2012년 10월 8일 자.

24 〈경향신문〉 1979년 8월 13일 자.

25 〈동아일보〉 1979년 8월 10일 자.

26 진실화해위원회, 'YH노조 김경숙 사망관련 조작의혹 사건 조사보고서', 61쪽.

27 진실화해위원회, 앞의 보고서, 60쪽.

28 〈동아일보〉 1979년 8월 11일 자.

29 진실화해위원회, 앞의 보고서, 66쪽.

30 〈한겨레〉 1991년 12월 22일 자.

31 진실화해위원회, 앞의 보고서, 47쪽.

32 김영삼,《김영삼 회고록―민주주의를 향한 나의 투쟁》2, 백산서당, 2000, 142쪽.

33 KBS 〈인물현대사〉, "여공, 유신을 몰아내다―YH 사건 김경숙", 2005년 2월 4일 방송.

34 〈동아일보〉 1975년 8월 15일 자; 김영삼,《김영삼 회고록―민주주의를 향한 나의 투쟁》2, 백산서당, 2000, 144쪽.

35 〈동아일보〉 1979년 8월 15일 자.

36 〈동아일보〉 1979년 6월 23일 자.

37 〈동아일보〉 1979년 9월 8일 자.

38 김영삼,《김영삼 회고록―민주주의를 향한 나의 투쟁》2, 백산서당, 2000, 136쪽.

39 신민당,《말기적 발악―신민당사 피습 사건과 YH 사건의 진상》, 1979년 8월 25일 자, 1~74쪽.

40 "당권경쟁을 앞둔 신민당의 오늘 (중)―대의원의 소리", 〈동아일보〉 1974년 6월 19일 자.

41 〈동아일보〉 1974년 8월 23일 자.

42 〈동아일보〉 1974년 12월 24일 자; 12월 27일 자.

43 〈경향신문〉 1960년 9월 26일 자; 〈동아일보〉 1960년 9월 27일 자; 〈동아일보〉 1961년 11월 8일 자.

44 김영삼,《김영삼 회고록―민주주의를 향한 나의 투쟁》2, 백산서당, 2000, 83~84쪽.

45 "신민당의 난기류 (상)―불행한 내출혈의 생리", 〈동아일보〉 1977년 3월 31일 자.

46 〈동아일보〉 1979년 3월 19일 자; 〈경향신문〉 1979년 3월 19일 자.

2 남민전 사건

1 〈동아일보〉 1979년 10월 9일 자.

2 〈동아일보〉 1979년 10월 16일 자.

3 임헌영, "김남주의 시세계", 김남주,《솔직히 말하자》, 풀빛, 1989, 224~226쪽.

4 김민희, "유신을 가른 불꽃, 이재문",《쓰여지지 않은 역사―인물로 본 사회운동사》, 대동, 1993, 259쪽.

5 김민희, 앞의 책, 261쪽.

6 조유식, "이재문과 남민전", 〈말〉, 1992년 8월호, 137쪽.

7 조유식, 앞의 글, 137쪽.

8 안병용, "남민전", 〈역사비평〉 10호, 1990, 273쪽.

9 홍세화, 《나는 빠리의 택시운전사》, 창작과비평사, 1995, 264쪽.

10 〈동아일보〉 1979년 10월 9일 자.

11 〈좌익사건실록〉 12, 대검찰청, 164쪽. 신향식 공소장에 나오는 내용이다.

12 이상우, 《비록 박정희 시대》 2, 중원문화, 1985, 247쪽; 한용원, 《한국의 군부정치》,
대왕사, 1993, 351쪽.

13 정민수, "유신 최후의 '희생양' 남민전 사건", 〈월간 경향〉 283호, 1988, 236쪽.

14 〈한겨레〉 1988년 12월 21일 자.

15 〈동아일보〉 1979년 10월 9일 자.

3 김형욱의 실종과 죽음

1 최보식, "이상열 공사 등 중앙정보부 관계자 집중 인터뷰", 조갑제 외, 《과거사의 진
상을 말한다―월간조선의 과거사 진상 보고》 상, 월간조선사, 2005, 259~260쪽.

2 "'돌대가리'로 박정희를 들이박다", 〈한겨레21〉 제562호, 2005년 6월 7일 자.

3 안치용, 《박정희 대미 로비 X파일 (하)―끝까지 핵폭탄 숨긴 김형욱》, 타커스, 2012,
169~170쪽.

4 국가정보원 과거사건 진실규명을 통한 발전위원회, "김형욱 실종 사건 진실규명",
《과거와 대화, 미래의 성찰》 3권(주요 의혹사건편 하권), 2007, 75쪽. 국내 언론도 친서
에 대해서는 언급하지 않았지만 정일권이 김형욱을 만난 사실을 보도했다(〈동아일보〉
1974년 6월 3일 자; 〈경향신문〉 1974년 6월 3일 자).

5 송승호, "김형욱 유인살해는 이 사람이 했다", 조갑제 외, 《과거사의 진상을 말한다―
월간조선의 과거사 진상 보고》 상, 월간조선사, 2005, 186쪽.

6 송승호, 앞의 책, 187쪽.

7 월간조선 특별취재반, "김재규와 김형욱의 비밀협상", 조갑제 외, 《과거사의 진상을
말한다―월간조선의 과거사 진상 보고》 상, 월간조선사, 2005, 275~277쪽.

8 김형욱이 미국 의회에서 한 증언 전문은 《김형욱 회고록》 제3권에 실려 있다(김형욱,
《김형욱 회고록》 3, 아침, 1985, 304~319쪽).

9 월간조선 특별취재반, "김재규와 김형욱의 비밀협상", 조갑제 외, 《과거사의 진상을
말한다―월간조선의 과거사 진상 보고》 상, 월간조선사, 2005, 281쪽.

10 김형욱, 《김형욱 회고록》 3, 아침, 1985, 320~330쪽.

11 김형욱, 앞의 책, 299~300쪽.

12 송승호, "김형욱 유인살해는 이 사람이 했다", 조갑제 외, 《과거사의 진상을 말한다—월간조선의 과거사 진상 보고》상, 월간조선사, 2005, 193~194쪽.

13 월간조선 특별취재반, "김재규와 김형욱의 비밀협상", 조갑제 외, 《과거사의 진상을 말한다—월간조선의 과거사 진상 보고》상, 월간조선사, 2005, 255쪽.

14 월간조선 특별취재반, 앞의 책, 244쪽.

15 〈경향신문〉 1978년 4월 12일 자.

16 월간조선 특별취재반, 앞의 책, 245쪽.

17 박종주, "김재규, 10 · 26 1년 전 박정희 시해 모의 1965년 '反혁명 사건' 관련자 접촉… 핵심 인물 급사로 물거품", 〈월간중앙〉 2005년 9월호에 수록된 최승진과 전두열 등의 증언.

18 〈동아일보〉 1965년 7월 8일 자.

19 국가정보원 과거사건 진실규명을 통한 발전위원회, "김형욱 실종 사건 진실규명", 《과거와 대화, 미래의 성찰》 3권(주요 의혹사건편 하권), 2007, 176쪽.

20 국가정보원 과거사건 진실규명을 통한 발전위원회, 앞의 보고서, 155~158쪽.

21 국가정보원 과거사건 진실규명을 통한 발전위원회, 앞의 보고서, 158~161쪽.

22 국가정보원 과거사건 진실규명을 통한 발전위원회, 앞의 보고서, 163쪽.

23 김형욱, 《김형욱 회고록》 3, 아침, 1985, 329쪽.

4 부마항쟁, 불길이 치솟다

1 김종세, "부마항쟁의 발원지—부산대 구 도서관", 〈기억과 전망〉 2004년 봄호, 131쪽.

2 〈동아일보〉 1975년 11월 22일 자; 〈경향신문〉 1975년 11월 22일 자. 김기춘은 당시 중앙정보부 대공수사국장으로 이 사건의 수사 책임자였다.

3 부마민주항쟁기념사업회 외 편, 《부마민주항쟁 10주년기념 자료집》, 부마민주항쟁기념사업회, 1989, 134쪽, 147쪽, 189쪽.

4 부마민주항쟁기념사업회 외 편, 앞의 책, 32~33쪽.

5 부마민주항쟁기념사업회 외 편, 앞의 책, 127쪽.

6 조갑제, 《유고!》 1, 한길사, 1987, 308쪽.

7 당시 〈국제신문〉 기자 임수생의 증언. 부마민주항쟁기념사업회 외 편, 《부마민주항쟁 10주년기념 자료집》, 부마민주항쟁기념사업회, 1989, 117쪽.

8 조갑제, 《유고! 2》, 한길사, 1987, 41~42쪽.

9 차성환, "부마항쟁과 한국언론", 〈항도부산〉 27호, 2011, 17쪽.

10 차성환, "유신체제와 부마항쟁—지배와 저항의 사회심리적 기제를 중심으로", 〈역

사학연구〉 23호, 2012, 74~76쪽.

11 조갑제, 《유고!》 1, 한길사, 1987, 318쪽.

12 부마민주항쟁기념사업회 외 편, 《부마민주항쟁 10주년기념 자료집》, 부마민주항쟁 기념사업회, 1989, 141~142쪽.

13 〈매일경제〉 1979년 10월 18일 자.

14 부마민주항쟁기념사업회 외 편, 《부마민주항쟁 10주년기념 자료집》, 부마민주항쟁 기념사업회, 1989, 141~142쪽, 94쪽.

15 부마민주항쟁기념사업회 외 편, 앞의 책, 95쪽.

16 부마민주항쟁기념사업회 외 편, 앞의 책, 289쪽.

17 유성국 증언, "내 아버지 죽음의 진실, 32년 만에 밝힌다", 부마민주항쟁기념사업회 엮음, 《마산, 다시 한국의 역사를 바꾸다―부마민주항쟁 증언집 마산 편》, 불휘미디 어, 2011, 386~400쪽.

18 〈경향신문〉 1979년 10월 18일 자; 10월 22일 자.

19 진실화해를 위한 과거사정리위원회, "부마항쟁 과정에서 발생한 인권침해 사건", '2010년 상반기 보고서' 9권, 444쪽.

20 진실화해를 위한 과거사정리위원회, "부마항쟁 과정에서 발생한 인권침해 사건", '2010년 상반기 보고서' 9권, 457쪽.

21 김재규 변호인단, "항소이유서", 김성태, 《의사 김재규》, 매직하우스, 2012, 294쪽.

22 부마민주항쟁기념사업회 외 편, 《부마민주항쟁 10주년기념 자료집》, 부마민주항쟁 기념사업회, 1989, 72쪽.

23 김원, "부마항쟁과 도시하층민―'대중독재론'의 쟁점을 중심으로", 〈정신문화연구〉 2006년 여름호, 431쪽.

24 김재규 변호인단, "항소이유서", 김성태, 《의사 김재규》, 매직하우스, 2012, 294쪽.

25 서중석 외, 〈박정희 체제와 부마항쟁의 역사적 재조명―부마민주항쟁 30주년 기 념〉, 부산민주항쟁기념사업회 부설 민주주의 사회연구소, 2009, 28쪽.

26 조갑제, 《유고!》 2, 한길사, 1987, 53쪽.

5 1979. 10. 26. 운명의 날

1 〈경향신문〉 1979년 11월 6일 자.

2 김재규 변호인단, "상고이유서", 안동일, 《10·26은 아직도 살아 있다》, 랜덤하우스 코리아, 2005, 475쪽.

3 김대곤, 《김재규 X파일―유신의 심장 박정희를 쏘다》, 산하, 2005, 25쪽.

468

4 안동일,《10·26은 아직도 살아 있다》, 랜덤하우스코리아, 2005, 128~129쪽.

5 〈김재규 피의자신문조서(제1회)〉

6 고건, "고건의 공인 50년" 55회, 〈중앙일보〉 2013년 4월 30일 자.

7 김진,《청와대비서실》 1, 중앙일보사, 1992, 84~85쪽.

8 김대곤,《김재규 X파일―유신의 심장 박정희를 쏘다》, 산하, 2005, 17쪽.

9 김재규 변호인단, "항소이유서", 김성태,《의사 김재규》, 매직하우스, 2012, 294쪽.

10 김재규, "항소이유 보충서", 김성태,《의사 김재규》, 매직하우스, 2012, 325쪽.

11 김재규 변호인단, "항소이유서", 김성태,《의사 김재규》, 매직하우스, 2012, 293쪽.

12 한 예로 〈동아일보〉는 1979년 10월 24일 자에서 1면 톱으로 개각과 여당 요직 개편 문제를 다루었다.

13 김대곤,《김재규 X파일―유신의 심장 박정희를 쏘다》, 산하, 2005, 23쪽.

14 김재규, "옥중 수양록", 김성태,《의사 김재규》, 매직하우스, 2012, 198~199쪽.

15 김재규, "항소이유 보충서", 김성태,《의사 김재규》, 매직하우스, 2012, 326쪽.

16 MBC 〈박경재의 시사토론〉, 1989년 5월 19일 방송.

17 홍성엽,《맑은 영혼 홍성엽―홍성엽 유고집》, 학민사, 2006.

18 〈동아일보〉 1979년 11월 16일 자.

19 〈동아일보〉 1979년 10월 28일 자.

20 〈동아일보〉 1979년 11월 6일 자.

21 〈동아일보〉 1980년 4월 30일 자.

22 김재규, "1심 최후진술", 김성태,《의사 김재규》, 매직하우스, 2012, 272~273쪽.

23 "대해부 국군보안사령부", 〈월간 조선〉 1990년 11월호.

24 김재규 변호인단, "항소이유서", 김성태,《의사 김재규》, 매직하우스, 2012, 296쪽.

25 김재규, "1심 최후진술", 김성태,《의사 김재규》, 매직하우스, 2012, 274쪽.

26 간행위원회,《돈명이 할아버지》, 공동선, 2004, 227~228쪽.

27 '김재규 구명운동의 취지문', 민주화운동기념사업회 소장.

28 김재규, "1심 최후진술", 김성태,《의사 김재규》, 매직하우스, 2012, 272쪽.

29 김재규, "옥중 수양록", 김성태,《의사 김재규》, 매직하우스, 2012, 192~193쪽.

30 김대곤,《김재규 X파일―유신의 심장 박정희를 쏘다》, 산하, 2005, 104쪽; 안동일, 《10·26은 아직도 살아 있다》, 랜덤하우스코리아, 2005, 154쪽.

31 칼 마르크스 지음, 최형익 옮김,《루이 보나파르트의 브뤼메르 18일》, 비르투, 2012, 11쪽.

에필로그 – 도청에 남은 그들을 기억하자

1 이주영, "5·18 희생자 시신 보고 '어미야 홍어 좀 넣어라'", 〈오마이뉴스〉 2013년 5월 16일.

2 한홍구, "놀라운 붕괴, 거룩한 좌절—부마항쟁과 5·18 민주항쟁의 비교 연구", 서중석 외, 〈박정희 체제와 부마항쟁의 역사적 재조명—부마민주항쟁 30주년 기념〉, 부산민주항쟁기념사업회 부설 민주주의 사회연구소, 2009, 204쪽.

3 국방부 과거사진상규명위원회, "12·12, 5·17, 5·18 사건", '과거사진상규명위원회 종합보고서' 제2권, 8개 사건 조사결과보고서(상), 2007, 379~380쪽.

4 황석영 기록, 《죽음을 넘어, 시대의 어둠을 넘어》, 풀빛, 1985, 47~48쪽.

5 〈경향신문〉 1977년 7월 21일 자.

6 한홍구, "광주민중항쟁과 죽음의 자각", 〈창작과 비평〉 2010년 여름호.

7 최정운, 《오월의 사회과학》, 풀빛, 1999, 231쪽.

8 한홍구 외, 〈광주 트라우마 센터 설립을 위한 기초 연구〉, 평화박물관, 2012.

9 한홍구, "광주민중항쟁과 죽음의 자각", 〈창작과 비평〉 2010년 여름호.

10 "저도 전두환·노태우 시절엔 도망치고 싶었죠", 박준성 노동자교육센터 부대표 인터뷰, 〈오마이뉴스〉 2009년 9월 12일.

11 서해성, "무등산이 내려앉고 있다", 〈한겨레21〉 761호, 2009.

| 사진 출처 |

40쪽 《보도사진연감 '72》
50쪽(왼쪽) 《대한민국 정부 기록사진집 5권》
63쪽(왼쪽) 《대한민국 정부 기록사진집 10권》
102쪽 ⓒ〈한겨레〉신소영
106쪽 《보도사진연감 '75》
119쪽 《보도사진연감 '75》
176쪽 《팽창을 거듭하는 서울》(서울특별시사 편찬위원회)
230쪽 《동아투위 자유언론운동 13년사》
237쪽 《보도사진연감 '78》
328쪽 《대한민국 정부 기록사진집 8권》
352쪽 《보도사진연감 '80》
387쪽 《보도사진연감 '80》
403쪽 《보도사진연감 '80》
411쪽 《대한민국 정부 기록사진집 11권》
432쪽 ⓒ〈한겨레〉김태형

* 사진자료는 한겨레신문사 DB와 저자 제공 사진으로 구성하였으나 일부 출처 확인을 하지 못한 사진도
  있음을 알려드립니다. 누락된 저작권자께서는 편집부로 알려주시기 바랍니다.

유신

초판 1쇄 발행 2014년 1월 15일
초판 8쇄 발행 2019년 8월 7일

지은이 한홍구
펴낸이 이상훈
편집인 김수영
본부장 정진항
책임편집 정회엽
인문사회팀 고우리 이승한
마케팅 조재성 천용호 박신영 조은별 노유리
경영지원 이해돈 정혜진 이송이

펴낸곳 한겨레출판(주) www.hanibook.co.kr
등록 2006년 1월 4일 제313-2006-00003호
주소 서울시 마포구 창전로 70 (신수동) 화수목빌딩 5층
전화 02-6383-1602~3 **팩스** 02-6383-1610
대표메일 book@hanibook.co.kr

ISBN 978-89-8431-779-6 03900

- 값은 뒤표지에 있습니다.
- 파본은 구입하신 서점에서 바꾸어 드립니다.